Werner Raupp
– GELEBTER GLAUBE –

Meinen lieben Eltern
zur Vollendung
des 70. Lebensjahres

GELEBTER GLAUBE

*Erfahrungen und Lebenszeugnisse
aus unserem Land*

Ein Lesebuch herausgegeben von Werner Raupp

1993
Im Ernst Franz-Verlag Metzingen/Württ.

Cip-Titelaufnahme der Deutschen Bibliothek

Raupp, Werner:
Gelebter Glaube: Erfahrungen und Lebenszeugnisse aus unserem Land –
ein Lesebuch / Werner Raupp. – Metzingen, 1993
ISBN 3-7722-0226-8

Copyright Franz-Verlag, Metzingen 1992
Alle Rechte vorbehalten
Umschlagbild: Weinsberg und die Weibertreu um 1820
Herstellung: Heinzelmann Druckservice, Metzingen
Printed in Germany

Zum Geleit

Als im Jahr 1984 in Württemberg das 450jährige Jubiläum der Einführung der Reformation gefeiert wurde, war in den Vorbereitungen eine wichtige Frage, unter welches Leitwort dieses Jubiläumsjahr gestellt werden solle. In großer Einmütigkeit wurde als Motto gewählt: »Mit Gottes Wort leben«. In diesem Satz ist kurz und knapp zusammengefaßt, was zu den hervorstechenden Merkmalen unserer Evangelischen Landeskirche in Württemberg gehört. Von ihren Anfängen an war sie eine Kirche, deren Leben sich ganz aus dem biblischen Wort gespeist hat, in der um die Geltung dieses Wortes kräftig gestritten wurde und zu der zahllose Menschen gehören, die mit diesem Wort gelebt haben und leben. Bis zum heutigen Tag ist es ein Reichtum unserer Kirche, daß dieses Wort der Bibel immer aufs neue Menschen in die Nachfolge Christi ruft und sie zum Dienst in der Welt befähigt.

Es ist ein reiches Erbe, das die württembergische Landeskirche zu bewahren hat. Die Väter und Mütter unseres Glaubens, die in dem vorliegenden Sammelband zu Wort kommen, wollen durch ihre »Erfahrungen und Lebenszeugnisse« dieses Erbe in unsere Zeit hinein vermitteln. Eine Kirche tut gut daran, wenn sie sich immer wieder darauf besinnt, was einmal war, und aus den Erfahrungen von einst Lehren für die Gegenwart zieht. Nur wer um seine Herkunft weiß, kann die Zukunft gestalten. Gerade in einem Abbruch der Tradition, wie wir ihn heute erleben, können die Erfahrungen von Menschen, die mit Gottes Wort gelebt haben, einen unschätzbaren Dienst tun. Sie können zu einer Quelle tieferer Einsichten und bewährter Orientierung werden.

Es ist Werner Raupp sehr zu danken, daß er aus fundierter Kenntnis der württembergischen Kirchengeschichte ein Werk geschaffen hat, das einen Einblick gibt in das Leben und Denken der »Wolke von Zeugen«, von der der Hebräerbrief spricht. Ein solches Lesebuch will in die Hand genommen und benützt werden. Man kann es nicht nur für sich selbst lesen, man kann es auch vorlesen in Gemeinden, Gruppen und Kreisen. Ich wünsche diesem Buch viele Leser, die sich von ihm mitnehmen lassen auf den Weg des Glaubens, und die es wagen, mit Gottes Wort zu leben.

Landesbischof *D. Theo Sorg*

Inhaltsübersicht

5	Geleitwort
9	Vorwort
11	**Das Zeitalter der Reformation**
12	1. Erneuerung des Glaubens
12	Johannes Brenz
24	Ambrosius Blarer
33	Matthäus Alber
40	2. Bewährung und Konsolidierung
40	Kampf um das Interim
46	Herzog Christoph
55	Jakob Andreä
63	**Am Beginn der Neuzeit**
64	3. Generalreform von Kirche und Gesellschaft
64	Johann Valentin Andreä
73	Maria Andreä
78	4. Im Sturm des Dreißigjährigen Krieges
78	Durchlitten und durchstritten
87	**Der Pietismus**
88	5. Die Anfänge
88	Johann Reinhard Hedinger
96	Herzogin Magdalena Sibylla
101	Beata Sturm
105	6. Die Schwabenväter
105	Johann Albrecht Bengel
115	Friedrich Christoph Oetinger
124	Philipp Matthäus Hahn
131	Georg Konrad Rieger
136	Philipp Friedrich Hiller
144	Johann Jakob Moser
151	Johann Friedrich Flattich
162	7. Württembergische Sendboten
162	Johann Martin Mack
167	8. Im Übergang zur Erweckungsbewegung
167	Gottlieb Friedrich Machtholf

171	Georg Friedrich Christoph Härlin
174	Wilhelm Ludwig Hosch
179	9. Vielfalt der pietistischen Gruppen
179	Familie Kullen
188	Die Michael-Hahn'sche Gemeinschaft
198	Die Pregizer Gemeinschaft
205	Die Brüdergemeinden Korntal und Wilhelmsdorf

217 Die Erweckungsbewegung

218	10. »Erwachet!«
218	Christian Adam Dann
228	Ludwig Hofacker
236	Albert Knapp
242	Christian Gottlob Barth
251	Johann Christoph Blumhardt
266	11. Weltweite Reich-Gottes-Arbeit
266	Württemberg und Basel
272	Samuel Hebich
278	Johann Ludwig Krapf
287	Friedrich Autenrieth
295	12. Werke der Inneren Mission
295	Christian Heinrich Zeller
302	Tobias Heinrich Lotter
306	Gustav Werner
316	Wilhelmine Canz
325	13. Der Glaube im Alltag
325	Beate Paulus
331	D' Annemrei von Weil
338	Schulmeister Klett
344	D' Bas' Schmiede

351 Unser Jahrhundert

352	14. In Bedrängnissen des Dritten Reiches
352	Theophil Wurm
357	Julius von Jan
361	Otto und Gertrud Mörike
369	15. Wiederaufbau nach dem Krieg
369	Karl Hartenstein
377	Martin Haug
381	Quellen- und Literaturverzeichnis

Vorwort

Württemberg ist nicht nur das Land der Dichter und Denker, sondern auch die Heimat von Menschen, die im Vertrauen auf Gott und sein Wort gelebt haben. Hier ist der Glaube tiefer in das Herz des Volkes gedrungen als anderswo und hat bis heute weithin sichtbare Spuren hinterlassen. Es lohnt sich, den Zeugnissen dieses Glaubens aus der Vergangenheit nachzugehen, sie aufzunehmen und zu bedenken. Oft führen sie uns hinein in eine fremdartig anmutende, vergangene Welt – und zugleich sind sie oft unerwartet zeitlos, gültig auch für heute.

Dieses Buch ist ein Lesebuch zur Geschichte der Frömmigkeit in Württemberg. Vorgestellt werden Glaubenszeugen aus fünf Jahrhunderten. Frauen und Männer unterschiedlichen Standes, neben bekannten Namen auch weithin unbekannte, die im Großen wie im Kleinen das Gesicht der Evangelischen Kirche Württembergs geprägt haben.

Im Leben dieser Menschen wird der Glaube auf vielfältige Weise transparent: Im Ringen um die Erneuerung des Glaubens in der Reformationszeit; im Sich-Bewähren in den Stürmen des Dreißigjährigen Krieges; im Bestreben des Pietismus, die Frömmigkeit in die Tat umzusetzen; im Verwirklichen des Reich-Gottes-Gedankens durch die Erweckungsbewegung; im Standhalten in den Bedrängnissen des Dritten Reiches. Einen Schwerpunkt bilden die Epochen des Pietismus und der Erweckungsbewegung. Sie haben großen Einfluß erlangt und Württemberg ein eigenes Gepräge gegeben. Gerade aus dieser Zeit liegt uns eine Fülle charakteristischer Texte vor.

Obwohl die Quellensammlung nicht wenige überschwenglich gestimmte Passagen enthält, will sie nicht Kirchengeschichte als Heiligenlegende auf Goldgrund malen, sondern als Geschichte eines stetigen, alltäglichen Kampfes erzählen, in dem es gilt, beides zu vereinigen: den Himmel und die Erde, den Glauben und die dienende Liebe.

Die mannigfaltigen Texte, die sich teilweise auch auf Archivalien stützen, lassen zum einen die Menschen selbst zu Wort kommen: durch autobiographische Berichte, Briefe und Tagebücher wie durch Schriften, Predigten und Lieder; zum anderen beschreiben sie die Personen in uns überlieferten älteren biographischen Darstellungen, alten Chroniken, auch in Anekdoten und legendenhaften Erzählungen.

Da die Sammlung keine wissenschaftliche Ausgabe sein will, sind die Beiträge der heutigen Schreibweise angeglichen; im Interesse einer besseren Verständlichkeit wurden manche Textstücke dem heutigen Sprachgebrauch behutsam angepaßt. Auslassungen sind in der Regel durch drei Punkte gekennzeichnet, notwendige Erklärungen in Klammer eingefügt. Die einzelnen Gestalten werden in kursiver Schrift mit knappen historischen Vorbemerkungen oder Überleitungen eingeführt. Beigegeben ist ein Quellen- und Literaturverzeichnis; es enthält auch eine Auswahl der wichtigsten wissenschaftlichen Werkausgaben und erbaulichen Schriften über die vorgestellten Gestalten und Epochen.

Ein Wort herzlichen Dankes gilt zunächst Herrn Pfarrer i. R. Richard Haug, der bereits vor mehreren Jahren eine ähnliche Veröffentlichung ins Auge faßte; Herrn Archivdirektor i. R. Dr. theol. h. c. Dr. phil. Gerhard Schäfer, der mit Anregung und Kritik das Entstehen des Buches begleitete; Herrn Reinhard Breymayer M. A., dem vielseitigen und tiefschürfenden Geschichtsforscher, dem ich wertvolle Hinweise verdanke; schließlich Freund Martin Spindler, der mich in vielfältiger Weise tatkräftig unterstützte.

Dußlingen, im Oktober 1992
Werner Raupp

DAS ZEITALTER DER REFORMATION

(16. JAHRHUNDERT)

1.
ERNEUERUNG DES GLAUBENS

Johannes Brenz – der Reformator Württembergs

Gleich am Anfang der Geschichte der evangelischen Kirche Württembergs begegnet uns deren profilierteste Gestalt, ein edles Beispiel gelebten Glaubens: Johannes Brenz (1499 bis 1570), der Reformator des Landes. Sein erstes Wirkungsfeld fand der aus Weil der Stadt stammende Brenz in der damaligen Reichsstadt Schwäbisch Hall, wo er von 1522 bis 1548 als Prediger amtierte, bevor ihn Herzog Christoph von Württemberg 1553 zum Landespropst und herzoglichen Ratgeber ernannte. Motiviert war seine Arbeit von der reformatorischen Erkenntnis Luthers, seines »lieben Lehrmeisters«, den er während seines Studiums 1518 kennengelernt hatte. Brenz wurde Luthers einflußreichster Wortführer in Schwaben und Baumeister der württembergischen Kirche. Überhaupt gilt er als einer der bedeutendsten Theologen und Organisatoren der Reformationszeit.

Seine erste große Aufgabe war die Durchführung der

Reformation in Schwäbisch Hall

Welch bedeutender Tag im Leben des 19jährigen Bürgermeistersohns aus Weil der Stadt war der 26. April 1518! Da hörte er im Hörsaal des Heidelberger Augustinerklosters zum erstenmal Martin Luther von der Sünde des Menschen und der Gnade Christi reden. Sofort eilte er nach dem Gespräch mit seinen Freunden Martin Bucer (1491-1551) und Erhard Schnepf (1495-1558) zu dem Reformator, um sich noch gründlicher unterrichten zu lassen. Von jenem Tage an war Brenz einer der treusten Bekenner seiner Lehre und wurde nach dessen Tod zu einer der »festen Säulen« des deutschen Luthertums.

Zunächst wirkte er seit 1522 als Prediger an der Michaelskirche in der damaligen Reichsstadt Hall, wo er 26 Jahre lang unter reichem Segen sein Arbeitsfeld bebaute. Mit aller Entschiedenheit und doch zugleich mit einer stets gleichen Besonnenheit begann der junge Prediger das ihm selbst durch Gottes Gnade aufgegangene Licht in die Herzen seiner Zuhörer hineinleuchten zu lassen. Als weiser Baumeister suchte er für das Glaubensleben der sich ihm anvertrauenden Seelen einen neuen Grund zu legen und die Bausteine zum Neubau herbeizuführen, ehe er daranging, das alte, baufällige Gebäude des Glaubens einzureißen. Dazu predigte er freimütig von der Rechtfertigung durch den Glauben: »Die Seligkeit steht im rechten christlichen Glauben, dieweil Christus gesprochen hat: ›Dein Glaube hat dich selig gemacht‹. Worinnen steht ein rechter christlicher Glaub? Ich spreche: daß man innerlich einen Glauben und ein Vertrauen hab in das innerliche ewige Wort Gottes, das die Lieb ist, wie Christus spricht, daß der Glaube ohne die Lieb tot ist... Denn die Liebe des Vaters steht darin, daß er uns send und von innen zuspricht sein ewiges Wort... So denn der Mensch des Wortes Gottes gewahr wird, da entspringt ihm ein herzliches Vertrauen in Gott, und er spricht: ›Herr erbarme dich meiner!‹ Und Christus spricht: ›Sohn, habe Vertrauen, dir werden deine Sünden vergeben.«

1524 trat die Durchsetzung der Reformation in der Reichsstadt in eine entscheidende Phase: Noch in diesem Jahr wurde das Franziskanerkloster geschlossen und die evangelische Predigt praktiziert. An Weihnachten 1526 feierte Brenz dann erstmals das Abendmahl nach evangelischem Ritus. 1527 erschien eine Kirchenordnung der Stadt und im Jahr darauf die erste Unterweisung, die aus einem kleinen Katechismus für die Jugend und einem großen für die Erwachsenen bestand. Auf diese Weise schuf Brenz behutsam ein neues

Kirchenwesen, so daß Hall schon bald nach dem Bauernkrieg (1524/1525) eine evangelische Stadt wurde.
Dazu diente auch die von Brenz 1527 verfaßte

Schwäbisch Hall, 1572

Haller Kirchenordnung,
die erste evangelische Kirchenordnung in Deutschland überhaupt:

Es gibt allein zwei Dinge und wesentliche Stücke des Gottesdienstes, deren ein jeder Christ bedarf, nämlich Glaube und Liebe. Glaube gegenüber Gott, Liebe gegenüber dem Nächsten; die zwei Stücke sind so nötig zur ewigen Seligkeit, daß ein Christ verpflichtet ist, sie einzuhalten, selbst wenn er mitten in der Türkei wohnen sollte. Weil aber aus Gottes Gnade die Christen ein eigen Land haben, so hat die Obrigkeit in doppelter Beziehung – erstens ihres Amts halber und zweitens als Mitgenosse der Kindschaft Gottes – die Pflicht, christliche Einrichtungen zu treffen. Nun hat Christus vor allem drei Stücke empfohlen, die in der allgemeinen Versammlung der Christen einzurichten sind, nämlich das Evangelium predigen, taufen und das Abendmahl Christi nach seiner Vorschrift zu feiern... Es mag auf der ganzen Erde nichts Heiligeres, Ehrbarlicheres, Friedsameres und Fruchtbareres erfunden werden, denn das reine, lautere Wort Gottes mit rechtem Verstand und Glauben gepredigt und gefaßt, und wiederum nichts Unfriedsameres, Aufrührerisches und Schädlicheres, denn dasselbe Wort mit Unverstand und menschlichem Zusatz vorgetragen und gelernt. Kein Mensch wird redlich der weltlichen Gewalt gehorsam sein können, er sei denn aus dem Worte Gottes und dem Evangelium geboren. Darum sollen die ehrbaren Frei- und Reichsstädte zum ersten Gott den Allmächtigen ansehen, daß sie schuldig seien aus ihrem geleisteten Eid, den ein jeder Christ in der Taufe vollbracht hat, das Wort Gottes zu fördern und all ihr Gut und Hab dazu zu geben, daß gefördert werde die Ehre, Glorie und Herrlichkeit dessen, der die Welt erschaffen hat.

In Sturm und Not

Während des Schmalkaldischen Krieges (1546/1547) überschwemmten kaiserliche Truppen im Dezember 1546 das schwäbische Land und belagerten auch Schwäbisch Hall. In einem Brief an seinen Freund Georg Major in Wittenberg berichtet Brenz:

Gleich beim Einzug des Kaisers in die Stadt drangen am 16. Dezember, während ich vom Hause abwesend war, einige Soldaten in unsere Gasse und brachen überall die Türen auf, wo man sie ihnen nicht öffnete. Als ich nach Hause kam, sah ich, daß sie gerade mit Hellebarden gegen die Türe meines Hauses stießen. Einer von ihnen setzte mir die Hellebarde auf die Brust und drohte, mich zu durchbohren, wenn ich nicht sogleich öffnen würde. Ich öffnete und setzte ihnen danach zu essen und zu trinken vor, was ich hatte. Als aber nun die Soldaten anfingen zu lärmen, schickte ich die Meinigen aus dem Hause und folgte ihnen bald nach. Tags darauf kam ein spanischer Bischof mit seinem Gefolge und seinen Eseln, jagte die Soldaten hinaus und nahm selbst Besitz von meinem Hause. Der Bischof machte sich alsbald über meine Bibliothek her und fing an, alle Papiere und Briefe zu durchsuchen. Unter diesen fand er auch Konzepte einiger von mir über den gegenwärtigen Krieg geschriebenen Briefe und einige Predigten über diesen Krieg, daß nämlich die Verteidigung nicht ungerecht und keine Verletzung des Glaubens sei. Die dadurch entstandene Gefahr – zumal die Sache dem Kaiser vorgebracht wurde – nötigte mich, zuerst Schlupfwinkel in der Stadt aufzusuchen. Da aber der Rat mich nicht schützen konnte, verließ ich die Stadt am Thomasabend und ließ mein Weib und meine sechs Kinder zurück. Ich hatte aber fremde Kleider an, und zwar mehr schmutzige Lumpen als ordentliche Kleider, irrte die ganze Nacht auf den Feldern umher, kaum gegen die heftige Kälte geschützt.

Du kannst dir denken, dieses Herumirren war mir bitterer als der Tod. Außerdem mußte ich besorgt sein, den Spaniern in die Hände zu fallen, die in der Nachbarschaft und auf den Feldern, durch die ich gehen mußte, herumlagen ... Mein Mut ist allerdings durch Gottes Gnade noch ungebrochen. Ich zweifle nicht, je mehr ich zerschlagenen und gedemütigten Geistes bin, desto näher ist mir der Herr. Während ich das schreibe, befinde ich mich sechs bis sieben Meilen weit entfernt in einem Schlupfwinkel unter freiem Himmel... Wenn es kein Land mehr gibt, das mich aufnehmen kann, so bitte ich den Herrn, daß er mich in den Himmel aufnehme.

»Flieh, flieh!«

Nach Abzug der Truppen konnte Brenz zu Beginn des Jahres 1547 an seine Wirkungsstätte zurückkehren. Doch bereits ein Jahr später setzte die Verfolgung erneut ein, als er gegen die Einführung des Interims vehement opponierte:

Durch seinen Protest zog sich Brenz den ganzen Haß des Kardinals und kaiserlichen Kanzlers Granvella zu. Brenz sollte unschädlich gemacht werden! Ein eigener Kommissär wurde von Granvella nach Hall gesandt mit dem Auftrag, Brenz gefangenzunehmen und gebunden nach Augsburg »zu liefern«. Der Kommissär berief den Rat der Stadt zusammen und nahm den Mitgliedern einen Eid ab, von dem, was sie jetzt hören werden, nichts auszusagen. Danach eröffnete er ihnen den Befehl des Kaisers, Brenz sofort auszuliefern. Ein Ratsherr aber, Philipp Büschler, war erst nach der Eidesleistung unbemerkt in den Saal getreten und hatte eben noch die Erklärung gehört. Eilig schreibt er nach der Sitzung auf ein Zettelchen: »Fuge, fuge, Brenti, cito, citius, citissime!« (Flieh, flieh, Brenz – so schnell wie irgend möglich!). Das Zettelchen wirft er Brenz' Freund Isenmann vor die Füße; dieser hebt es auf, liest es und bringt's eilends zu Brenz, der eben zur Feier seines Geburts- und Namenstages (24. Juni) mit den Seinigen zu Tische saß. Sofort steht dieser auf und verläßt das Haus. Unterdessen waren schon spanische Soldaten in seinem Hause eingedrungen, um ihn abzuführen. Als sie ihn nicht fanden, fingen sie an, das Haus zu plündern.

Brenz selbst aber trieb sich abermals hilflos unter freiem Himmel herum. Des Tags bot ihm der Wald ein Versteck, des Nachts konnte er an einem unbekannten Zufluchtsort, einem Turm, sich mit gleichgesinnten Freunden zum Gebet vereinigen. Auf seinen Kopf war ein Preis gesetzt. Die Krankheit seiner Gattin nahm von Tag zu Tag zu, bis sie schließlich verstarb. Doch blieb Brenz getrost. In einem Schreiben jener Zeit bekennt er: »Ob ich schon in der Menschen Ungnade sein soll, so bin ich doch, wie ich vertraue, nicht in Gottes Ungnade, sondern je mehr ich bin in das Elend verjagt, je mehr wird mir der Sohn Gottes, dessen Schmach ich jetzt wegen des Evangeliums trage, beistehen.«

Wohin aber sollte sich Brenz wenden, der wie ein gehetztes Wild umherstreifte? Da eröffnete ihm Herzog Ulrich (1487 bis 1550) eine Zufluchtsstätte in seinem Land. Brenz hätte damals andernorts ehrenvolle Stellungen bekommen können – doch er blieb in der Heimat.

Nahe bei Urach im Seeburger Tal erhebt sich steil und hoch die einsame Burg Hohenwittlingen. Dorthin wurde Brenz gebracht. In der Stille jener wildromantischen Gegend versenkte sich der Reformator in die Heilige Schrift, aus der er Trost schöpfte. Später konnte er bekennen: »Nun habe ich aus Erfahrung gelernt, daß keiner die Psalmen Davids versteht, der nicht durch viel Kreuz und Trübsal gegangen ist.« – Schon bald aber hatte der Kaiser Kunde erhalten, daß sich Brenz im Herzogtum Württemberg aufhielte und ließ nach ihm suchen.

Deshalb ging Brenz nach Basel, wo er bei einer Witwe Aufnahme fand.

Schließlich begab sich der Reformator nach Stuttgart, wohin er seine Kinder heimlich hatte kommen lassen. Aber auch hier rückten nunmehr Soldaten ein, die Befehl hatten, Brenz »tot oder lebendig« auszuliefern.

Nachdem Brenz das herzogliche Schloß verlassen hatte, nahm er zuhause einen Laib Brot unter den Arm und ging – einer inneren Stimme folgend – in die obere Stadt. In das erste Haus trat er ein und kam unbemerkt ins oberste Stockwerk.

Hornberg, 1643

Dort unter dem Dache kroch er hinter eine Holzbeige und kauerte sich in einem Winkel zusammen. Vierzehn Tage lang wurden nun alle Häuser nach ihm durchsucht. Von seinem Versteck aus hörte Brenz, wie die Leute auf der Straße ihre Freude bezeugten, daß ihn die kaiserlichen Soldaten noch nicht gefunden haben. Das Brot war bald aufgezehrt, und er hätte Hungers sterben müssen, wäre ihm nicht auf wunderbare Weise geholfen worden. Täglich kam nämlich eine Henne die Treppe herauf, legte ganz nahe beim Schlupfwinkel des Verfolgten ein Ei und verließ dann wieder lautlos den Bodenraum. Endlich kamen die suchenden Soldaten auch in das Haus. Auf den Knien liegend und betend hörte Brenz die tobenden Häscher, die endlich vor seinem Schlupfwinkel standen. Sie durchsuchten alles, stachen durch die Holzbeige mit ihren Spießen hindurch, so daß Brenz diesen ausweichen mußte. Endlich zogen sie ab! Aber nun galt es, Brenz vor weiteren Gefahren zu bewahren. Deshalb machte ihn der Herzog zum Vogt der Burg Hornberg im badischen Schwarzwald. Wie Luther einst auf der Wartburg zum Junker Jörg wurde, so verwandelte sich Brenz nun zum Burgvogt. So konnte er denn in der Einsamkeit des Schwarzwaldes seine schriftstellerische Tätigkeit wieder aufnehmen. Eine Erklärung seines Katechismus und den zweiten Teil seiner Erläuterung des Propheten Jesaja schrieb er hier nieder. – Über ein Jahr währte sein Aufenthalt auf Hornberg. Danach rief ihn Ulrich nach Urach, wo er schließlich im nahe liegenden Dettingen mit Isenmanns Tochter Katharina am 7. September 1550 eine zweite Ehe einging, nachdem nunmehr die Verfolgung ein glückliches Ende genommen hatte.

Architekt der Landeskirche

Der Verbannung folgte die letzte Schaffensperiode, in der sich Brenz der organisatorischen und theologischen Konsolidierung der württembergischen Kirche widmete.

Brenz wurde schließlich engster Mitarbeiter von Herzog Christoph, der nunmehr den Thron bestieg. Von Sindelfingen aus nahm er an allem teil, was der glaubenseifrige Herzog in Sachen des Glaubens plante und ausführte. Nachdem das Interim zu Fall gekommen war, wurde Brenz 1553 zum Propst an der Stiftskirche in Stuttgart und herzoglichen Rat berufen – damit hatte er die erste geistliche Stelle des Landes inne –, was er auch bis zu seinem Tode 1570 geblieben ist. Damit begann für Brenz und den Herzog der Wiederaufbau und Ausbau der evangelischen Kirche im Herzogtum Württemberg, die von daher ihre Eigenart und ihr Erbe weithin bis zur Gegenwart erhalten hat.

Im Sommer 1566, als eine Pest grassierte, setzte Brenz sein Testament auf, in dem er nochmals ein Glaubensbekenntnis ablegte: »Ich bitte aus meines Herzens Grund, daß der allmächtig und barmherzig Gott und Vater unseres lieben Herrn und einigen Heilands Jesu Christi wolle mich durch seinen Heiligen Geist lehren, wie der Psalm sagt, daß es ein End mit mir haben muß und mein Leben ein Ziel habe, daß ich auch davon muß und das Ziel in Gottesfurcht und Gehorsam mit fröhlichem Gewissen erwarte und aufgelöst werde, um mit unserem Herrn Jesu Christo ewiglich und seliglich zu leben. Amen.«

Die letzte Arbeit, mit der sich Brenz beschäftigte, war die Erklärung der Psalmen. Gegen Ende des Jahres 1569 war er bis an den 107. Psalm gekommen, in welchem manches Wort bei ihm Erinnerungen an seine früheren Lebensschicksale wachgerufen haben mag. Da sank er plötzlich während der Arbeit vom Schlag getroffen zusammen. Seine Kraft war dahin; sie erlosch wie eine Lampe, der es an Öl gebricht. Am 11. September 1570 verschied er. Einen Tag später fand das Begräbnis in der Stiftskirche zu Stuttgart statt, unter deren Kanzel seine Leiche eingesenkt wurde. Diesen Ort hatte sich der Reformator selbst ausgewählt: »Dort soll meine Grabstätte sein, damit, wenn etwa nach der Zeit jemand von dieser Kanzel eine Lehre verkündigen sollte, entgegengesetzt der, welche ich meinen Zuhörern vorgetragen habe, ich mein Haupt aus dem Grab erheben und ihm zurufen kann: ›Du lügst!‹«

In der Sakristei der Kirche wurde ihm ein Denkmal gesetzt, auf dem sich die Worte finden: »Johann Brenz aus Weil der Stadt in Schwaben, der hochberühmte Gelehrte, Propst von Stuttgart, Rat der durchlauchtigsten Herzöge von Württemberg, war einer der ersten Wiederhersteller der gereinigten Kirche. Die prophetischen und apostolischen Schriften hat er auf hohen Schulen, in Predigten, auf Reichstagen und in gründlichen Werken erläutert und verbreitet, hat des Bekenntnisses halber standhaft die Verbannung erduldet, mit seinem Rat die Kirche und das gemeinsame Vaterland unterstützt, durch sein unbescholtenes Leben seinem Stande Ehre gemacht und ist, nachdem er in dieser seiner Laufbahn über 50 Jahre zu großem Heile der Kirche gearbeitet hatte, sanft im Herrn entschlafen und unter größter Trauer aller Gläubigen hier begraben worden im Jahre 1570, den 11. September, nachdem er sein Leben gebracht hatte auf 71 Jahre, 2 Monate, 17 Tage.«

Der immer fließende Brunnen

Als seine wichtigste Arbeit betrachtete Brenz allerdings die Predigt.

Bei aller vielfältigen Arbeit wollte Brenz immer Seelsorger bleiben. Die Verkündigung des Wortes Gottes war ihm stets Bedürfnis. Daher kommt auch sein staunenswerter Fleiß im Predigen, das er lange jeden Tag trieb, dem auch die Schriftauslegung diente. In den gelehrten Auslegungen gibt es genügend Stellen, die beweisen, weshalb er seine Kommentare Homilieen (den Bibeltext Vers für Vers auslegende Predigtweise) nannte: weil sie der Vorbereitung auf seine vielen Sonntags- und Wochenpredigten galten. – Luther war davon sehr begeistert: »Es ist keiner unter den Theologen unserer Zeit, der die Heilige Schrift so erklärt und abhandelt wie Brenz, so daß ich mich oft wundere über seinen Geist.«

Seine Predigten, die mit großer Klarheit und Anschaulichkeit, mit Beispielen, Redensarten, Bildern, auch mit heidnischen Aussprüchen, hauptsächlich aber mit biblischen Mustern ausgeschmückt waren, vermittelten den Eindruck von Brenz' Äußerung: »Ich gehe niemals auf die Kanzel, wenn ich nicht allemal mit einer neuen und größeren Ehrerbietung und Sorgfalt gerührt werde als zuvor, weil ich weiß, daß ich vor Gott und Engeln predige.«

Von der Anziehungskraft seiner Verkündigung, die sehr stark auf die Lebenspraxis ausgerichtet war, haben wir genug Beweise. Seine Gemeinde in Hall wurde oft tief erfaßt; selbst aus der näheren und ferneren Umgebung kamen Pfarrer, um ihn zu hören. Auch in Stuttgart sammelten seine Reden lange Zeit Fürsten und Bürger aus allen Bevölkerungsschichten ... Eines Tages besuchte ein angesehener Pfarrer aus Lauingen einen Werktagsgottesdienst in der Stiftskirche, die allerdings an diesem Tag fast leer geblieben war. Nach dem Gottesdienst äußerte er sich gegenüber Brenz: »Ihr predigt überzeugend. Euch ist das Evangelium und seine Verkündigung eine wahre Herzenssache, aber um so weniger Menschen willen würde ich kaum auf die Kanzel steigen.« Auf dem Nachhauseweg kamen die beiden an einem Brunnen vorbei, der fortwährend sprudelnd klares Wasser spendete. Darauf zeigte Brenz mit seiner Hand: »Wißt Ihr, was die einzige Aufgabe dieses Brunnens ist? Er gibt allezeit Wasser, ob nun viele oder wenige Menschen kommen, um daraus zu schöpfen. So ist es auch beim Predigen des göttlichen Wortes: Es muß immer verkündigt werden, ganz gleich wieviele Menschen kommen, um es zu hören. Um des Himmels willen muß es immer da sein – wie der stetig fließende Brunnen.«

Als lebensspendender »Brunnen« erweist sich Brenz noch heute:

Wie man Gott rechtschaffen dienen soll (1529)

Wohlan! Die zwei Schwestern (Maria und Martha) (Luk. 10, 38-42) unterstehen sich beide, Christo zu dienen. Martha mit dem sorgfältigen Geschäft, Maria mit dem fleißigen Hören. Oder wenn man ganz eigentlich davon reden will, so dienet Martha allein dem Herrn Christo, aber Maria sitzt still und läßt sich vom Herrn Christum mit dem Predigen dienen. Nun wird Marias Stillsitzen weit höher über das Geschäft Marthas gepriesen: als das einzig nötige Stück und Gutteil; denn es ist die größte, höchste, nötigste Kunst eines Christen, nicht zu dienen, sondern sich dienen zu lassen. – Wie läßt man aber Christum dienen und wie nimmt man seinen Dienst auf? Christus dient mit dem Wort. Er ist ja selber das ewig Wort Gottes und hat allein durchs Wort alle Gesundheit und Wunder gewirkt. Aber man läßt ihn dienen, wenn man das Wort hört, und nimmt seinen Dienst auf, wenn man das Wort von Herzen glaubt. Also werden diese zwei Stücke für eins gezählt: Christi Wort hören und glauben. Wer nun Christo dienen will, der muß sich vorher (von Christo) dienen lassen.

Kurz: es muß ein jeglicher Christ sich der beiden Schwestern Werk annehmen. Zum ersten: Wie Maria sich hat lassen dienen mit dem Wort und dasselbige mit dem Glauben hat angenommen, also soll auch ein jedweder Gläubiger Christum hören, sich mit dem Wort dienen lassen, dasselbige mit dem Glauben fassen. Das ist die rechtschaffene Frömmigkeit, auch Dienst, der nötig ist und vor Gott gilt. Zum andern: Wie Martha in dem Geschäft des Hauses geflissen war und allein darin fehlte, daß sie auf ihr Werk baut und hofft, es wäre damit schon der Dienst Christi ausgerichtet, also auch gebührt's einem jeglichen Christen, in dem Geschäft seines Berufs geflissen und treu zu sein, doch nicht zu achten, daß es damit ausgerichtet sei und auf dieses Werk sich vertrösten, sondern alle Hoffnung, Trost und Zuversicht allein auf die Frömmigkeit, Gerechtigkeit und Erlösung unseres Herrn Jesu Christi zu setzen. Amen.

Über das Abendmahl (1556)

Das Nachtmahl ist eingesetzt und verordnet zu einer Arznei wider alle leibliche und geistliche Anfechtung und Widerwärtigkeit. Wie? so höre ich wohl, das Nachtmahl ist eine Arznei wider die Pestilenz, wider das Fieber, wider die Armut, wider das Zipperlein, endlich auch wider den Tod. Ja, es ist eine Arznei wider solche erzählte Stücke, aber doch daß man's recht verstehe. Denn in einer jeden Plage und Anfechtung, sie sei leiblich oder geistlich, eine gemeine oder sonderliche Plage, haben wir nicht allein Schmerzen und Wehtag, sondern werden auch darin von der Sünde, vom Zorn Gottes und der ewigen Verdammnis angefochten. Also, wenn einer mit Armut beladen wird, so findet er Arznei wider die Armut im Nachtmahl. Wie? Gibt man ihm im Abendmahl einen Säckel mit Geld? Nein, sondern wenn einer fromm ist und mit der

Armut beladen wird, so ficht ihn die Armut an, und er denkt sich, solche Armut habe er mit seinen Sünden verschuldet, die einen Anfang seiner ewigen Verdammnis seien. Damit nun ein solcher nicht verzweifle in seiner Armut, soll er sich der Zusagung Gottes erinnern, soll das heilige Evangelium von der Vergebung der Sünden vernehmen und zum heiligen Sakrament gehen. Wo er solches recht tut, alsdann ist ihm die Armut nicht mehr schwer, sondern er trägt sie mit Geduld und weiß, daß Gott darin gnädig sein will.

Also mag man auch reden von denen, die auf dem Totenbette liegen und vom Tod angefochten werden, nämlich daß man ihnen helfen soll mit diesem Sakrament und sie damit nicht in die Meinung versetzen, daß sie dadurch vom äußerlichen Tod errettet werden, sondern daß sie hiermit wider die Schrecken des Todes getröstet werden und wissen können, daß sie Gott durch seinen Sohn Christum im Tod zum ewigen Leben erhalten werde.

Ambrosius Blarer – »der Apostel Schwabens«

Unschätzbare Verdienste um die Erneuerung des Glaubens hat sich auch Ambrosius Blarer (1492-1564) aus Konstanz erworben, der der Reformation in seiner Heimatstadt zum Sieg verholfen hatte. Jene voranzutreiben versuchte er auch in den Jahren 1528 bis 1540 anderenorts im oberdeutschen Raum, besonders in den schwäbischen Reichsstädten Memmingen, Ulm, Esslingen und Isny sowie im Herzogtum Württemberg. Zu Recht wurde er dafür bereits von seinen Zeitgenossen »Apostel Schwabens« genannt, obwohl an diesen Orten die durch ihn durchgesetzte oberdeutsch-reformierte Prägung durch die lutherische ersetzt wurde.

Besonders freundlich wurde er in Esslingen aufgenommen:

»Die Krone meines Ruhms«

Nachdem am 20. August 1531 der Rat der Reichsstadt Esslingen beschlossen hatte, künftig das Wort Gottes frei predigen zu lassen, bat man zehn Tage später Konstanz, Ambrosius Blarer »auf einige Wochen abzutreten«, weil dieser die besondere Gnade und Begabung von Gott habe, sein Wort dermaßen auszubreiten und zu verkündigen, daß es nicht wenig fruchtbar sei und die Herzen der Menschen erleuchte. Zugleich bat man Blarer, die Bitte bei seinem Rat zu befürworten.

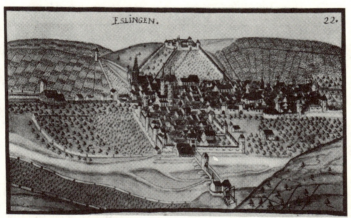

Esslingen, 1685

Dieser glaubte auch gewissenshalber die Bitte nicht abschlagen zu dürfen: »Denn« – so Blarer – »wo ein solches Feuer mottet, soll man mannhaft blasen, damit es mit vollen Flammen hervorbreche... Diese Berufung nehme ich allein als Gottes Auftrag an, und gewiß, so er mich auch nach Indien und noch weiter berufen würde, so würde ich willig und mit

Hingebung des Leibes und Lebens allweg bereit sein. Er brauche mich nach seinem Willen; niemand ist aller Welt Dienst würdiger als er, der unser nicht bedarf und seine Sachen an uns ausrichten möchte, aber alles um unseretwillen ansieht, damit wir in der Liebe untereinander gebessert und aufgebauet werden.«

Der Ruf nach Esslingen brachte Blarer große Unruhe. Auch sein treuer Bruder Thomas fand die Nähe Württembergs bedenklich, weil dessen damalige österreichische Regierung nicht gleichgültig zusah, wie in den benachbarten Reichsstädten die Reformation vordrang; doch erinnerte er seinen lieben Bruder daran, daß der Christ, der am ersten nach dem Reich Gottes trachte, allen anderen Sorgen »gute Nacht« sagen dürfe.

In Esslingen war die evangelische Sache bereits in die Herzen des Volks gedrungen. – Als Blarer kam, ward ihm vom Rat ohne weiteres die Kanzel der Pfarrkirche geöffnet. Er schritt jetzt rasch voran. Mit großer Entschiedenheit predigte er gegen die Messe, den götzendienerischen Heiligen- und Bilderdienst, den »Kälberdienst«. Nach den 18 Ulmer Artikeln behandelte er das Ganze der evangelischen Lehre. Mit stets steigendem Beifall wurden seine Predigten gehört. Schon am 4. Oktober sahen sich die »Feinde« (die altgläubigen Pfarrer) veranlaßt, den zahlreich herbeiströmenden Nachbargemeinden den Besuch mit harten Drohungen zu verbieten. »Aber«, so schrieb Blarer an Bucer, »der brennende Eifer ist nicht zu dämpfen, täglich glühender flammt er auf und wird sich demnächst zur größten Feuersbrunst steigern... Ich kann Gott nicht genug für diese Berufung danken, welche er so sehr mit seinem Segen krönt. Ich erfahre, wie reich der Gott ist, der mir eine weite Tür aufgetan und bis jetzt mich vor den vielen Feinden bewahrt hat... ›Alles in Allem‹ sei uns Christus; mit dessen Gnade wollen wir uns begnügen lassen und unverzagt die Segel den Winden öffnen, um ihm zu folgen, wohin er uns führt, es sei durch Leben oder durch Sterben. Selig, wer einen gnädigen Gott hat und diesen Besitz wahrhaft genießen kann.«

Dieses Vertrauen wußte Blarer auch in Esslingen zu wekken und zu stärken, so daß er am 27. November abermals an

Bucer berichten durfte: »Hier sind alle ganz ungebrochenen Mutes, so daß ich mich über die Beharrlichkeit dieser Anhänger Christi nicht genug verwundern kann. Ich habe angefangen, diese Gemeinde über die Maßen liebzugewinnen und würde auch verdoppelte Arbeit nicht scheuen, wenn ich dieser und der Konstanzer Gemeinde zugleich dienen und an beiden Orten gleichzeitig sein könnte. Fast alle Herzen glühen, und täglich wächst die Zahl. Nach Gott hängen sie an mir fast ohne Maß.«

Zielstrebig schritt Blarer, der die besondere Gabe besaß, den Strom der Reformation in ein friedliches Bett zu dämmen und mit seiner evangelischen Milde und Besonnenheit den gärenden Zwiespalt auszugleichen, voran. Im Dezember ward die Messe abgeschafft, das evangelische Nachtmahl mit zwinglischem Ritus eingeführt, auch die deutsche und evangelische Taufe eingerichtet. Noch im Dezember wurden die Altäre abgebrochen, die Bilder im Januar 1532 entfernt, in den Klöstern wurde das Singen, Messelesen, überhaupt der alte Gottesdienst streng verboten und der Besuch des evangelischen Gottesdienstes empfohlen. Nach Entfernung der »Greuel« aus den Kirchen sollten diese aber auch aus den Herzen und dem Leben hinweggenommen werden. Dazu bekannte Blarer: »Wir selber tragen einen großen Teil der Schuld. Man will bei uns so wenig von wahrhafter Buße hören, daß unsre Lehre selbst dadurch verdächtig werden muß. Aus der christlichen Freiheit wird durch eine gottlose Auslegung die Freiheit, Sünde zu üben, gemacht. Alles preist die Gnade des Heilands. Es ist behaglich, umsonst gerechtfertigt, erlöst, beseligt zu werden. Aber da ist keiner, der gegen die Abtötung des Fleisches, gegen Kreuz und Leiden und christliche Ergebung sich nicht mit Händen und Füßen sträubt. Es hilft kein Rühmen, daß man schreit, wir haben das Evangelium, sondern es müssen die Werke mitgehen.«

Unter tiefer Bewegung der ganzen Gemeinde hielt Blarer am 30. Juni 1532 seine Abschiedspredigt. Nachdem er die Esslinger darin allen Ernstes gebeten hatte, auf dem gelegten Grunde fortzubauen, sagte er zum Schluß: »Mich freut, daß

Gott mir so viele fromme, gottselige Leute und liebe Kinder unter euch hat zu erkennen gegeben, und ich weiß, wie lieb mich dieselbigen haben um seinetwillen... Seid allweg eingedenk meiner Treu und unverdrossenen Arbeit, daß ich euch allen Willen Gottes eröffnet und von euch kein Silber noch Gold begehrt habe, sondern euch selbst und euer ewiges Heil zu fördern gesucht habe. Beweiset euch also in aller standhaften Gottseligkeit, daß ich auch in meiner Abwesenheit Gutes und einen christlichen Fortgang in gottgefälligem Wandel an euch hören und davon herzlich erfreut werde und mit Paulus sagen möge: ›Ihr seid meine Hoffnung, meine Freude und die Krone meines Ruhms vor dem Angesicht unseres Herrn Jesu Christi« (1. Thess. 2,19).

Der Abschied von Esslingen ward Blarer sehr schwer. Nicht leicht hatte sich ein innigeres Band der Liebe und des Vertrauens zwischen Reformator und Gemeinde irgendwo gebildet als hier. Die ganze Stadt, von den Vorstehern bis herab zum geringsten Bürger, bis zu den Armen, welchen er mit seinem eigenen Geld fast über Vermögen aushalf, liebte ihn. Er blieb der Vater seiner Gemeinde Esslingen – auch der Vater der Kinder, die ihm so anhänglich waren: Der von allen Seiten in Anspruch genommene Mann vergaß seine Esslinger Kleinen nicht, und die Grüße in seinen späteren Briefen an das Agnesle, die zwei Bärbelen, das Bäsle Dieterle wiederholen sich immer. Wie von Ulm und den anderen Städten, so nahm Blarer auch von Esslingen für alle seine Mühe kein Geschenk, nicht einmal für seine Auslagen eine Entschädigung an. Obgleich sich auch dort schließlich das Luthertum durchsetzte, blieb die Stadt vor allen auswärtigen Gemeinden, denen Blarer diente, die Krone seines Ruhms.

»Ob der Steig«

1534 beauftragte ihn Herzog Ulrich, Württemberg zu reformieren:

Herzog Ulrich war nach 15jähriger Abwesenheit im Jahre 1534 durch Philipp von Hessen in das Herzogtum Württemberg wieder eingesetzt worden, wodurch endlich die vom Land längst ersehnte Reformation eingeführt werden konnte. Dazu erbat sich Ulrich Blarer, der für diese Aufgabe von seinen Straßburger Freunden empfohlen wurde: »Er ist ein gelehrter, freundlicher, gütiger, tapferer und einsichtiger Mann; Gott hat ihm die besondere Gnade verliehen, die Kirchen christlich einzurichten, wie das in den Kirchen zu Konstanz, Ulm, Esslingen, Memmingen, Isny und Lindau gar herrlich erfunden ist.« Blarer mußte dabei mit Erhard Schnepf, einem strengen Lutheraner, zusammenarbeiten. Während diesem das Gebiet »unter der Steig« (der Stuttgarter Weinsteige) zugeteilt wurde, war Blarer verantwortlich für das Land »ob der Steig«, dessen Amtssitz Tübingen war. Frisch ging Blarer ans Werk und versuchte überall das »heilig Gotteswort« aufzurichten, wozu er zumeist täglich zweimal predigte.

Wie mühsam diese Arbeit war, mögen wir einem Brief Blarers an seinen Bruder Thomas vom 22. September 1534 entnehmen: »Zu allen übrigen Widerwärtigkeiten und theologischen Streitigkeiten gesellt sich noch die Unlust eines beständigen ›Hinundherreisens‹, was mir überaus beschwerlich ist. Täglich habe ich mit Priestern zu unterhandeln, ihnen Rede und Antwort zu stehen, und alle, die mich der Reihe nach angehen, zufriedenzustellen. Im Vergleich dazu sind alle meine früheren Arbeiten in den schwäbischen Reichsstädten nichts. Christus wird mich mit seinem Arm in Kürze erlösen, denn ich glaube nicht, daß ich solchen Eselslasten auf die Länge standhalte. Bitte Gott, daß er durch mich, ja daß ich durch ihn siege!«

Seit dem Frühjahr 1536 begann die in der Kirchenordnung vorgesehene Visitation. So wurden Visitationsreisen die

Hauptbeschäftigung Blarers in den beiden letzten Jahren seines Aufenthalts in Württemberg. Welch ein großes Opfer er der Sache des Evangeliums brachte, verstehen wir, wenn wir daran erinnern, daß er während seiner Württemberger Mission zweimal Vater wurde; auch wie andererseits der gemütliche Mann alle seine Arbeiten und Leiden doppelt schwer tragen mußte, da ihm der Hintergrund eines Familienlebens und Freundeskreises abging. Stattdessen war er auf seinen Reisen wie auch in Tübingen stets von eifersüchtigen Aufpassern umsponnen, die ihn anzuklagen versuchten. Blarer selbst wußte, daß er es keiner Partei recht machen konnte. Daß er dennoch im Handeln und Dulden ausharrte, um es Gott recht zu machen, verrät eine nicht genug zu bewundernde Selbstverleugnung, eine Treue, die über Vermögen tut, weil sie aus dem Vermögen stammt, das Gott darreicht.

Anfang Juni 1538 kam es schließlich zur Entlassung von Blarer durch Herzog Ulrich, der jede Erklärung über den Anlaß versagte und schließlich auch die Ausbezahlung der Pension verweigerte, welche Blarer zustand, der hingegen während seines vierjährigen Dienstes gegen 300 Gulden aus seinem Privatvermögen aufgewandt hatte. Gestärkt durch ein reines Gewissen, nahm er die Entlassung ungebrochenen Mutes an. Er schwieg, obwohl er sich zur Verantwortung rüstete, und sprach sich fortwährend in ehrender Weise über Herzog Ulrich aus. In einem Brief vom November dieses Jahres schreibt er darüber: »Mein Sach gegen meinen gnädigen Herrn Herzog Ulrich steht noch also: Hab gar keine Antwort, hör auch nichts, daß mir zu hoffen sei, denn daß mir etlich böse Mäuler am Hof und sonst viel böse, giftige Worte nachspeien. Sei alles Gott befohlen! Der sei unser gnädiger Fürst und Herr und geb Gnad, daß wir ihm mit Ernst und Treu dienen.«

Der Johannesjünger

Als einen solchen würdigt ihn sein Hauptbiograph, Theodor Pressel, der über sein Lebenswerk resümiert:

Ambrosius gehörte nicht zu den bedeutendsten, aber unbedingt zu den liebreichsten und liebenswürdigsten Vätern der evangelischen Kirche. Er war eine mehr rezeptive als produktive, mehr praktische als theoretische Natur, mehr ein Johannes- als ein Paulusjünger. In der Mitte zwischen Lutheranern und Zwinglianern stehend, hat er bis zum Ende die Fahne der Union (d.h. die Einigung der protestantischen Kirchen) aufrechterhalten; rechts und links scheel angesehen, hat er unverwandt vorwärts geschaut, rechts und links liebend ohne zu liebäugeln, strafend ohne zu verdammen. Er hat wenig drucken lassen, und doch ward auch dieses wenige vom Papst in die erste Klasse verbotener Bücher gereiht: Aber er hat viel gewirkt und noch mehr geduldet. Er sah nicht die Frucht seiner Mühen und Arbeiten, aber selig ist er, der nicht sah und doch glaubte. Seiner Werke sind ihm viele nachgefolgt, und noch immer mahnet der Name Blarer die Städte, in denen er gewirkt, das Land Württemberg, in welchem er den Samen des Evangeliums ausgestreut hat, und erinnert an das Gotteswort: »Gedenket an eure Lehrer, die euch das Wort Gottes gesagt haben; ihr Ende schauet an und folget ihrem Glauben nach!« (Hebr. 13,7).

Brief Blarers an seine Schwester Margarete (1509).

Der Liederdichter

Einen Einblick in Blarers Glaubensleben geben auch mehrere Lieder, die ihn zu einem der herausragenden Sänger der Reformationszeit werden ließen. Berühmt wurde er vor allem durch ein bereits 1523 entstandenes »Vertrauenslied«, das zum ältesten deutschen evangelischen Liedgut zählt:

>Wie's Gott gefällt, so gfällts mir auch,
>ich laß mich gar nicht irren.
>Ob mich zuzeiten beißt der Rauch,
>und wenn sich schon verwirren
>all Sachen gar, weiß ich fürwahr:
>Gott richt's an seinem Tage.
>Wie er's will han, muß es bestahn;
>soll's sein, so sei's – ohn Frage.
>
>Wie's Gott gefällt, so nehm ich's hin,
>das andre laß ich fahren.
>Was nicht soll sein, stell ich dahin;
>Gott will mich recht erfahren,
>ob ich auch will ihm halten still;
>wird doch wohl Gnad bescheren.
>Dran zweifl ich nicht; soll's sein,
>so sei's; dem kann nichts wehren.
>
>Wie's Gott gefällt, so nehm ich's an,
>will um Geduld ihn bitten.
>Gott ist allein, der helfen kann;
>und wenn ich schon wär mitten
>in Angst und Not, läg gar am Tod,
>so wird er mich wohl retten
>gwaltigerweis. Soll's sein, so sei's!
>Ich gwinns; wer nun wollt wetten!

Matthäus Alber – »der Luther Schwabens«

Zu den markanten schwäbischen Gestalten der frühen Reformationszeit zählt auch Matthäus Alber (1495-1570), ein gebürtiger Reutlinger Handwerkersohn. Nach seinem Studium der Theologie in Tübingen und Freiburg (1513-1521), wo er mit der reformatorischen Theologie bekannt wurde, brach er dieser in seiner Heimatstadt Bahn. Infolge des Interims mußte er 1548 Reutlingen verlassen; zwei Jahre später ernannte ihn Herzog Christoph zum Stiftsprediger in Stuttgart – damit war er ein führender Kopf der württembergischen Kirchenleitung –, 1563 schließlich zum Abt des Klosters Blaubeuren.

Die Reformation in Reutlingen

Im November 1521 hatte der 26jährige Alber in Konstanz die Priesterweihe empfangen und wurde danach in seiner Vaterstadt als Kaplan am Altar des heiligen Jakobus und der elftausend Jungfrauen in der Marienkapelle eingesetzt. Mit jugendlicher Frische und erfüllt von dem Geist, der von der Reformationsstadt Wittenberg aus auch nach Tübingen gedrungen war, ging er ans Werk. Schon bald übten seine einzig aus der Bibel geschöpften Predigten Anziehung aus, so daß die Menschen weit über Reutlingen hinaus in die Marienkirche strömten. Durch solch eine Verkündigung entstand Bewegung. Binnen kurzem hatte der junge Kaplan eine stattliche Zahl von Anhängern unter der Bürgerschaft gewonnen; mehreren seiner Amtskollegen legte er in seinem Haus den Römerbrief und die Evangelien aus...

Nach einem Jahr ist Albers Name im süddeutschen Raum bekannt. Im März 1523 schreibt ihm der Züricher Reformator Huldreich Zwingli einen Brief, in dem er ihn bestärkt, in seiner begonnenen Arbeit mutig voranzuschreiten. Weniger Freude an Albers Wirken zeigte indessen die zu damaliger Zeit das benachbarte Herzogtum Württemberg beherrschende österreichische Regierung, deren Statthalterei in Stuttgart im September dieses Jahres ein Mahnschreiben an den Rat der Stadt sandte: »Wir haben glaublichen Bericht, daß der Prediger Alber die von Papst, Kaiser und Reich als verführerisch, verdächtig, ärgerlich, widerwärtig, aufrührerisch und ketzerisch erkannten, verworfenen und verdammten lutherischen Lehren frevelhaft und unverschämt von der Kanzel und auch sonst öffentlich ausgießt. Solch empörender Unterricht muß dem Prediger verboten werden; ansonsten wird den Untertanen und Zugehörigen des Fürstentums Württemberg Zugang, Handel und Wandel mit Reutlingen verboten« – eine Androhung der Grenzsperre, die den Ruin der Reichsstadt bedeutet hätte.

Reutlingen, 1643

Unerschrocken zeigten sich Alber und der Rat der Stadt, die – auch trotz weiterer von verschiedenen Seiten einlaufender Klagen – auf dem eingeschlagenen Weg der Reformation unbeirrt weitergingen. Luther wiederum freute sich, daß die Stadt »so fest und unbeweglich in dem einmal erkannten evangelischen Glauben beharrte, da sie doch mit vielen und mächtigsten Feinden gänzlich umzingelt und umgeben sei.«

»Der Reutlinger Marktschwur«

Die Drohungen von seiten des Schwäbischen Bundes und des Bischofs nahmen 1524 noch zu, nachdem Alber in der Osterzeit die Messe in deutscher Sprache einführte und das Abendmahl ohne vorherige Ohrenbeichte unter beiderlei Gestalt austeilte; das Meßgewand hatte er dabei abgelegt, Kerzen und Weihrauch aus der Kirche entfernt. Weitere Priester der Stadt folgten Albers Vorgehen.

Nachdem nun der Konstanzer Bischof eine Generaluntersuchung eingeleitet hatte, schlug die Erregung in der Reichsstadt solch hohe Wellen, daß die Bürgerschaft sich anläßlich eines Feueralarms auf dem Marktplatz versammelte. Als das Feuer gelöscht war, hieß der Bürgermeister die Menge wiederum heimziehen und die Tore der Stadt öffnen. Die Bürger aber verharrten auf dem Marktplatz, ließen ihre Spieße nieder, die sie bei sich trugen, und wollten bei dieser Gelegenheit die »Sache der Religion« an Ort und Stelle verhandeln: Alber habe – so meinten sie – nichts anderes als das lautere Wort Gottes gepredigt, so daß die angeordnete Generaluntersuchung keinen Fortgang finden dürfe. Abermals ermahnte der Bürgermeister die Menge und befahl, nach Hause zu gehen. Das Gegenteil trat allerdings ein: Vehement forderten die Bürger den Bürgermeister und den Rat auf, in ihren Ring zu treten und mit ihnen zusammen auf offenem Marktplatz zu schwören, »bei dem Gotteswort zu bleiben und es zu handhaben«. Und so geschah es. Das ist der denkwürdige Reutlinger Marktschwur vom Mai 1524 – ein einzigartiges Bekenntnis der Reformationszeit: Umschlossen von einem mächtigen Gegner, bindet sich die Bürgerschaft, von der Wahrheit des Evangeliums ergriffen, an die reformatorische Botschaft ...

In diesem Jahr unternahm Alber mit der Zustimmung des Rats einen weiteren kühnen Schritt, indem er – als erster unter den schwäbischen Reformatoren – in die Ehe trat mit der Reutlinger Bürgerstochter Clara Baur (1504-1585), mit der er 46 Jahre »friedlich bis an sein Ende« lebte... Dies trug nicht unwesentlich mit dazu bei, daß der Papst Stadt und Prediger in den Bann legte und Alber im Namen des Kaisers vor das in

Esslingen tagende Reichsregiment (Kammergericht) geladen wurde. – Wie Luther 1521 auf dem Reichstag in Worms, mußte sich nun auch Alber im Januar 1525 in Esslingen verantworten, was er auch mutig tat... Groß war der Jubel, ein Sieg für die Reformation war errungen, als er wieder unangefochten, ohne verurteilt zu werden, nach Reutlingen zurückkehrte. Für ganz Schwaben war Esslingen in diesen Tagen ein zweites Worms geworden – durch den Mann, von welchem man hinsichtlich seines ganzen Wesens und Wirkens ehrenvoll gesagt hatte, er sei der Luther Schwabens.

»Das Wort des Herrn allein«

Vor dem Reichsregiment waren Alber 52 Fragen vorgelegt worden, die er unter Berufung auf die Heilige Schrift freimütig beantwortete:

Frage: Ob er gepredigt und gelehrt habe, daß der Papst, Bischof und andere gemeine Priester gleiche Gewalt haben bei der Vergebung der Sünden wie ein jeder Christ. – Antwort: Daß wir alle Priester sind, durch Christi Blut geweiht und durch den Heiligen Geist gesalbt, und niemand Macht hat, die Sünde zu verzeihen als Gott allein. Trotzdem mag wohl ein Christ den andern durch die Worte Gottes trösten und nach seinem Glauben ihm verkünden, daß er vor Gott der Sünde los und ledig sei...

Frage: Ob er gelehrt habe, daß der Ablaß keinen Nutzen habe, sondern ein Betrug sei. – Antwort: Daß der Päpstler Gnad nichts sei denn ein Geldstrick wider das Wort des Herrn...

Frage: Ob er gepredigt und gelehrt habe, daß es gut, nützlich und christlich sei, das hochwürdige Sakrament des Leibes und Blutes unter beiderlei Gestalt den Laien zu reichen. – Antwort: Daß er das gelehrt und mitgeteilt habe, nachdem der Sohn Gottes es selber eingesetzt und befohlen habe, den Kelch allen zu reichen...

Frage: Er soll auch gelehrt haben, daß das vom Papst und Seiner Kaiserlichen Majestät ausgegangene Mandatgebot wider Luther und seine Anhänger wider das Wort Gottes sei. – Antwort: Also hab er gesagt, daß Luthers Lehr' Christi Lehr' sei (d.h. solange sie nicht mit der Heiligen Schrift als falsch erwiesen sei), drum sei man keinem Mandat schuldig, gehorsam zu sein, mehr als man Gott gehorsam zu sein hat...

Frage: Ob er nicht gepredigt und gelehrt habe, daß allein der Glaube gerecht mache und von allen Sünden los und ledig. – Antwort: Der Glaube allein rechtfertigt vor Gott ohne alle Werke, doch können die Werke vom Glauben nicht abgetrennt werden, so wenig wie der Schein vom Feuer. Werke geschehen aus lauter Dankbarkeit gegen den Nächsten...

Ähnlich wie Luther verstand es Alber, diese reformatorische Botschaft seiner Gemeinde in Reutlingen in populärer Weise nahezubringen. Anschaulich wird dies besonders in seiner Osterpredigt von 1531 über

»Frucht und Nutz der Auferstehung«

Was Christus durch seinen Tod erlangt und verdient, das hat er durch seine Auferstehung hernach empfangen und mit sich gebracht: ... Die erste Frucht und (der erste) Nutzen der Auferstehung ist, daß wir dadurch Verzeihung der Sünde haben, obwohl wir dieselbige empfinden und sie nicht gar los sind. Denn dieweil Christus für uns gestorben, aber im Tod nicht geblieben ist: so folgt, daß er durch seine Auferstehung die Verzeihung der Sünden mit sich gebracht und uns geschenkt hat...

Die andere Frucht folgt aus der ersten und ist die, daß Christus durch seine Auferstehung das Gesetz aufgehoben hat, das heißt: Er hat unser Gewissen befreit und sicher gemacht und es zufriedengestellt. Denn dieweil Christus durch seine Auferstehung den Tod, der der Sünden Sold ist, erwürget und uns Verzeihung der Sünden mitgebracht hat, so hat er auch die Kraft der Sünden, das Gesetz (1. Kor. 15) aufgehoben, daß es uns nicht mehr anklagen und anfechten mag...

Die dritte Frucht ist, daß wir von dem Tod erlöst seien. Darum rühmt sich Paulus mit dem Propheten Hosea im 13. Kapitel (V. 14) und spricht: »Der Tod ist verschlungen im Sieg« (1. Kor. 15,55), als wollte er sagen: Die sieghafte Auferstehung Christi hat den Tod verschlungen, gefressen, verzehrt und zunichte gemacht, also daß er fernerhin nichts anders ist als eine Hornisse ohne einen Stachel, die nun greulich pludert und zittert mit ihren Flügeln, ohne daß sie jemand damit beschädigen noch stechen kann...

Die vierte Frucht ist die Zerstörung der Hölle, also daß wir von dem ewigen Verderben und Fluch frei, sicher und ledig seien...

Danach hat uns Christus (als fünfte Frucht) auch durch seine Auferstehung Sieg erlangt wider den Satan... Also ist nun der Teufel in der Welt gesessen mit Ruhe und hat seine Gewalt im falschen Gottesdienst und in der Abgötterei vielfältig gehabt..., so lange, bis Christus, der noch stärker war, ihm in sein Reich gefallen ist und ihm sein ›Wehr und Waffen‹, das ist: die Sünd' und den Tod, genommen und alle Gläubigen und Auserwählten Gottes aus seinem Reich erlöst hat.

Die sechste Frucht ist die Predigt des Evangeliums. Denn obwohl er vor allem seinen Jüngern gepredigt hat, so hat er's aber erst völlig und weit auszubreiten befohlen nach seiner Auferstehung und auch unter die Heiden kommen lassen... Darum hat Christus auch diesen Sieg und sein Evangelium in die Welt ausrufen und jedermann dazu laden und holen lassen durch die Predigt der heiligen Apostel und aller gottseligen Lehrer...

Die siebente Frucht ist, daß uns Christus durch seine Auferstehung gerechtfertigt hat durch den Glauben. Denn wie er durch seinen Tod die Sünde hinweggenommen hat, also hat er durch seine Auferstehung die Gerechtigkeit herzugebracht (Röm. 4; 1. Petr. 1), daß wir nicht allein durch ihn der Sünden ledig und los, sondern auch in ihm fromm und gerecht seien...

Die achte Frucht ist die Seligkeit und das Leben der Seele, welches aus der Rechtfertigung und dem Glauben folgt... Darum sagt er (der auferstandene Christus) zu Maria Magdalena, sie sollte den Jüngern sagen: Wir haben jetzt ein Erbteil, einen Vater, ein Reich und ein allgemeines ewiges Leben...

Die letzte Frucht ist die Verklärung und Herrlichkeit unsers sterblichen Leibes. Denn wie Christus in seiner Auferstehung alle Schwachheit des menschlichen Leibes von sich getan, also daß er nicht mehr sterblich, krank, hungrig, durstig wäre, also werden auch unsere sterblichen Leiber mit ihm sein und werden in der Auferstehung der Toten in solcher Glorie und Ehr' ewiglich bleiben, wovon Paulus im 3. Kapitel des Philipperbriefes (V. 20) also redet: »Unsere Bürgerschaft aber ist im Himmel.« ...

Darum lasset uns Ostern halten, nicht in altem Sauerteig, auch nicht im Sauerteig der Bosheit und des Argwohns, sondern in dem Süßteig der Lauterkeit und Wahrheit – mit solchen Worten drückt Paulus klar aus, daß wir das alte sündliche Leben, das wir von Adam haben, abstellen und das neue geistliche Leben, zu dem uns Christus gebracht hat, durch den Geist annehmen und üben und immer fleißig putzen und fegen sollen, wo wir etwas vom Sauerteig der Bosheit finden. Denn dieweil wir mit Christo erstanden sind, so sollen wir auch suchen, was droben ist (Kol. 3,2)..., also daß die Auferstehung Christi und seine Gaben schaffig (arbeitsam) und mächtig werden, also daß wir uns gegen Gott dankbar beweisen und unserem Nächsten förderlich und nützlich seien, daß auch diejenigen, die außerhalb sind, durch unsern guten Wandel bekehrt und gebessert werden und Gott die Ehr' geben, welcher uns zu solchem wolle verleihen seinen Heiligen Geist, durch Christum unsern Herrn, welchem sei Lob, Ehr und Preis in Ewigkeit! – Amen.

2.
BEWÄHRUNG UND KONSOLIDIERUNG

Kampf um das Interim

Seine erste harte Probe hatte das noch junge evangelische Württemberg zu bestehen, nachdem der Augsburger Reichstag im Mai 1548 das »Augsburger Interim« erlassen hatte. Dieses, ein von Kaiser Karl V. (1519-1556) verordnetes Ausnahmegesetz, das auf die Unterwerfung des Protestantismus unter die katholische Kirche abzielte, regelte »bis zur endgültigen Entscheidung« durch ein Konzil eine »friedliche Vergleichung« der »schädlichen Religionsspaltung im Reich«. Dem evangelischen Bekenntnis wurden dabei nur in den »Zeremonien« (Laienkelch, Priesterehe) Zugeständnisse gemacht.

Die Feuerprobe

Das Ziel, das der Kaiser mit dem Interim verfolgte, war der auch sonst in der Geschichte der christlichen Kirche immer wieder erscheinende Versuch, den Glauben der Untertanen der nationalen Politik dienstbar zu machen: Ein Reich, Ein Glaube, Eine Kirche sollte es sein, über die der Kaiser herrschen wollte. Dazu sollte durch die verbindliche staatliche Regelung des Interims der damals noch frische Gegensatz zwischen dem evangelischen und katholischen Bekenntnis aus der Welt geschafft werden.

Die zwangsmäßige Durchführung dieser Maßregeln brachte für das evangelische Herzogtum viel Not. Zuerst für die Pfarrer: Sie waren vor die Entscheidung gestellt, entweder ihre Überzeugung zu verleugnen oder Amt und Brot zu verlieren. Man suchte ihnen die Unterwerfung mundgerecht zu machen als einen Gehorsamsschritt gegenüber dem Herzog Ulrich, der sonst sein Land verliere, auch als einen Dienst gegenüber dem Land, das von der spanischen Besetzung bedrängt wurde. Um des Friedens willen und damit die Bürger von der Einquartierung befreit würden, möchten sie das Interim annehmen.

Und so kam es, daß mehrere hundert evangelische Pfarrer gleichsam von heut auf morgen heimat- und obdachlos wurden, nachdem Herzog Ulrich auf Drängen des Kaisers am 20. Juli 1548 das Interim verkündigen ließ und am 11. November schließlich sogar die Einführung der Messe gutheißen mußte. Nach Möglichkeit nahm Ulrich die Prediger unter seinen Schutz. Sie waren zumeist arme Leute, wollten aber lieber ihre Anstellung aufgeben und mittellos sein, als daß sie gegen das eigene Gewissen den aufgezwängten Vorschriften zustimmten.

Die Bewährung

In der Not bewährte sich aber die Treue der evangelischen Prediger zum Evangelium. Die entlassenen Pfarrer handelten in entscheidungsvoller Zeit nach dem in friedlichen Tagen verkündigten Grundsatz des Apostels: »Ich übe mich zu haben ein unverletztes Gewissen, allenthalben, gegen Gott und die Menschen!« (Apg. 24,16). Unbekümmert um die Folgen leisteten sie den geforderten Eid deshalb nicht, »weil das Interim ihr Gewissen beschwere«, auch wenn sie sich deshalb als Aufrührer politisch verdächtigen lassen mußten. – Der Heilbronner Prediger Lachmann zum Beispiel legte, weil der Rat das Interim angenommen hatte, sein Amt nieder; vor dem Ulmer Rat boten von 64 Landpfarrern des Ulmer Gebiets 48 ihren Abschied ein, da ihr Gewissen die Annahme des Interims verbiete, und zogen nachher ins Elend, d.h. in die Fremde. Der Reformator Erhard Schnepf hielt am 11. November der geängsteten Gemeinde in Tübingen seine letzte Predigt und zog danach ins Ausland. Nur verhältnismäßig wenige waren es, die die Einheit und den düsteren Frieden über die Wahrheit stellten und unterschrieben; aber sie erkauften dies vielfach um einen teuren Preis: um den Frieden des Gewissens und der Verachtung des Volks. So ist der Esslinger Prediger Stefan Scheffer, der sich durch die Annahme des Interims das Verbleiben in seinem Amt erkauft hatte, aber darum von seiner Gemeinde als Abtrünniger verachtet wurde, kurz darauf als gebrochener, vom Gewissen gepeinigter Mann gestorben.

Die Treue gegen das Evangelium und ihr Ordinationsgelübde ließ die standhaften Pfarrer mit der Amtsenthebung auch Verhaftung, Gefängnis und Ausweisung auf sich nehmen. An denen, die als Führer des Widerstands bekannt waren, wollte der Kaiser ein Exempel statuieren, um andere dadurch einzuschüchtern. Besonders schwer wurde das Los der Ulmer Prediger. Im August 1548 war der Kaiser selbst in Ulm eingetroffen, um das Interim auch dort durchzuführen.

Ulm, 1593

Die Prediger standen vor der Frage, ob sie bekennen oder verleugnen wollten. Zwei haben verleugnet, die fünf anderen weigerten sich, das Interim anzunehmen. Auch die Drohungen des kaiserlichen Kanzlers Granvella vermochten sie nicht einzuschüchtern. Auf einem Wagen wurden die Standhaften gefangen weggeführt und ins Schloß nach Kirchheim unter Teck gebracht. Hinter dem Wagen lief ein Schulknabe her, der es sich nicht nehmen lassen wollte, seinen Lehrern dort in ihrem Gefängnis Dienste zu leisten. Von Woche zu Woche zog sich die Gefangenschaft hin. Im September wurden alle miteinander an eine Kette gelegt. Der Prediger Frecht schrieb damals seiner Frau aus dem Gefängnis: »Bittet Gott, daß wir keinen Eid tun, der Gott und dem Gewissen verletzlich ist.«

Verhaftung der Ulmer Prediger

Bald sei ein Eid geschworen, aber das »nagende Würmlein« bleibe nicht aus. Als die Gefangenen, zuletzt doch mürbe gemacht, die geforderte Unterschrift leisteten, ließ man sie nochmals ein Vierteljahr harren. Und als sie endlich freigelassen wurden, blieb ihnen vom Kaiser der Aufenthalt in Ulm verboten. Anfang März kamen die Freigelassenen vor den Toren Ulms an. Viel Volks lief hinaus, sie zu begrüßen; dann gab es einen bewegten Abschied.

Mit der Verhaftung und Gefangennahme ging die Ausweisung Hand in Hand. So geschah es auch, als in Esslingen der Prediger Otmar Mayländer sich weigerte, den Eid auf das Interim zu leisten, wozu ihn der kaiserliche Kanzler Granvella zwingen wollte. Nur die Fürbitte der Ratsherren erreichte, daß er unter der Bedingung, die Stadt alsbald zu räumen, freigelassen wurde; aber die Ratsherren mußten mit ihrem Kopf dafür bürgen, daß er nicht mehr in der Stadt geduldet werde, und so zog der Vertriebene in die Verbannung. – Doch für die standhaft Gebliebenen galt es auch da, wo wegen Mangels an Interimspriestern die bisherigen evangelischen Pfarrer als Katecheten und Schulmeister an ihrem Platz bleiben konnten, tapfer die Gefahren des Interims zu bestehen. So hat der spätere Nürtinger Superintendent Christoph Binder noch als Grötzinger Pfarrer bei einem wiederholten Erscheinen beutegieriger spanischer Truppen vor den Toren des Städtchens in mutigem persönlichen Auftreten deren Abzug unter Verschonung der Stadt durchgesetzt. Als auch in Grötzingen kein Interimspriester erschien, setzte Binder auf Wunsch der Gemeinde die Verkündigung des Evangeliums fort, nur predigte er – um das kaiserliche Verbot nicht zu übertreten – nicht auf der Kanzel, sondern unter der Kanzel. Er gab, wie es in der lateinischen Leichenrede heißt, »wahrlich ein deutliches Beispiel der Taubeneinfalt und Schlangenklugheit, zu welcher Christus seine Apostel ermahnt hat«.

Das kaiserliche Religionsgesetz brachte zwar für die Verkündiger des Evangeliums viel Not, weckte aber auch standhafte Treue. Und dasselbe gilt auch für die Gemeinden selbst. Nun mußte es sich zeigen, ob das Evangelium in den vierundzwanzig Jahren seit Beginn der württembergischen Reformation in den Herzen festgewurzelt oder, wie die Gegner behaupteten, nur eben durch die Obrigkeit aufgezwungen war

– und es war festgewurzelt. Das zeigte gerade die Not, in die die junge Kirche nun kam. Mit der Entlassung ihrer Pfarrer waren die Gotteshäuser verlassen; von Martini bis Weihnachten mußte im Herzogtum Württemberg aller öffentlicher Gottesdienst unterbleiben. Gleichzeitig wurden die Gemeinden völlig entrechtet. Ein Ausweg blieb den entrechteten Gemeinden ja übrig: Sie konnten sich von den Gottesdiensten der ihnen aufgezwungenen Interimspfarrer fernhalten - und das taten sie auch. In Reutlingen trug man die Kinder auf die umliegenden Dörfer, um sie heimlich evangelisch taufen zu lassen. In Ulm, wo kaum drei oder vier alte Weiber die Messe besuchten, hatte der angesehene Bürger Matthäus Besserer sein Kind auf Bitten seiner Gattin ebenfalls heimlich in evangelischer Weise taufen lassen, weshalb ihn der Rat auf offenem Markt verhaften ließ. Aber trotz aller obrigkeitlichen Einsetzung waren die aufgedrängten Interimspriester beim Volk verachtet. Mit ein paar Zugeständnissen glaubte der Politiker auf dem Kaiserthron den Evangelischen eine Brücke zur neuen Religionsordnung bauen zu können. Aber das Volk betrat die Brücke nicht; es hielt treu und fest am evangelischen Bekenntnis fest.

Geläutert und gefestigt

Und diese Treue der Pfarrer und der Gemeinden trug ihren Lohn. Sie erfuhren die Wahrheit des Wortes aus dem 77. Psalm: »Ich muß das leiden. Die rechte Hand des Höchsten kann alles ändern.« Bei dem Mangel an Gemeindehirten mußte doch nach wenigen Monaten für die Bedienung der verwaisten Gemeinden gesorgt werden. Im Frühjahr 1549 ging die frohe Botschaft durchs Land, der Herzog Ulrich nehme die entlassenen Prediger wieder an: zwar streng nach dem kaiserlichen Verbot nicht mehr als Pfarrer auf der Kanzel, sondern als Katecheten, die doch auch die Seelsorge üben konnten. Sie predigten auch wieder, zwar nicht mehr auf, sondern unter der Kanzel. Die Gemeinden aber ehrten die Überzeugungstreue ihrer Pfarrer, ihre Ausdauer, die auch in bitterer Entbehrung ohne Gehalt und genügendes Auskommen den Gemeinden dienten, mit vielfach rührender Anhänglichkeit. Es erfüllte sich an den standhaft gebliebenen Pfarrern, was Calvin an den verfolgten Brenz geschrieben hat: »Gott hat dich gewiß noch für ein unbekanntes Tagewerk aufgespart.«

Das Ende des Interims kam mit der im Passauer Vertrag 1552 und im Augsburger Religionsfrieden 1555 gipfelnden Entwicklung. Schneller als sie sich einbürgerte, verschwand die dem Volk aufgezwungene »Zwischenreligion«. Als Ergebnis aber der Drangsal blieb: Die Notzeit hatte die evangelischen Pfarrer und Gemeinden geläutert und gefestigt; für die junge evangelische Kirche war die Feuerprobe bestanden. Der evangelische Glaube war durch die schwere Zeit hindurchgerettet, und in der zweiten Phase der Reformation unter Herzog Christoph ging die württembergische Kirche einem neuen Aufschwung entgegen.

Herzog Christoph – »Fürst nach Gottes Herzen«

Daß die durch Herzog Ulrich 1534 in Württemberg eingeführte Reformation nach dem Interim bald bleibende Strukturen erhielt und zur Vollendung gelangte, verdankt sie maßgeblich seinem Sohn und Nachfolger, Christoph von Württemberg (1515-1568), dessen uneigennützige Fürsorge um die junge Kirche ihn als angesehenen Reformationsfürsten der zweiten Generation ausweist. Unter seiner Regierung (1550-1568) wurde das Land eine »festgegründete Stütze« der lutherischen Reformation, die der »väterliche Herzog« auch europaweit auszubreiten versuchte.

Das Staatsoberhaupt

Eine der wichtigsten Tätigkeiten des Herzogs war die Wiederherstellung der landständischen Verfassung, die in der Zeit der österreichischen Herrschaft (1520-1534) und auch unter Herzog Ulrich mehr und mehr in Vergessenheit gekommen war... Um das Wohl des Landes zu fördern, wandte er sein unermüdliches Auge allen einzelnen Zweigen der Verwaltung zu und erließ zahlreiche Erlässe und Verordnungen, die Fortschritt von Gewerbe und Handel entscheidend verbesserten. Als Vater seines Volks zeigte sich Christoph besonders in den Einrichtungen zur Linderung der Armut. So sehr er auf standesgemäßes äußeres Auftreten als deutscher Reichsfürst

Der Neckar mit dem Stammschloß Württemberg um 1814

hielt, so freigebig und gastfreundlich er gegen andere Fürsten war, so mäßig war er für seine Person; so sehr lag es ihm aber auch am Herzen, daß seine Untertanen nicht darben müßten, sondern sich eines bescheidenen Lebensgenusses erfreuen könnten. Anlaß zur Fürsorge in diesem Punkt gab ihm namentlich der Mißwuchs des Jahres 1560 und der Hagelschlag des Jahres 1562. Als ein »echter Joseph« ließ der Fürst beizeiten Getreide aufkaufen, um es dann zu billigem Preis den Untertanen abzugeben. Außerdem wurden Fruchtkästen angelegt; endlich wurde auch eine Witwen- und Waisenordnung erlassen.

So sorgte Christoph nach besten Kräften für das äußere Wohl seines Volks, nach allen Seiten tätig, milde und gerecht, rücksichtslos streng gegen Mißhandlungen seiner Untertanen, aber herablassend gegen den Niedrigsten. Und doch haben wir ihn noch nicht auf der Höhe seines Wirkens gesehen: Den schönsten Ehrenkranz hat er sich verdient durch seine Tätigkeit als

Ordner des Kirchen- und Schulwesens

Gleich bei seiner Rückkehr aus der Verbannung hatte Herzog Ulrich in seinem Land die Reformation eingeführt. Aber einesteils war die Zeit seiner Regierung zu kurz gewesen, um überall fertige Zustände zu schaffen, andernteils war durch das Interim auch manches verdorben worden. So erwartete denn Christoph die Aufgabe, das Werk der Reformation zu krönen und zu vollenden – und auch er hat, wie der Friedensfürst Salomo, der auf den Kriegsmann David folgte, »dem Herrn sein Haus gebaut«. Schon bei seinem Regierungsantritt (1550) beabsichtigte er, »das heilig Evangelium mit Zucht, Gelindheit und rechter Gottesfurcht pur, lauter und rein verkündigen zu lassen«. Und kurz darauf berief er auch den tauglichsten Mann zur Durchführung seiner Gedanken: Johannes Brenz, der als erster evangelischer Stiftspropst und herzoglicher Rat des Herzogs rechte Hand in allen Kirchenfragen wurde. Wohl kaum ein anderes Mal war in der Geschichte des Landes ein Fürst so innig mit seinem Ratgeber zum »Heil des Landes« verbunden. Selten haben zwei Männer so nach Charakter und Anschauungen zusammengestimmt.

Um der Kirche die nötigen äußeren Ordnungen zu geben, wurde vorsichtig auf dem Grund weitergebaut, den schon Erhard Schnepf und Ambrosius Blarer gelegt hatten. Die Kastenordnung (die Verwaltung der kirchlichen Armenpflege) von 1552, die Ehe- und Visitationsordnung von 1553, die »kleine Kirchenordnung« von demselben Jahr, die Klosterordnung von 1556 legen beredtes Zeugnis für die Tätigkeit des Fürsten und seines geistlichen Rates ab.

Den Anfang machte er mit der Umgestaltung der Klöster. Es war dabei seine Absicht, die Klöster – zu ihrem ursprünglichen Zweck – auf humanistischer Grundlage umzugestalten zu Pflanzschulen künftiger Lehrer und Prediger des Evangeliums. Wo man zuvor nur das eintönige Singen der Horen und Messen gehört hatte, da tummelten sich nun Scharen junger, fröhlicher Knaben, die unter strenger Kirchenzucht gehalten wurden und mit ernster Arbeit beschäftigt waren, aber doch erzogen in evangelischer Wahrheit und Freiheit. 14 solcher Klosterschulen waren es anfangs; noch heute sind einige von ihnen »lebendige« Zeugen von Christophs Klosterreform. Der Überschuß der Klostereinkünfte wurde zur Erweiterung einer ähnlichen Anstalt verwendet, nämlich des schon von Herzog Ulrich (1536) gegründeten Evangelischen Stifts in Tübingen.

Das Evangelische Stift Tübingen

Auch der Universität wandte Christoph rege Teilnahme und Fürsorge zu, und sie hatte unter seiner Regierung eine Zeit hoher Blüte. Daneben ließ er zahlreiche Lateinschulen und Deutsche Schulen errichten; selbst der Anfang einer Art Realschule wurde gemacht. Die ganze Jugend – Knaben, aber auch »Töchterlin« – sollte für ihr zeitliches und ewiges Leben mit Kenntnissen ausgerüstet werden. Was Christoph in dieser Beziehung angefangen hat, wurde mit der Zeit überall nachgeahmt. Wenn uns heute die allgemeine Schulbildung als ein »selbstverständlich Ding« erscheint, so soll es nicht vergessen sein: Herzog Christoph ist der Vater der deutschen Volksschule!

In diesen Jahren erhielt die württembergische Landeskirche dauernde Ordnung und Gestalt. Christoph erachtete es für seine vornehmliche Pflicht, »vor allen Dingen seine untergebene Landschaft mit der reinen Lehr des heiligen Evangeliums zu versorgen«. Der Gottesdienst wurde neu geordnet nach den Grundsätzen der evangelischen Lehre; für Taufe, Abendmahl, Beichte, Ehe die nötigen Vorschriften gegeben, und wenn auch die Einführung einer allgemeinen Kirchenzucht nur ein Gedanke blieb, so wurde dafür den bürgerlichen Zuchtgesetzen desto mehr Nachdruck gegeben und strenge Vorschriften gegen Gotteslästerung, Zauberei, Teufelsbeschwörung, Sonntagsentheiligung, Ehebruch und Unzucht erlassen. Von Zeit zu Zeit wurden auch geistliche und weltliche Räte hinaus ins Land geschickt, um Lehre und Wandel der Geistlichen sowie Tun und Lassen der Amtsleute zu prüfen: Man nannte das die Landesinspektion, die mit ein Beweis dafür ist, wie eng in Altwürttemberg Kirche und Staat miteinander verknüpft waren.

Die ganze Tätigkeit Christophs zur Ordnung des vaterländischen Kirchen- und Schulwesens erhielt ihren krönenden Abschluß durch die im Jahre 1559 erschienene »Große Kirchenordnung«, ein grundlegendes Gesetzgebungswerk, in dem alle seither ergangenen Ordnungen und eine Anzahl neuer Erlasse unter Voranstellung des »Württembergischen Bekenntnisses« (»Confessio Wirtembergica«) von 1551 zusammengefaßt wurden. Das Werk wurde nicht nur die Grundlage der württembergischen Kirchen- und Schulverfassung bis in die neueste Zeit, sondern ist auch für andere deutsche Länder vorbildlich geworden:

Die Große Kirchenordnung

Als wir (Christoph, Herzog zu Württemberg) unsere Regierung antraten, haben wir uns daran erinnert, was uns von Gott dem Allmächtigen befohlen war, auch welchem Amt wir von seiner göttlichen Allmacht vorgesetzt wurden. Namentlich gedachten wir, seinem göttlichen Wort von seinem Sohne, unserm einigen Herrn und Heiland, mit rechtem Glauben und Vertrauen auf ihn durch die Gnade des Heiligen Geistes anzuhangen; auch daran, unser Tun und Lassen durch seine Hilf und seinen Segen gottseliglich und christlich anzurichten und daß wir schuldig wären, solches öffentlich und ohne Scheu zu bekennen. Daneben erinnerten wir uns auch daran, allen möglichsten und besten Fleiß anzuwenden, auf daß unsere geliebte, getreue Landschaft und ihre Untertanen hinsichtlich ihrer Seelen und ihres Leibes in ewigen und zeitlichen Dingen recht und wohl unterwiesen und regiert würde... Darin (in der Kirchenordnung) suchen wir nicht unseren eigenen Ruhm oder Lob, sondern allein Gottes Ehr und Preis, zu dessen Ebenbild und zur Großmachung seines göttlichen Namens, auch des seines Sohns Jesu Christi, wir geschaffen sind. Nach bestem Vermögen suchen wir, unserer getreuen Landschaft ewige und zeitliche Wohlfahrt zu schaffen, welche hierdurch zu rechter Erkenntnis Gottes und seines Sohns, unseres Herrn Christi, bewegt werden soll, woraus sie auch Frucht brächte und sich in ein christlich Leben anschickte.

Der Reichsfürst

Nie hat Württemberg eine glänzendere Zeit erlebt, in der es im Reich so geachtet wurde, als unter diesem Fürsten, der ein fester Hort des Protestantismus im Deutschen Reich, aber auch im Ausland wurde. Beständig lag ihm die Ausbreitung und die Einigung des Protestantismus – und zwar auf der Grundlage der Confessio Augustana (Augsburger Bekenntnis) von 1530 – am Herzen. Keine nennenswerte Verhandlung über die Gestaltung der reformatorischen Kirche Deutschlands gab es in seiner Regierungszeit, wo er nicht mit seinen Räten eine entscheidende Rolle gespielt hätte. Sein größtes Anliegen war, die durch fortwährende theologische Streitigkeiten getrennten evangelischen Theologen zu einem festen Ganzen zusammenzuschließen. Aber es blieb Christoph versagt, die von ihm heiß erstrebte Einigung zu erleben. Er war motiviert von dem großen Gedanken, daß »doch einst mit dem Sturz aller Glaubenstyrannei eine einhellige Reformation unter allen christlichen Völkern zustande kommen und daß Gott der Herr den Deutschen die Gnade verleihen werde, darin voranzugehen«.

So half er auch mit, den lutherischen Glauben über Deutschlands Grenzen hinaus zu verbreiten, indem er unter anderem Reformationsbestrebungen in Italien, Österreich und Ungarn unterstützte. Als würdiger evangelischer Fürst erwies er sich auch dadurch, daß er bedrängten Evangelischen, die um ihres Glaubens willen aus ihrer Heimat fliehen mußten, eine Zufluchtsstätte in seinem Lande gewährte. Er half den bedrückten Waldensern und reichte den Hugenotten in Frankreich seine Hand; denn so entschieden und eifrig Christoph der lutherischen Lehre zugetan war, so war er doch weitblickend genug, um nicht auch dem Calvinismus zu helfen.

Primus Truber (1508-1586), der Reformator von Krain und Begründer der slowenischen Schriftsprache, gab mit Christophs Unterstützung mehrere Übersetzungen des Neuen Testaments heraus. Daneben unterstützte er reichlich den aus der Steiermark vertriebenen Ritter Hans Ungnad zu Sonnegg, der in Urach am Fuß der Schwäbischen Alb die erste evangelische Bibelanstalt errichtete, um in Verbindung mit dem inzwischen auch nach Württemberg berufenen Truber die Länder Kroatien, Dalmatien, Bosnien, Serbien, Bulgarien mit der Heiligen Schrift in der Landessprache zu versorgen. Über 25.000 Exemplare sind in der Uracher Druckerei hergestellt worden. Christophs mannhaftes Eintreten für die Sache des Evangeliums in und außerhalb Deutschlands konnte nicht verfehlen, seinen Namen berühmt und gefeiert zu machen und ihm allenthalben die Zuneigung von Fürsten und Völkern zu erwerben. An Württembergs Herzog wandten sich mit Vorliebe solche Reichsstände, welche die Reformation in ihren Gebieten einführen wollten, mit der Bitte um seinen Rat und um Absendung geeigneter Theologen.

»Gottes Stündlein«

Die harte, entbehrungsreiche Jugend und die rastlose Tätigkeit des Mannesalters ging nicht spurlos an der Gesundheit des Herzogs vorüber. Seit seinem 50. Lebensjahr kränkelte er und wurde häufig von Fieber, heftigen Katarrhen und Rheuma heimgesucht. Er fühlte auch, daß er »genug gelebt« habe; seine Mission, sein Land wieder in geordnete Zustände überführt zu haben, sah er als vollbracht an. Darum sprach er aus: Wenn er hundert Jahre Lebens mit einem Heller erkaufen könnte, er würde es nicht tun; er hoffe vielmehr, Gott werde ihn bald zu seinen Gnaden nehmen.

Zuvor aber hat er noch seinem großen Werk einen feierlichen Abschluß gegeben durch den Landtag des Jahres 1565. Es wurde dabei ein Vertrag geschlossen, in dem ausgemacht ward, »daß Herr und Land zur Erhaltung der erkannten und bekannten Wahrheit all ihr äußerstes Vermögen – Leib, Gut und Blut – zusammensetzen und durch die Gnade des Allmächtigen beständig dabei bleiben wollen«. Es war ein feierlicher Augenblick, als Christoph am 19. Juli 1565 die Mitglieder seiner getreuen Stände in der Ritterstube des Schlosses versammelte und – inmitten seiner zwei Söhne stehend – mit dem Dank für alles einträchtige Zusammenwirken das Versprechen verband, »mit Gottes Hilfe wie bisher in Ruhe und Einigkeit zu regieren«. Gerührt verabschiedeten sich daraufhin Christoph und seine Söhne von jedem einzelnen.

Aber diese Tage seines Lebens sollten nicht mehr lange währen. Zwar arbeitete er unermüdlich fort mit seinen Räten, aber die Kraft war gebrochen. Im Lande ging die Rede um:

»Der Herzog habe jedermann Gut's getan, ohne allein seinem eigenen Leib.« Ärztliche Hilfe vom In- und Ausland fehlte ja nicht, aber er hielt selber nicht viel auf das »Flickwerk an einem alten Haus« und fühlte, daß ein »kühl Erdreich sein bester Doktor sein werde«. – Schon in gesunden Tagen hatte er jede Nacht vor dem Schlafengehen einige Kapitel aus der Heiligen Schrift gelesen, aber mehr denn je hat er sich in diesen letzten Zeiten mit Gottes Wort beschäftigt; am liebsten waren ihm die Briefe an die Thessalonicher, »weil in denselben soviel von der Christen Kreuz und Trübsal die Rede ist«. – Wenige Wochen vor seinem Ende legte er noch seinen letzten Willen in einem Testament nieder; er spricht darin aus, daß er in keinem anderen Hoffnung, Trost und Zuversicht finde als in dem Glauben an Jesum Christum.

So sah er denn seinem Ende mit christlicher Geduld und Zuversicht entgegen. »Wenn das von Gott bestimmte und von mir erwartete Stündlein kommt, hilft alles Flicken nichts, es muß doch einmal gestorben sein, und selig sind die Toten, die in dem Herrn sterben. Unsre Bürgerschaft ist im Himmel« – das sind seine eigenen Worte. Seine bekümmerte Gemahlin wußte er stets zu trösten und forderte sie auf, wenn sein Stündlein komme, mit den Anwesenden zu singen: »Mit Fried und Freud fahr ich dahin«. – In den Weihnachtstagen 1568 nahm die Krankheit eine bedrohliche Gestalt an. Am Heiligen Abend empfing er noch das heilige Abendmahl. Am Abend des 28. Dezember ging er dann fast unmerklich zum Frieden des Volkes Gottes ein, erst 53 Jahre und 7 Monate alt.

Die Leiche des Fürsten wurde von Stuttgart nach Tübingen geführt und im Chor der dortigen Stiftskirche beigesetzt. Die dort angebrachte Grabinschrift rühmt von ihm, er sei in den Wissenschaften gebildet, im Ausland erfahren, der Sprachen kundig, durch Erfahrung berühmt, in Gefahren ungebrochen, im Kriege beherzt, in der Regierung gerecht, im Rate klug und friedfertig, ein gewichtiger Redner, der Kirche Vater, der Ketzereien und des Götzendienstes Feind, der Studien Gönner, der Verbannten Zuflucht, der Tugenden Schauplatz, der Frömmigkeit Vorbild, der Vater des Vaterlands gewesen.

Jakob Andreä – ein Leben für Reformation und Eintracht

Um den Aufbau der Württembergischen Landeskirche verdient gemacht hat sich auch Jakob Andreä (1528-1590). Darüber hinaus wurde er durch sein Bemühen um die konfessionelle Einheit der lutherischen Kirche im gesamten deutschen Raum zu einer zentralen Gestalt der Spätreformation und der sich daran anschließenden Frühorthodoxie. Wesentlichen Anteil hatte Andreä am Zustandekommen der Konkordienformel (1577) und des Konkordienbuches (1580).

»Der gute Kampf des Glaubens«

Wenn es am gestirnten Nachthimmel nicht bloß leuchtende Fixsterne, sondern auch Planeten und Sterntrabanten gibt, die unser Auge mit ihrem Glanz erfreuen, so ist es gewiß erlaubt, auch im Reich Gottes das Auge hinzuwenden auf Männer, die zwar keine Sterne ersten Ranges sind, aber den Arbeitsplatz, den Gott der Herr ihnen angewiesen, redlich ausgefüllt und in ihrem kleineren Gebiet Großes gewirkt haben. Zu solchen Sternen zweiten Ranges im Zeitalter der Reformation gehört der aus Waiblingen stammende Sohn eines Schmieds, Jakob Andreä. Er ist kein Luther an Prophetengabe, an Glut der heiligen Kampfesbegeisterung, aber er ist ein Glaubenskämpfer voll Mut, Eifer und Treue; er ist ein Friedensstifter voll Redlichkeit und Weitherzigkeit, der sich – zuweilen aber auch mit Härte – um die Reformation und vor allem um die Eintracht im evangelisch-lutherischen Glauben verdient gemacht hat.

Waiblingen, 1685

Nachdem er 1546 im Alter von 18 Jahren sein Studium der evangelischen Theologie in Tübingen vollendet hatte, fand er eine Anstellung als Diakonus an der Hospitalkirche in Stuttgart. In demselben Jahr führte er die Tochter eines Tübinger Bürgers, Anna Entringer, als seine Gemahlin heim, in die er sich als Student verliebt hatte. Als ebenfalls noch in demselben Jahr der Schmalkaldische Krieg ausbrach, blieb er als einziger Geistlicher in der Stadt, wo er nunmehr auch die verwaisten Stellen seiner Amtsgenossen zu versorgen hatte. Immer durfte er dabei die göttliche Durchhilfe erfahren und wußte sogar den rohen Truppen Hochachtung einzuflößen, obgleich er mehrmals in Gefahr geriet, von den gewalttätigen kaiserlichen Soldaten auf der Kanzel oder am Altar erschlagen zu werden.

1548 mußte er aber sein Amt niederlegen, nachdem das Interim in Württemberg eingeführt wurde. Er übersiedelte nun nach Tübingen, wo er aus Herzog Ulrichs eigener Kasse seinen Lebensunterhalt empfing und zuerst in der Siechenhauskapelle vor der Stadt predigte, alsbald aber zum Katecheten ernannt wurde. Dabei hielt er in seinem Hause auch für einen kleinen Kreis von Studenten theologische Vorlesungen. Nach Aufhebung des Interims wurde er 1553 zum Pfarrer und Superintendenten in Göppingen ernannt. Ähnlich wie in Stuttgart entfaltete er auch hier eine außerordentliche Tätigkeit für den Aufbau der Württembergischen Landeskirche, wobei er sich auch um die Verbesserung der Kirchenzucht bemühte.

1562 ernannte ihn Herzog Christoph schließlich zum Kanzler der Universität Tübingen. Neben diesem und seinem vorigen Amt in Göppingen war er aber auch über Württembergs Grenzen hinaus zur Stelle, wo man ihn als Reformator, Organisator, Disputator, Schlichter und Förderer der konfessionellen Einheit brauchte. Dazu nahm er von 1553 bis 1589 zahllose Reisen auf sich, die er unter das Motto stellte: »Zur Ehre Gottes, zur Ausbreitung seines Wortes und zum Heil der Kirche.«

Reformation und Eintracht

Das von Andreä in diesen 36 Jahren bereiste Gebiet führte ihn in alle Teile des großen deutschen Vaterlandes; aber auch darüber hinaus erstreckte es sich von Paris bis nach Prag und von Dänemark bis nach Bern.

Als Reformator hat Andreä zuerst in Südwestdeutschland gewirkt, später vermehrt im norddeutschen Raum. So war er unter anderem seit 1553 fünfmal in der Grafschaft Öttingen und reformierte 1556 mit Theologen aus Sachsen und der Kurpfalz die Markgrafschaft Baden. Von diesem Aufenthalt wurde er ganz schnell heimberufen, da seine Gattin lebensgefährlich erkrankt war. Fünf Ärzte hatten sie aufgegeben. Eilenden Wegs kehrte er zurück und fand die Macht der Krankheit gebrochen; die Wende zur Genesung war zur selben Stunde eingetreten, in der er in heißem Gebet für ihr Leben mit Gott gerungen hatte. Noch im selben Jahr ordnete er die kirchlichen Verhältnisse in Rothenburg o.T. Daneben reformierte er im Lauf der Jahre mehrere kleine Kirchenwesen. Auch beteiligte er sich schließlich an den reformatorischen Bestrebungen im Herzogtum Braunschweig-Wolfenbüttel (1568/69), verhalf der Reichsstadt Aalen 1575 zum reformatorischen Durchbruch und regelte 1587 in Nördlingen kirchliche Angelegenheiten. Außerdem beteiligte er sich an den in dieser Zeit zahlreich stattfindenden Religionsgesprächen und versuchte sich auch mit Johannes Calvin zu verständigen, was allerdings nicht gelang.

Wenn auch der Gegensatz zwischen Lutheranern und Reformierten nicht überwunden werden konnte, so kam doch wenigstens eine Einigung des größten Teils des deutschen Luthertums auf der Grundlage der Konkordienformel von 1577 zustande, die die nach Luthers Tod ständig zunehmenden heftigen innerlutherischen Streitigkeiten endlich beendeten. Maßgeblichen Anteil am Zustandekommen des Werkes hatte neben dem Braunschweiger Superintendenten Martin Chemnitz (1522-1586) besonders Andreä. Dieser formulierte auch den ersten Teil der Konkordienformel, die sich nicht als neues Bekenntnis verstand, sondern als verbindliche Auslegung des Augsburger Bekenntnisses von 1530. Für ihre Anerkennung hat Andreä noch bis zu seinem Tode unermüdlich geworben. – Daneben hatte Andreä auch am Zustandekommen des Konkordienbuches – heute bekannt als »Bekenntnisschriften der evangelisch-lutherischen Kirche« –, das auch die Konkordienformel enthält, gewichtigen Anteil. Am 25. Juni 1580, dem 50. Jahrestag des Augsburger Bekenntnisses, wurde es veröffentlicht.

Auch in Andreäs letztem Lebensjahrzehnt dauerte seine kämpfende und friedenstiftende Wirksamkeit an. Neben seiner Tätigkeit in Tübingen und seinen ausgedehnten Reisen fand er noch die Zeit zu einer umfangreichen literarischen Produktion, teils in lateinischer, teils in deutscher Sprache, die zu insgesamt etwa knapp zweihundert Schriften führte. Besonders wenn ihn der Feuereifer der Polemik erfaßt hatte, verspürte er nach eigenem Bekunden das Verlangen, »mit beiden Händen und Füßen zugleich schreiben zu können«.

Die mancherlei Anstrengungen seiner ausgedehnten Reisen hatten seine ohnehin zarte Gesundheit untergraben. Nun hieß es für ihn: »Es will Abend werden, und der Tag hat sich geneiget.« Im Juli 1583 wurde ihm seine Gattin durch den Tod entrissen, mit der er 37 Jahre in ungetrübter Eintracht und Liebe verbunden war und die ihm 18 Kinder geschenkt hatte. Wenige Jahre später wurde auch er von einer heftigen Erkältung befallen, die zum Tod führte. Als ihm auf seinem Sterbelager wie einst Luther die Frage vorgelegt wurde, ob er in der Lehre, die er der Kirche 44 Jahre lang gepredigt hatte, beständig verharren wolle, antwortete er noch: »Ja«, und sprach die Worte, die seit dem ersten Karfreitag so manchem Christenmenschen Trost in der letzten Stunde gegeben haben: »Vater, in Deine Hände befehle ich meinen Geist.« In der Frühe des 7. Januar 1590 ist er sanft und selig entschlafen.

Der betroffene Prediger

In seinen Predigten zeigte sich Andreä als hochbegabter Redner. Zuweilen predigte er – wie uns sein Biograph überliefert hat – mit solcher »Anspannung des Geistes und der Stimme, die wie dem Donner gleich anschwellen konnte, und solcher Heftigkeit des Gefühls, daß er sogar mitten im Winter in Schweiß gebadet war«. In einem aufschlußreichen Predigtnachgespräch aus dem Jahre 1559 verweist er auf die unerläßliche Voraussetzung jeglicher Verkündigung:

Eines Sonntages hielt Andreä in einem kleinen Ort in der Nähe von Göppingen Gottesdienst. Ohne zuvor über den Predigttext lange nachgedacht zu haben, stieg er auf die Kanzel und predigte in eindrucksvoller Weise. Nach dem Gottesdienst fragte er in der Sakristei seinen Sohn, den damaligen Pfarrer von Herrenberg, was er von dieser Predigt dächte. Als dieser daraufhin die Predigt lobte, wurde der Vater erregt und sprach: »Schämst du dich denn nicht, mein Sohn, so etwas leichtsinnig daherzureden? Hast du denn nicht gemerkt, wie ich in Angst geriet, fast nicht mehr weiter wußte und beinahe die Flucht ergriff? Ich bin nun schon so viele Jahre Doktor der Theologie und habe vor vielen Fürsten und gebildeten Menschen gepredigt – aber ich war niemals so völlig betroffen und verwirrt wie heute vor diesen einfachen Bauersleuten. Beinahe hat mich die Gnade unseres Gottes gänzlich verlassen, weil ich dieses einfache Landvolk vernachlässigt habe und es nicht für notwendig erachtete, mich gründlich auf die Predigt vorzubereiten. Du aber, mein Sohn, hüte dich, niemals ohne gründliche Vorbereitung zu predigen! Habe acht, daß du in Hochachtung vor Christus und den heiligen Gliedern seiner Gemeinde deinen Dienst tust. Sonst stehst du in Gefahr, das Heiligtum Gottes zu verletzen. Davon war ich heute nicht weit entfernt.«

In verständlicher Weise konnte Andreä das Evangelium auch Kindern und Jugendlichen verkündigen, wobei er besonders die »Hauptstücke« des Katechismus behandelte:

Vom Schlüsselamt der Kirche (Joh. 20,22)

Zum ersten, wenn wir reden von den Schlüsseln des Himmelreichs, so verstehen wir nicht den blauen Himmel, den wir mit unseren Augen sehen, sondern das Himmelreich ist das ewige Leben, die Freude und die ewige Seligkeit... So wollen wir zum andern auch sehen, was die Tür zu demselbigen (zum Himmelreich) sei. – Da die zwei ersten Menschen, Adam und Eva, gesündigt haben, hat sie Gott nicht allein aus dem Paradies treiben lassen, sondern es war ihnen auch der Himmel ewiglich verschlossen gewesen und nicht allein ihnen, sondern auch ihren Kindern und Kindeskindern, ja allen Nachkommen und also auch euch Kindern, dieweil wir von sündlichem Samen gezeuget und geboren werden und also alle gesündigt haben. – Christus ist die Tür zum Himmel. Und er ist dazu eine weite, weite Tür, daß viel Tausend neben und miteinander auf eine Stund und Augenblick dadurch mögen eingehen in das ewige Leben. – Es ist aber auch wiederum so eine enge Tür, daß einer nicht ein kleines Bündelein mit sich könnte durch diese Tür tragen. Es sind Leute, die meinen, sie wollen in den Himmel kommen, wenn sie auch geizig sind und fremdes Gut mit Ungerechtigkeit besitzen. Darum, wenn einer nur ein kleines Säcklein oder Bündelein des Geizes auf dem Rücken hätte, so kann er nicht hindurchdringen, denn er stoßet an mit dem Säcklein. Findet man einen, der ein Fläschlein unter dem Arm hat voll des Weins, das ist einer, der der Trunkenheit und Völlerei nachgehet, der stoßet mit seinem Fläschlein an der engen Tür an und kann durch diese enge Tür nicht eingehen und muß draußen bleiben oder das Fläschlein von sich werfen.– Jetzt könnet ihr Kinder verstehen, wie es geredet ist, wenn man saget, die Pforte oder die Türe, so in den Himmel geht, sei eine enge weite Tür...

Zum dritten müßt ihr auch wissen, was der Schlüssel zu dieser Tür ist. Es ist die Predigt des Evangeliums, das ist, daß ich's noch deutlicher sage, ein jeglicher Spruch aus dem Evangelium Christi, der dir Vergebung deiner Sünden durch Christum Jesum zusaget. Diesen Schlüssel haben nicht die Schlosser auf Erden gemacht; das ist, er ist nicht von Menschen erdacht worden, sondern er ist im Himmel gemacht, und aus dem Himmel hat uns Gott diesen Schlüssel gegeben...

Zum vierten: Was ist aber das Amt oder die Gewalt der Schlüssel? Es ist der Befehl unseres Herrn Jesu Christi, daß ein Mensch dem andern Vergebung seiner Sünden um Christi willen verkündigen solle. – (Nachdem) die Apostel gestorben waren, haben sie denselben Schlüssel hienieden auf Erden gelassen ihren Nachkommen, das ist, Gott hat allewege seiner Kirche seine gelehrten und lehrhaften Diener gegeben und ihnen das Amt, die Sünden zu verzeihen, befohlen...

Zum fünften sollt ihr Kinder auch wissen, daß ihr den Schlüssel auch in die Hand nehmen müsset, sonst wird euch der Himmel ewiglich verschlossen bleiben. Die Hand aber, darin ein jeder Christ den Schlüssel nehmen soll, ist ein rechter, wahrer, lebendiger, christlicher Glaube, wie geschrieben steht: »Wer glaubt und getauft wird, der wird selig werden.« Wer nun mit solcher Hand den Schlüssel ergriffen, gefaßt und behalten hat, der kann aufschließen den Himmel, wann er will, er sei auf dem Felde, im Haus, auf der Gasse. – Ja der Himmel steht ihm für und für offen.

Unser Herr Jesus Christus wolle euch Kindern seine Gnade und den Heiligen Geist verleihen, auf daß ihr diesen Schlüssel mit rechtem Glauben ergreifet, dadurch euch der Himmel geöffnet ist und ihr das ewige Leben erlangen möget.

AM BEGINN DER NEUZEIT

(1. Hälfte des 17. Jahrhunderts)

3.
GENERALREFORM VON KIRCHE UND GESELLSCHAFT

Johann Valentin Andreä – »Mit Gott gewagt – niemals verzagt«

Die namhafteste Gestalt der württembergischen Kirchengeschichte des 17. Jahrhunderts ist Johann Valentin Andreä (1586-1654), ein Enkel Jakob Andreäs. Vier Jahrzehnte lang bekleidete er mehrere geistliche Ämter: Pfarrer in Vaihingen/Enz (1614-1620); Dekan in Calw (1620-1639); Hofprediger und Konsistorialrat in Stuttgart (1639-1650) sowie Abt und Generalsuperintendent in Bebenhausen und Adelberg (1650-1654). Als Repräsentant der lutherischen Reformorthodoxie und Vorläufer des Pietismus strebte er eine »Generalreformation von Kirche und Staat« an, wodurch die orthodoxe («rechtgläubige«) Lehre sowohl in der »Praxis des Glaubens« als auch in einer rechristianisierten Gesellschaft Gestalt annehmen sollte. Wenngleich seinen mannigfaltigen Vorstellungen, die auch sozialutopische Pläne enthielten, nur wenig Erfolg beschieden war, konnte er dennoch den Wiederaufbau der württembergischen Kirche nach dem Dreißigjährigen Krieg maßgeblich mitbestimmen.

Wanderjahre

Johann Valentin, ein Sohn des Herrenberger Dekans Johann Andreä, war von Kindheit an von schwächlicher Leibesbeschaffenheit, besaß aber einen regen Sinn und lebendigen Geist. Bereits als 12jähriger Knabe suchte er in älteren und neueren wissenschaftlichen Texten seine Geistesnahrung; besonders widmete er sich dabei der Mechanik und Mathematik. In Tübingen studierte er schließlich Theologie und alte Sprachen und las zumeist bis tief in die Nacht hinein allerlei Schriften, wodurch seine Gesundheit ständig litt.

Mit 12 Kreuzern in der Tasche verließ er 1607 Tübingen, um eine längere Reise anzutreten, die ihn bis nach Frankreich führte. Ebenso durchwanderte er in den Jahren 1610/1611 die Schweiz, wobei er auch das calvinistische Genf aufsuchte. Von der hier praktizierten Kirchenzucht zeigte er sich sehr beeindruckt: »Außer der vollkommenen Form eines Freistaates besitzt die Republik eine besondere Zierde und Zuchtanstalt an dem Sittengericht, das wöchentlich die Sitten der Bürger untersucht: erstlich durch die Aufseher in den Stadtvierteln, dann durch die Ältesten, endlich durch den Senat selbst... Dadurch werden alle Karten- und Würfelspiele, Schwören und Fluchen, Mutwillen, Geilheit, Zank, Haß, Tücke, Betrug, Geldschneiderei, Schmausen, Schwelgerei, Trägheit, unmäßiger Zorn, Grobheit verhütet... Eine solche Sittenreinheit ziert die christliche Religion ganz außerordentlich, ist ihr angemessen und eigen, so daß wir ihren Mangel bei uns (in Württemberg) nicht genug beweinen können. Entfernte mich nicht der Unterschied der Religion von Genf, so hätte mich die Harmonie der Sitten auf immer an diese Stadt gefesselt. Daher gab ich mir von dieser Zeit an alle Mühe, etwas dergleichen in unseren Kirchen einzuführen.«

Mit dem sehnlichen Verlangen, in ein geistliches Amt einzutreten, kam er in sein Vaterland zurück. Lebhafter als zuvor erkannte er die Nichtigkeit menschlichen Treibens und wollte ein tüchtiger und fruchtbringender Arbeiter im Reiche Gottes werden. Dazu diente auch die Schriftstellerei, die er vor allem während seiner pfarramtlichen Tätigkeit in Vaihingen betrieb. Das Evangelium Jesu Christi war ihm dabei das Wichtigste, mit dem er versuchte, die sich oft in zänkischen theologischen Streitigkeiten verlierende Orthodoxie seiner Zeitgenossen auf den tätigen Glauben hinzuweisen. Sein vielfältiges Wirken stellte er unter das Motto: »Mit Gott gewagt – niemals verzagt«.

Das Färberstift

Ein Sozialwerk schuf Andreä während seiner Calwer Zeit mit dem bekannten »Färberstift«, einer Stiftung, die, von wohlhabenden Bürgern der Stadt – hauptsächlich von Färbern – getragen, sich der Armenfürsorge und Förderung unbemittelter Schüler widmete. In der Gründungsurkunde vom 12. November 1621 heißt es:

Weil wir Christi Namen auf Erden tragen, wollen wir nicht nur die Erkenntnis und das Bekenntnis Gottes und seines heiligen Wortes in Übung bringen; sondern auch Leben und Wandel sollen so angestellt werden, daß Christus durch den Glauben in und außer uns sich hören, sehen und greifen läßt, daß wir die Nachfolge Christi in Gang und Schwang bringen. Denn wahrlich: dies ist des Menschen größte Ehr', daß er Gottes Spender und Austeiler werden kann. Zur Fortpflanzung der Ehre Gottes und seiner Kirche, zur Beförderung guter Ordnung, zur mitleidenden Hilfe und Handreichung der Armen und Kranken, zur Beratung und Aufmunterung der lieben Jugend und Fortpflanzung ihrer Studien haben wir uns auf eine vertraute, christliche, Gott-liebende Gesellschaft und Vereinigung mit Mund, Herzen und Hand verbunden und eingelassen. Jeweils sollen die Zinsen verwandt und ausgeteilt werden:

1. Es soll der christliche Unterricht der Kinder befördert werden...
2. Da in dieser Welt nichts Verlasseneres und Hilfloseres als arme Witwen, Waisen und kraftlose Leute zu finden sind, denen Nahrung, Trost, Schutz und Ehre und fast alles Zeitliche abgehen, sollen wir uns der Betrübten, Geängstigten und Verlassenen annehmen...
3. Es soll Leuten christliches Mitleiden und Erbarmen gezeigt werden, die mit Krankheit und Leibesschmerzen heimgesucht werden...
4. Wir haben uns brüderlich und einhellig miteinander entschlossen, der studierenden Jugend besonders mit guten Begabungen ein Stipendium zukommen zu lassen...

6. Damit arme Bedürftige ihr Handwerk vollkommen erlernen können, soll unverdrossenen und wohlgemuten Arbeitern die Hand geboten werden...
7. Zur Aussteuer und Verheiratung armer gottseliger Waisen und anderer verlassener, unvermögend lediger Personen soll mit wenigem Geld ein rechter Grund zu einem nützlichen Hauswesen gemacht werden...
10. Fromme, gottesfürchtige Kinder, die durch Armut und Unachtsamkeit ihrer Eltern vom Besuch der Schule abgehalten werden, sollen mit dem Schulgeld begabt werden...

So verbinden wir uns gegenseitig mit Mund, Herzen und Gedanken in einem christlichen Gott-liebenden Verein und einer Gesellschaft und verpflichten uns zu herzlicher, treuer Beständigkeit...

»Calwer Klagelieder«

Auch Calw blieb vom Dreißigjährigen Krieg nicht verschont und wurde im September 1634 von kaiserlichen Truppen eingeäschert. Darüber verfaßte Andreä einen erschütternden Bericht, den er als Hilferuf mehreren Reichsstädten zusandte:

Den 10. September kam sehr früh Nachricht, daß Stuttgart geplündert und die dortige Geistlichkeit sehr hart mitgenommen worden sei. Ich schloß mich eilends mit meiner Gattin und meinen Kindern als Reisegefährte an. Wir gingen vor die Stadt hinaus. Es war ein kleines Trüpplein. Was wir tragen konnten, nahmen wir mit, fast allen Hausrat mußten wir zurücklassen ... Da uns aber kein Weg offenstand und wir alle Pässe und Klausen verschlossen und verriegelt sahen, waren wir genötigt, uns an steile, öde und den Menschen beinahe unzugängliche Orte zu begeben... Nun erblickte man auf der Spitze des Berges deutlich Feuer. So verging auch der andere Tag unter Zittern und Beben. Des Nachts entdeckte man eine greuliche und heftige Feuersbrunst. Unser liebes Calw brannte, wie bei anbrechendem Tag bekannt wurde, lichterloh zusammen, und wir standen auf den Bergen als traurige und angstvolle Zuschauer...

Calw um 1830

Johannes von Werth, oberster Befehlshaber des bayerischen Heeres, der vor unseren Toren kaum ein wenig aufgehalten war und nicht sogleich in die Stadt eindringen konnte, ließ seinen Zorn mit Fleiß aus und wütete bei dem ersten Einfall in die Stadt entsetzlich und ließ alles über die Klinge springen, was ihm unterkam, kühlte sein Mütlein bald durch Plünderung der Stadt, und was sich flüchtete, erhaschte er plötzlich auf der Flucht. Es wurden weder geistliche noch weltliche, weder Amts- noch Privatpersonen, kein Geschlecht, kein Alter, kein Stand, niemand geschont, sondern es war alles dem Mord, dem Mutwillen, dem Raub und der mehr als barbarischen Grausamkeit ausgesetzt. Abscheulich ist es zu hören, wie sich der Feind ein teuflisches Vergnügen daraus machte, über achtzigjährige Greise und alte Mütterlein, mit denen es eben ausgehen wollte, durch ausgesuchte Arten von Martern zu quälen. Da der andere und eigentliche Todestag erschien, wurde das Metzeln unter vielem Foltern wiederholt und nichts unterlassen, um herauszubringen, wo wir unser Geld versteckt hätten...

Vergeblich hatten wir 6000 Gulden gegen Brandschatzung gezahlt, denn ungefähr um Mitternacht wurde an verschiedenen Orten, sowohl inner- wie außerhalb der Stadtmauer, Feuer gelegt. Ringsherum wurden Schildwachen aufgestellt und die Tore geschlossen, daß ja kein Bürger entrinnen könne. Denn diesen grausamen Anschlag hatten die Soldaten, vornehmlich die Kroaten, die zu spät zur Beute kamen, gefaßt: Männer und Weiber, Junge und Alte, auf einem Scheiterhaufen zu verbrennen. Aber Gott kam den Seufzenden und Weinenden zu Hilfe, denn trotz aller Bemühungen der Feinde konnten diese doch den zerstreuten Haufen weder durch Tore noch durch Mauern noch selbst mit dem Schwert so einsperren, daß nicht ein Teil entkam.

Indessen verließ ich meine Herde nie ganz und suchte nur der feindlichen Gewalt auszuweichen. Ich hatte mich einem Haufen von Weibern und Kindern, der sich bisweilen auf mehr als 200 Köpfe belief, angeschlossen. Wie Ameisen irrten wir miteinander zwischen Hügeln und Felsen umher. Nachdem bekannt geworden war, daß die Stadt abgebrannt war, entwichen wir nach Aichelberg, einem rauhen Ort... Von da irrten wir herum, und ich versteckte mich am 15. September in dem tiefen Lauterbacher Tal bei einem lauteren Bach in einer Scheuer auf dem Feld. Es wurde uns nachgestellt und Jäger gedungen, uns durch das Spüren ihrer Hunde aufzusuchen. Es war der 20. September, als der Herr mein Söhnlein Ehrenreich heimholte – es konnte Frost und Hunger nicht mehr ausstehen – und also seinen Geist in die Freiheit des Himmels versetzte.

Da ich mein liebes Calw in Schutt und Graus erblickte, befiel mich ein kalter Schauer. Dies ging mir am nächsten, daß ich schon längst das Unglück prophezeit hatte und daß meine Prophezeiung nur zu wahr geworden war. Hierzu kam noch der traurige Anblick meiner mir zwischen lauter Brandstätten entgegengehenden Herde, die ihrem Hirten zu der Wiederkunft und dem geretteten Leben und Wohlbefinden des Leibes unter Tränen Glück wünschte. Wir stürzten einander in die Arme... Wir fingen den Gottesdienst wieder an und hielten morgens und abends Betstunden, und zwar in einer Kapelle, die ehedem dem heiligen Sebastian geweiht war. Es ging zwar eng darin her, doch hatten wir es als starke Annäherung der göttlichen Barmherzigkeit in unseren Nöten anzusehen, denn die Stadt und überdies drei Vorstädte und im ganzen etwa 450 Häuser waren abgebrannt. Ich verlor den ganzen Inhalt meines Silberkastens, der Studierstube und des Familienbesitzes (u.a. wertvolle Manuskripte des Großvaters, Jakob Andreä, und Kunstgegenstände, darunter Originalgemälde von Dürer, Cranach und Holbein), weil ich nichts außer einem Zehrpfennig aus dem Haus mitgenommen hatte.

Von der Zeit an verging beinahe kein Tag, an dem wir nicht entweder Schaden genommen hätten oder wenigstens sehr erschreckt wurden. Zarte Kinder lagen auf dem Boden, und – nirgends geschützt vor Regen und Wind – wurden sie nach und nach aufgerieben. Überdies sah man viele Verwundete, und weil das Übel sich häufte und eine Seuche darauf erfolgte, so sah man die Leute wegsterben wie die Mücken... Durch Mord, Plünderung, Sengen und Brennen, Menschenraub und andere aufreibende Arten sind wir mitgenommen, und unsere Anzahl ist um zwei Drittel vermindert worden. Es waren unser 3832, es gingen ab 2304, und jetzt sind unser noch 1528. Doch leben wir wenigen noch unter so vielen Leiden: mehr durch ein Wunder Gottes als durch Natur oder Kunst oder durch die Hilfe irgendeines Menschen. Wir leben und versehen den Gottesdienst frei. Sünden, die sich in dieser Anarchie mehr als sonst hervortun, schelten wir öffentlich, niedergeschlagene Seelen richten wir unerschrocken auf, und soviel wir können, springen wir Elenden mit Hilfe und mit der Tat getreulich ein. Denn was sollen wir klagen, da uns von allen Orten her mit wechselseitigen Klagen geantwortet wird?

»Generalreformation an Kirche und Staat«

In vielfältiger Weise kreisen Andreäs Reformgedanken, die sich auch mit zeitkritischen Themen befassen, um die Notwendigkeit eines gelebten Glaubens:

Praxis pietatis

Es ist ganz gut, daß die Rechtgläubigkeit in Büchern, Predigten und auf allerlei Weise verteidigt wird – aber darauf muß man doch dringen, daß das Leben dem christlichen Bekenntnis entspreche, daß nicht allenthalben viel Wissen, aber wenig Gewissen, eine Menge von Worten und keine Spur von Taten zu Tage trete. Alle wollen das Bekenntnis mit dem Mund mit allen Kräften festhalten, aber kaum der zehnte Teil bemüht sich, das Evangelium mit der Tat zu bekennen.

Die Nachwelt – scheint es auch von außen ruhig und ist alles wiederhergestellt – verwickelt sich dennoch in einen innerlichen Krieg und wird sich der Religion und des Vaterlandes binnen kurzem beraubt sehen, weil unbändiger Luxus die innersten Eingeweide verzehrt. Daher so viele und so leichtsinnige Abfälle der erlauchten Personen an Babylon (d.h. die katholische Kirche)! Daher die unzeitigen, bittern Zänkereien der Theologen. Von diesem allem sind Folgen: die Fesseln der Kirche und der Raub ihrer Güter, die niedergestürzten Mauern des Vaterlandes, die durchgrabenen Dämme, die zerrissenen Zäune, die aus dem großen Luxus der vorigen Zeit entstandenen ungeheuren Schulden, die man jetzt den dürftigen und ausgesogenen Enkeln aufbürdet, die anstelle der gerichtlichen Formen eingeführten militärischen Gesetze und schrecklichen Erpressungen, der abscheuliche Wucher und die öffentlich vorgenommenen schädlichsten Käufe und Verkäufe.

Was soll ich von unserer evangelischen oder lutherischen Religion sagen oder vielmehr nicht sagen? Von ihr, deren Lehre die klarste, die Praxis aber die trübste ist, deren Gebote lauter, das Leben aber äußerst verdorben ist? Keine andere gibt geraderen Unterricht und ist in der Ausübung krummer, keine ist in ihren Anstalten unschuldiger und durch ihre Verbrechen schuldvoller.

Der Christen Schul'

>Christen sind hie gar dünn gesät;
>Jedoch ihre Frucht niemals ausgeht,
>Ob auch manch Sturmwind sie anweht;
>Denn wenn sie liegt, sie erst aufsteht.
>
>Fromm sein besteht in Worten nicht,
>Ist auch nicht stets bei gutem Grücht,
>Sondern wo's Herz nach Gott gericht't
>Ihm folgt, wie saur's ihm auch geschicht.
>
>Gott ist genug für Ehr und Gut,
>Sicher für alle Stärk und Hut,
>Köstlich für alle Freud und Mut.
>Wohl dem, der sich genügen thut.
>
>Hör viel, red wenig, halt dich rein,
>Laß viel, nimm wenig, acht dich klein,
>Fleuch viel, such wenig, bleib allein,
>Dein Sach mit Gott nur hab gemein.
>
>Leben und Sterben ist eine Kunst,
>Die uns herrührt aus Gottes Gunst,
>Daß wir nicht seien allhie umsonst,
>Folgen allein des Fleisches Brunst.
>
>Meid die Welt; kannst du's nicht, so leid,
>Bleib nicht ihres Sinns, dein Fleisch abtreib.
>Was Gott dir gönnet, das verschweig;
>So bringst du schöne Palmenzweig.

Mahnruf an die Diener der evangelischen Kirche

Wenn nur das unsre wichtigste Aufgabe bleibt, für Christus zu ernten, so muß jeder Acker seine Frucht geben, wenn es auch nicht an Unkraut fehlt. – Dem Schiffer steht es besser an, nach

Salzwasser zu riechen als nach wohlriechender Salbe; den Landwirt kleidet eine staubige Jacke besser als ein gesticktes Kleid. Warum sollten einem Vorsteher der Christen die Faustschläge des Satans, die Striemen der Welt, die Male, die das eigene Fleisch schlägt, nicht wohl anstehen? – Leicht wollen wir es nehmen, wenn wir auch unsre Besoldung verlieren. Aber von Christus das Urteil hören zu müssen, wir seien unnütze Knechte, das sei uns das Schlimmste. So ermahne ich euch zuerst, daß ihr für eure Person stark seid in Christus und euch den Gebrechen der Zeit entgegenstemmt, sodann, daß ihr ein wachsames Auge habt Tag und Nacht auf den Schafstall Christi angesichts vieler Nachstellungen, daß ihr die Wölfe anruft, daß ihr ein unbescholtenes Leben mit Christus führet, den Verleumdern das Maul stopfet, endlich, daß ihr keine Mühe und Arbeit für Christus scheuet, wodurch die Kirche geehrt, der Nächste unterstützt, für die Nachwelt gesorgt und die allgemeine Wohlfahrt befördert werden kann.

Maria Andreä – »Mutter des Landes«

Eine »weibliche Kernnatur jener ernsten, tüchtigen Zeit« (Merz) begegnet uns in Johann Valentin Andreäs Mutter Maria (1550-1632), einer Schwiegertochter Jakob Andreäs, die aus dem angesehenen Herrenberger Geschlecht der Moser stammte, dem auch Johann Jakob Moser angehörte. Bekannt wurde sie hauptsächlich als Apothekerin, die sich in selbstloser Weise lange Jahre um kranke und notleidende Menschen kümmerte.

»Jedermann wohltun«

Bereits in ihrem neunten Lebensjahr verlor Maria, Tochter des Vogts Valentin Moser in Herrenberg, ihre liebe Mutter. Danach wurde sie von ihrer Großmutter, Catharina Currer, einer edlen Frau, welche unter den Anfängen der Reformation herangewachsen war, in der Ehrfurcht vor Gottes Wort und der Übung christlichen Erbarmens großgezogen. – Schon in frühen Jahren zeichnete sich Maria durch unermüdlichen Fleiß aus und war geschickt in allen weiblichen Arbeiten, im Schönschreiben und Vorlesen, besonders auch im Sammeln von Kräutern und in der Zubereitung von Arzneien. Fest und streng war sie auch im Glauben an den Erlöser Jesum Christum, eifrig im Gebet und bewandert in ihrer Bibel, die sie im ganzen alljährlich einmal las; daneben kannte sie auch die erbaulichen Schriften ihrer Zeit sehr genau. – Als Jungfrau pflegte sie die Armen und Kranken, für welche schon in ihres Vaters Haus stets ein eigenes Zimmer und ein gedeckter Tisch bereitstanden; am liebsten wäre sie in diesen Jahren »Krankenmutter« in einem Hospital geworden.

Mit 26 Jahren wurde sie mit Johann Andreä verheiratet, einem Sohn Jakob Andreäs, der damals als Pfarrer in Hagelloch bei Tübingen amtierte. Bereits 1601 verlor sie ihren Gatten und lebte noch dreißig Jahre lang im Witwenstande. – Maria war groß, schlank und kräftig von Gestalt und fein von Antlitz. Im Hause wirkte sie wie ein Mann und war dienstbar wie eine Magd; mild und freigebig war sie gegenüber anderen und dabei selbst mit wenig zufrieden. Körperlich durch Arbeit abgehärtet, in der Kleidung reinlich, aber einfach und allem Schmucke abhold, lebte sie an jedem Orte genügsam und zufrieden, war überall und allen willkommen, sorgte für das Ihrige, trug fremdes Kreuz mit und war mit Freuden bereit, jedermann wohlzutun.

Nach dem Tode ihres sonst sanften und geliebten Gatten, der durch die Goldmacherei (Alchemie) ein Großteil ihrer Mitgift aufgebraucht hatte, zog sie mit ihren sieben Kindern nach Tübingen. Ihre Kinder erzog sie männlich wie ein Vater, gründlich wie ein Schullehrer, sorglich wie ein Arzt in der Zucht zum Herrn. Ihr Lieblingssohn war Johann Valentin, den sie wegen seines frühreifen Verstandes schon in seinem fünfzehnten Jahre mit dem Hauswesen betrauen und ihn in allen Angelegenheiten um Rat fragen konnte.

Stuttgarts Hofapothekerin

Der Mutter aber zeigte die Vorsehung einen neuen Lebensweg. Sie wurde nämlich der Herzogin Sibylla, welche eine fromme und wohltätige Frau war und insbesondere Arzneikunst als Liebhaberei trieb, durch eine Freundin des Moserschen Hauses von Herrenberg als »Mutter der Armen« – so wurde Maria Andreä in der ganzen Umgegend genannt – und als eine Arzneikundige vorgestellt und schließlich im Jahre

Stuttgart um 1730

1607 als Vorsteherin der herzoglichen Hofapotheke nach Stuttgart berufen. Auf dieser Stelle gewann ihr musterhafter Lebenswandel bald alle Herzen am Hof und in der Stadt. Sie hieß bei allen Kunden nur »die Mutter Andreä«. Denn als es der Apotheken noch wenige im Lande gab, war die Einrichtung getroffen worden, daß aus der Hofapotheke die armen Kranken unentgeltlich mit Arznei versehen wurden. Maria sorgte dafür, daß die berühmte Apotheke ihrer Bestimmung erhalten blieb und war entrüstet, als sie inne wurde, daß diese Anstalt dem Luxus des Hofes und den Reichen dienstbar werden sollte. Bald genoß sie hohe Achtung, und die leichtsinnigen Hofleute mußten sich vor der aufopferungsfreudigen Mutter Andreä beugen.

Als nachher die Herzogin Sibylla ihren Witwensitz in Leonberg aufschlug, folgte sie der Herrin dorthin. Da wurde sie ihre Vertraute und die Spenderin ihrer Wohltaten. Vor Freude aber strahlte sie stets, wenn sie einem Bedürftigen ein Gnadengeschenk erwirkt hatte.

»Mutter der Stadt«

Im Jahre 1622 schließlich fand Maria Andreä Aufnahme bei ihrem Sohn Johann Valentin in Calw. Auch hier wurde sie als »Mutter der Stadt« von jedermann verehrt. Wenn es galt, Freunden zu helfen oder Armen beizuspringen, beflügelte die christliche Liebe ihren Schritt, und es kostete sie keine Mühe, auch einen meilenweiten Gang zu machen. In den damals eingeführten öffentlichen Betstunden betete sie immer auf den Knien. Ihre geistliche Waffenrüstung war das Gebet. Ihr Genuß war, Kranke zu trösten und Sterbenden die letzten Worte der Ermunterung zuzurufen. Bei aller menschlichen Schwachheit wandelte sie wie ein lebendiges Heiligenbild umher. Ihr Trunk war bis ins höchste Alter Wasser, selten nur mit ein wenig Wein vermischt. Sie wollte arm und gegen sich hart sein, um andere reich zu machen durch ihre Milde.

Am 25. Januar 1632, 8 Uhr abends, wurde sie, gestärkt durch das Mahl des Herrn, bei vollen Sinnen, nachdem sie den Ihrigen Eintracht und Sorge anempfohlen hatte, in die himmlische Heimat hinübergeführt. Ihr Leichengeleite bildeten der Sohn, drei Töchter, von mehr als vierzig Enkelkindern einige Enkelinnen und die ganze Stadt. Die ganze Bürgerschaft folgte der Mutter unter Tränen; die Armen waren trostlos.

»Meine Mutter«

Der Verstorbenen hat der Sohn Johann Valentin nachgerufen:

So bist du endlich doch ferne von uns und zugegen bei den himmlischen Chören, geliebte Mutter! Du freilich warest schon lange lebenssatt, aber uns wird die Sehnsucht nach deinem Umgang nie verlassen, und ich, dein Sohn, den du unter dem Herzen getragen und unter Schmerzen geboren, reichlich genährt, zärtlich geliebt, in heilsamer Lehre unterrichtet, durch dein Beispiel gebildet, mit deinem Segen bereichert, durch deine Gegenwart und dein Zusammenleben geehrt hast – ich bringe, als dein größter Schuldner diesen Dank deiner heiligen Asche dar. Ein rühmliches Gedächtnis bleibe dir auf Erden, und dein Segen komme auf deine Hinterbliebenen! Sanft ruhe deine Asche nach langer Arbeitszeit und höre bald mit Jauchzen den Ton der Posaune! Von deiner ganzen Hinterlassenschaft begehre ich nur deine edlen Eigenschaften zu erheben; dann bin ich reich genug. Und so lebe wohl auf ewig, Landesmutter, Armenmutter, meine Mutter, lebe wohl, beste, süßeste, seligste Mutter!

4.
IM STURM DES DREISSIGJÄHRIGEN KRIEGES

Durchlitten und durchstritten

Auch in den apokalyptischen Stürmen des Dreißigjährigen Krieges (1618-1648), die nach der Niederlage des protestantischen Heeres in der Schlacht bei Nördlingen im September 1634 über das württembergische Land hereinbrachen und unsägliche Not verbreiteten, erwies sich die Kraft des Glaubens:

Pestilenz und Tod

Nach der Schlacht von Nördlingen konnten die kaiserlichen Truppen im Lande ungehindert wüten, so daß sich ein panischer Schrecken ausbreitete, der sichtbar wurde in geplünderten und eingeäscherten Städten, Dörfern und Weilern, in gemordeten wehrlosen Männern, Frauen und Kindern, in einer unsagbaren Drangsal und Not. Überall schritt der Hunger durch die Straßen und Gassen, so daß an manchen Orten sogar Schnecken und Frösche, schließlich auch Hunde und Katzen verspeist wurden. Vereinzelt kamen selbst kannibalische Exzesse vor.

Dem Hunger folgte mit unerbittlicher Härte das Gespenst der Pest, die wahllos die Häuser und Straßen der Städte und Dörfer betrat und entsetzlich wütete und verheerenden Schrecken hinterließ. Die Bevölkerung des Herzogtums hatte vor dem Krieg noch über 450.000 Einwohner betragen; bis 1639 waren es nun nicht mehr ganz 100.000; bis 1652 wuchs die Zahl schließlich auf 166.000 Einwohner wieder an, nachdem viele Flüchtlinge in das Land zurückgekehrt waren.

Die vier apokalyptischen Reiter von Albrecht Dürer

Unter den Opfern der Pest waren auch zahlreiche Bedienstete der Kirche. So starben 1635 acht Prälaten und 312 Pfarrer – fast ein Drittel der gesamten Geistlichkeit des Landes –, hinzu

kamen 84 Zöglinge des Tübinger Stifts und Klosterschüler...
Das Sterben dieser Diener der Kirche inmitten ihrer Gemeinden ist auch ein Beweis ihrer Glaubenstreue. Davon zeugt auch ein ergreifender Bericht aus jener Zeit, den der Esslinger Dekan Tobias Wagner uns hinterlassen hat:

»Wo waren Kräfte genug, um all die Not, die Verzweiflung und vor allem den Hunger unter den zehntausend Flüchtlingen zu lindern, die gleich den Rebhühnern auf dem Felde gejagt wurden und nichts davongebracht hatten als das nackte Leben? Obwohl ich mich nicht von großem Gute schreiben durfte, so mußten doch meine Kammern einen Vorrat nach dem andern herausgeben. Jeder teilte in der blutteuren Zeit sein Stücklein Brot mit den Darbenden und vergaß der Wartung des eigenen Leibes, um mit Aufbietung aller Kräfte dem Elend zu steuern. Aber – du lieber Gott – es wuchs uns stets noch unter den Händen, die Unglücklichen lagerten dicht gedrängt in Stadeln, Scheunen und Ställen, und der grause Schnitter Tod hielt täglich eine reiche Ernte unter ihnen. Jeden Morgen fanden wir Entseelte in Winkeln und auf offener Straße, manche sogar mit Kraut und Gras im Munde, womit sie die Pein des Hungers zu stillen versucht hatten...

Was halfen alle Pesthäuser samt Theriak (das wichtigste opiumhaltige Allheilmittel des Mittelalters) und Heilkräutern, das Fortschaffen allen Unrats aus der Stadt, das Anzünden großer Reinigungsfeuer, das ängstliche Absperren, in Summa alle menschliche Weisheit gegen diese Zuchtrute Gottes, gegen diesen Pfuhl allen Übels, in dem damals unsre Stadt zu versinken drohte? Dazu kamen noch unmäßige Kontributionen... Raub und Ausschweifung wurden so groß, daß niemand auch nur einen Brotlaib unbeschadet in das nächste Dorf tragen konnte und kein anständiges Weib sich auf der Straße zeigen durfte. Dabei waren alle Kassen leer, die Bürger durch Familienelend und Kriegslasten gänzlich erschöpft, die Spitale und Kirchengüter lagen brach. Da der Verkehr stockte, gingen weder Torgeld noch sonstige Abgaben ein; die Gehälter konnten nicht ausbezahlt werden.

Und doch galt es, die Pflichten der Menschlichkeit nicht

zu vergessen und die Gemüter aus der dumpfen Verzweiflung aufzurütteln. Ich dankte dem himmlischen Lenker allabendlich, wenn ich mich wie zerschlagen auf mein Lager streckte, daß er mir einen starken, zähen Leib und einen festen Geist verliehen, die ich beide im Dienste meiner Mitmenschen so wohl gebrauchen konnte. Obschon ich, gleich Aaron, kraft meines Seelsorgeramtes Tag und Nacht zwischen den Toten, Sterbenden und Lebenden wandelte, stets räuchernd durch das Gebet und die Predigt des Wortes, so griff mich doch die Seuche weder am eigenen Leibe noch in meinem Hause an, aber welche Lücken riß sie anderswo!«

Die Blutbibel von Nürtingen

Unter den wütenden kaiserlichen Heeren mußten vor allem die Geistlichen leiden. Mehrere von ihnen wurden mißhandelt und sogar getötet. So wurde unter anderem der Nürtinger Diakonus Johann Georg Büchelin barfuß und schwerbeladen an einen Pferdeschwanz gebunden und fortgeschleppt. Nie hat man wieder etwas von ihm gehört. Ähnliches widerfuhr in dieser Stadt auch der edelmütigen Herzogin Ursula, der Gemahlin Herzog Ludwigs, die über vier Jahrzehnte im Witwenstande verlebte und als Wohltäterin der Armen bekannt war. Sie wurde ebenfalls gewaltsam gepackt, ausgepeitscht und an den Haaren über die Leichen ermordeter Bürger gezogen, die ringsum auf der Straße lagen. Einzig durch das mutige Einschreiten eines Offiziers wurde sie vor dem Tode bewahrt.

Zu Tode kam auch der Pfarrer von Owen/Teck, Georg Wölflin. Zusammen mit weiteren Gemeindegliedern war er im September 1634 vor brandschatzenden kaiserlichen Truppen nach Nürtingen geflohen. In der Eile konnte er dabei nur das Allernotwendigste mitnehmen. Dazu zählte auch eine kleine »Reisebibel« aus dem Jahre 1627, die er lange Jahre in stetigem Gebrauch hatte. Im Anhang der Bibel waren Gebete aufgenommen. Am Tage der Flucht kam er beim Lesen gerade an »ein Gebet, so man über Feld, Land oder Wasser ziehen will«, in dem an die alttestamentliche Erzählung der Wüstenwanderung des Volkes Israel erinnert wurde. In den im Gebet ausgesprochenen Bitten, die allerdings keine Erhörung fanden, heißt es: »Ich bitte dich demütiglich, du wollest auf dieser Reise mein gnädigster Geleiter und Wegweiser sein... und mir den Weg zeigen und weisen und vollbringen, daß mir weder an Leib, Seel oder Gut ein Schaden widerfahre. Amen.«

Als Wölflin unmittelbar vor den kaiserlichen Truppen Nürtingen erreichte, drängten sich zahllose Flüchtlinge durch das Stadttor. Außerhalb der Stadt brannten bereits Häuser und Scheunen. Überall mußte das Vieh umhergetrieben werden. Die Tore der Stadt konnten in dieser Aufregung nicht mehr rechtzeitig geschlossen werden, so daß die heranstürmenden räuberischen Truppen in die Stadt einfielen und alles brandschatzten, was ihnen unter die Hände kam. Mehr als hundert wehrlose Menschen wurden abgemetzelt, weitere knapp zweihundert wurden schwer verwundet; unter diesen war auch der Stadtpfarrer Joseph Elenheinz, der wenig später von der Pest hinweggerafft wurde...

Eine letzte Zufluchtsstätte für die Verfolgten bot das Schloß und die damit verbundene Laurentiuskirche. Auf deren Empore hatte sich Wölflin versteckt. In der Hand hielt er seine Bibel. Freilich wußte er, daß ihn die Mauern der Kirche nicht beschützen konnten. Er vertraute allein auf seinen Gott. Gerade las er noch aus dem zweiten Timotheusbrief und hatte – wie nachmals zu sehen war – seinen Finger auf die Stelle gelegt: »Ich habe einen guten Kampf gekämpft, den Lauf habe ich vollendet, ich habe Glauben gehalten. Hinfort ist mir der Siegeskranz der Gerechtigkeit aufbewahrt« (Kap. 4,7.8), da traf ihn ein Säbel eines nachstürmenden Soldaten. Mit vorgehaltener Bibel hatte er noch den Hieb abzuwehren versucht, wie eine tiefe Kerbe auf dem Bibelbuch und das Blut der zerschlagenen Finger an dieser Stelle zeigen. Mehrere Pistolenschüsse haben Wölflin schließlich endgültig niedergestreckt.

Noch heute zeugt die »Blutbibel von Nürtingen« – die in der Württembergischen Landesbibliothek in Stuttgart verwahrt wird – vom Martyrium des Owener Pfarrers.

Standhaft im Glauben

blieben nicht nur die Geistlichen des Landes, sondern auch deren Gemeinden:

Als in dieser schweren Zeit auch im Gebiet von Blaubeuren Amtshandlungen der evangelischen Kirche strikt verboten wurden, mußte der Dekan die Stadt verlassen. Heimlich blieb

Blaubeuren, 1643

aber der ebenfalls seines Amtes entsetzte Pfarrer von Pappelau in der Stadt und wirkte im Verborgenen, indem er in Privathäusern Gottesdienst abhielt und die Sakramente spendete; unterstützt wurde er dabei vom Laichinger Pfarrer, der – ebenfalls illegal – wiederholt die Stadt aufsuchte. Aber dennoch waren Gemeindeglieder dazu gezwungen, ihre Kinder zur Taufe in andere Ortschaften oder Städte, z.B. in das zwei Stunden entfernte Ulm, zu tragen – und dies selbst mitten im Winter.

In Göppingen waren die Gemeindeglieder zeitweilig gezwungen, Gottesdienste außerhalb der Stadt aufzusuchen. Als die Jesuiten 1644 sogar die Stadtkirche verschlossen, füllten sich bald die Gefängnisse von evangelischen Bürgern, die sich mannhaft weigerten, ihre Kinder auf den katholischen Glauben taufen zu lassen. Bei einer Bürgerversammlung im Mai dieses Jahres war von 182 Evangelischen nur einer bereit, seine Kinder dem katholischen Glauben zu überlassen. Alle anderen hingegen beschlossen feierlich, daß sie das Bekenntnis des evangelischen Glaubens wahren wollten.

Auch andernorts angestellte Versuche, den evangelischen Glauben zu unterdrücken und auszulöschen, scheiterten immer wieder an der Standhaftigkeit der evangelischen Bevölkerung. Dies gilt auch für Gemeinden, die während der Kriegswirren unter die Herrschaft des Katholizismus gekommen waren und fortwährend drangsaliert wurden. Oft mußten sie dabei schwerwiegende wirtschaftliche Benachteiligungen in Kauf nehmen.

Die Glaubensfreudigkeit zeigte sich in diesen Jahren schließlich auch darin, daß in manchen Orten, in denen die Gemeinden verwaist waren, Gemeindeglieder vom allgemeinen Priestertum der Gläubigen Gebrauch machten. So hören wir, daß an manchen dieser Orte Christen in Privathäusern zusammenkamen, um Gottesdienst zu halten. Dabei sang man Psalmen und las aus Postillen. Auch die weiteren kirchlichen und diakonischen Dienste wurden hier und dort von Gemeindegliedern wahrgenommen. So hat der Krieg nicht nur Schrecken und Verwüstung gebracht, sondern auch schlafende Kräfte in den Gemeinden geweckt.

Der Wiederaufbau

Tatkräftig haben sich auch die Gemeinden am Wiederaufbau des kirchlichen Lebens beteiligt:

In Steinheim an der Murr wurden – wie an vielen anderen Orten auch – außer Geld, Dinkel und Wein (was für die Bauleute bestimmt war) Abendmahlskannen, ein Teller für Hostien, ein Opferbecken, Leinwandstoff für Chorhemden und Tauftücher, ein Kruzifix und ein Kelch aus Messing gestiftet. Viele Frauen gaben Zinngeschirr, woraus Orgelpfeifen gemacht werden sollten. Mit beachtenswertem Eifer setzten sich viele Gemeinden dafür ein, daß sie wieder einen eigenen Pfarrer bekämen – und das ungeachtet der Tatsache, daß die Finanzen der Kirchengemeinden nur spärlich vorhanden waren und deshalb die Gemeinden ihre Pfarrer aus eigenen Mitteln und Opfern unterhalten mußten.

Viele der Pfarreien im Land waren unbesetzt, als der Friedensschluß zustande kam. Eine sofortige Besetzung vieler Pfarrstellen war allein schon deshalb nicht möglich, weil neben den Kirchen auch die Pfarrhäuser vielfach zerstört, zusammengefallen oder durch eine Feuersbrunst ruiniert waren. Dazu fehlte es in Württemberg zunächst an Pfarrern. Und bis alle Bauschäden beseitigt, also etwa die 158 Pfarr- und Schulhäuser und die 65 Kirchen, die bei Kriegsende in Schutt und Asche gelegen hatten, wieder errichtet waren, ging noch so manches Jahr ins Land. Und doch wurde alles nur Erdenkliche unternommen, daß die Gemeinden wieder aufgerichtet wurden. Daran war auch Valentin Andreä wesentlich beteiligt. Die Klosterschulen in Blaubeuren und Bebenhausen waren bereits 1650 wieder eingerichtet und konnten für die Ausbildung der künftigen Pfarrer benutzt werden. Auch das Tübinger Stift wurde in großem Ausmaß renoviert und erweitert. Um diese Zeit waren – so die Visitationsberichte – fast überall im Land die Gottesdienste gut besucht...

Man kümmerte sich auch um das Volksschulwesen. Das zeigt ein Ausschreiben, das schon 1636 erging und in dem darauf gedrängt wurde, in Städten und Dörfern das Schulwesen möglichst schnell wieder funktionsfähig zu machen. Es war vor allem das Verdienst vieler Pfarrer, daß Schulen den Krieg überdauert haben oder nach dem Krieg schnell wieder hergestellt wurden. Der Pfarrer von Heumaden hat beispielsweise an seinem Ort »mit saurer Mühe herausgepreßt« (so schreibt er), daß eine Schule gebaut wird. Er hat auch den Lehrer für diese Schule auf seine Tätigkeit vorbereitet. Diese Bemühungen trugen alle ihre Frucht: Schon 1653 gab es im Lande wieder 478 Orte mit Schulen, und in nur 68 Orten war die Schule noch nicht wieder errichtet. Dieses Ergebnis erstaunt angesichts einer Zeit, von der berichtet wurde, daß in einem Ort die Schüler keine Schuhe, keine Socken und keine Jacken hatten.

Zu den Maßnahmen der Obrigkeit, die dazu dienen sollten, daß christliches Leben und gottesdienstliche Ordnung überall im Land wiederhergestellt werden, gehörte auch die Wiederbeschaffung von Bibeln und Gesangbüchern für die Gemeinden. Diese elementaren Bücher fehlten ja selbst in vielen Pfarrhäusern. Nach und nach wurden Bibeln neu gedruckt; im Jahre 1664 erschien ein neues Gesangbuch. Es half vielen Menschen in jener Zeit, die innerlich und äußerlich angefochten waren. Viele hielten sich an die Bibel und bezeugten, welche Bedeutung das »Buch der Bücher« für sie während des schrecklichen Krieges gehabt hatte – als Licht auf ihrem steinigen Weg.

DER PIETISMUS

(ENDE DES 17. UND 18. JAHR-HUNDERT)

5.
DIE ANFÄNGE

Johann Reinhard Hedinger – Wegbereiter des württembergischen Pietismus

Eine profilierte Gestalt des frühen Pietismus in Württemberg war Johann Reinhard Hedinger (1664-1704), der seit 1699 als Hofprediger und Konsistorialrat in Stuttgart wirkte und neben Johann Andreas Hochstetter (1637-1720), dem »schwäbischen Spener«, maßgeblich dafür sorgte, daß der Pietismus im württembergischen Kirchenregiment Einfluß gewann. Daneben hat er sich als Kirchenlieddichter, Bibelexeget und Religionspädagoge Verdienste erworben. Unvergessen ist bis heute auch sein mutiges Auftreten gegenüber Herzog Eberhard Ludwig, der von 1693 bis 1733 regierte, und seine harsche Kritik an den Mißständen des Hofes.

Der Prediger

Bereits seine am 13. August 1699 in der Stuttgarter Hofkirche gehaltene Antrittspredigt über Jeremia 17,16 bezeugt Hedingers prophetisches Sendungsbewußtsein:

Wohl mir und ewig wohl, wenn die an dem lieben Propheten Jeremia beobachteten Eigenschaften auch an mir hervorleuchten und mich tüchtig machen, das Amt zu führen des Neuen Testaments! Wehe mir aber auch und ewig wehe, wenn es mir an einem in Gott gestärkten Mut, an Verleugnung der Welt und einem ungeheuchelten Gewissen ermangeln sollte! Mir ist der Kampfplatz aufgetan, wider den Satan, die Welt und eigenes Fleisch und Blut zu streiten, der Sünde abzusterben und mit dem Siegesfürsten Christo in einem neuen Leben zu wandeln. Gottlob, den Teufel fürchte ich nicht, scheue auch keine Arbeit! ... So kann es ja nicht anders sein, als daß einem treuen Propheten, der zumal in die jämmerliche Zerrüttung des Hoflebens nach dem gemeinen Schrot mit erleuchteten und zugleich betrübten Augen öfters eingesehen hat, ein herzliches Grausen ankommen müsse – um so viel mehr, weil der Ernst, Babel durch Buße und Bekehrung zu heilen, oft völlig abgeschnitten wird.

Ich trete das mir anvertraute Amt mit solcher Gemütsbeschaffenheit an, daß ich meine Freudigkeit, Gott und der Kirche zu dienen, mir durch keine Menschenfurcht und -liebe werde rauben lassen. Ich strebe danach, mich in meinem Amt selbst dem Herrn aufzuopfern, daß nichts mein eigen sei als Sünde und Schwachheit. Mit und unter dieser Resolution bin ich entschlossen, euch zu predigen den gekreuzigten Jesum: Dieser soll das A und das O, der Anfang und das Ende, der Kern und Stern aller meiner Andachten und Reden sein.

Dieweil ich nun das Glück habe, mit und vor Seiner Hochfürstlichen Durchlaucht erstmals zu reden, so bitte ich mir eine besondere Gnade aus, in der Hoffnung, es solle meiner Bitte nicht fehlen. Nilus, ein frommer, gottseliger Mönch in Italien, wurde einst von dem großmächtigen Kaiser Otto III. besucht und über viele wichtige Sachen, das Christentum betreffend, ordentlich befragt. Dabei bat der Mönch, es möchten Seine Majestät ihm erlauben, daß er etwas zu seinem Besten erinnern dürfte. Danach trat er demütig hinzu, legte dem Kaiser seine Hand aufs Herz und sprach: »Serva, Imperator, animam tuam!«, d.h. Gnädigster Kaiser, erhalten und bewahren Sie Ihre Seele wohl! Sie müssen einst sterben wie andere Menschen, und es wird die Herrlichkeit dieses Lebens Ihnen nicht nachfahren. Otto, solches hörend, konnte sich des Weinens nicht enthalten und ging davon.

Gnädigster Fürst und Herr! Ich verlange gleichfalls und mit tiefster Untertänigkeit eine besondere Gnade, nämlich daß ich vor Eurem Thron und Fürstenstuhl hintreten, meine unwürdige Hand auf Eure Brust legen und an Euer zeitliches und ewiges Wohl demütigst erinnern dürfe. Ich rufe Euch, Hochfürstlichste Durchlaucht, meinem getreusten Landesvater, meinem gnädigsten Fürsten, meinem unter Gott allerhöchsten Wohltäter, demütigst zu: »Serva, Princeps, animam tuam! – Bewahre, großer Fürst, der Seele teures Pfand, das Gott mit seinem Blut so kostbar hat erworben!«

Der Lustgarten in Stuttgart, 1616

Der Seelsorger

Von Hedingers beherztem Vorgehen am Hof berichten auch uns überlieferte Anekdoten:

Bei einer gewissen Gelegenheit, als der Herzog eine ärgerliche Maßregel hatte eintreten lassen und sich im voraus vor den Gegenvorstellungen seines Hofpredigers scheute, erließ er an die Schildwachen vor dem Schloß den Befehl, niemanden hereinzulassen. Hedinger erschien aber tatsächlich im Amtsornat vor der Schloßpforte, wurde aber mehrfach abgewiesen.

Er ließ sich jedoch nicht irremachen, sondern bestand darauf, daß er als Knecht des Höchsten berufen sei, heute mit dem Herzog zu reden. Als die Wachen mit gekreuzten Gewehren sich vor den Eingang stellten, faßte er die Waffen mit sanfter, ruhiger Gewalt, drückte sie hinunter, stieg darüber hinweg und ging unaufhaltsam zum Fürsten hinein, der bei seinem Anblick unruhig in ein anderes Zimmer eilte, und als ihm Hedinger nachfolgte, wiederholt flüchtete, bis er endlich stille stand. Nun trat sein Beichtvater ernst und feierlich vor ihn hin und redete zu ihm mit solch ergreifenden Worten, daß der Herzog tief gerührt wurde und die Maßregel wirklich außer Kraft setzte.

Ein andermal, als der Herzog, um einer Dame zu gefallen, an einem Sonntagmorgen vor dem Gottesdienste ausfahren wollte und von seinem Schloß gerade an der Kirche vorüberfuhr, trat Hedinger heraus, stellte sich ihm im amtlichen Ornat in den Weg und erinnerte ihn daran, wie schwer er sich durch ein so schlimmes Beispiel der Sonntagsentheiligung an Gott versündigte. Vor den Pferden stehend, sprach er zum finster blickenden Herzog: »Wenn Eurer Durchlaucht mit einem Käpplein voll Blutes gedient ist, so fahren Sie nur zu! Ich fürchte den Tod nicht.« Der Fürst aber kehrte, in seinem Gewissen getroffen, um und mußte den um sein Seelenheil eifernden Seelsorger hochachten.

Einstmals soll Hedinger seinen Herzog über gewisse Sünden, die er trotz aller Mahnungen nicht lassen wollte, öffentlich auf der Kanzel bestraft und zur Buße aufgerufen haben. Dies war so deutlich gesagt, daß der Fürst den Entschluß faßte, sich in seinem Schloß persönlich an dem Prediger zu vergreifen. Dieser ward vorgeladen und erschien alsbald mit freier Stirn, gestärkt durch ernstliches Gebet in seinem Gott. Der Herzog sah ihn gleich beim Eintritt mit Betroffenheit an und rief: »Hedinger!« Warum kommt Er nicht allein?«

»Ich bin allein, Ew. Durchlaucht«, erwiderte dieser.

»Nein. Er ist nicht allein!«, entgegnete der Herzog.

Als aber der Fürst, immer auf die rechte Seite Hedingers hinblickend, darauf beharrte, entgegnete Hedinger, ahnend, daß hier eine höhere Hand im Spiel sei: »Ja, ich bin wahrhaftig allein gekommen, Ew. Durchlaucht! Sollte es aber dem großen Gott gefallen haben, einen Engel neben mich zu stellen, so weiß ich es nicht.« Da winkte ihm der Herzog mit der Hand und entließ ihn mit sichtlicher Erschütterung.

Der Schriftausleger

Im Todesjahr 1704 veröffentlichte Hedinger sein Hauptwerk: eine auf den griechischen Grundtext zurückgehende und mit »nötigen Auslegungen und Nutzanwendungen« versehene deutschsprachige Ausgabe des Neuen Testaments, mit der er ein praktisches Hilfsmittel für die pietistische Bibellektüre geschaffen hatte. Über den Gebrauch bemerkt er im Vorwort:

Überdies liegt ein Großes daran, daß diejenigen, welche ihr Heil und die göttliche Anleitung dazu höher als alle Schätze und Güter der Welt achten, sich an der Arbeit des Lehramtes nicht schlechterdings vergnügen und sich etwa zufriedenstellten, wenn sie eine sanft- und kernreiche Predigt gehört haben..., sondern ein jeder soll für sich auch die Heilige Schrift in die Hand nehmen, darin nachspüren und forschen..., welches der rechte Weg sei, die kostbare Perle Christus zu suchen und zu finden, den Glauben zu mehren und zu stärken, den Greuel der Sünden täglich mehr zu erkennen und anzufeinden, mithin durch Geduld und Hoffnung sich nach der seligen Ewigkeit unter mancherlei Kreuz und Versuchung heldenmütig anzuschicken.

Weil nun kein Zweifel besteht, es werden alle die, so das gütige Wort des Herrn etlichemal geschmeckt und seine Kraft und sein Licht in ihren Seelen empfunden haben, von selbst begierig sein, unausgesetzt damit umzugehen und davon zu reden Tag und Nacht..., so wird es niemand als eine verwerfliche Mühe ansehen und halten können, welche lehrhungrigen Seelen zur Förderung des guten Werks in ihnen sowohl schuldige als auch willfährige Hilfe leistet und ihnen hier und da die Bahn bricht, wie sie zur Herausgrabung des manchmal tief verborgenen Goldes – ich meine den richtigen Verstand himmlischer Wahrheiten – am besten gelangen können: deutlich liegt es doch am Tage, daß viele, die noch keine geübten Sinne und vielleicht kaum die ersten Buchstaben göttlicher Lehre begriffen haben..., sich einen liebreichen Wegzeiger des öfteren wünschen.

»Mit Jubelgesang sterbe ich«

Auch sein Lebensende stand ganz im Zeichen seiner Glaubenszuversicht:

Am 15. Dezember brach ein heftiges Fieber aus. Gleich im Anfang dieser Krankheit durchdrang Hedinger die volle Gewißheit seines baldigen Heimgangs. Am Sonntag, den 21. empfing er nach vorhergegangener Beichte und Bekenntnis seines Glaubens und seiner Hoffnung das heilige Abendmahl aus den Händen seines Freundes und Kollegen, Dr. Johann Friedrich Hochstetter, den er um die Liebe bat, ihm die Leichenpredigt zur alleinigen Ehre Jesu Christi zu halten. – Am 23. Dezember ward sein Mund voll Lachens und seine Zunge voll Rühmens. Mit brennenden Augen sprach er:

> Ich friere: entzünde mich, ewige Liebe!
> Ich schmachte: errette mich, o Schöpfer!
> Ich sterbe: bewahre mich, o Heiland,
> Jesus, mein Heiland!

Alle Umstehenden waren innigst gerührt, wie er diese und folgende Worte sprach: »O quam bonus Dominus! Optimus Dominus! O quam dulce, te amare, mi Jesu! O quanta dulcedo! Indignus sum, Domine! Cessa, cessa!« (»O wie gut ist der Herr! Der Herr ist sehr gut! O wie süß ist es, dich zu lieben, mein Jesu! O welch eine Süßigkeit! Ich bin's nicht würdig, mein Herr! Laß ab, laß ab!«)

Über eine kleine Zeit setzte er hinzu: »O quam felix momentum praeteriit!« (»O welch ein wonnevoller Augenblick ist vorübergegangen!«). Viele solche Worte erwähnte er an jenem Morgen, besonders aber sprach er noch: »O welch herrliche Streiter Jesu Christi werde ich im Himmel antreffen! Ach, ich habe nur weniges in der Welt gelitten; meine Sache war nur ein Kinderspiel; wie werde ich neben jenen teuren Streitern stehen können?«

Am Christtage freute er sich von Herzensgrund über dieses Fest und begehrte, man solle ihn seine liebreiche Frau CHRISTINA BARBARA noch einmal sehen lassen. Als dieselbe nun zu ihm gebracht wurde, richtete er sich mit großer Freudigkeit auf, sie zu umarmen, und sagte mit den beweglichsten Worten: »Nun komme denn, liebste Seele, ehe denn ich hingehe!« Dann legte er, für all ihre Liebe und Treue dankend, seinen Segenswunsch auf sie. Darauf nahm er innigen Abschied von ihr. Als sie nun schwachheitshalber fortgebracht werden mußte und nochmals nach ihrem lieben Sterbenden sich umsah, rief er ihr die »letzte Nacht« zu: »Geh hin! Gott sei mit dir! Gute Nacht! Ich gehe voran – du wirst mir bald nachkommen.«

Nach einer kurzen Stille ließ er den Kapellmeister Schwarzkopf zu sich bitten, ihm die Harfe zu spielen. Als der erschien, bat er ihn, ihm einige geistliche Lieder anzustimmen, welche er nicht nur im Herzen mitsang, sondern worüber er auch bei dem herrlichen Gesang: »Jesu, hilf siegen, du Fürste des Lebens!«, ausrief: »Viktoria! Viktoria! Der Sieg ist errungen!« Um Mittag erwartete er sehnlich seine Auflösung. Dann aber fing er selbst aus voller, überfließender Kraft des Geistes mit gewaltiger Stimme und mit solcher Erhebung wie sonst auf der Kanzel an, Gott zu loben – mit solcher Inbrunst und langem Anhalten, daß alle mit größter Bewegung und Bewunderung zuhörten.

Noch einmal ließ er den Kapellmeister Schwarzkopf zu sich bitten, der ihm die Harfe schlug und mit andern Freunden mehrere Glaubenslieder sang. Während des Singens kam sein Kollege, Dr. Hochstetter, dem er freudig entgegenrief: »Inter jubila moriar!« (»Mit Jubelgesang will ich sterben!«) – Die folgende Nacht ruhte er noch einmal sanft und still, und als ihn der Arzt am Morgen des 27. Dezember nach seinem Befinden fragte, antwortete er: »Anima mea languet amore

Jesu!« (»Meine Seele schmachtet vor Liebe zu Jesu«)... Damit wurde er still bis in sein Ende hinein, welches am nächsten Morgen um sechs Uhr erfolgte, da er sanft und stille, schier unvermerkt in seinem Jesus, dem er gelebt, entschlafen ist: in einem Alter von 40 Jahren, drei Monaten, sieben Tagen.

Saft vom Felsen

Viele von Hedingers Liedern behandeln das »getroste Sterben eines Christenmenschen«. In seinem bekanntesten heißt es:

> Saft vom Felsen, Blut des Hirten,
> teures Pfand und Lösegeld!
> Trank! die Schäflein zu bewirten,
> Strom im grünen Gartenfeld;
> Tau vom Himmel, Lebensquelle,
> rot von Farbe, schön und helle!
> Wie soll jetzt nach Würden ich,
> Blutschweiß Gottes, preisen dich?
>
> Lasse dies mein Herz erquicken,
> wenn es sterbend langsam schlägt,
> daß es könne dich erblicken,
> wie dein Leib die Tropfen trägt,
> die du in des Ölbergs Garten,
> meiner Rettung abzuwarten,
> und zur Tilgung meiner Last
> reichlich ausgeschüttet hast.
>
> Drücke mir die Augenlider
> sanft mit deinen Händen zu.
> Senke friedlich mich darnieder
> in des Grabes stille Ruh.
> Laß aus deines Leibs Erblassen
> Labsal mich und Hilfe fassen
> und mit mir aus Angst und Leid
> fahren in die Herrlichkeit.

Herzogin Magdalena Sibylla von Württemberg - Säule des Landes

Zu Hedingers Freundeskreis zählte auch die aus Hessen gebürtige Herzogin Magdalena Sibylla von Württemberg, eine Frau von »altem christlichem Schrot und Korn« (Knapp). Bereits nach vierjähriger Ehe mit Herzog Wilhelm Ludwig (1674-1677) wurde sie mit 25 Jahren Witwe. Im Gegensatz zu ihrem Sohn Eberhard Ludwig (1677-1733) hat Magdalena ein Vorbild hinterlassen:

»Die württembergische Deborah«

Als solche erwies sie sich besonders in der Zeit der Franzoseneinfälle (1688/1692), in der sie sich wiederholt als »einziger Mann am Stuttgarter Hof« den Plünderern entgegenstellte:

Im Jahre 1688 drangen die Franzosen unvermutet ins Deutsche Reich ein und besetzten sofort auch den größeren Teil von Württemberg. Der Administrator und viele höhere Beamte flohen, und nur die herzogliche Witwe blieb mit besonnener Festigkeit in Stuttgart zurück, um dem bedrängten Volk eine mitleidende Trösterin zu sein. Diese Standhaftigkeit trug auch herrliche Früchte. Als nun Stuttgart von französischen Truppen besetzt wurde und der kommandierende General, Marquis von Feuquières, unangemeldet in das Zimmer der Herzogin trat, um unter harten Drohungen eine schwere Kontribution (Kriegssteuer) vom Lande zu erzwingen, widersprach ihm die hochherzige Frau mit solcher durchdringenden Vernunft und würdigen Fassung, daß er von seiner Fordrung abließ, in milder Stimmung hinwegging und vor seinem gleichgestimmten Generalstab es freimütig bekannte, wie ihn die hohe Verehrung für diese Fürstin zu gelinderen Maßregeln genötigt habe.

Ebenso weise benahm sie sich bei einer andern Gelegenheit, als das Schicksal der Residenz in großer Gefahr schwebte. Bei dem Anrücken der Franzosen hatte ein Teil der Bürgerschaft den Feind durch Tötung mehrerer Offiziere zur blutigen Rache herausgefordert. Der Befehlshaber, Peysonnel, derselbe, welchem die Stadt Tübingen die Sprengung eines ihrer Schloßtürme verdankt, hatte auch Stuttgart bereits zur Plünderung und Verbrennung bestimmt, als die gute Herzogin ins Mittel trat und den gereizten Brigadier durch sanfte Fürbitten so sehr begütigte, daß er sich mit einer leidlichen Brandschatzung begnügte und danach sofort aus dem Lande hinwegzog. Zuvor aber richtete er auf dem Rathaus an den Magistrat und an mehrere Abgeordnete der Regierung folgende Worte: »Meine Herren! Ihr und alle, die in der Stadt Stuttgart wohnen, habt allein gegen Ihre Durchlaucht, die verwitwete Herzogin, mit allem Dank zu erkennen, was Euch für Gnade widerfährt. Denn hätte ich nicht auf das weise Benehmen dieser großen Fürstin gesehen, so hätte ich Ursache genug gehabt, die Stadt an vier Ecken anzuzünden und so lange brennen zu lassen, bis sie völlig in Asche gelegt sein würde!«

Ebenso treu war das Benehmen der Herzogin im folgenden Jahr bei der Verwüstung vieler württembergischer Städte und Dörfer. Damals begab sich die Herzogin notgedrungen mit ihrer ganzen Familie nach Heidenheim, hörte jedoch auch dort keinen Tag auf, Sorge für das bedrückte Volk zu tragen, seine Not in der damaligen Teuerung durch milde Anstalten zu erleichtern und ihm bei der Auferlegung der vom Feind bestimmten Kontribution behilflich zu sein. Sie verpfändete zu diesem Zweck sogar ihren ganzen Schmuck in Augsburg, um, wie sie sagte, »die blutenden Wunden meines geliebten Volks, wenn auch nicht zu heilen, so doch nach Möglichkeit zu lindern.«

»Schwingt sich dem Himmel zu«

Ähnlich wie Hedinger erlebte die Herzogin ein »seliges Sterben«. Dabei sollen ihr sogar – wie eine legendäre Erzählung berichtet – »himmlische Segnungen« zuteil geworden sein:

Unter all ihrer Trübsal und Kreuz hat die fürstliche Frau ein getrostes und mitleidendes Herz behalten, alle Widerwärtigkeit mit Geduld ertragen, den heiligen und allezeit guten Willen Gottes mit gelassener Zufriedenheit angebetet, daß sie von Gott sich durch keine Trübsal – wie groß und viel auch dieselbe gewesen – hat abwendig machen lassen, sondern auf Ihn als auf einen Fels gebaut. Dem himmlischen Vater hat sie für seine Züchtigungen gedankt und gar wohl erkannt, daß, wer den Himmel verlange, auch zuvor den engen Kreuzespfad betreten, geläutert und auserwählt werden müsse im Ofen des Elends.

Mit dem Erzvater Jakob konnte sie in jenen zerrütteten Zeitläufen sagen: »Kurz und böse ist die Zeit meiner Wallfahrt« (1. Mose 47,9). Dieses Herzensbekenntnis stimmt lieblich mit ihrem früheren jungfräulichen Wort zusammen:

Mein Schatz ist mein Ehr', mein Leitstern wahre Tugend,
Die hab' ich stets geliebt von meiner zarten Jugend.
Nun ich im Elend bin, sehnt sich der Leib zur Ruh',
Und meine matte Seel' schwingt sich dem Himmel zu.

Darum vergegenwärtigte sie sich ihr Ende an jeglichem Tag und ließ sich schon in jüngeren Jahren ihren zinnernen und hölzernen Sarg verfertigen, den sie selbst mit gottseligen Sprüchen zierte. – Ihr Ende kam auch früher, als die dankbare Liebe des Vaterlandes es wünschte. Frei und mit ernster, heiliger Fassung blickte sie dem Tode ins Angesicht, der sich Anfang August 1712 ankündigte... Am 7. August, morgens um 2 Uhr, lag sie in schweigendem Gebet auf ihrem Sterbelager. Das Herz tat ihr vor Freude springen – sie wachte und stand im Geist eilends auf. Es waren um jene Zeit zwei Personen bei der Herzogin, die ganz still und ruhig auf ihrem Sterbebett lag – und siehe, ganz unversehens ließ sich im Kabinett eine überaus liebliche Stimmen- und Harfenmusik hören, die nach wenigen Minuten als ein in der Luft verwehender Ton endete... Diese Begebenheit erinnerte an eine Himmelfahrt; ja, was bedeutete es anders, als daß die heiligen Engel nicht mehr verziehen konnten, bis diese in ihrer Gemeinschaft stehende Seele durch die Tore der Ewigkeit eingehen würde. Sie bezeugten im voraus ihre Freude und kamen vom Himmel, um ihre Schwester – wie einst Jesum in Gethsemane – zu stärken... Bald darauf nahm die Krankheit unter steigenden Schmerzen ihren letzten Verlauf. Ihr letztes lautes Triumphwort auf die Frage, ob sie ihren Herrn Jesum noch im Herzen habe, war mit gefalteten, auf ihr Herz gedrückten Händen freudig ausgesprochenes Wort: »Ach ja! Meinen Jesum, meinen Jesum!« - Dabei verblieb es dann. Sie schloß ihre Gott-geheiligten Lippen für diese Welt, und am 11. August 1712, abends zwischen 4 und 5 Uhr, entfloh die entbundene Seele dorthin, wo kein Tod und kein Elend mehr sein wird.

In der Nacht vom 1. auf den 2. September wurde ihr Leichnam an der Seite ihres Ehegatten Wilhelm Ludwig in der Stuttgarter Stiftskirche unter den Worten beigesetzt:

Hier ruht ein Fürstenleib im Sand der kühlen Erden,
Der Tugend Diamant, ein Wunder dieser Welt.
Die Seele wollte nun ein reiner Engel werden,
Die sich schon längst zuvor den Engeln zugesellt.

Das war eine württembergische Regentenwitwe von altem christlichem Schrot und Korn, eines jener lieblichen Sternbilder, die aus dem so vielfach umdunkelten Himmel der Vorzeit noch segnend herüberleuchten. Sie war die Krone des Herzogtums und eine Mutter in Israel, eine Vorbitterin und Säule des Landes, eine Mutter und Gluckhenne der Verlassenen; sie war damals unsere Deborah – eine Rettungshöhe, worauf Tau und Regen des Himmels zuerst niederfiel, um von dort in die Täler des Volks mit segnendem Labsal und mannigfaltiger

Tröstung hinunterzufließen. Württemberg hatte Grund genug zu dieser Bewunderung.

Unvergessen blieb die Herzogin auch als Erbauungsschriftstellerin und Liederdichterin:

Gethsemane

Hier liegt mein Heiland in dem Garten
Auf seinem heilgen Angesicht,
Belegt mit vielen Leidensarten,
Für meine schweren Sündengicht,
Angst, Not und alle Trauerwogen,
Die haben seine Seel umzogen.

Es liegt mein Jesus auf der Erden,
Ruft: Vater, kann es möglich sein,
So laß von mir genommen werden
Des bittern Kelches herbe Pein:
Doch den Gehorsam zu erfüllen
Nach deinem, nicht nach meinem Willen.

Mein treuer Heiland aber wachet
Und tilgt jene Handschrift aus,
Die mich dem Tode zinsbar machet,
Er schreibet mich ins Lebenshaus.
Das tut er durch das bittre Leiden,
So ihm ins Herz und Seele schneiden.

Herr Jesu! Laß dein Angst, dein Schwitzen
Und deinen drauf erfolgten Tod
Mich vor der Macht der Sünde schützen
Und reißen aus der Seelen Not,
Laß deinen Schweiß zum Trost genießen,
Sich stets in meine Seel' ergießen.

Beata Sturm –
die württembergische Tabea

In Beata Sturm (1682-1730), der Tochter eines Oberjustizrats und Landschaftskonsulenten, begegnen wir der wohl liebenswürdigsten Zeugin württembergisch-pietistischer Frömmigkeit im 18. Jahrhundert. Bekannt wurde sie durch ihre Fürsorgetätigkeit in Stuttgart und durch ein von mystischer Innerlichkeit geprägtes Gebetsleben:

»Wohltun war ihre Seligkeit«

Schon in frühen Jahren wurde Beata in die Leidensschule geführt, damit sie um so geschickter wäre, sich ihrer leidenden Mitmenschen anzunehmen. Im zehnten Lebensjahr bekam sie an beiden Augen den Star und erhielt nach der fünften Operation nur ein schwaches Augenlicht wieder. Um diese Zeit starb auch ihre gottesfürchtige Mutter, und ihr Vater ging als Geisel in französische Gefangenschaft, aus der er erst nach vierjährigem Ungemach wieder zurückkehrte. Nach dem Tode ihres Vaters 1709 legten ihre Verwandten den Hauptteil ihres kleinen Vermögens als Kapital an; was ihr von dem Rest überflüssig vorkam, verkaufte sie und schenkte den Ertrag den Armen.

Schließlich kam sie in das Haus des frommen Prälaten Esenwein zu Blaubeuren und überwand hier mit Gottes Hilfe mehrere sehr heftige Versuchungen zum Selbstmord. Als Esenwein Konsistorialrat wurde, zog sie mit ihm nach Stuttgart, das fortan der Schauplatz ihrer christlichen Tätigkeit wurde. Sie teilte nunmehr ihre Zeit ein: in das Lesen der Heiligen Schrift, Gottesdienstbesuch, Gebet und – vor allem – in das Werk der tätigen Menschenliebe. Wohltun wurde ihre Seligkeit. Mit ihrer unbegrenzten Mildtätigkeit nahm sie sich besonders derer an, welche der Liebe am bedürftigsten waren: der zahllosen Armen, der Verschuldeten, der im Glauben Angefochtenen, der Witwen und Waisen, der Kranken, die in den Spitälern oder in kargen Stübchen lagen und kaum mehr besucht wurden. Diese alle richtete sie regelmäßig auf und tröstete sie, beschenkte sie mit Essen und Trinken oder sonstigen leiblichen Wohltaten, die ihre rührige Hand immer wieder fand. – Da ihre eigenen Hilfsquellen bald versiegt waren, ließ sie bei ihren Verwandten, die ihr Erbteil verwalteten, mit Bitten und Flehen nicht nach, bis man ihr gestattete, noch etliche hundert Gulden von ihrem Kapital für die Armen zu verwenden. Als man in späteren Jahren, in denen sie selber schwer erkrankte, aus ihrem Wäscheschrank frische Leintücher holen wollte, war fast nichts mehr übrig – alles hatte sie verschenkt.

Wer die württembergische Tabea – wie sie schon bald ehrfurchtsvoll genannt wurde – durch die Straßen Stuttgarts gehen sah, hätte wohl nicht gedacht, daß das eine Person von ziemlich vornehmem Stand war. Denn sie kleidete sich ganz schlicht; auch brach sie sich im Trinken und Essen ab, damit sie desto eher Hungrige speisen und Durstige tränken konnte.

Den Segen davon spürte auch jene arme Frau, die in ihrem Hunger von der Jungfer Sturm reichlich erquickt worden war. Ohne an die Jungfer zu denken, äußerte das arme Weib einmal im Kreise einiger Nachbarsfrauen: »Wenn mir doch nur jemand ein altes Kleid zukommen ließe, damit ich mich bedecken und nach einem Stückchen Brot kriechen könnte!« Was tut Beata, die davon zufällig hörte? Gerührt vom Elend des Weibes, zieht sie auf der Stelle ihren Rock aus und erfüllt buchstäblich das, was der Herr Jesus sagt: »Wer zwei Röcke hat, der gebe dem, der keinen hat« (Luk. 3,11). Anschließend schämte sich die Jungfer Sturm überhaupt nicht, in ihrem Unterrock über die Straßen heimzugehen.

Bei allen Wohltaten aber, die sie austeilte, hatte Beata ein höheres Ziel im Auge: die Seelen an diesen Seilen der Liebe zu Gott zu ziehen. Als sie starb, weinten die Armen Stuttgarts aufs herzbeweglichste und ehrten sie als »Tabea«, als »Zuflucht der Betrübten und Verlassenen«.

»Ohne Unterlaß«

Wie das Wort Gottes ihre tägliche Nahrung und Weide war, so war das Gebet ihr fortwährendes Atemholen. Tag und Nacht wurde sie nicht müde darin. Oft brachte sie halbe, ja ganze Nächte im Gebet zu. Nie gehörte die ganze Nacht dem Schlaf. Nicht nur im Sommer, sondern auch im Winter erhob sie sich des Nachts bei eisiger Kälte von ihrem Bett und trug auf ihren Knien Gebet, Fürbitte und Danksagung vor den Gnadenthron. Sie hatte aber auch eine ungewöhnliche Gebetsgabe. Ihre Anliegen wußte sie auf eine Art vor Gott auszubreiten, daß man sich nicht genug über ihre tiefe Weisheit, ihren starken Glauben und ihr kindliches Herzvertrauen verwundern konnte. Da hörte man keine Wiederholungen, keine Unordnung im Gedankengang. Auch ihr Leib ermüdete nicht, obwohl sie aus allen Kräften ihres Leibes und ihrer Seele betete.

Wenn sie so betete, bezeugen ihre Freunde, war es einem, als ob ihr Geist sich der »Hütte« entledigen wollte, so sehr streckte sie sich nach dem lebendigen Gott. Bald klopfte sie ihre Hände zusammen, bald schlug sie damit auf ihre Brust. Alles betete sozusagen an ihr: ihre Augen, ihr Angesicht, ihre Arme. Sie sagte, daß sie dabei nicht an Worte denke, sondern nur rede, was ihr in den Mund komme. Da überlasse sie sich ganz dem Geist des Gebets, der in ihr wohnte und redete. Oft wisse sie nicht, was sie geredet habe; oft spreche sie Worte aus, die sie ihr Leben lang nicht gehört, noch verstanden habe, noch nachsagen könne. Und doch hielt sie daneben viel auf feststehende Gebetsformen.

»Ganz und gar zu eigen«

Ähnlich wie der bekannte Mystiker Gerhard Tersteegen (1697-1769) hat Beata Sturm stets aufs neue ihre Glaubenshingabe erneuert, indem sie sich in schriftlichen Verlöbnissen Jesus Christus anvertraute:

Im Namen Jesu verpflichte und verbinde ich mich mit Jesus, daß ich meinem Jesus folgen wolle, wie und wohin er mich führt. Ich gebe dann zuallermeist meinem Jesus das Herz ganz und gar zu eigen und verbinde mich, daß mit meinem Willen kein Gedanke oder Bewegung wider die Liebe Jesu darin sei, viel weniger bleiben soll, sondern ich will in der mir bereits geschenkten Gnade ernstlich wider das Böse streiten und kämpfen. Gleichermaßen übergebe ich auch alle Kräfte, Sinne und Glieder des inneren und äußeren Menschen meinem Jesus so, daß ich nichts denken, reden oder tun will, das wider das Wort meines Jesu wäre. Vergesse ich Dein, o Jesus, so werde ich meiner Rechten vergessen. Meine Zunge müsse an meinem Gaumen kleben, wo ich Dein nicht gedenke, wo ich nicht lasse Jesus meine einzige Lust und Freude sein. Amen. Beata Sturmin.

6.
DIE SCHWABENVÄTER

Johann Albrecht Bengel
– Vater des schwäbischen Pietismus

Daß sich der Pietismus in Württemberg schon bald etablieren konnte, ist in großem Maße Johann Albrecht Bengel (1687 bis 1752) zu verdanken, einem Nachkommen Johannes Brenz'. Sein Wirken – als Klosterpräzeptor (1713-1741), Propst (1741-1749) sowie als Konsistorialrat (ab 1749) und Mitglied des Landtages (ab 1747) – und Denken sind geprägt von einer jahrzehntelangen Beschäftigung mit der Bibel. Damit erwarb er sich vor allem durch seine textkritischen Forschungen am Neuen Testament (Prüfung handschriftlicher Überlieferungen zur Gewinnung der wahrscheinlichsten originalen Textfassung) große Verdienste; sein sich durch prägnante praktisch-erbauliche Anwendungen auszeichnender Wort-für-Wort-Kommentar »Gnomon Novi Testamenti« (Fingerzeig für das Neue Testament) fand weite Verbreitung und machte ihn zum Klassiker der pietistischen Bibelauslegung. Bengel verkörpert in seinem Bemühen, wissenschaftliche Arbeit und Frömmigkeit zu vereinen, das »Ideal eines pietistischen Gelehrten« (Martin Brecht).

»Ein Meer des Erbarmens«

Bengel hat in seiner Jugend viel Leid erlebt. Sein frommer Vater, Diakon in Winnenden, starb schon im April 1693, als der kleine Johann Albrecht noch keine sechs Jahre alt war. Es herrschte damals in der Gemeinde eine ansteckende Krankheit, von der sein Vater ergriffen wurde, als er unermüdlich die

Kranken und Sterbenden bei Tag und Nacht besuchte. Kurz danach verlor die Mutter beim Einfall der Franzosen in der Stadt Haus und Vermögen. Ihr kleiner Sohn Johann Albrecht stand schon in dieser Zeit in einem regen Gebetsumgang, wodurch er manche göttliche Rührungen des Herzens erlangte.

Dies hielt auch an, als er in Schorndorf die Lateinschule (1696-1699) und in Stuttgart das Gymnasium (1699-1703) besuchte. Rückblickend kann er auch dankbar bekennen: »Von meiner Kindheit an hat Gott es gefügt, daß ich sein Wort hören, lesen und lernen konnte, und die Kraft davon ist ohne mein Zutun derart in mein Herz eingedrungen, daß ein kindliches Verlangen zu ihm entstand, ein Ernst im Beten, ein Verlangen nach jenem bessern Leben, ein Vergnügen an den Sprüchen der Heiligen Schrift, ein Geschmack an den üblichen Gesängen und auch an den einfachsten Kindergebetlein, eine Bewahrung des Gewissens, eine Scheu vor dem Bösen und eine Liebe zum Guten... Meine Jugend war ein Meer des Erbarmens: so viel Gnade, daß hundert alte Adame darin hätten ersäuft werden mögen. Das sage ich nicht zu meinem Ruhm, sondern zur Demütigung.«

Der »Abt« von Denkendorf

Im November 1713 übernahm Bengel das Amt eines Präzeptors (Lehrer) an der neuerrichteten Klosterschule in Denkendorf, nahe Esslingen. Er hatte dort an der Heranbildung künftiger Theologen der württembergischen Kirche mitzuarbeiten und daneben zugleich der Dorfgemeinde als Prediger zu dienen. 28 Jahre bekleidete er dieses Amt unter göttlichem Segen und diente mehr als dreihundert angehenden Pfarrern, von denen zahlreiche unauslöschliche Eindrücke für ihr Leben erhielten.

Über das Ziel, welches er bei seinen Schülern anstreben werde, sprach er sich gleich bei seinem Amtsantritt aus in einer Rede. Er wies darin auf, daß, wer wahre Gelehrsamkeit erlangen wolle, am sichersten zum Ziel gelangen werde, wenn er sich der Frömmigkeit recht befleißige. Denn ein frommer Mensch habe einen gnädigen Gott, und weil er Gott habe, so habe er die Quelle der Weisheit, des Guten und des Wahren. Und auch ein weniger begabter Jüngling werde, wenn er sich der Frömmigkeit zuwende, doch erwünschte Fortschritte machen, weil seiner schwächeren Begabung die Gnade Gottes als Hilfs- und Heilmittel zur Seite stehe. In diesem Sinn suchte Bengel neben dem gründlichen Unterricht seinen Zöglingen vor allem, wo er konnte, den Samen

Kloster Denkendorf, 1685

der Gottseligkeit einzupflanzen, sie besonders zur Ehrerbietung gegen heilige Dinge zu gewöhnen und sie vor Lügen und Unreinheit zu bewahren. Dabei wußte er Strenge mit Milde auf heilsame Weise zu verbinden, wie seine »Grundsätze zur Kindererziehung« beweisen:

1. Man vermeide alle Künstelei; denn Erziehung ist keine Kunst.
2. Man überlasse die Kinder, solange ihr Tätigkeitsdrang unschuldig ist, mehr ihrem eignen als fremdem Willen.
3. Immer an solchen jungen Bäumlein schnipfeln wollen, verletzt nur.
4. Vornehmlich verschaffe man den Kindern ausreichende Gelegenheit zum Hören des Wortes Gottes mit dem Wunsch, daß etwas sich davon einprägen möge.
5. Hiob hat mehr für seine Kinder gebetet, als sie für sich.

6. Man halte dagegen die Kinder wenigstens morgens und abends zum Gebet an.
7. Wo es in Ungehorsam ausarten will, da muß man mit christlicher Festigkeit widerstehen und ihn brechen.
10. Vornehmlich suche man die Jugend hinzuführen zur wahren Redlichkeit des Herzens und zur Einfalt der Sinne auf Christus.
11. Der Glaube, der auch die Mängel bei Kindern trägt und ihnen mit Sanftmut zurechthilft, erhält in unglaublicher Weise das Vertrauen und die Liebe.
13. Kinder sind nicht zu überladen mit vielen Erklärungen und bedrängenden Zumutungen; sie werden sonst gegen alles verschlossen und abweisend.
15. Mädchen werden am besten erhalten in der ersten, einfachen, ungekünstelten und angebornen Form, d.h. man lasse sie ungemodelt und schlage sie nicht über einen gewissen Leisten. Ehemänner kriegen an ihnen die besten Gattinnen, die dem Mann untertan bleiben, ohne daß sie viel nebenhinaus sehen. Diese Einfachheit ist gar sehr zu empfehlen.
16. Eine der Sonne zugekehrte Behandlung tut ohne Zweifel viel zur Kinderzucht.

Diese Erziehungsweisheit wurzelte in seiner eigenen Frömmigkeit und selbsterziehenden, nüchternen und schlichten Lebenshaltung, wozu er sich Regeln aufgestellt hatte: »Gebet und Danksagung. Arbeitsamkeit. Eifer, die Klosterschüler in ihren Kenntnissen zu fördern. Weise Sparsamkeit, vornehmlich im Bücherkaufen. Mäßigkeit. Sorgfältige Aufmerksamkeit auf die leisesten Gedanken und Neigungen. Viel denken, wenig schreiben. Sich bemühen, überall nützliche Gespräche anzuknüpfen...«

Seine Arbeit blieb nicht ohne reiche Frucht. Eine ganze Reihe von Männern, die eine Zierde der württembergischen Kirche geworden sind, waren Bengels Schüler: Jeremias Friedrich Reuß, Oetinger, Steinhofer, Hiller, Johann Christian Storr, Philipp David Burk, Bengels Schwiegersohn, Magnus Friedrich Roos, Flattich und viele andere.

»Wohl dir«

Kurze Zeit nach seinem Amtsantritt in Denkendorf heiratete Bengel Johanna Regina Seeger, die Tochter eines Stuttgarter Beamten. Über die Trauung, die im Juni 1714 in der Stuttgarter Stiftskirche stattfand, erzählt er:

Die württembergische Liturgie bei der Trauung ist recht schön, und ich erinnere mich noch wohl, welch einen tiefen Eindruck sie auf mich gemacht hat. Ich stellte mich in rechter Fassung vor den Altar, und als der Punkt vom Kreuz verlesen wurde, ist mir alles Kreuz vorgestellt und mein Herz zu gänzlicher Entschließung dazu geneigt worden, doch mit viel Bangigkeit. Als aber abgelesen wurde: »Wohl dir, du hast es gut«, hat mich eine sanfte Wonne durchdrungen – und so ist es auch während meines Ehestandes gewesen.

An anderer Stelle schreibt er über die Ehe:

Es ist eine wichtige Sache um den Ehestand. Wahre Gebetsgemeinschaft ist zwischen Eheleuten vor allen Dingen nötig, dann ein rechter Wetteifer, wie eins dem andern in nötiger Toleranz zuvorkommen könnte. – Je größer die Achtung des einen vor dem andern bleibt, desto zärtlicher bleibt die Liebe. Da kann man einander, wenn man sich recht versteht, zur täglichen Erquickung werden. Auch wenn die Zeit der ersten Lieblichkeiten vorüber ist, so bleibt doch der wechselseitige Umgang der Eheleute miteinander noch süß; er ist wie ein alter Wein gegenüber treibigem (gärendem) Most. – Wie man in der ersten Zeit einander begegnet, das macht überaus viel aus. Man soll immer als in der Gegenwart Gottes stehend handeln. – Ein Ehemann soll gegenüber seinem Eheweib in allen Stücken sich so verhalten, daß er sich dabei vorstelle: »Wie, wenn dein Weib heute die Augen zutun würde, was wünschtest du alsdann getan zu haben?«

Der Propst von Herbrechtingen

Im Frühjahr 1741 wurde Bengel zum Propst von Herbrechtingen bei Heidenheim berufen. Nun war sein eigentlicher Beruf die Arbeit an der Gemeinde, der er sich mit allem Ernst und Fleiß in Predigtamt und Seelsorge widmete. Dabei wirkte sein stilles, heiteres, sonnenartiges Wesen kräftiger und nachhaltiger als eine gewaltige Erweckungspredigt. Aller Treiberei, welche mit Gewalt und allerlei menschlichen Mitteln das Werk Gottes erzwingen wollte, war er abhold. Daher äußerte er einmal: »Es ist besser, wenn eine Taube selber geflogen kommt, als wenn viele in den Schlag eingetrieben werden. Wo wahres Leben ist, das erhält sich selbst. Wenn man so an ihnen dengelt (eine Sense durch Hammerschläge glätten), so verlassen sie sich darauf und werden träge... Man muß daher auch warten, stille sein, aufs ›Früchtesehen‹ eine Zeitlang verzichten können. Der Stand der Passivität ist vielen gar zu unbekannt. In demselben geht oft in einem Augenblick mehr in einer Seele vor als sonst in ganzen Monaten.«

Übrigens ließ es sich Bengel ein großes Anliegen sein, es besonders im Umgang an nichts fehlen zu lassen, wenn es sich um das Heil der Seelen handelte: »Die Erfahrung lehrt, daß die Seelen zwar häufig durch den allgemeinen öffentlichen Vortrag heilsam verwundet werden, aber der Gnadenrest wird ihnen erst durch individuelles Traktament gegeben, daher darf man die Privatseelsorge ja nicht gering achten. Namentlich kann ein Seelsorger durch die Hausbesuche oft viel mehr tun als durch das öffentliche Zeugnis von der Kanzel.« Und diesen Dienst betrieb der gottbegnadigte Seelsorger Bengel auch unermüdlich und wurde vielen Gemeindegliedern zum Trost und Segen. So auch einem adeligen Fräulein, das an der Auszehrung schon lange krank war und sich beklagte, daß Gott sie gar nicht heimhole, der er zur Antwort gab: »Es geht Ihnen wie einem meiner ehemaligen Schüler, der gern in die Ferien gegangen wäre, aber eben hat warten müssen, bis auch die letzte Lektion zu Ende gewesen war.« Einem Mann, dessen fromme Frau krank lag, konnte er sagen: »Sie haben jetzt ein Heiligtum in Ihrem Hause.« Das Wort ist jenem nie wieder aus dem Sinn gekommen.

Bengel beschränkte sich nicht nur auf die Seelsorge, sondern hielt auch für diejenigen, die von der Predigt angefaßt wurden, regelmäßige Erbauungsstunden. Dazu äußert er sich treffend: »Ich begreife nicht, was man gegen den Besuch von Privatversammlungen hat. Warum soll denn jeder für sich bleiben und fromm sein? Es ist eben, wie wenn Leute über ein Feld gehen und ich wollte ihnen befehlen, geht ja nicht miteinander, sondern je einer einen Büchsenschuß hinter dem andern.« Aber auch für diejenigen, die mit dem Glauben nichts anzufangen wußten, hatte Bengel ein priesterliches Herz. »Man darf niemand ganz verachten«, äußerte er einmal: »Niemand ist so rauhhärig, daß er nicht noch ein weiches Plätzlein hat, da ihm beizukommen ist.«

Darüber hinaus erstreckte sich Bengels Tätigkeit weit über den Kreis seiner Gemeinde. Von Hunderten aus verschiedenen Orten wurde er um Rat, Trost und Belehrung angegangen, und vielen davon war er jahrelang brieflich oder mündlich Beichtvater und Seelsorger, wovon auch die etwa zweitausendneunhundert uns erhaltenen Briefe Zeugnis geben.

»Dein bin ich«

Als Bengel am 24. Juni 1752 sein 65. Jahr zurückgelegt hatte, fing Gott an, seine Hütte allmählich abzubrechen. So lag er am 1. November desselben Jahres auf dem Sterbebett und feierte mit den Seinen das heilige Abendmahl. Danach genoß er noch die Unterhaltung aus Gottes Wort und das Gebet bis zum nächsten Morgen. Da, zwischen 1 und 2 Uhr, übergab er seine Seele in die Hände des Herrn. Philipp David Burk rief ihm noch das Wort zu: »Herr Jesu, dir leb ich, dir leid ich, dir sterb ich, dein bin ich tot und lebendig; mach mich, o Jesu, ewig selig. Amen.« Bei den Worten »dein bin ich« legte der schon halb entschlafende Gottesknecht seine bleiche Hand auf das Herz, um seine Zustimmung zu bezeugen, und so blieb sie auf dem gebrochenen Herzen liegen.

Der Ausleger der Schrift

Die Bibel verstand Bengel als ein Gottesgeschenk und als »Lagerbuch«, worauf man »himmelfest fußen kann«:

Für eine unschätzbare Wohltat des großen Gottes haben wir es zu erkennen, daß er von Mose und den ersten Zeiten Israels her... seinen heiligen Willen nicht nur mündlich wie vorher unter den Patriarchen, die gleichsam lebendige dauerhafte Lagerbücher waren, bekanntgemacht, sondern auch das Zeugnis davon (von seinem heiligen Willen), den Nachkommen zugut, schriftlich hat verwahren lassen.

Die Heilige Schrift ist eben das Allerbewährteste. Wohl dem, der recht damit umgeht! – Dank sei dir, hocherhabner Herr Jesu Christe, daß du die heilige Unterweisung auch schriftlich hast verfassen und auf uns kommen lassen. Gib, daß wir sie recht gebrauchen und die Unterweisung annehmen zur Seligkeit durch den Glauben, der in dir ist.

Die Heilige Schrift ist ein Lagerbuch der Gemeinde Gottes von Anbeginn der Welt bis ans Ende, darin beschrieben ist, was die Welt, das menschliche Geschlecht und die Gemeinde Gottes für einen Ursprung, Lauf und Ziel habe. Wenn die Kirche wacker ist, so glänzt in ihr die Heilige Schrift; wenn die Kirche kränkelt, so liegt die Schrift danieder.

Ohne Not sollte man nicht vom Buchstaben der Heiligen Schrift abweichen..., denn es gibt kein Häkchen darin, das nicht dauerhafter ist als Himmel und Erde.

Ein Ausleger der Bibel ist einem Brunnenmacher gleich; dieser darf selbst kein Wasser in die Quelle gießen, sondern nur machen, daß es ohne falschen Abgang, ohne Verstopfung und Unlauterkeit in alle Röhren und Gefäße laufe. Dann bekommen alle anderen, wie er selbst, Wasser genug.

Ich bin bei der Bearbeitung des Neuen Testaments gleichsam ein Zuckerbäcker, der für andere Zucker und Gewürze zurechtmacht, sich selbst aber mit schlichtem Brot ernährt und doch nicht ohne Teilnahme an den Gerüchen bleibt!

Wende dich ganz dem Text (der Schrift) zu; wende das Ganze auf dich an!

Auch in einem Lied, das uns im Evangelischen Kirchengesangbuch (Württ. Anhang, Nr. 499) erhalten geblieben ist, rühmt Bengel das Wort Gottes:

> Du, Wort des Vaters, rede du
> und stille meine Sinnen;
> sag an, ich höre willig zu,
> ja, lehre frei von innen!
> So schweigt Vernunft mit ihrem Tand,
> und du bekommst die Oberhand
> nach deinem Recht und Willen.
> Dir räum' ich all mein Innres ein,
> das wolltest du, ja du allein,
> mit deinem Geist erfüllen.
>
> Alsdann wird deine Majestät
> mich ganz zum Tempel haben,
> darin sie ihren Ruhm erhöht
> durch ihre hohen Gaben.
> Es wird an solchem stillen Ort
> die Weisheit ihr geheimes Wort
> nach ihrem Willen führen
> und ihren Sitz je mehr und mehr
> mit ihren Wundern, Pracht und Ehr
> und großen Taten zieren.

Der Heilsplan Gottes

Mit Vorliebe widmete sich Bengel heilsgeschichtlich-eschatologischen (endzeitlichen) Studien, in denen er – hauptsächlich auf der Offenbarung des Johannes fußend – eine Heilsveranstaltung («Ökonomie») Gottes systematisch-chronologisch darzustellen versuchte. Trotz seiner ausgeprägten Nüchternheit ließ er sich dabei auch auf barocke Zahlenspielereien ein und datierte den Anbruch des Tausendjährigen Reiches auf den 18. Juni 1836:

(Im Buch der Offenbarung) ist der Verlauf der Welt und des Reiches Gottes von ihrem dato (Niederschrift) bis an das Ende aller Dinge und in die Ewigkeit hinein so nervose (mit Nachdruck) und subtil verfaßt, daß es ganz auf etliche wenige Blättlein geht... Die Wichtigkeit des Inhalts und die Kürze der Rede betrachtet, so muß man erkennen, daß hier an einem jeden Wörtlein sehr viel gelegen sein müsse.

Auf diesen Grund (Jesus Christus) ist die Zeitrechnung, welche sich in der Heiligen Schrift von der Schöpfung bis auf Christus und weiter bis an das Ende der Welt auf eine wunderbare Weise erstreckt..., erbaut worden. Die Zeitlinie geht durch die ganze Heilige Schrift, und sie ist mit deren Zweck, sofern er die Vorstellung einer göttlichen Ökonomie betrifft, innigst verbunden. – Wir nahen jetzt wieder einer Grenzzeit, und auf die Ruhe, die wir seit langem gehabt haben, wird wieder Schärfe folgen. Die gegenwärtige Kirche ist nur eine Interims-Kirche zwischen der unter dem Papsttum verborgen gewesenen Kirche und der herrlichen Kirche des Tausendjährigen Reiches (Dyschiliasmus: tausend Jahre von 1836 bis 2836: »da der Satan gebunden ist«; tausend Jahre von 2836 bis 3836: »da die Heiligen regieren«). Seit einiger Zeit gibt es allerhand außerordentliche Dinge in allen Stücken: Gesichte, Inspirationen, Sekten usw.; es wird alles gerüttelt und geschüttelt, aber das Ganze ist noch nicht da. Doch ist die Anzeige deutlich genug, daß bald etwas anderes kommen werde... Wenn es zur Vollendung des Geheimnisses Gottes kommt, so wird man die Uhr, die lange so still ging, schlagen hören, indem teils vor, teils unter dieser Zeit in kurzem viele schreckliche Dinge aufeinander folgen werden.

Mit den Weltzeitaltern ist es weit gekommen. Es wird nicht mehr lange so gleich weitergehen wie bisher. Denn es ist eine Heimsuchung Gottes vor der Tür. Darum sollten wir uns viel mehr an unseren Herrn Jesus Christus halten und Sicherheit unter seinem Zepter suchen. – Wenn der Herr Jesus jetzt mit seiner sichtbaren herrlichen Zukunft hereinbräche, ehe in diesem Zimmer eine Tür aufgeht, wie wäre uns zumut?... Wenn wir die Zukunft des Herrn in etlichen wenigen Tagen zu erwarten hätten, wie wollten wir solche Frist anwenden? Ich wollte, wird es heißen, mich ganz und gar in sein Erbarmen hineinwerfen... Das Wort »Ich komme« ist ein mächtiges Erweckungswort... So mögen wir denn immer bei dem Wort »Ich komme« unsre Ohren neigen und immer besser sagen lernen: »Komm, Herr Jesu!«

Friedrich Christoph Oetinger – Magus des Südens

Als originellster Theologe des schwäbischen Pietismus kann Friedrich Christoph Oetinger (1702-1782) angesehen werden, der in mehreren Orten Württembergs als Pfarrer, Dekan (ab 1752 in Weinsberg; ab 1759 in Herrenberg) und Prälat (ab 1766 in Murrhardt) amtierte. Ausgehend von Bengels Biblizismus und Jakob Böhmes Theosophie versucht er, sowohl Glauben und Ethik als auch Naturwissenschaft in einem theosophischen Lehrsystem (»Heilige Philosophie«) zu vereinigen, um damit das »Ganze der Wirklichkeit« zu erfassen.

Eindrücklich beschreibt Oetinger in seiner Selbstbiographie von 1762 (»Genealogie der reellen Gedanken eines Gottgelehrten«) seinen Werdegang:

»Schwing dich auf zu deinem Gott«

Diejenigen, welche in meiner zarten Kindheit auf mich, als ein Kind auf den Armen, achtgegeben haben, sagen mir, man habe mich das »einfältige Friederlein« geheißen. Als ich von Schorndorf in meinen Geburtsort (Göppingen) zurückkam, hatte ich den Bruder meiner Mutter, M. Wölfing, als Lehrer. Dieser war ein gebrechlicher Mann mit schwachen Augen, der deshalb nicht viel zum Unterrichten taugte! Er war jedoch gottesfürchtig. Er ließ mich viele Lieder auswendig lernen. Einstmals, zwischen dem 6. und 7. Lebensjahr, legte ich mich nach Gewohnheit neben ihm schlafen. Vor dem Einschlafen mußte ich einen ganzen Rosenkranz von Liedern herbeten. Endlich wurde ich etwas ungeduldig und dachte: »Wenn ich doch auch wüßte, was ich bete!« Ich kam an das Lied: »Schwing dich auf zu deinem Gott, du betrübte Seele!«

Nichts von Betrübnis wissend, wurde ich heftig angetrieben zu verstehen, was es sei, sich zu Gott aufzuschwingen. Ich bemühte mich inwendig darum vor Gott – und siehe: Da empfand ich mich aufgeschwungen in Gott. Ich betete mein Lied ganz aus. Da war kein Wort, das nicht ein deutliches Licht in meiner Seele hinterließ. In meinem Leben habe ich nichts Fröhlicheres empfunden. Und das hatte in der folgenden Zeit die Wirkung, daß ich, wenn ein heftiges Donnerwetter mit Schlägen und Blitzen kam, vor dem sich mein Vater hinter dem Bettumhang verbarg, getrost dachte: Ich fürchte mich nicht, weil ich weiß, wie man zu Gott betet.

Bei Nacht hatte ich auch sehr eindrückliche Träume von den Gefängnissen der Unseligen nach dem Tod. Ich sah eine alte, ehrwürdige Matrone mit dem Schlüssel die Gemächer öffnen, wo ich dann tief in die Behältnisse der verschiedenen Unseligen hineinsah und ihr Zetergeschrei hörte. Dies war das

Schrecklichste unter den Eindrücken, wie das Erlebnis mit dem Lied das Angenehmste war. Beides hatte auf die spätere Bildung meiner Gedanken viel Einwirkung.

Inzwischen verloren sich diese Eindrücke unter der harten Behandlung meines Vaters, meines Hauslehrers und meines Präzeptors Kocher, der ein wahrer Orbilius (Orbilius Pupillus, der strenge Lehrer des Dichters Horaz) war mit Schlagen, Hauen und unsinnigen Strafen wegen zweier oder dreier Wörter, die ich nicht auswendig konnte. Dies verbitterte mir so mein Leben, daß ich endlich fluchen lernte. – So mußte ich mein Leben bis ins 14. Jahr zubringen, und der Zorn und Grimm machten mich so böse, daß ich fluchte wie ein hamburgischer Schiffer, und daraus folgten dann ein von Gott abtrünniges Leben und viele Sünden der Jugend, doch immer mit viel Zaum und Bewahrung. – Damals mußte ich auf Geheiß meines Vaters alle Predigten... nachschreiben und dabei mit meinem Vater besonders am Sonntag viel auf den Knien beten. – Da las ich (in dieser Zeit) nun alle Bücher durch, die ich fand, besonders geschichtliche Werke. Ich bettelte überall Geld zusammen, um neue Bücher kaufen zu können.

»Ein anderer Mensch«

Ich war (um 1720 während der Studienzeit in der Klosterschule Bebenhausen) ein Jüngling von guter Gestalt, sehr lebhaft und hurtig und wegen des Studierens berühmt. Man versuchte mich daher hie und da, die Rechtswissenschaft zu studieren... Dazu hatte neben meiner Mutter besonders der Geheimrat und Direktor Osiander, mit dem sie verwandt war, geraten und sie stark angereizt. Sie lag mir in den Ohren, die Theologie aufzugeben, zu der mich mein Vater bestimmt hatte, und nach Direktor Osianders Rat die Rechtswissenschaft zu studieren. Ich las deshalb die Bücher des Thomasius (Juristen und Philosophen Christian Thomasius). Das Studium der Theologie stellte ich mir schwer vor, besonders wegen der

Austeilung des Abendmahls, vor dem mich schon als Knabe eine heilige Scheu angekommen war, und hing dem Gedanken, ein Staatsbeamter zu werden, heftig nach. Weil mich aber mein Vater, der mich vom Mutterleibe an für die Theologie bestimmt hatte, mit einer Art von Fluch bedrohte, wenn ich gegen seine Entscheidung handeln würde, so wurde mir darüber sehr bange...

Kloster Bebenhausen

Mein Herr Prälat Hochstetter erinnerte mich oft daran, mich zu entscheiden und nicht in der Unentschlossenheit hängen zu bleiben; ich aber konnte nicht zum Entschluß kommen... Da entschied er: »So gehe Er hinein in seine Kammer, falle Er nieder vor Gott und bete Er um eine feste Entschließung!« Ich fuhr wie ein Pfeil in meine Kammer, fiel auf die Knie nieder und wollte beten; ich konnte aber nicht, weil ich ebensoviel Neigung zur Welt als zu Gott hatte. Mir ging es gerade wie dem Augustinus, der auch so zwischen zwei Möglichkeiten hing, als er sich zu Gott bekehren wollte. Unterdessen kam mir in den Sinn: Was ist es hernach, wenn du auch die prächtigsten Kleider trägst, zu befehlen hast und alle Gipfel der Ehre erreichst? Es ist doch besser, Gott zu dienen. Deo servire libertas, Gott dienen ist Freiheit! Darauf rief ich Gott von ganzem Herzen an, mir alle Absichten auf die Welt aus der Seele zu nehmen, und dies geschah sogleich.

Ich war nun vollkommen entschlossen, bei der Theologie zu bleiben, und sagte es sofort meinem Herrn Prälaten.

Von dieser Stunde (im Jahre 1721) an war ich ein anderer Mensch: Ich war nicht mehr galant in Kleidern, ging nicht mehr in Gesellschaft, redete wenig und las in Gottes Wort und nicht mehr im Cicero und anderen weltlichen Schriftstellern. Die Seminaristen sahen meine Veränderung und wunderten sich. Sie sahen mich oft durch ein Fensterlein in meinem Zimmer beten und kamen zu mir mit dem Verlangen, mit ihnen zu beten. Das tat ich einfältig.

»Ein Hirte«

Seiner Entscheidung für den geistlichen Beruf blieb Oetinger trotz zahlreicher äußerer und innerer Schwierigkeiten ein Leben lang treu. Drei Jahrzehnte später berichtet er:

Meine Übung in der Gemeinde ist, an den rohen, wilden Leuten zu arbeiten. Ich besuche jene und diese gleichmäßig. – Ich arbeite an meinem kleinen Häuflein auf allerhand Weise. Ich bin ein Arzt, eine Magd, ein Schuldiener, weil die Frau, die Kirche, krank ist. Will mich der Herr in andere Umstände, an dem Wort und der Lehre der Kirche allein zu arbeiten, versetzen, so dank ich ihm. Will er es nicht tun, so bin ich zufrieden, unter dem Leiden so mancher Widersprüche in unserem Zustande zu erfahren, daß der Herr durch Tod zum Leben wirkt. – In meiner Gemeinde arbeite ich ganz ruhig meist mit Hausbesuchen. Je mehr ich in meinem Seelengeschäft treu bin, je mehr gehen mir auch die Augen in anderen Dingen auf. – Wenn ich die Leute besuche, so sind sie fröhlich, daß man sie ehret und zu ihnen kommt, wenn ich ihnen aber sage, so und so sollen sie es angreifen, daß sie auch zu etwas Festem kommen, so sind sie unachtsam oder sagen wohl gar: »Laßt uns zerreißen ihre Bande und von uns werfen ihre Seile.«

Die Arbeit an Wort und Lehre darf ich nach meinem Gewissen nicht aufgeben, wenn ich schon viele Widersprüche im Amt begehen muß, davon mich der souveräne Herr des Gesetzes dispensiert (freistellt), daß sie mir nicht als Schuld zugerechnet werden. Die Regeln der Liebe sind weiter als die Regeln des Rechts, besonders wenn man die Wahrheit in wesentlichen Dingen hält nach Psalm 119. – Da die meisten (Gottesdienstbesucher) kein Gehör zum Wort Gottes haben, auch nicht mit Lust davon reden, sollen Lehrer alle ihre Kräfte und Gedanken darauf verwenden, durch Erweckungsmittel, durch Erzählung aus den Zeitungen und Geschichten, durch die gewöhnlichsten und geläufigsten Redensarten den Zuhörern beizukommen, besonders daß sie nicht durch allzu gewohnte Formeln in Verlegenheit geraten, denn sonst werden die stummen, blinden und tauben Menschen noch verlegener und der Öffnung des Herzens und der inneren Sinne noch unfähiger.

Die unsichtbare Welt

Der Überlieferung zufolge soll Oetinger auch Verstorbenen gepredigt haben:

Während seiner Tätigkeit als Pfarrer in Hirsau verkehrte Oetinger oft mit dem Calwer Präzeptor Johann Martin Schill, der mit Verstorbenen in Verkehr stand. Dabei wurde nicht sein inwendiger Mensch dem Leibe entrückt, sondern er fühlte mit seinem Bewußtsein die Nähe der Geister, die er reden hörte und ansprach. Obwohl Schill vom Mystiker Jakob Böhme, den Oetinger sehr verehrte, nichts wissen wollte, schloß er sich dennoch an diesen heiligen Mann an und empfing tiefe Eindrücke, besonders über den Zustand nach dem Tode.

In seiner Herrenberger Zeit trat Oetinger ebenfalls mit der unsichtbaren Welt in Berührung. Des Nachts suchte er oft die Stadtkirche auf, bestieg die Kanzel und predigte das Evangelium den Verstorbenen, die er in der Kirche wähnt. Beobachtet wurde er dabei einmal von seiner Magd, die ihm heimlich nachschlich und ihn belauschte. Von Furcht und Schauder ergriffen, lief sie allerdings wieder weg, nachdem sie Oetinger bemerkt hatte. Anschließend tadelte sie Oetinger wegen ihrer Neugier, die sie in höchste Lebensgefahr gebracht habe, und warnte sie eindringlich davor, dergleichen nochmals zu wiederholen.

Herrenberg, 1683

»Etwas Ganzes vom Evangelium«

Oetingers von vielerlei Einflüssen geprägte Theologie, die er »aus der Idee des Lebens (Gottes)« ableitete, versuchte die pneumatische (geistliche), unzerstörbare Leiblichkeit der Schöpfungswerke nachzuweisen, die Gott nach ihrem Fall »am Ende der Tage« in erneuerter Gestalt »wiederbringen« wird (»Versöhnung des Alls«):

Meine Theologie enthält alles demonstrativ (beweiskräftig). Sie ist unüberwindlich. Ich habe sie in 46 Jahren gemacht unter dem Beistand des Heiligen Geistes. So stolz und trotzig bin ich nicht auf mich, sondern auf Gottes Führung.

Die Wahrheit ist ein Ganzes: Wenn man nun endlich den ganzen Blick der Wahrheit zum überwiegenden Entschluß in die Augen bekommt, so liegt nicht so viel daran, ob man zuerst bei diesem oder bei jenem Teil anfängt, sie zu betrachten. – Wahrheit ist etwas Wesentliches; nicht nur in Gedanken und Bildern und Worten besteht sie, sondern im Wesen; und wenn die Wahrheit Wesen hält, so kommen die Beziehungen der Teile aufs Ganze leicht hervor. Wahrheit in Begriffen ist, wenn unsere Begriffe der Sache selbst gleich sind. Wahrheit ist, was den Grund aller Erkenntnis zusammenhält; sie ist nicht nur in den Sätzen, zu welchen notwendig Worte gehören, sondern in dem ursprünglichen Bild, in der Zusammenordnung der Selbstbewegungskräfte mit Gottes Weisheit. Es müssen im Aussprechen der Wahrheit Worte zugegen sein; darum sagt Jesus: »Mein Wort ist die Wahrheit.« – Das Herz verlangt etwas Ganzes; vorher ist keine Ruhe da. Wer nun die Reden Gottes mit ganzem Herzen aufnimmt, der findet auch überall etwas Ganzes und endlich das Ganze selbst.

Aus dem Zusammenhang der Stellen der Heiligen Schrift ergibt sich, daß die ganze Theologie aus dem Leben Gottes herzuleiten ist und daß sich ohne dies in den theologischen Kompendien kein wahres Licht erbricht. Das gibt ein System, da alles in jedem und jedes in allem ist. – Ich habe die Theologie aus dem Grundbegriff des Lebens hergeleitet... Es gibt keinen so systematischen Begriff als diesen, da alles durch ein jedes und ein jedes durch alles sich begreift; und das ist erst systematisch. Hingegen noch weit schöner ist die Theologie, wenn der Begriff des Lebens mit dem Königreich und Priestertum Jesu verknüpft wird, und dadurch kommen erst alle Wissenschaften und Disziplinen in ihren rechten Blickpunkt; denn das Hohepriestertum Jesu nach der Kraft des unauflöslichen Lebens (Hebr. 7,16) ist die Schatzkammer aller Wissenschaft. In Christus liegen alle verborgenen Schätze der Weisheit und Erkenntnis; außer diesen haben die Wissenschaften keinen rechten Zusammenschluß.

Die hauptsächlichste Idee der Theologie ist das Leben Gottes, welches durch Christus den Kreaturen mitteilbar ist.

Alle Theologie hat die Ehre und Verherrlichung Gottes zum Ziel. – Das Leben in Gott ist unauflöslich. Er ist die Wurzel und der alleinige gesegnete Samen. Er hat vermöge seiner Menschwerdung und Geburt Fleisch und Blut angenommen: durch seine Auferstehung aber dieses zu einem Leben der Herrlichkeit erhöht.

Die Wiederbringung aller Dinge erweist sich am besten aus 1. Korinther 15 als eine Folge der Auferstehungskraft Jesu (Vers 20-28) und aus der Epistel an die Epheser (Kap. 1,9-11) – wenn alles unter ein Haupt verfaßt wird. – Wenn man alle Decken abwirft, so sieht man ganz klar, daß die Auferstehung Jesu alle folgenden Auferstehungen bis ans Ende nach sich zieht, und sogar, daß die Lehre von der Unendlichkeit der Hölle einem aufrichtigen Menschen ein Märchen werden muß.

Liebster Heiland, der Name und die Erkenntnis deines Vaters und dein Reich soll uns immer am Herzen liegen... Lehre uns recht bedenken, wie die ganze Welt deswegen geschaffen (worden ist), daß dein Reich darauf offenbar werde. Laß uns darum mit unserer Hoffnung immer dahin sehen und gib, daß auch wir mitwirken zur Zukunft deines Reiches. Nimm von uns hinweg, was uns zu demselben untüchtig macht. Laß uns unseren Wandel im Himmlischen führen und zuerst nach deinem Reich trachten, damit du uns das übrige als eine Zugabe schenken kannst. Amen.

Philipp Matthäus Hahn – Der Mechaniker-Pfarrer

Der namhafteste Schüler Bengels und vor allem Oetingers ist Philipp Matthäus Hahn (1739-1790), der als Pfarrer in Onstmettingen auf der Schwäbischen Alb (ab 1764), in Kornwestheim (ab 1770) und Echterdingen (ab 1781) wirkte. Bereits zu Lebzeiten wurde er berühmt durch die von ihm konstruierten Uhren – auf seiner »Astronomischen Weltmaschine« sind Bengels apokalyptische Berechnungen eingetragen –, Waagen und Rechenmaschinen, die er in eigenen Werkstätten anfertigen ließ.

Bereits in frühester Jugend erwachte in ihm die

»Lust zu den Wissenschaften«

Schon in seinem 8. Lebensjahr hatte er bei Sonnenschein Beobachtungen über den Lauf des Schattens an jedem Nagel im Hause angestellt und seine Länge und den Ort von Stunden zu Stunden bezeichnet. Später fand er in der Bibliothek seines Vaters, des damaligen Pfarrers von Scharnhausen, eine Himmelskugel samt der Beschreibung und lernte daraus etliche Sternbilder am Himmel erkennen und den Lauf der Sonne durch die zwölf Zeichen verstehen; diese, so meinte er noch in späterer Zeit, drehe sich um die Erde, wie es in der Bibel stehe.

In seinem 13. Jahr bekam er von einem Uhrmacher aus Esslingen ein kleines Sonnenuhren-Traktätlein zu Gesicht. Er entlehnte solches und schrieb Tag und Nacht daran ab. Nach und nach bekam er darin Einsicht und konstruierte schließlich selber Sonnenuhren. Auch mit Malen beschäftigte er sich und lernte sogar selbst Farben und Firnisse zuzubereiten, zog sich aber dabei durch den Farbenstaub eine schwere Krankheit zu.

Die Neigung zur Theologie behielt allerdings die Oberhand. So widmete er sich zu Hause am Vormittag der Vorbereitung auf das Studium der Theologie; den Nachmittag verbrachte er mit Malen, Zeichnen und mit der Mathematik sowie sonstigen Naturwissenschaften. Bei seiner Konfirmation schließlich empfing er beim ersten Besuch des Abendmahls besondere ernstliche Eindrücke, die ihn für sein Theologiestudium ebenfalls zubereiteten.

»An Christi Statt«

Einen Schwerpunkt in Hahns Gemeindearbeit bildeten die Erbauungsstunden, die er mit Nachdruck förderte:

Es war mir sehr darum zu tun, die Leute in die Erbauungsstunde zu locken, teils, weil eine Art von Verachtung darauf haftet, wie ehemals, da man Jesu Jünger wurde; weswegen es mir allemal kein geringer Beweis des Ernstes war, um Jesu willen auch etwas zu leiden, wenn die Leute, um in der Erleuchtung gefördert zu werden, durch solche Ärgernisse durchbrachen. Der andere Grund für mein Vorgehen war der, daß ich erkannte, daß kein Wachstum in der Erleuchtung und Heiligung recht vor sich geht, wenn man nicht in einer gesellschaftlichen Verbindung mit anderen steht, die gleichen Sinnes sind; denn da treibt und ermuntert einer den andern, und das Wort Gottes kommt vielfacher in Umlauf und Bewegung.

Ich suchte in den Versammlungen immer alles Besondere, Traurige, Eigene bei ihnen zu unterdrücken und sie zur allgemeinen Liebe mit vielen Gründen zu ermuntern: also daß andere, die nicht in die Stunde gingen, nicht sagen konnten, man verachte sie. Was nun mein Verhalten gegen die neuen Lehrjünger (die Teilnehmer an der »Stunde«) betrifft, so war das mein beständiges Gesetz, wie Jesu alle aufzunehmen, die zu mir kamen, ohne ihnen ihren vorigen Wandel vorzuhalten.

Ich sah es als einen Zug des Vaters zum Sohn an, wenn unter den schläfrigen Christen wieder einige aufgeweckt wurden, ihr Christentum ernstlicher zu treiben, und was sie glaubten, gründlicher glauben und verstehen zu lernen.

Ich dachte: Du vertrittst im Ort (in Kornwestheim) die sichtbare Stelle Jesu, wie er zu seiner Zeit das Licht unter seinem Volk war und den unsichtbaren Vater vorstellte: Wer zu mir kommt, den stoß ich nicht hinaus; wer den Eindruck, den ihm meine Reden geben, behält und nur fortmacht im begierigen Hören, der ist mein rechter Lehrjünger und wird die Wahrheit täglich besser erkennen, und die Wahrheit wird ihn gewiß von seinen Untugenden freimachen.

Ich dachte: Die Jünger Jesu hatten von Anfang an auch nicht viel Geist und Verstand; sie machten auch noch allerlei Fehler im Wandel; sie hatten auch noch mangelhafte Begriffe vom Königreich der Himmel; sie hörten aber Jesu Wort gern; sie fühlten's als Worte des ewigen Lebens; sie liebten und achteten ihn hoch – endlich kam der Heilige Geist über sie.

Die Erbauungsstunde wurde wöchentlich fortgesetzt. Ich fing mit den Männern am Sonntag eine besondere Übung an, damit vorzüglich diese immer weiter kommen möchten. Die Frauen durften ihre Strick- und Spinnarbeiten, besonders im Winter, mitbringen.

Es gingen zwei bis drei Jahre hin, und an den meisten merkte ich noch wenig Wachstum. Sie kamen, sie hörten; aber sie redeten wenig oder nichts. Unterdessen betete ich im Verborgenen ernstlich um das Wachstum der Gutgesinnten, vorzüglich aber, daß doch Gott mehr Männer erwecken und die Erweckten recht stärken möchte. So nach und nach wuchs die Zahl bis auf 90.

Endlich spürte ich auf einmal, daß ich es nicht aushalten werde, am Sonntag neben allen Gottesdiensten so viel zu reden. Auch sah ich ein, daß, wenn ich sterben oder wegkommen sollte, diese Übung bald aufhören würde. Deshalb wurde ich auf einmal fest entschlossen, am Sonntag keine Stunde mehr in meinem Hause zu halten, sondern die ganze Anzahl in fünf Teile zu teilen: und da wurden es denn drei Weiber- und zwei Männerstunden. – Ich sprach ihnen Mut zu, wie Jesus seinen Jüngern (Matth. 10). Die Leute selbst ordnete ich so, daß die Vornehmen und Reichen zusammenkamen, weil die meisten darunter noch schwach waren und zu den Armen sich nicht gerne gehalten hätten... Die ärmeren Weiber tat ich in ein Haus, da Mann und Weib gutgesinnt waren, und schrieb meine Frau in ihre Gesellschaft ein, damit sie doch auch eine Herrlichkeit haben möchten.

Nun geht alles ordentlich fort. Den Vorstehern spürt man's ab, wie sie wachsen, seitdem sie selbst Stunde halten und etwas gelten. Die zu ihnen gehen, haben Vertrauen zu ihnen, weil sie samstagabends vorher von mir unterrichtet werden. Und weil ich selbst heiter und herzlich mit allen übrigen, die nicht von unserer Gesellschaft sind, umgehe, so sind auch die Mitglieder also und haben deswegen Gnade und Gunst auch bei andern.

Der Arbeit Last

Nähere Einblicke in Hahns Alltag gewähren uns seine Tagebücher:

18. Sept. 1772
Morgens um sechs Uhr gepredigt über Epheser 1,14 bis Ende: Wie zur Botschaft des großen Heils in Christus Gebet nötig sei von seiten der Lehrer und der Zuhörer. – Den Vormittag vollends mit Überlegungen zugebracht wegen dem in Arbeit stehenden System (einer astronomischen Uhr)... Morgens sagte man mir an, ich möchte einen kranken Menschen ins Kirchengebet einschließen. Dieser Mensch war wassersüchtig, schon ein halbes Jahr... Doch hatte ich mir vorgenommen, gleich mittags nach dem Essen zu ihm zu kommen. Um zwei Uhr aber starb er. Das griff mich sehr an, weil ich mich durch das liederliche Maschinengeschäft abhalten ließ, und ich dachte, es hätte ihm doch noch ein Wörtlein einen Nachdruck geben können... Nachts die heutige Predigt aufgeschrieben.

21. Juni 1774

Ging an die Waagen, die mir schon lange im Kopf steckten, sie aus dem Weg zu bringen (d.h. sie fertigzustellen). Gottfried (Schaudt) half. Die ersten drei wurden eingerichtet. Leicht und ziemlich fröhlich im Gemüt. Ging abends spazieren.

26. Aug. 1774

Nachts geträumt, ich sei auf der Kanzel gestanden... Dabei fiel mir ein im Traum, das sei das Tier (aus dem Abgrund: Offb. 13), nämlich die Pfarrer der lutherischen Religion, die in ihrem Sinn so hoch und herrisch sind und nicht in der Einfalt und im Knechtsinn Jesu stehen... und auf den äußerlichen Sätzen der Kirchen ohne Geist beruhen und also lehren.

Morgens war Forster da und schon gestern gekommen, die Maschine abzuzeichnen, welches mir ein Stoßseufzeranblick war, weil ich gern Ruhe gehabt hätte, mein Pensum mit den

Predigten zu absolvieren... Kam fast an kein Geschäft... Ach, wenn doch Gott die Gnade erwiese und setzte mich in solche Umstände, daß ich Vermögen zum Drucken (seiner Bücher) und Zeit und Ruhe zum Schreiben hätte und ich mit keinen Maschinen mehr geplagt wäre!

1. Jan. 1784

Predigte, aber ein wenig gezwungen. Mittags kam eine Uhr von Pforzheim an. Doch sah ich bei dieser Gelegenheit (wegen der Kritik eines Gemeindeglieds), daß ich kein rechter Pfarrer bin, meinem Herrn nicht hauptsächlich und allein diene, zuviel Rücksicht auf den Herzog und das Konsistorium (dieses bereitete Hahn überhaupt große Schwierigkeiten)..., daß ich bei denen, die Christen sein wollen, nicht genug auf die Heiligung dringe, zuviel auf den üblichen, richtigen Gang meiner Haushaltung sehe, daß ich nicht genug Geduld mit meinen Leuten im Haus bei Fehlern habe, zuviel bisher ins Mechanische zerstreut gewesen bin, nicht gerne gebe... Ach Herr, schenke mir neue Gnade, da es so schwer ist, Gewohnheiten zu ändern!

8. März 1789

Abends war ich wieder verdrießlich wegen dem Essen, weil die Frau mir heute am Mittagessen keine Antwort auf etliche Fragen gegeben, warum das Kraut wäßrig sei. Als ich geschwind das Fenster auftun und hinausschauen wollte, wer von meinen Arbeitern der Werkstatt bei Nacht ausgehe, schob der Flügel ein Ampele (Petroleumlampe) vom Sims auf den Boden. Ich wußte nicht, was es war, griff danach, bekam ölige Hände. Plötzlich stund mir da, das Ampele gehört nicht auf den Sims. Die Frau läßt ihre Mägde machen, was sie wollen, und (ich) schmiß das Ampele mit Gewalt hinter die Türe, welches mich hernach sehr reute. O, wann werde ich weise werden und im Unmut mich halten können! – Ich ging in meine Stube, nahm etwas Kirschgeist und Weinstein, um das Schlaffe des Magens zu stärken... O, wie schämte ich mich vor Gott, als ich alsdann betete!

25. Nov. 1789

Heute bin ich 50 Jahre alt. O, wieviel hat Gott an mir getan! Ach, daß ich mich ihm mehr zum Dienst geweiht hätte! Wie kurz ist das Leben! Und wie lang! – Diese 50 Jahre sind kein Verlust, insofern ein zukünftiges, besseres Leben ist. – O Gott, gib mir Licht und feste Überzeugung, damit ich fröhlich deinen Willen tue! Du hast dich schon an mir bewiesen als mein Gott in meiner ganzen Führung und der Meinigen. Wir waren alle arm. Du hast uns alle versorgt.

In Erwartung der Königsherrschaft Christi

Das Grundthema von Hahns eigenständigem theologischen Denken war die »Königsherrschaft Christi«, in der die »Natur- und Menschenwelt« umfassende biblische Heilsgeschichte ihren Anfangs- und Endpunkt besitzt:

Erstlich finden wir's so in allen Predigten der Apostel und in der Führung, wie der Herr Jesus seine Jünger geführt hat. Er hat ihnen vom Tag des Messias und vom anbrechenden Königreich Gottes, wie es von den Propheten verheißen war, gesagt; und das war das Erste, was die Jünger gefaßt haben... Das war das ABC der Lehre Jesu und der Apostel.

Jesus nennt es ausdrücklich ein Königreich der Himmel (Matth. 13,24)... Unsre Erde soll also der Anfangsort und der Mittelpunkt sein, von wo aus Gott seine Strahlen in das übrige, weite und unermeßliche Gebiet der ganzen Schöpfung durch seinen Sohn wird ausgehen lassen, um alles mit seiner Herrlichkeit zu erfüllen zur allgemeinen Erkenntnis und zum Lob der Herrlichkeit des Vaters und des Sohnes. Darum heißt es ein Königreich der Himmel, um seine weite zukünftige Ausbreitung anzuzeigen.

Er (Christus) soll das Königreich Gottes auf der Erde pflanzen (Matth. 13,37); die himmlischen, göttlichen Gewächse aber, die aus seinem guten Samen hervorwachsen, sind die Söhne des Königreichs (V. 38), denen als Thronerben Gottes (Röm. 8,17) in Verbindung mit Jesus, ihrem Haupt, das Königreich des Vaters seit dem Anfang der Gründung der Welt bereitet ist (Matth. 25,34; Ps. 8,5-7).

Der Vater hat es von Ewigkeit festgestellt. Es ist der Anfang und Ursprung der Schöpfung; es wird alles vollendet durch Christum und dem Vater herrlich und wiedergebracht dargestellt. Das ist das Ende des Königreichs Christi.

Georg Konrad Rieger – Prediger der Gnade Gottes

Neben Brenz und Hofacker ist Georg Konrad Rieger (1687 bis 1743) der bedeutendste Prediger des evangelischen Württemberg. Seine Hauptwirkungsstätte war Stuttgart, wo er über zwei Jahrzehnte als Gymnasialprofessor und Mittwochsprediger an der Stiftskirche (1721-1733) sowie als Stadtpfarrer an der Leonhardskirche (1633-1742) und Dekan an der Hospitalkirche (1742-1743) wirkte. Unter großem Zulauf verkündigte er dabei in reformatorisch-pietistischer Weise das Evangelium, wobei er eine kernige Sprache führte.

Riegers berühmtestes Werk ist die 1742 erstmals erschienene umfangreiche Predigtsammlung:

Herzens-Postille

Sie beginnt mit einer prägnanten Vorrede, in der Rieger das Wesen seiner Predigt umschreibt:

Ich suche überall Christus zugrunde zu legen, seine überschwengliche Erkenntnis und die unvergleichliche Herrlichkeit in ihm den Seelen zu offenbaren, eine würdige Hochachtung ihres allerteuersten Heilandes zu erwecken, den Unglauben anzugreifen, den Glauben zu pflanzen, dessen Güter auszubreiten, mit denselben die Zuhörer willig zu machen, sich zu entschließen zu einem rechtschaffenen Christentum, und ihnen die Quelle anzuweisen, aus der sie alle Kraft zu einem göttlichen Leben schöpfen können. Auf diesem Grund suche ich beides, die Glaubenslehren und Lebenspflichten, abzuhandeln.

Ich behalte, dünkt mich, den Faden meines Textes immer in der Hand zu desto leichterer und deutlicherer Überzeugung der jeweiligen Wahrheiten. Ich trachte danach, den Verstand des Menschen ebenso fleißig zu unterrichten wie seinen Willen zu bessern und aus dem Lichte der angezündeten Erkenntnis den menschlichen Willen zu bewegen, zu neigen und zu heiligen. Wer diese Ordnung umkehrt, der fängt an zu schiffen ohne Kompaß und ohne Absicht, wo der Lauf hingehen soll...

Es will sich aber auch hier und da eine gegenteilige Lehrart äußern, da man mit einer gewissen Schärfe nur den Verstand poliert und den Willen verrosten läßt, da man mit einem spitzen Eisen bohrt, das aber nicht glühend ist, da man in einer Predigt den Namen Christi kaum einmal buchstäblich nennt, ihn auch gar nicht evangelisch und in der Kraft anführt. Nun, wer wollte sich Gründlichkeit nicht wohlgefallen lassen? Wer wollte genaue Bestimmungen, deutliche Erklärungen, ordentliche Verknüpfung der Gedanken und der Wahrheiten, richtige Schlüsse, bündige Überzeugungen verachten? Man müßte zuerst die Heilige Schrift verachten. Denn wo ist ein Buch in dieser Welt, das gewisser lehrt, gründlicher beweist, deutlicher unterscheidet, bündiger schließt und überzeugender zwingt als eben die Schrift, wenn sie recht verstanden wird? Nur sollte des Moralisierens weniger und des Evangelisierens aber mehr geschehen. Denn tut es Christus nicht, so weiß ich nicht, wer es an der Seele des Menschen tun solle, werde oder könne.

Ruf in den Weinberg

Bei der Auswahl der Texte galt Riegers Vorliebe besonders dem Matthäusevangelium, über das er etwa tausend (!) Predigten gehalten haben soll. In einer dieser, über das »Gleichnis von den Arbeitern im Weinberg« (Matth. 20,1-16), schildert er, der Sohn eines Weingärtners, seine Bekehrung und Berufung zum geistlichen Dienst:

Ach, wie ist es doch nichts als Gnade im Anfang, Fortgang und Ausgang des Christentums! Wir sind vorherbestimmt, umfangen und umringt von lauter Gnade. Was war ich von Natur und aus mir selbst? Ein Kind des Zorns, fremd den Testamenten der Verheißung, außerhalb der Bürgerschaft Israels, ohne Christus, ohne Gott und ohne Hoffnung in der Welt! Wie war ich in meinem unbekehrten Zustand so müßig und ohne Nutzen für Gott! Wie brachte ich mein Leben so vergeblich zu! Was habe ich aus dieser Zeit für eine Frucht, deren ich mich jetzt schäme! Was ist durch mich gehackt, beschnitten, angeheftet, gebunden, gepflanzt und gebessert worden? Ach, was für edle Stunden habe ich verderbt, die ich besser hätte anwenden sollen und können! Wie sind meine besten Jahre versäumt und verschleudert worden! Ich stand da, wo ich gestanden hatte. Ich stand noch müßig am Markt der Tändeleien. Einer nach dem andern ließ sich berufen. Es wurde bald hier einer, bald dort einer bekehrt – ich aber blieb unbeweglich stehen, als wäre ich in eine Salzsäule verwandelt.

Endlich aber kam die Stunde – o eine merkwürdige und selige Stunde –, die sechste, die neunte, die elfte Stunde, die ich mein Lebtag nicht vergessen will, weil da der Ruf Gottes mit Kraft und Nachdruck, mit Schelten und Locken, mit Bestrafen und Einladen an mich geschah. Die Worte: »Was stehst du hier den ganzen Tag?« warfen mich in den Staub nieder; und die Worte: »Geh du auch hin, geh noch jetzt hin in den Weinberg!« richteten mich wieder auf. Ich bewegte mich also und ging; ich ging vom Markt in den Weinberg, vom Welt- und Sündendienst in den Dienst Gottes.

Ich wurde nun aus einem Müßiggänger ein Arbeiter. Ich kam vom Markt in den Weinberg und Lustgarten Gottes. Ich war nun einer der Taglöhner Gottes. Wie kam mir das so glücklich und ansehnlich vor! Wem habe ich es zu danken? Meinem Müßiggang, meinem nutzlosen Herumstehen, meinem Wollen und Laufen, meinen werklosen Werken? O nein, allein Gottes Erbarmen! Der himmlische Hausvater ist aus eignem Antrieb auch nach mir ausgegangen. Aus Gnaden ist er mir erschienen, da ich nicht nach ihm fragte. Aus Gnaden hat er mich beschämt und bestraft; aus Gnaden hat er mich zu seinem Dienst tüchtig gemacht. An dieser Gnade laß ich mir genügen. Wenn mir Gott weiter nichts gäbe als dies, so könnte ich wohl zufrieden sein; denn Gottes Gnade ist besser als das Leben, und der Dienst Gottes belohnt sich alle Abend selber mit der Frucht eines freudigen Gewissens. – Womit wird er aber meine Arbeit vergelten? Was wird der Lohn sein? Ach, was anderes als eben wieder Gnade und abermals Gnade und ewige Gnade. Wenn er mir den ganzen Himmel für meine Arbeit gäbe, dann würde dieser Lohn wieder eine neue Gnade sein; denn das ewige Leben ist Gottes Gnadengabe. So krönt Gott seine eigne Gnade mit neuer Gnade!

»Millionen von Reichtümern«

Von dieser Gnade und ihrer Realisierung im Glauben heißt es in einer anderen Predigt:

Wer unter euch selig werden will, der wird nicht auf tausenderlei Dinge hingewiesen, sondern auf eins, auf den Glauben. Der Himmel kann doch nicht der Arche Noah gleich sein, darin sich wilde Tiere und Menschen, Schafe und Wölfe, Fromme und Spötter aufhielten. Die Natur des himmlischen oder seligen Zustands leidet es nicht, daß alle Menschen ohne Unterschied, Freunde und Feinde, könnten in den Himmel getrieben werden. So hat Gott notwendigerweise etwas bestimmen müssen... Er hat aber nicht viel, sondern nur eins - und zwar das Lieblichste und Leichteste – erwählt: Etwas, das nicht im Geben, sondern im bloßen Nehmen besteht, etwas, das nur das tut, was Gott tut, seine Friedensgedanken, seinen Liebesrat, seine Gnadenordnung, seine Gabe und sein teuerstes Geschenk, seinen allerliebsten Sohn mit der Fülle der Gnaden und Gaben sich gefallen läßt und annimmt mit der Hand, die Gott selber erschaffen hat und zum Ergreifen lebendig und tüchtig machen will...

Ehe Gott ein Stäublein Gutes fordert, ehe Gott von euch verlangt, daß ihr nur soviel Gutes tun sollt wie ein Stäublein, das von der subtilsten Feile des Goldschmieds abfällt, läßt er euch Millionen von Reichtümern an Gnade, Versöhnung, Frieden, Heil und Seligkeit anbieten. Was ihr dann tun sollt, ist dies, daß ihr es glaubt und dem großen, treuen und wahrhaftigen Gott all dieses Gute zutraut und ihn niemals bezichtigt, er habe noch etwas heimlich im Rückhalt und meine es doch nicht besonders gut mit euch und eurer Seligkeit.

Dies ist der Glaube, auf den es ankommt. An diesem Glauben hängt Christus und all sein Verdienst. An diesem Glauben hängt die Vergebung der Sünden, die Gnade Gottes, die Gerechtigkeit und ewige Seligkeit..., auch die ganze Verwandlung unsres Herzens... Wenn wir aber durch das Evangelium zum Glauben kommen und durch den Glauben Gott als unseren Gott in Christus, als unsren gnädigen Gott erkennen und besitzen, dann haben wir genug an seiner Gnade... Was soll ich mehr verlangen? Mich beströmt die Gnadenflut.

O Gott, du frommer Gott, du Brunnquell guter Gaben, ohne den nichts ist, was ist, von dem wir alles haben und ohne den wir nichts haben: Wir sind arme Bettler vor dir und wollen es doch nicht sein. – Du Gott der Herrlichkeit, du reicher Gott, du mitteilsames Wesen, der du auch den Armen und jedem Armen ein ganzes Königreich schenken kannst und willst, wenn wir uns überwinden könnten, es frei heraus zu sagen, daß wir doch nichts seien... Ich bin zwar auch der geringsten Gnade nicht würdig, aber dagegen auch der allergrößten Gnade bedürftig, ja des ganzen Schatzes und Reichtums deiner Gnade höchst bedürftig. Doch will ich dir auch für ein Stücklein Brot, ja für ein einziges Brosämlein deiner Gnade danken. Amen.

Philipp Friedrich Hiller – Liederdichter des schwäbischen Pietismus

Zu Recht hat man Philipp Friedrich Hiller (1699-1769) den »Liederdichter des schwäbischen Pietismus« und sogar den »schwäbischen Paul Gerhardt« genannt. Mit seinem Schaffen, in dem sich das »kernhafte Christentum Altwürttembergs dichterisch am getreuesten abspiegelt« (A. Knapp), erreicht die evangelische Kirchenlieddichtung Württembergs ihren Höhepunkt. Von seinen insgesamt 1073 Liedern ist das »Meisterlied«: »Jesus Christus herrscht als König« am bekanntesten geworden; neben drei weiteren (»Mir ist Erbarmung widerfahren«; »Wir warten dein, o Gottessohn«; »Es jammre, wer nicht glaubt!«) hat es im Stammteil des heutigen Evangelischen Kirchengesangbuches Aufnahme gefunden.

Der stumme Pfarrer

Nachdem Hiller infolge einer unerfindlichen Krankheit seine Stimme fast verlor, mußte er als Pfarrer von Steinheim manche Anfeindungen erleiden. Davon berichtet auch eine legendäre Erzählung:

Mehrere harte, übelwollende Glieder der Gemeinde, welche die Krankheit ihres gottseligen Pfarrers ohne Mitleid beurteilten, versuchten es dahin zu bringen, daß sie ihn loswürden. Nach allerlei Umtrieben wandten sie sich geradewegs an den Spezial (Dekan) des Sprengels, um ihren Zweck zu erreichen. Auf ihrem Weg nach Heidenheim zum Spezial fanden sie ein Papier, welches, ohne ihr Wissen, ihrem eigenen Pfarrer auf einem Spaziergang aus der Tasche gefallen war. Sie lasen das Blatt, auf dem ein vortreffliches Lied stand, welches sie so sehr bewegte, daß sie ihrem Herrn Spezial das Blatt vorlegten mit der Bitte, daß sie nicht den stimmlosen Hiller, sondern einen solchen Mann wie der sei, welcher dieses Lied habe machen können, zum Pfarrer haben möchten.

Der Spezial kam bald darauf nach Stammheim, versammelte die Bürgerschaft auf dem Rathaus, hörte die Beschwerden der klagenden Partei an und stellte ihnen endlich, nachdem sie noch einmal eben einen Mann wie den Verfasser jenes Lieds wünschten, ihren eigenen Pfarrer als diesen Verfasser vor, welchen sie sodann mit reuiger Beschämung und erneuerter Liebe wieder angenommen haben.

Im Oktober 1751 schreibt Hiller an Bengel:

Ich bin eine Zeit her in so schweren Anfechtungen, daß sie mir bisweilen übermenschlich zu sein scheinen. Ich bete, ich weine, ich schütte mein Herz aus, flehe um Wiedererlangung meiner Stimme. Ich glaube unter dem Gebet und bin ruhig nach dem Gebet; aber unversehens kehrt die Bangigkeit zurück, die Sorgen brechen wieder hervor, ich hange zwischen Furcht und Hoffnung. Ich stütze mich auf Matthäus 21,22 («alles, was ihr bittet im Gebet, so ihr glaubet, werdet ihr's empfangen«). Aber ach, welche Einwendungen erheben sich dagegen!

Du bittest um Zeitliches – aber das »alles« umfaßt ja auch das Irdische. Du betest nicht nach dem Willen Gottes – aber er will doch, daß ich bete für meine Kinder, für mein Weib, für mein Amt. Sind denn meine Sünden nicht versöhnt durch den Sohn Gottes? – »Was ihr bittet«, heißt es in dem Text. Was ist dem Allmächtigen zu groß? Hätte er freilich das Wort nicht selbst gesagt, so würde ich nicht wagen zu bitten. Unter dem legen sich die Wellen hie und da ein wenig; aber die Ruhe ist von kurzer Dauer, es folgt ein neuer Sturm: Laß ab mit Bitten, wenn Gott hören wollte, wäre die Krankheit längst gewichen. Doch wehrt er selbst dem Laßwerden bei Lukas im 18. Kapitel. So fahr ich denn getrost fort mit Beten. Von den täglich sich wiederholenden Kämpfen will ich keine weiteren Worte machen. Aber das kann ich nicht unterlassen, Dich herzlich zu bitten, daß auch Du den Herrn angehst und bittest, daß er, der größer ist als mein Herz, mich seines Willens gewiß mache, sei es durch seine Hilfe, sei es, daß er mir aus seinem Worte Weisheit gebe zum Dulden (Jak. 1,5), sei es durch Deinen Rat oder Deinen Trost oder Deine Belehrung.

»Lied von dem großen Erlöser«

Erstmals zur Veröffentlichung gelangte Hillers »Meisterlied« in seinem theologischen Werk über die »Reihe der Vorbilder Jesu Christi im Alten Testament« (1756/57):

> Jesus Christus herrscht als König;
> alles wird ihm untertänig,
> alles legt ihm Gott zu Fuß.
> Aller Zunge soll bekennen,
> Jesus sei der Herr zu nennen,
> dem man Ehre geben muß.
>
> Nur in ihm, o Wundergaben,
> können wir Erlösung haben,
> die Erlösung durch sein Blut.
> Hört's! Das Leben ist erschienen,
> und ein ewiges Versühnen
> kommt in Jesus uns zugut.
>
> Gott ist Herr; der Herr ist Einer,
> und demselben gleichet keiner;
> nur der Sohn, der ist ihm gleich.
> Dessen Stuhl ist unumstößlich,
> dessen Leben unauflöslich,
> dessen Reich ein ewig Reich.

Ich auch auf der tiefsten Stufen,
ich will glauben, reden, rufen,
ob ich schon noch Pilgrim bin:
Jesus Christus herrscht als König,
alles sei ihm untertänig;
ehret, liebet, lobet ihn!

Geistliches Liederkästlein

Durch dieses Sammelwerk, das in den Jahren 1762 und 1767 in zwei Teilen erschien und nicht weniger als 732 Lieder enthält, denen jeweils ein Bibelvers und eine kurze erbauliche Anmerkung vorausgeschickt sind, wurde Hiller berühmt:

Vorrede

Ich vermeinte, daß wir an solchen Liedern, die eigentlich von dem Lobe Gottes handeln, in Gesangbüchern und sonst keinen Überfluß haben. Denn da unsere gottseligen Alten in ihren Liedern gemeiniglich ein Gloria und Halleluja angehängt, so haben es die Neueren gar sparsam getan. Nun gehört dieses nicht weniger zum Gottesdienst als die Lieder, die die Lehren, Ermahnungen, Gebete und Trost in sich halten, es sei in der Gemeinde oder zu Hause. Ich wollte also in diesem Stück einen Versuch tun, ob der Herr Gnade gebe, daß ich hierin den Kindern Gottes eine geringe Beihilfe leisten möchte. Daher machte ich über so viele Sprüche, als Tage im Jahr sind, eine kleine Ode, die vornehmlich auf die Anbetung Gottes, auf das Lob seiner Eigenschaften, auf den Ruhm seiner Werke und auf den Dank für seine Wohltaten gerichtet wäre... Hat jemand mehr Feuer als ich in meinen alten Tagen, so diene er mit seiner Gabe aus dem Vermögen, das Gott darreicht; und wenn er nun dazu durch meine Arbeit erwecket worden ist, so habe ich schon genug genützt...

Also hat Gott die Welt geliebt (Joh. 3,16)

Das ist das unvergleichliche Sprüchlein, das uns der eingeborene Sohn aus dem Schoß seines Vaters gebracht hat. Es ist das Herzblatt der ganzen Schrift. Es faßt den ganzen Rat der Liebe des Vaters, die ganze Erlösung des Sohns..., den ganzen Himmel mit dem ewigen Leben in sich. Gott sei ewig Lob dafür.

> Teure Botschaft von der Liebe,
> die in Christus Jesus ist!
> Wenn man tausend Bücher schriebe,
> die der lüstre Weltsinn liest,
> wären solche gegen dir
> nur ein feuerwert Papier.
>
> Menschenschriften sind vergebens,
> machen nicht im Sterben froh;
> aber Hoffnung jenes Lebens
> liegt im Evangelio.
> Gottes Kraft zur Seligkeit
> liegt in diesem Wort bereit.
>
> Dies kann man mit Freuden lesen,
> dies hört man mit Glauben an;
> denn es sagt, wer wir gewesen
> und was Gott an uns getan;
> und das Herz nimmt seinen Teil
> aus der Predigt von dem Heil.
>
> Gott sei Ruhm von allen Zungen,
> auch von mir in meinem Teil!
> Jesus, dir sei Lob gesungen
> für dein Wort von unsrem Heil!
> Geist der Gnaden ewigfort
> sei dir Dank für dieses Wort!

Suchet in der Schrift (Joh. 5,39)

Das Suchen (in der Schrift) ist gut, und das Finden ist gewiß. Man muß aber in diesem unvergleichlichen Buch das Zeugnis von Jesus suchen und nicht Nebensachen. Wer Jesus nicht sucht, der bleibt in der Finsternis, und wer ihn anderwärts als da sucht, der findet ihn nirgends.

Jesus ist der Kern der Schrift,
weil auf ihn zusammentrifft,
was vom Alt und Neuen Bund
je im Buche Gottes stund.

Gott sei Dank für dies sein Buch!
Außer diesem trifft der Fluch;
in der Qual bereut man dort
die Verschuldung an dem Wort.

Die Gesandten*, die er gab,
legten nur dies Zeugnis ab:
Jesus Christus, Gottes Sohn
an dem Kreuz und auf dem Thron.

Jesus, schreibe dich allein
durch dein Wort dem Herzen ein,
bis wir dich von Angesicht
schauen ohne Schrift im Licht!

* des Alten Bundes

»Mir ist Erbarmung widerfahren«

Als Hiller wenige Jahre vor seinem Tod auf seinen Lebensweg zurückblickt, bleibt ihm einzig der Dank seinem Schöpfer gegenüber:

Zu den leiblichen Wohltaten rechne ich billig, daß mir Gott bei meinem geringen Vermögen immerdar genug gegeben...; ferner, daß er mir etlichemal meine herzlich geliebte Frau, da sie dem Tod nahe gewesen, auf mein Flehen wieder geschenkt hat; und dann, daß er mich bei dem Verlust meiner Stimme im Verborgnen gnädig geschützt hat gegen etliche heimliche Ränke.

So groß diese Wohltaten sind, so ist doch seine Barmherzigkeit im Geistlichen an mir noch viel größer gewesen. Davon will ich nun noch etliches rühmen. Die erste geistliche Wohltat empfing ich in meiner heiligen Taufe, da mich Gott nach seiner Barmherzigkeit selig gemacht hat durch das Bad der Wiedergeburt und Erneuerung des Heiligen Geistes, welches mich oft in Anfechtung getröstet hat. Hernach hat er noch in der Kindheit mein Herz kräftig gerührt und zum Gebet und Lob Gottes kräftig angetrieben... Ferner hat er in meinem Amt unter viel herzlicher Beschämung über meine Untreue, Unverstand, Leichtsinnigkeit, Trägheit und andere Unarten mich in dem Blut meines Heilandes die tägliche Vergebung meiner Sünden nach seiner ewig währenden Barmherzigkeit reichlich empfinden lassen und mich bei seinem Abendmahl erquickt. Ferner hat er mich in der Liebe seines göttlichen Worts erhalten und mich in der Erkenntnis Jesu Christi, meines Erlösers, wachsen lassen, auch nach mancherlei Tränen meine aus dringender Bekümmernis über meine Gemeinde mit Zittern angefangenen Sonntagsstunden (Erbauungsstunden) und die in eben diesen stimmlosen Jahren über mein Vermuten ausgefertigten Büchlein nicht ohne Segen sein lassen, was hiermit zum Ruhm seiner unverdienten Barmherzigkeit gemeldet sei.

»Wiewohl er gestorben, redet er«

Auch über den Tod hinaus hinterließen Hillers Lieder segensreiche Spuren:

»Angenehmes Krankenbette«

Es sind jetzt etwa 30 Jahre her, daß ich (d.i. Friedrich Baun) als Pfarrgehilfe öfter eine Diakonisse zu besuchen hatte, die bei ihren verhältnismäßig noch jungen Jahren schon von der Gicht geplagt war und seit langem wie gelähmt dalag, wobei ihr jede, auch die geringste Bewegung arge Schmerzen verursachte... »Eines Tages«, erzählte sie mir nun, »griff ich, wie schon oft, zu meinem Hiller, um aus seinem Liederkästlein mich zu stärken. Da fiel mein Blick auf das Lied, das beginnt: ›Angenehmes Krankenbette‹. Unwillig legte ich das Buch wieder zur Seite – nein, so konnte ich nicht sagen! Schmerzliche Tränen traten mir in die Augen. Doch nachdem ich diese getrocknet hatte und mein Blick klar und helle geworden war, las ich weiter:

> Angenehmes Krankenbette,
> das zu Jesu Füßen liegt!
> Dies, dies ist die rechte Stätte,
> wo man die Gesundheit kriegt.

Jetzt war ich getröstet. Ja, so wollte ich es auch machen wie dort der Gichtbrüchige, von dem es heißt: ›Sie ließen ihn hernieder auf einem Bette, mitten unter sie, vor Jesum‹ (Luk. 5,19).«

»Der schmale Weg«

Ein Bauernsohn war durch eine Evangelisation innerlich angefaßt worden, schwankte aber noch, ob er auf dem breiten Weg bleiben oder auf den schmalen hinübertreten sollte. Da wurde an einem Sonntag im Gottesdienst das Lied von Hiller gesungen:

›Wie gut ist's, von der Sünde frei,
wie selig, Christi Knecht!
Im Sündendienst ist Sklaverei,
bei Christo Kindesrecht.‹

Da wurde er betroffen und sagte zu sich: »Dieses Glück hast du noch nicht; diese Seligkeit aber möchte ich haben.« Fortan wurde er ein entschiedener Bekenner des Namens Jesu Christi.

Johann Jakob Moser – »der Vater des deutschen Staatsrechts«

Seinen berühmtesten Vertreter besaß der württembergische Pietismus im 18. Jahrhundert in Johann Jakob Moser (1701 – 1785), einem über Deutschlands Grenzen hinaus bekannten Staats- und Völkerrechtler, der sich vor allem durch die Abfassung des »Teutschen Staats-Rechts« (50 Bde; 1737 bis 1754), des »Neuen Teutschen Staats-Rechts« (27 Bde; 1766-1782) und eines »Versuchs des neuesten europäischen Völkerrechts« (10 Tle; 1777-1780) hervortat. Er wirkte an verschiedenen Orten – u.a. als Professor der Rechte in Tübingen (1720-1724; 1729-1734) und Direktor der Juristenfakultät in Frankfurt/Oder (1736-1739) –, bevor er 1751 zum württembergischen Landschaftskonsulenten (Rechtsrat des Landtags) ernannt wurde.

In seiner Tübinger Zeit erlebte Moser im Jahre 1733 nach einer »ehrlichen Probe« eine Bekehrung:

»So jemand will Gottes Willen tun...«

Die Betrachtung der Herrlichkeit und der weisen Einrichtung des Weltbaues, der Geschöpfe und seines eigenen Körpers führte ihn zu der festen Überzeugung, daß dies alles nicht von selber entstanden, sondern von einem unendlich großen und weisen Wesen so geordnet sei. Freilich hatte er daneben gegen die Bibel, besonders gegen das Alte Testament, allerlei Bedenken; sein Verstand stieß sich an den darin erzählten Wundern, die er mit der festen Ordnung der Naturgesetze nicht in Einklang bringen konnte. Auch wollten seinem von Natur stolzen Herzen die Aussprüche der Heiligen Schrift von der Verderbtheit der menschlichen Natur, von unserer Untüchtigkeit zum Guten nicht zusagen. Immerhin hatte er über Religion nie gespottet.

Als er aber anfing, auf seine Gedanken, Begierden, Worte und Werke genauer achtzugeben, erkannte er bald den bösen Grund seines Herzens sowie die Unmöglichkeit, in diesem Zustand Gott zu gefallen. So wurde er zu der Überzeugung geführt, daß er einen Erlöser nötig habe. Da er vollends an das Wort kam Johannes 7,17: »So jemand will des Willen tun, der mich gesandt hat, der wird inne werden, ob diese Lehre von Gott sei oder ob ich von mir selbst rede«, beschloß er, eine ehrliche Probe zu machen und seinen Willen ganz dazu herzugeben, der Lehre Jesu in seinem Leben und Wandel zu folgen. »Und als ich dieses tat«, so Mosers Bericht, »fielen mir nach und nach immer mehr Zweifel hinweg; ich fand bei Jesu Ruhe für meine Seele; und so ging es von Grad zu Grad weiter.«

Auch in Mosers Frau fing die Gnade Gottes an zu arbeiten. Sie bekam tiefe Eindrücke, besonders durch die einfache Näherin Beata Feldmeth, die eine tiefgegründete und bekenntnisfreudige Jüngerin des Herrn war. – Nach einiger Zeit fuhren Moser und seine Frau einmal miteinander in ein benachbartes Dorf. Da kam es im Gespräch zutage, was Gott an beider Herzen getan, was jedes bisher sorgfältig vor dem andern verborgen hatte. Beide waren sehr erstaunt und erfreut darüber und liebten sich von da an um so herzlicher. Nun schätzten sie auch die Predigten des frommen Professors Weismann immer mehr, so daß Mosers Frau eines Tages zu ihrem Mann sagte: »Dr. Weismann predigt jetzt ganz anders als früher.« Doch er entgegnete: »Nein, mein liebes Kind, er predigt noch wie zuvor, aber wir haben andere Herzen und Ohren.«

»Unverzagt und ohne Grauen«

Nachdem Moser in seiner Eigenschaft als Landschaftskonsulent gesetzeswidrigen Übergriffen des Herzogs Karl Eugen (1737-1793) entgegentrat, ließ ihn dieser im Sommer 1759 verhaften:

Am 12. Juli wurde Moser nach Ludwigsburg zum Herzog berufen. Vor dem Hineintreten in das herzogliche Kabinett sagte er noch zu dem anwesenden Geheimsekretär: »Unverzagt und ohne Grauen soll ein Christ, wo er ist, stets sich lassen schauen.« Er brauchte solchen Mut! Denn als er eingetreten war, erklärte ihm der Herzog: »Weil alle meine bisher gegen Ihn erlassenen Resolutionen nichts gefruchtet haben, sondern die Landschaft mit Ihren respektwidrigen und ehrenrührigen Schriften noch immer fortfährt, so sehe ich mich genötigt, mich Seiner als des Verfassers Person zu versichern und Ihn nach Hohentwiel zu schicken. Ich werde die Sache durch die allerschärfste Nachforschung untersuchen lassen.« Moser erwiderte ganz ruhig: »Euer Durchlaucht werden einen ehrlichen Mann finden.«

Augenblicklich wurde er nun, wie er ging und stand, in einen Wagen gepackt, ein Unteroffizier und zwei Soldaten mit aufgepflanztem Bajonett setzten sich zu ihm hinein, drei Husaren ritten voraus, ein Offizier am Schlag, drei Husaren hintendrein.

»Ich bin gefangen gewesen«

Über die nachfolgende, nahezu sechs Jahre währende »Arrestierung« auf der Festung Hohentwiel berichtet er in seinem Lebensrückblick:

Als ich nach 38stündiger Fahrt in Hohentwiel ankam, mußte man mich unter den Armen hinaufführen, weil ich nicht mehr gehen konnte. Nun wurde ich in ein Zimmer eingesperrt, daraus ich in vier Jahren nicht gehen durfte; es durfte niemand, auch kein Geistlicher, mit mir sprechen, viel weniger durfte ich in eine Kirche; der Kommandant mußte allemal dabeisein, wenn ich speiste; ich durfte mir keine Bücher, keinen Tee, Kaffee und dergleichen bringen noch meiner pflegen lassen, als ich wieder heftig Gliederweh bekam.

Hohentwiel, 1697

Ich hatte mir gleich anfangs vorgenommen, die Zeit zum Heil meiner Seele anzuwenden und teilte meine Zeit in Beten und Lesen des Alten und Neuen Testaments ein. In der Zwischenzeit hätte ich gerne geistliche Lieder gedichtet; aber wie sollte ich es machen? Mir wurde auch weder Papier und Tinte noch Feder oder Bleistift zugelassen. Da fand ich, daß ich mit der Spitze meiner Lichtschneuze in die weiße Wand kratzen konnte – da war viel gewonnen! Nun überschrieb ich die ganze weiße Wand in meiner Stube. Allein nun stand es zwar an der Wand; wie sollte ich es machen, daß ich es bei meiner Entlassung auch wieder mitnehmen konnte?

Das Steinhofersche Predigtbuch, das mir neben der Bibel schließlich gelassen wurde, war auf Schreibpapier gedruckt; wenn ich nun etwas anderes unter ein Blatt legte, ging es an, daß ich mit besagter Spitze so darauf kratzen konnte, daß wer gute Augen hat, es wohl lesen konnte. Das war eine Freude! Wenn ich einen Brief bekam, so war es mir lieb, wenn auch viele weiße Plätze darin waren; so kratzte ich wo möglich zwischen jede geschriebene Linie eine neue, weiße hinein. Allein nun schrieb ich so viel, daß auch meine Schere stumpf wurde. Da versuchte ich mein Instrument an den eichenen Stühlen meines Zimmers zu polieren – und es glückte...

So dichtete ich über tausend Lieder, aber nicht bloß Lieder, sondern ich machte mich auch an andere theologische Sachen; und um zu zeigen, daß ich bei meinem Arrest nichts von der Lebhaftigkeit meines Geistes zugesetzt hatte, verfertigte ich noch die Schrift »Eines Mannes muntere Stunden während eines engen Festungsarrestes«.

In einem dieser Lieder heißt es:

>Gott, ich muß gefangen sitzen
>Und im Trübsalskasten schwitzen,
>Wie du wohl weißt, ohne Schuld,
>Aber nicht ohn' deinen Willen.
>Drum wirst du mein Herze stillen,
>Daß ich's trage mit Geduld.
>
>Laß es auf den Herzen brennen,
>Denen, die da helfen können.
>Führe selber meine Sach'.
>Hilf zu rechter Zeit und Stunde,
>Dir zum Preis aus Herz und Munde,
>Ich verlange keine Rach'.

In den »harten Drangsalen«, denen Moser ausgesetzt war, erfuhr er auf mancherlei Weise Hilfe:

Als es kälter wurde, wurde Mosers Stube nicht eingeheizt, so daß Moser Fenster und Läden verstopfen und sich mit allen möglichen Kleidern bedecken mußte – und doch fast erfror. – Einmal war er so elend, daß der Kommandant Schlimmeres befürchtete und deshalb nochmals nachsah. Er hatte diesmal seinen alten Hund bei sich. Dieser, sonst ein mürrisches Tier, kam zu Moser ans Bett und war äußerst freundlich gegen ihn, so daß es ihn innigst rührte und er zu dem Kommandanten sagte: »Es geht mir wie dem Lazarus, weil sich die Menschen nicht über mich erbarmen wollen, bezeugt mir dieses arme Tier sein Mitleid.«

Öfter litt Moser an Hüftweh und Gicht; schließlich wurde er so krank an Gliederschmerzen, daß er kaum noch mit Hilfe einer Krücke und eines Stocks sich die paar Schritte zum Tisch oder zum Bett schleppen konnte. Eines Morgens jedoch setzte er sich an den Tisch, legte Krücke und Stock auf denselben und las in Matthäus 9, wie Jesus den Gichtbrüchigen gesund gemacht hatte. Er gab in seinem Herzen dem Herrn die Ehre, daß er auch noch jetzt auf seinem Thron eben dieses tun könne, wo er Glauben antreffe, bat aber in Ansehung seiner eigenen Person weiter um nichts. Als es Essenszeit war, kam der Kommandant nebst dem Arzt. Als dieser Krücke und Stock auf dem Tisch liegen sah, sagte er: »Ei, behüte Gott! Was für fürchterliche Instrumente!« Moser versetzte: »Ich danke Gott, daß er hat Holz wachsen lassen, das mir nun so gute Dienste leistet.«

Als sie fort waren, stand Moser, ohne etwas Besonderes zu denken, auf und fand, daß er imstande war, frei zu stehen; er ging einen Schritt, etliche Schritte und konnte gehen; er ging das Zimmer ohne Krücke und Stock auf und ab und konnte gehen ohne Schmerzen. Als der Kommandant zum Abendessen kam, empfing ihn Moser an der Türe und ging mit ihm herum. Der staunte und wußte nicht, was er daraus machen sollte; Moser sagte ihm das Nähere nicht, dankte aber seinem Gott und nahm später die Krücke zum dankbaren Andenken an die Hilfe des Herrn mit nach Hause.

»Du kannst ganz ruhig sein«

Während der Haft starb im September 1762 nach vier Jahrzehnten glücklicher Ehe Mosers Lebensgefährtin FRIEDERIKE ROSINE, geb. Vischer (1703-1762). Auf dem Krankenbett liegend schrieb sie zehn Tage vor ihrem Tod ihren letzten Brief:

Mein unter allen Proben und Mühseligkeiten dieses zeitlichen Lebens treu bewährter und zärtlich geliebter Ehegatte!

Dein liebreiches Schreiben ist mir heute wie Goldtinktur gewesen. Ich küsse Dir die Hand dafür und wünsche und bitte Gott angelegen, daß Er Dir Dein Herz beruhigen möge, in seinen Willen mich gläubig zu überlassen. O ja, wie gut ist es, daß wir es nicht erst dürfen durch andere ausmachen lassen, wie wir gegen- und miteinander stehn. Jesus hat uns das Siegel der Kindschaft Gottes und seiner Liebe aufgedrückt, und dieses unterhält unsere Gemeinschaft nahe und ferne durch Leben, Leiden und Sterben. Du kannst ganz ruhig sein, der Herr mag es mit mir machen, wie er will. Ich leb' Ihm und sterb' Ihm ganz allein; die Kraft seiner Versöhnung erhält mein Herz im Glauben und in einer kindlichen Überlassung auf alles. Gott hat mir bisher noch alles leicht gemacht. Ich habe nicht viel Schmerzen gehabt, sondern nur ein Verlassen aller Kräfte. Jetzt kann ich nimmer. Ich empfehle Dich der Gnade Jesu und bin

Deine treue Friederike Rosine

Johann Friedrich Flattich –
»der Salomo im Bauernrock«

Zu den Originalen Württembergs, deren es bekanntlich so manche gibt, zählt besonders der Bengel-Schüler Johann Friedrich Flattich (1713-1797), der Schwiegervater Philipp Matthäus Hahns und Großvater von Beate Paulus. Sein Wirkungskreis waren der Hohenasperg (1742-1747) und die Landgemeinden Metterzimmern (1747-1760) und Münchingen (1760-1797), wo er in selbstloser und geistreicher Weise über ein halbes Jahrhundert amtierte. Bekannt wurde Flattich vor allem als Lehrer und Erzieher. Unvergessen geblieben sind zahlreiche Erzählungen und Anekdoten aus seinem Leben:

Der Pfarrer

Als Flattich 1747 in die Landgemeinde Metterzimmern kam, wartete viel Arbeit auf ihn. Die Gemeinde war sehr heruntergekommen und bestand aus vielen arbeitsscheuen Leuten. Flattich fand dies bald heraus und erklärte in Predigten und Hausbesuchen immer wieder aufs entschiedenste, ein wahrer Christ dürfe nicht betteln; man habe im Schweiß des Angesichts zu arbeiten und den Segen Gottes zu erwarten.

Als er wieder einmal gegen den Unfug gepredigt hatte, kamen etliche arme Väter zu ihm und sagten: »Ja, lieber Herr Pfarrer, sehen Sie nur einmal nach, wie klein und schlecht unser Stückchen Feld ist.« Flattich erwiderte: »Ihr Leute seht von eurem Stückchen Acker immer nur die untere Seite an, und da seht ihr freilich nichts wie Steine und dürre Erdklöße. Seht aber nur auch einmal die obere Seite davon. Das ist der Himmel, und der steht über eurem Stückchen ebenso groß und weit da wie über unseres gnädigsten Herzogs Landen. ... Wenn du betest und arbeitest und Gott vertraust, so wird dir dein klein Stück Land gerade ebensoviel eintragen als dem Herzog sein großes.«

Solche Weisung leuchtete den Leuten alsbald ein. Flattich ließ sich's auch nicht verdrießen, in die Hütten zu gehen, um mit jedem Hausvater zu überschlagen, wie er sein Feld verbessern oder etwas nebenher verdienen könne. So wurde er für dieses Jahr ihr Haus-, Hof- und Schatzmeister. Wie das Jahr herum war, hatte es allen gereicht, und bei manchen war noch genug übriggeblieben...

Flattichs Predigten waren außerordentlich anziehend. Das war ein Mann fürs Volk. Deshalb strömte es auch an den Sonntagen nach Münchingen. Seine Verkündigung war einfach, voller Weisheit und gebunden an Gottes Wort. Damit die Predigt hafte, blieb er nach dem Schlußgesang in der Sakristei, kam dann heraus und nahm von den ledigen Männern einen um den andern in den Arm: »Was weißt du von der Predigt? Und du?« So ließ er keinen zur Kirche hinaus, ohne daß er ihm wenigstens einen Bibelspruch aus der Predigt gesagt hatte.

Der Menschenfreund

Ein Verwandter in Stuttgart forderte Flattich einst auf, zu Präsident Georgii nach Stuttgart zu gehen, der ihn kennenzulernen wünschte, weil er so vieles von ihm höre. Zugleich bemerkte er, er solle sich doch besser kleiden, damit er keinen Anstoß gebe. Flattich ließ sich's gefallen; seine Tochter gab ihm zu diesem Zweck 30 Gulden mit, und Flattich machte sich auf den Weg nach Stuttgart.

Sein Weg führte ihn unweit von Feuerbach durch ein Kornfeld. Da hörte er plötzlich klägliche Töne, Seufzen und Weinen. Er geht der Stelle zu und findet an einem Grasrain eine Frau, die den Rain abgraste und unter der Arbeit bitterlich weinte. »Was ist Ihr denn?«, fragt Flattich. Das Weib sieht den ärmlich gekleideten Mann und sagt: »Ach, Er kann mir doch nicht helfen!« Flattich drang aber in sie, und endlich erzählte sie, ihr Mann sei ein Trunkenbold, ein Acker um den andern werde verkauft, und nun wolle der Schultheiß wegen eingeklagter Schuld auch noch ihr letztes, die Kuh, verkaufen. »Wie groß ist denn die Schuld?«, fragte Flattich teilnehmend. »30 Gulden«, antwortete das bekümmerte Weib. Da greift er in seinen Rock und zieht die 30 Gulden heraus und gibt sie dem Weib mit der Ermahnung, sie solle Gott danken, ihm kindlich vertrauen, mit ihrem Manne Geduld haben und für ihn beten. Prophetisch fügte er bei: »Nun wird Ihr Mann nicht mehr trinken.«

In Stuttgart angekommen, kaufte er sich vom Kleiderhändler einen billigen Rock für 8 Gulden, die ihm sein Verwandter vorstreckte, und sagte, er glaube gewiß, Gott werde den Präsidenten so lenken, daß er nicht auf seine Kleider sehe. Danach ging er zu Georgii und erzählte diesem von seinen Erfahrungen in Haus und Amt. Das gefiel dem Präsidenten so sehr, daß er den einfachen Pfarrer ins Vertrauen wegen seiner Eheprobleme zog. Flattich sprach nun den beiden Eheleuten so ernst und liebevoll zu, daß sie sich wieder einigten. Georgii aber gewann Flattich überaus lieb. Zuletzt fragte dieser ihn, ob er sich an seiner geringen Kleidung stoße. »Keineswegs«, antwortete der Präsident, »ich habe gar nicht gesehen, was Sie für Kleidung anhaben.« »Nun«, sagte Flattich, »so will ich mich aufs neue auf die Niedrigkeit legen. Gott muß uns legitimieren, nicht die Kleidung.«

Zwei Jahre später ging Flattich durch Feuerbach. Da standen einige Weiber am Waschzuber, emsig an der Arbeit. Plötzlich rief eine von ihnen: »Seht, das ist der Mann, der mir geholfen hat!« Sie eilt auf Flattich zu, drückt ihm voll Freude die Hand und sagt: »Denken Sie nur: Mein Mann sauft nimmer!« Als danach die Geschichte mit den 30 Gulden bekannt wurde, lud eine angesehene Frau in Stuttgart den hemdsärmeligen Dorfpfarrer in ihr Haus und machte ihm einen ganz neuen, eleganten Rock zum Geschenk.

Besaß er einmal ein gutes Kleidungsstück, so war er es bald los, denn er meinte, es gäbe gar viele, die es nötiger brauchten als er. – Das kam auch jenem Handwerksbursch sehr zugute, der von Schweiß triefend und völlig ermüdet in dem Münchinger Pfarrhaus um eine Gabe bat. Da der Pfarrer so gut und gastfrei war, so faßte sich dieser ein Herz und erzählte ihm, daß er auf seiner Wanderschaft fast bis am Rhein gewesen und noch gar weit nach Hause habe. Die Füße hielten's wohl noch aus; denn so oft er sie auch wund gegangen, wären sie immer wieder geheilt, aber seine Strümpfe wollten nicht heilen. Da geht der Pfarrer hin und holt ihm sein bestes Paar Strümpfe. Etliche Tage nachher bemerkte die Hausfrau den Verlust. Die Übersicht kostete ja ohnehin nicht viel Mühe. »Lieber Mann«, fragt sie, »hast du das neue Paar Strümpfe aus dem Kasten da herausgetan?«

»Ja«, sagte er, »ich hab's einem armen Handwerksburschen geschenkt.«

»Ei«, spricht die Frau, »warum hast du ihm denn gerade deine guten und nicht lieber ein Paar schlechte geschenkt?«

»Meine liebe Frau«, entgegnete er, »schlechte hatte der Handwerksbursch selber.«

Das Original

Eines Tages verklagte ein Weib ihren Mann, er komme fast alle Tage betrunken aus der Schenke nach Hause und schlage sie dann regelmäßig. Flattich, der sie gut kannte und wußte, daß sie keine von denen sei, die Schweigen für Gold halten, sagte, er wisse ihr ein gutes Mittel. Sie solle im Bach einen glatten Kieselstein holen, gerade so groß, daß man ihn unbemerkt unter die Zunge legen könne; wenn dann ihr Mann wieder betrunken heimkomme, so solle sie den Kieselstein unter die Zunge legen und sich recht in acht nehmen, daß er auf seinem Platz liegen bleibe. Das werde helfen. Der Frau kommt die Sache sonderbar vor und sie denkt endlich, es müsse ein Geheimnis dahinter stecken. Sie folgt dem Pfarrer und macht es genau so, wie er gesagt. Und siehe da, gleich am ersten Abend kommt sie ohne Schläge ins Bett; ebenso am zweiten und dritten Tag. Der neue Ehefriede fällt auch dem

Mann auf, und er erzählt das Wunder seinen Kameraden im Wirtshaus. Da meint einer, sie wollen doch einmal versuchen, wie weit die Geduld des Weibes reiche. Sie sollten miteinander in das Haus gehen und trinken. Sie gehen hin, und der Mann befiehlt dem Weib, Wein herbeizuschaffen und ein Nachtessen zu richten. In der Angst vor den wilden Menschen nimmt sie schnell ihren Kieselstein, schiebt ihn unter die Zunge und tut dann ohne Widerrede, was ihr befohlen war. Da schlägt dem Mann das Gewissen, er heißt die Kameraden fortgehen und bricht in die Worte aus: »O Weib, wie geduldig bist du doch!« Er bittet sie um Verzeihung für seine früheren Mißhandlungen und gibt dem Wirtshaus und den alten Saufbrüdern den Abschied. Fortan ward er ein anderer Mensch.

Einmal wollte Flattich in ein Haus treten. Da vernimmt er, wie drinnen die Hausfrau mit einer Nachbarin gerade von ihm redet; seine Eigentümlichkeiten wurden von den beiden Weiberzungen in wenig ehrenvoller Weise durchgenommen. Gelassen hört er ihnen eine Weile zu und geht dann wieder heim, ohne daß sie seine Nähe bemerkt hatten. Zu Hause gibt er alsbald seiner Magd auf, besagter Frau einen Laib Brot und eine Schüssel voll Mehl zu bringen und ihr auszurichten: »Einen schönen Gruß, und das ist der Wäscherlohn.« Das war nämlich in Münchingen der gewöhnliche Lohn für Wäscherinnen. Die Magd war zwar darüber verwundert, weil sie jene Frau noch nie als Wäscherin im Pfarrhaus gesehen hatte, aber sie handelt nach ihres Herrn Gebot. Die Frau war darüber so sehr erstaunt, daß sie mit der Magd ins Pfarrhaus kommt, um sich des näheren zu erkundigen. Flattich aber entgegnete ihr mit freundlichen Worten: »Do han i do jetzund (von Flattich häufig gebrauchte Phrase, die er seinen Reden vorausschickte, um besonnen zu antworten), freilich habt Ihr's verdient. Ich bin mein Leben lang noch nie so schön gewaschen worden als von Euch und Eurer Nachbarin.«

Sonntag für Sonntag sah Flattich einen Bürger in der Kirche. Es hatte den Anschein, als ob dieser Mann fleißig aufmer-

155

ke, und doch blieb er nach wie vor unbekehrt. Da läßt ihn der Pfarrer zu sich kommen und schenkt ihm ein Paar Schuhe. Der kann sich vor Staunen nicht erholen. Flattich klärt ihn auf: »Do han i do jetzund, das ist, weil Ihr so fleißig in die Kirche geht.« Als der Mann sich durch das Lob sehr geehrt fühlt, fügt der Pfarrer hinzu: »Es ist nur, damit Ihr nicht in allen Teilen zu Schaden kommt. Nutzen für Euer Herz und Wandel nehmt Ihr doch keinen mit aus der Kirche heim. Drum hab ich gedacht, ich wolle Euch doch wenigstens ein Paar Schuhe ersetzen, die Ihr bei Eurem vergeblichen Kirchengehen abgenutzt habt.« Neu beschuht und betroffen ging der Beschenkte nach Hause.

»Der vornehmen Herren Mahner«

Einst ging Flattich zu Fuß, wie das zumeist geschah, von Münchingen nach Stuttgart. Es war gerade nachmittags an des Herzogs Geburtstag, da kam der Herzog selber geritten. Schon von weitem rief er dem ihm bekannten unscheinbaren Pfarrer von seinem hohen Schimmel mit heiterer Laune zu: »Nun Flattich, was hat Er denn heute gepredigt an meinem Geburtstag?« Der Gefragte antwortete schnell und besonnen: »Do han i do jetzund, Eure Durchlaucht, was werd i predigt han? I han predigt: Die Fürsten sollen fürstliche Gedanken haben!« (Jes. 32,8). Der Herzog, der so viele nichtfürstliche Gedanken hatte, fühlte sich betroffen und ritt in ernstem Nachdenken davon.

Ein andermal wurde Flattich vom Herzog auf Schloß Solitude zu einem Gastmahl eingeladen. Es war damals Mode, daß man die Haare mit feinem Mehl bestreute. Als die feine Gesellschaft erschien, war alles gepudert, nur Flattich hatte keinen weißen Kopf. »Warum hat Er sich denn nicht gepudert?«, fragte der Herzog. »Do han i do jetzund, Euer Durchlaucht«, erwiderte der Pfarrer, »weil ich mein Mehl zu den Knöpfle (Spätzle) brauch.«

Flattich und Herzog Karl Eugen

Ein vornehmer, prachtliebender Mann, welcher Freiherr von Harling in Münchingen besuchte, hätte gern den originellen Flattich kennengelernt. Harling jedoch suchte, es ihm auszureden, Flattich sei ein »unscheinbares Männchen in einem abgeschabten Rock«. Der Fremde beharrte auf seinem Wunsch. – Flattich, der das Kleiderausklopfen und Bürsten für ein Schadengeschäft hielt, weil es die Wolle des Tuchs wegnehme, war eben von einem auf morastigem Wege gemachten Spaziergang zurückgekommen. Da fand er die Einladung. Wie er ging und stand, erschien er im Schloß. Das kam dem Edelmann doch zu despektierlich vor, und er kann sich nicht enthalten, Flattich einen Vorhalt zu machen. Der ist aber schnell bei der Hand mit seiner Antwort: »Do han i do jetzund, es kommt nur darauf an, wo man den Dreck hat, ich hab ihn außen, die Edelleute oft innen.«

Die Köhler-Hütte im Schloßpark von Hohenheim, 1795

Der Erzieher

Bis ins hohe Alter hinein unterhielt Flattich in seinem Pfarrhaus eine Privatschule, die von insgesamt dreihundert »Zöglingen« durchlaufen wurde. Sein Erziehungsprogramm fußt auf der Bibel, aber auch auf aufklärerisch-pädagogischen Vorstellungen seiner Zeit (Philanthropinismus):

Ich bekam einmal einen Knaben, von dem der Vater sagte, er sei faul, wolle nichts lernen, sondern nur müßiggehen, essen, trinken, spielen. Während nun die anderen Zöglinge Unterricht erhielten und ihre Schulaufgaben ausarbeiten mußten, ließ ich diesen Knaben tun, was ihm beliebte. Anfangs gefiel ihm solches; mehrere Wochen trieb er sich so mit Lust herum. Endlich fühlte er seinen Ekel daran, so daß er zu mir kam und fragte: »Herr Pfarrer, warum lernen die andern Buben, und ich darf nicht mitlernen?« »Ei, du willst es ja selbst so haben«, erwiderte ich. »Nein«, sagte der Knabe, »es gefällt mir nicht mehr, ich möchte auch gerne mitlernen.« Ich erlaubte dies, und er lernte von nun an fleißig und mit gutem Erfolg.

Es ist das Gewissen bei jungen Leuten im allgemeinen zärtlicher als bei den ältern. Es kommt demnach sehr viel darauf an, daß man bei jungen Leuten das Gewissen erhalte und solches zum Nutzen anwenden lerne. Denn wenn der innere Zuchtmeister rege ist, so ist die äußere Zucht leicht. Wenn aber der innere Zuchtmeister nicht da ist, so hilft die äußere Zucht wenig.

Wer sich auf das Unterrichten legen will, der muß lernen, vielen vielerlei zu werden, nämlich den Kindern ein Kind, den Buben ein Bub, den Jünglingen ein Jüngling, den Schwachen schwach, den Halbgescheiten halbgescheit, den Gescheiteren gescheiter. Man sieht auch an dem Beispiel Gottes, wie weit er sich gegen die Menschen herunterläßt, so daß man sich verwundern muß in Gottes Wort, wie menschlich der große Gott mit Menschen umgeht.

Wenn man junge Leute mit bloßer Autorität und Ernst regiert und informiert, so werden dadurch nicht nur viele dumm und bekommen ein knechtisches Gemüt, sondern es werden auch diejenigen, welche dadurch etwas lernen, leicht herrschsüchtig und gewalttätig, so daß man sich nicht verwundern darf, warum die meisten Herren so hart mit den Geringen und mit ihren Untergebenen verfahren.

Wenn man einem ein böses Wort geben will, muß man ihm zuvor zehn gute Worte gegeben haben. Das Fürnehmste ist, daß junge Leute ein Vertrauen zu ihrem Lehrer haben und ihm glauben. Junge Leute können auch harte Mittel ertragen, wenn sie gegen den Lehrmeister eine Hochachtung und Liebe haben.

Man muß jungen Leuten auch Kindereien und Bübereien gestatten, aber man soll auch die Zeit erwarten, da sie solche selbst ablegen. Denn es wäre eine Frage, ob man ohne Kindereien und Bübereien ein rechter Mann werden könnte.

Bei der Erziehung der Kinder hat man mehr auf den Gehorsam und die Gottesfurcht zu sehen als auf das Lernen; denn es heißt nirgends: Lerne recht, auf daß dir's wohlgehe. Die Hauptsache ist also, die Kinder zum Guten anzuhalten... Kinder muß man zur Härte erziehen, nicht hoffärtig kleiden und nichts Kostbares zu essen geben.

Eine grüne Zwetschge kann bei weitem nicht so viel ausstehen als eine gedörrte. Damit der Mensch nun auch etwas ausstehen lerne, soll er keine grüne oder weiche Zwetschge bleiben, sondern soll seinen Leib durch Beschwerlichkeit dörren.

Der Ehemann

Kurz vor seiner Hochzeit meinte Flattich – wie die Familienchronik erzählt –, seine Braut, die aus Murr stammende Pfarrerstochter CHRISTIANA MARGARETA, geb. Groß (1721 bis 1771), auf eine Probe stellen zu müssen:

Weil er ein rasches, auffahrendes Temperament hatte, so wollte er sie prüfen, ob sie auch zu ihm passe. Und das Mittel, welches er wählte? Eine Ohrfeige, die er der jugendlichen Braut gab. Die steckt sie ruhig ein und spricht kein Wörtlein. Sie hatte die Feuerprobe bestanden. Es war auch die erste und letzte Ohrfeige, denn es mag wohl keine friedlichere Ehe gegeben haben, als der Pfarrer Flattich eine führte. Er befolgte eben den Rat, welchen er in seiner gutmütigen Art einmal einem jungen Ehepaar erteilte: »Wenn ihr Friede haben wollt, so hütet euch vor den ersten Händeln.«

Als sie nach kurzem Krankenlager ihm im Dezember 1771 von der Seite genommen wurde, stellte er ihr das Zeugnis aus:

Eine Ehegattin, welche für ihren Ehemann treulich besorgt war, eine Mutter von 14 Kindern, eine Stiefmutter von mehr als 200 jungen Leuten, welche sie seit 30 Jahren in der Kost und Information ihres Mannes treulich verpflegte; eine Hausfrau, welche Mägde und Taglöhnerinnen ohne Herrschsucht mit Liebe und Sanftmut behandelte; eine Pfarrerin, welche in Gottesdienst, Demut, anhaltender Arbeit und andern Tugenden der Gemeinde ein gutes Exempel gab; eine Guttäterin, welche sich's sauer werden ließ, um Gutes tun zu können, und die es für seliger hielt, zu geben als zu nehmen; eine Kreuzträgerin, welche von Kindheit auf durch ihren Waisenstand, durch viele Geburten, durch kränkliche und sterbende Kinder, durch eine schwächliche Leibeskonstitution, durch eine immerwährende weitläufige Haushaltung, welche fast niemals unter 20 Personen war, bewährt wurde; eine Überwinderin, welche in Glauben und Geduld auch bei den sechstägigen heftigen Schmerzen gestorben.

7. WÜRTTEMBERGISCHE SENDBOTEN

Johann Martin Mack – Württembergs erster evangelischer Missionar

Von den während des 18. Jahrhunderts von Württemberg in das oberlausitzische Herrnhut in die Brüdergemeine ausgewanderten Pietisten standen bald mehrere – von denen die württembergische Kirchengeschichtsschreibung bislang nichts wußte – im Dienst der Herrnhuter Brüdermission. Der erste von ihnen – und damit zugleich Württembergs erster evangelischer Heidenmissionar – war der Laichinger Webersohn Johann Martin Mack (1715-1784), der 1770 zum brüderischen Bischof ernannt wurde. Von 1742 an wirkte er zwei Jahrzehnte unter den Indianern Nordamerikas, bevor er die Leitung der Mission auf den Jungferninseln übernahm, die er bis an sein Lebensende innehatte.

»Was das Blut Jesu an den Sündern tut«

1727 nach Ostern wurde ich mit andern Schulknaben von unserm Pfarrer konfirmiert, wobei er uns mit Handauflegung absolvierte. Die Handlung gab mir einen tiefen Eindruck, den ich lange nicht vergessen konnte... Die Jahre 1730 bis 1732 verlebte ich in großer Unruhe meines Herzens. Im Oktober 1733 wurde ich in einer Predigt des Bruders Johann Georg Waiblinger (1704-1755; nachmals Bischof der schlesischen Brüdergemeine), der damals Vikar in meinem Geburtsort (Laichingen) war, sehr angefaßt, gründlich erweckt und von meinem großen Verderben überzeugt, welches mir Kummer und Schmerzen verursachte; aber der Trost aus Jesu Verdienst wurde mir auch zuteil. – Bruder Waiblinger war der erste, der mir etwas von der Gemeinde in Herrnhut sagte, und er war auch die Gelegenheit, daß ich am 24. Dezember 1734, da die Losung der (Brüder-)Gemeine hieß: »Laß Güte und Treue einander begegnen...«, nach Herrnhut kam, wo ich für mein armes, sündiges Herz Weide fand und recht vergnügt und selig war.

Zum Ende Juli 1735 wurde ich mit einer Gesellschaft von Geschwistern (der Brüdergemeine) nach Georgia (USA) gesandt. Mein armes Herz, welches noch nicht fest war, kam sowohl auf der Reise dahin als auch in Georgia von der seligen Spur wieder ab, und während der ersten Zeit daselbst kam ich in große Verlegenheit, weil mein tiefes Grundverderben sich wieder offenbarte und ich meine Sünden so groß fühlte, daß ich oft wünschte, nie geboren zu sein. Ich sah mich an als einen, der das Blut Jesu mit Füßen getreten und seine Erstgeburt verkauft hätte. Es machte mir viel Schmerz, daß ich so bald von Herrnhut verschickt worden war. Das hielt so an bis in den Oktober 1738, da der Bruder Petrus Böhler von Europa zu uns kam. Er brachte die Lehre mit, was das Blut Jesu an den Sündern tut. Die sagte meinem armen Herzen zu und war wie ein Balsam; ich fühlte neues Leben, ward versichert, daß der Heiland auch für meine Sünden genug getan habe, und Er offenbarte sich mir in Seiner Marter- und Todesgestalt. O wie beschämt und erfreut war ich, daß ich Ihn als meinen Versöhner und Sündentilger ansehen konnte...

Im Frühjahr (1741) half ich benannten Ort (die Herrnhuter Kolonie Bethlehem in Pennsylvania) anlegen und den ersten Baum fällen. Im Spätherbst dieses Jahres kam auch der Graf von Zinzendorf ins Land. Etliche Tage vor Weihnachten kam er zu uns auf den neuen Platz, und da der Ort noch keinen Namen hatte, so traf es sich, daß wir uns der Christnacht erinnerten, und da nur eine Wand zwischen unsrer Wohnung und dem Kühe- und Pferdestall war, so ging der Graf abends zu der zehnten Stunde mit uns in den Stall und fing mit einem herzdurchdringenden Gefühl an zu singen: »Nicht Jerusalem, sondern Bethlehem, aus dir kommet, was mir frommet...«. Und so bekam der neue Ort den Namen Bethlehem. Der Eindruck, den ich dabei kriegte, ist mir noch immer in frischem Andenken und wird mir auch bleiben bis zu meinem Verscheiden.

Unter Indianern

Das folgende Jahr 1742 war ebenfalls ein merkwürdiges Jahr für mich. Im Februar erhielt ich einen Ruf als Gehilfe des Missionars, Bruder Rauch, unter den Indianern in Schekomeko (kleines Dorf im Staat New York). Ich nahm denselben zwar an, aber mit welcher Betrübnis und mit wieviel Tränen - das ist meinem Herrn am besten bekannt, weil ich mich dazu allzu untüchtig fand. Ich dachte im Grund meiner Seele: Herr Jesus, ist es denn möglich, daß du mich zu so etwas brauchen willst? Er schenkte mir aber die Freudigkeit, es auf Ihn hin zu wagen. Zu Anfang März gelangte ich daselbst an; ich kriegte das Volk lieb und sie mich, mein Herz war gegen sie aufgetan, ihnen den Heiland am Kreuz mit Herzenswärme vorzumalen, und es war dem Volk eine wohlschmeckende Speise... Am 13. November wurde ich vom Grafen Zinzendorf, dem Bischof David Nitschmann und Friedrich Martin zu einem Diener der Brüderkirche ordiniert. Den folgenden Monat kam ich nach Schekomeko zurück und verrichtete am 24. und 25. Dezember die ersten Kirchenhandlungen, indem mehrere Indianer in Jesu Tod getauft wurden.

Im Jahr 1743 erhielt ich einen Ruf, mich der Indianer in Neu-England anzunehmen und meinen Aufenthalt in Pachgatgoch (Connecticut) zu haben. Unter den dortigen Indianern war eine große Erweckung und ein wahrer Hunger nach dem Wort Gottes; aber dem Feind war ich ein Dorn im Auge. Das ganze Land wurde gegen uns aufgebracht und ein Gesetz gegen uns öffentlich publiziert. Die Brüder Pyrläus, Joseph Schaw und ich wurden von der Regierung verhaftet und nach Old-Milford gebracht, wo wir zehn Tage gefangengehalten wurden...

Im September (1746) wurden wir (Mack und seine Frau Johanna, geb. Raue) (abermals) nach Schekomeko gesandt. Das Wort von Jesu Leiden fand Eingang unter einigen Indianern, besonders bei einer Mutter und ihrem Kind, welche beide im Vertrauen auf den Heiland aus der Zeit gingen. Es war aber eine Gegend, wo der Fürst der Finsternis seinen Sitz hatte. Da sah es denn oft um Leib und Leben gar mißlich aus. Während der vier Monate unseres Aufenthaltes daselbst konnten wir die wenigste Zeit des Nachts in unsrer Hütte bleiben wegen der betrunkenen Indianer und waren genötigt, uns im Busch zu verbergen. Unterdessen hatten wir eine überaus selige Zeit im herzvertraulichen Umgang mit dem Heiland und Gelegenheit, das Herz tief kennenzulernen... Im April 1746 baute ich mit ihnen (den christlichen Indianern) die Kolonie Gnadenhütten an als einen Interimsort für sie. Ich verblieb die folgenden Jahre bei ihnen, außer daß ich jährlich einige Reisen nach der Susquehannah unternahm, um zu sehen, ob die dortigen Indianer offene Ohren hätten, das Wort der Versöhnung zu hören.

Unter Negersklaven

Im Jahre 1761 erhielten wir von Europa einen Ruf zum Dienst unter den Negern in Dänisch-Westindien (Jungferninseln: St. Thomas, St. Croix und St. John)... Am 17. Mai (1762) bekam ich meine Abfertigung. Ich kann nicht beschreiben, was ich fühlte, als ich jetzt im Begriff stand, mein liebes Bethlehem zu verlassen, wohin ich so viele Jahre meine Zuflucht nahm, wenn ich von meinen mühevollen Heidenreisen zurückkam, oft halb nackt, hungrig, abgezehrt und kränklich. Hier fand ich hundertfältig Vater, Mutter, Brüder, Schwestern; ach wie wohl tat dies!...

Am 27. Juni 1762 gingen wir dann im Namen des Herrn zu Schiff mit der Losung: »Geht hin, ihr schnellen Boten. – Geht im Geleit von tausend Engeln.« Das war ein gar tröstlicher Paß für uns in dieser bedenklichen Zeit. Wir hatten auch einige fürchterliche Anfälle zu bestehen, indem unser Fahrzeug von einem englischen Kriegsschiff für ein französisches Schiff angesehen und beschossen wurde (von 1755 bis 1762 herrschte der britisch-französische Krieg). Der Herr ließ aber die Engel singen: Sie sollen unverletzet sein. Am 30. Juli kamen wir wohlbehalten auf St. Thomas an. Dank- und Freudentränen flossen häufig. Das war ein rührender Anblick, als bald nach unserer Ankunft hundert Neger herbeieilten, um uns zu bewillkommnen! Ich ging sogleich in die Arbeit hinein. Der Heiland war mit uns, und man verspürte eine neue Gnadenregung unter dem Volk.

Von einer solchen im Jahre 1781 berichtet auch die Herrnhuter Missionsgeschichte:

Bruder Mack ließ es sich bei seiner Rückkehr von Europa angelegen sein, alles neu anzufassen. Am allermeisten legte der Heiland Seinen Segen auf die herzliche Liebe, mit der er den Leuten die Hände bot, auf das mütterliche Erbarmen. Es wurden eigene Versammlungen für die von der Gemeinde Ausgeschlossenen, deren Zahl (während Macks Abwesenheit) bis auf 250 gestiegen war, eingerichtet.

In der ersten Versammlung, die ihnen Bruder Mack hielt, war er so übernommen von Wehmut bei dem Anblick der angefüllten Kirche, daß er kaum anfangen konnte zu reden; aber der Heiland gab ihm Gnade, daß er ihnen mit Ernst, Nachdruck und Mitleiden zu Herzen reden konnte. Darauf fiel er mit ihnen auf die Knie und bat den Heiland, sich ihrer zu erbarmen und diese armen Seelen auf's Neue in Gnaden anzunehmen. Alles in der Kirche weinte überlaut, und wir können nicht beschreiben, wie uns dabei zumut war, schreiben die Missionare. Wir fühlten, daß sich der Heiland zu uns bekannte, und wir durften neuen Mut und neue Hoffnung fassen. Nach kurzer Zeit konnte ein großer Teil dieser verirrten Schafe wieder als Gemeindeglieder angenommen werden.

8.
IM ÜBERGANG ZUR ERWECKUNGSBEWEGUNG

Gottlieb Friedrich Machtholf – »eine Gabe des Himmels«

Der aus dem badischen Sulzfeld, nahe Bretten, stammende Gottlieb Friedrich Machtholf (1735-1800) wirkte von 1763 bis zu seinem Tod als Pfarrer in dem kleinen Schwarzwalddorf Möttlingen, das im 19. Jahrhundert durch Christian Gottlob Barth und Johann Christoph Blumhardt bekannt geworden ist. Durch seine umfassende Fürsorge für die Gemeinde, die ihn »als Geschenk des Himmels« betrachtete, hat er nachhaltigen Eindruck hinterlassen.

Anekdoten, die weit über Möttlingen hinaus umliefen, belegen Machtholfs unverdrossene Hilfsbereitschaft:

Der Calwer Bote

Wenn Machtholf nach Calw ging, fragte er zuvor im Dorf herum, besonders bei den Armen, ob er etwas aus der Stadt mitbringen solle. Das ließen sich die Frauen freilich nicht zweimal sagen, und die eine bestellte ein halb Pfund Kaffee und ein Pfund Zucker, eine andere einige Lot Zimt, eine dritte und vierte ein Fläschchen Lampenöl und so weiter. Der Pfarrer besorgte alles treulich, und wer am Abend auf dem Weg nach Calw hinausging, der konnte ihn ankommen sehen mit vollgebauschten Rocktaschen, worinnen gar viele Päcklein steckten, auch wohl noch mit dem vollgepackten Sacktuch unter dem rechten Arm und Fläschchen Lampenöl, die an einer Schnur über der Brust hingen und dem alten Mann mit dem freundlich-frommen Gesicht gar schön anstanden.

»Wunderlich zumute«

Ein vornehmer Herr, dessen Gut und Sommeraufenthalt in der Nachbarschaft von Möttlingen lag, hatte viel von der Gastfreundschaft des alten Machtholf gehört, daß es ihm unglaublich vorkam. Der Mann nimmt, so sagte man, jeden, der als Gast in sein Haus kommt – er sei arm oder reich, vornehm oder gering – mit gleicher Liebe auf, teilt die letzten Bissen, die letzten Pfennige, die er besitzt, mit den hungrigen und dürftigen Gästen, spart sich's an seinem Mund ab, schläft – wenn er alle seine Betten zum Lager für die Gäste hergegeben – auf einer hölzernen Bank oder – Gott weiß in welch' anderem Winkel. Wenn dann der Gast fortgeht, da nimmt er in einer so herzlichen Weise von ihm Abschied, als ob nur er für seinen Besuch Dank zu sagen hätte und er selber der Schuldner seines Schuldners sei.

Möttlingen vor 1860

Der vornehme Herr wollte die Sache mit eigenen Augen sehen und machte sich deshalb auf nach Möttlingen in das Pfarrhaus... Der Pfarrer kam ihm entgegen, vernahm mit freundlicher Zustimmung seinen Wunsch, bei ihm zu herbergen, und führte ihn hinein ins Zimmer, wo bereits zahlreiche Gäste soeben beim Abendessen saßen. So voll auch die Bänke und Stühle schon waren, fand sich doch noch ein Plätzchen für den neuen Gast, denn der Pfarrer, der mit der

Bedienung zu tun hatte, trat ihm seinen Sitz und für die Nacht auch sein Bett ab.

Der vornehme Herr steht am nächsten Morgen ganz früh auf, die anderen Gäste ruhen noch alle, nur der Pfarrer, der während der Nacht in einem Backtrog geschlafen hatte, ist damit beschäftigt, für seine Fremden die Stiefel und Schuhe zu putzen. Dem vornehmen Herrn wird bei diesem Anblicke wunderlich zumute. Schon am gestrigen Abend war ihm bei dem Tischgespräch, das der ehrwürdige Alte mit einigen seiner Gäste führte, und bei seinem Abendgebet das Herz aufgetan und weich geworden. Er hatte bei seiner Bewirtung im Pfarrhaus zu Möttlingen von jener Speise genossen, die nicht vergänglich ist, sondern »die da bleibt in das ewige Leben«.

»Wollen Sie nur zugreifen!«

Als zur Zeit der Französischen Revolution französische Heere ins württembergische Land einbrachen und dabei auch nach Möttlingen kamen, bewillkommnete Machtholf die ungebetenen Gäste aufs freundlichste, schloß Schränke und Kisten auf und sagte zu ihnen: »Hier, meine Herren, das gehört alles Ihnen. Wollen Sie nur zugreifen!« Unter den Soldaten waren nun etliche, welche über diese sonderbare Art, mit Plünderern umzugehen, erstaunten und denen das liebevolle, ehrwürdige Gesicht des Greises solche Ehrfurcht einflößte, daß sie gar nichts von all den Sachen haben wollten. Aber unter dem Troß, der nachkam, fanden sich dann doch auch Liebhaber all der Dinge, die der Alte anbot. In etwa einer Stunde war er dann auch wirklich alles losgeworden und stellte sich nun wie ein Kaufmann, der die besten Geschäfte gemacht, ruhig an die Haustür und sah den abziehenden Soldaten freundlich nach.

Da kam noch ein Offizier herbeigeritten, welcher gehört hatte, daß im Pfarrhaus so wohlfeil Wäsche zu haben sei, und fragt den Vater Machtholf danach. »Es tut mir wirklich sehr leid«, antwortet dieser, »ich habe gar nichts mehr im Haus. Es ist aber noch etwas Weißzeug von mir gerade in der Wäsche bei meiner Tochter, der Schulmeisterin. Wollen sich der Herr gedulden, bis das trocken ist, so steht es Ihnen zu Diensten.« Der Offizier reitet aber weiter. Da besinnt sich Machtholf, läuft schnurstracks wieder ins Haus hinein und durchsucht – in Angst versetzt, der Offizier möchte ihm, ohne ein Geschenk erhalten zu haben, »entkommen« – eilig Schränke und Kästen. Da findet er noch zwei silberne Löffel. Die nimmt er und läuft so schnell er kann dem Offizier hinterher. Bald hat er ihn eingeholt und sagt zu ihm: »Lieber Herr, ich habe Ihnen vorhin gesagt, ich habe nichts mehr, aber das war nicht wahr; als ich ordentlich nachsah, fand ich diese Löffel da, die gehören denn Ihnen.« Verwundert sieht ihn der Offizier ins Gesicht und verweigert die Annahme des Geschenkes. Machtholf aber bittet: »Ei, lieber Herr, so nehmen Sie wenigstens einen zum Andenken an den alten Machtholf.« Nach langem Hin und Her muß denn auch der Offizier den Löffel annehmen und nimmt freundlich Abschied.

Bald danach kommt ein Bote ins Möttlinger Pfarrhaus, der ihm nicht nur den silbernen Löffel wiederbringt, den Machtholf dem Offizier aufgedrungen hatte, sondern auch alle die ihm von den Soldaten abgenommenen Sachen, soweit der Offizier diese noch aufzutreiben vermochte.

»Gottlob! Es brennt!«

Ein Zeugnis von Machtholfs Glauben ist auch sein 1785 entstandenes »Geistliches Lied«, dessen Wunsch sich in der 1844 in Möttlingen einsetzenden Erweckungsbewegung erfüllte:

>Ach, wär' die Welt einmal entbrennt,
>Daß niemand mehr sie löschen könnt!
>Das wär' des Heilands größte Freud
>Und Satans größtes Herzeleid.

Gottlob! Es brennt in unsrem Ort
Schon lang und brennt noch immerfort.
Zwar brennt es leider wirklich schwach,
Doch glostet's unter manchem Dach.
Geht aus, geht hin in alle Welt,
Und zündet an, was euch gefällt!
Macht doch, daß alle Welt bald glaubt,
Das Lämmlein sei ihr Herr und Haupt.

Amen! Das ist: es werde wahr!
Den Glauben stärk, Herr, immerdar.
Ich glaub und zweifle nicht daran,
Ich weiß ja, was der Glaube kann.

Georg Friedrich Christoph Härlin – »ein gläubiger Pfarrer«

Im unweit von Möttlingen gelegenen Neubulach wirkte von 1790 bis 1810 Georg Friedrich Christoph Härlin (1742 bis 1818). Nachdem er im Kindesalter einmal Bengel »ehrfürchtig angeblickt« hatte, entstand in ihm der sehnliche Wunsch, ein »gläubiger Pfarrer« zu werden. Als solcher erwies er sich besonders, als 1796 französische Truppen den Schwarzwald durchstreiften.

»Unter dem Schatten des Allmächtigen«

Es war der 29. Juni, als ich mich in Stuttgart unter meinen Verwandten und Freunden befand. Des Morgens um 5 Uhr erwachte ich an einem ungewöhnlichen Lärm und einer großen Bewegung der ganzen Stadt, die durch die Nachricht, daß der Franzos' Freudenstadt eingenommen hätte, entstanden war. Da ich mir lebhaft vorstellen konnte, was für Bewegungen dieser Einfall in Bulach erregen würde, nahm ich meinen Wanderstab und reiste zu Fuß ab und kam mit einbrechender Nacht in Bulach an. Der Geist des 46. Psalms (»Der Herr ist eine Hilfe in den großen Nöten«) belebte mich auf der ganzen Reise, und da ich zum Tor des Städtleins eintrat, so haben mich die Leutlein des Orts als einen Engel mit einer ungewöhnlichen Liebe aufgenommen, denn sie kamen zuvor auf den sorglichen Gedanken, ich möchte dem Feind ausgewichen sein.

Am folgenden Morgen wimmelte es von Flüchtigen auf der Straße, die von Altensteig herführt. Am Sonntag nach der Abendkirche trat ein alter Mann aus dem Filial in meine Stube herein, weinte wie ein Kind und sagte, daß alle Leute aus den benachbarten Dörfern die Flucht nähmen: der Feind sei nur noch drei Stunden entfernt und habe unterwegs über gewirtschaftet, besonders aber Weibsleute so mißbraucht, daß ihm die Haut schaure. Auf diese Nachricht hin wandte ich mich mit meiner Familie zum Herrn und wußte mit meinen sieben Kindern keinen andern Ausweg, als unter den Schatten des Allmächtigen zu fliehen. Am folgenden Montagabend liefen viele Männer und Weiber und ledige Weibspersonen auf einen Haufen bei der Kirche zusammen und wollten fliehen. Da trat ich unter den Haufen. Weil eben die Kirchtür offenstand, versammelte ich sie, tröstete sie, kniete mit ihnen nieder und betete. Nach dem Gebet sagten einige Weiber: »Herr Pfarrer, jetzt bleiben wir da, wenn nur Sie bei uns bleiben. Es ist nicht möglich, daß Gott das Gebet nicht erhört hat.«

Am nächsten Abend um 5 Uhr sah ich alle Bürger vom Feld heimeilen. Ein reitender Bote verkündete nämlich auf dem Feld, daß zweitausend Franzosen im Anmarsch wären. Ich fühlte einen unaufhaltsamen Trieb, mit meiner Gemeinde aus dem Herzen zu beten. Auf ein gegebenes Zeichen war die Kirche so voll, daß sie überlief. Die ungemeine Leutseligkeit Gottes, mit der er sich zu unsrem armen Gebet herabließ, machte nun mein Herz so getrost und der Erhörung gewiß, daß ich beim Herausgehen aus der Kirche zu meinen Leuten die Worte aus Jesaja 33,19 (»Du wirst das freche Volk nicht mehr sehen, das Volk von unverständlicher Sprache«) mit viel Zuversicht sagen konnte. Meine liebe Frau, die wegen unserer herangewachsenen Töchter in Anfechtung war, schlug bei der Heimkunft aus der Kirche die Bibel auf – und da fielen ihr sogleich die Worte aus Sprüche 14,26 in die Augen, die sie mir mit Tränen der Freude vorlas: »Wer den Herrn fürchtet, der hat eine sichere Festung, und seine Kinder werden auch beschirmt.« Am folgenden Morgen wurde unser Glaube beschämt mit der freudigen Nachricht, daß die Franzosen plötzlich und unerwartet an Neubulach vorbeigezogen seien.

»O seliges Sterben«

Härlins feste Glaubenszuversicht begleitete ihn auch an seinem Todestag, am 23. Februar 1818. Seine letzten Worte waren:

Komm bald, Herr Jesus, komm! Meine Seele ist zu dir schon aufgeflogen! Ich möchte nicht geradewegs in den Himmel, weil der liebe Heiland auch im Grabe lag. Das Sterben eines Christen ist ein wahres Hochzeitsleben, man zieht sich eben geschwind anders an im Grabe und kommt dann schön geschmückt hervor. Sagt's jedem, rühmt's überall, wie das Sterben eines Christen so erfreulich sei, vor allem aber verherrlicht Christum! Seht nur nicht so in das Grab hinein. Aufwärts, aufwärts! Dort wird ein Strahl der Herrlichkeit auf euch fallen, in welche ich eingehen darf. Man hat nötig, daß man auf sich Achtung gibt und die Lehre Jesu auch dadurch ziert, daß man im Sterben nicht traurig ist wie die Heiden, die keine Hoffnung haben. O Licht vom Himmel, komm!

Wilhelm Ludwig Hosch – ein guter Hirte

Heute weithin in Vergessenheit geraten ist das Wirken von Wilhelm Ludwig Hosch (1750-1811), einem vertrauten Freund von Flattich und Pregizer. Wie diese versuchte er in den ihm anvertrauten Gemeinden Gächingen-Lonsingen auf der Uracher Alb (1781-1800) und Aidlingen (1800-1811) eine »kerngesunde Frömmigkeit« zu pflanzen.

Der Prediger

Hosch entwickelte eine unermüdliche Tätigkeit als Gemeindehirte. Er war überzeugt, wer ein kommodes Leben, wer Reichtum, Ehre und gute Tage suche, tauge nicht für den Dienst der Wahrheit. Ein Pfarrer müsse voll Liebe sein gegen alle Menschen, besonders gegen die Irrenden und Schwachen. Er müsse an dem geringsten Gemeindeglied mehr Wohlgefallen und Freude haben als an den schönsten Gütern und Gebäuden.

Für diese Arbeit war ihm die Predigt ein Hauptmittel, zu der er eine feurige Begeisterung mitbrachte, was ihm von allen Gemeinden gleicherweise nachgerühmt wurde. Er predigte ebenso einfach wie eindringlich. Er wußte die Sprache des Volks zu reden, ohne ins Unedle herabzusinken. Er verfügte über einen Schatz von Bildern, Gleichnissen und Sprüchen, wodurch die Wahrheit veranschaulicht und dem Gesichtskreis seiner Bauern nähergebracht wurde. Er war kein Drehorgelmann, der immer nur die alten, bekannten, abgedroschenen Melodien herleiert. Davor bewahrte ihn fortwährendes Forschen in der Schrift.

Der Jugendfreund

Wie Flattich, so hatte auch Hosch eine hervorragende Gabe, mit Kindern und jungen Leuten zu verkehren... Er verarbeitete in seinem Kopf alles zu Fragen, die wie Bolzen auf die Gedankenlosigkeit eindrangen und dieses Murmeltier aus seinem trägen Winterschlaf aufscheuchen wollten. Der Reichtum der Sprache, der ihm jederzeit zu Gebot stand, kam ihm bei der Unterweisung der Jugend wohl zustatten. Dieser opferte er willig seine Abende. Da sammelte er das junge Volk um sich, um ihm nach der Weise Salomos das ABC der Weisheit beizubringen: eine lebendige Gottesfurcht und eine praktische Lebensklugheit. Seine Unterrichtsstunden waren so anziehend, daß sie auch von Erwachsenen gerne besucht wurden.

Einmal besprach er merkwürdige Welt- und Dorfbegebenheiten und leitete allerlei Lehre und Warnung für seine liebe Jugend daraus ab. Als Beispiel: »Den 7. November 1796 wurde zu Urach ein blühendes neunzehnjähriges Mädchen öffentlich enthauptet, darum, daß sie sich nicht erbarmt hatte über das Kind ihres Leibes... Ihr Jünglinge! Werdet keine Verführer der Weibsleute! Der Jammer, in den ihr sie oft stürzet, ist nicht zu beschreiben. Eine einzige Viertelstunde wilder Lust, die ihr durch ihre Verführung gewinnt, verbittert ihnen oft ihr ganzes nachfolgendes Leben.« Ein andermal verwertete er die Beobachtungen, die er empfangen hatte auf seinen Gängen durch Wald und Feld. Ein drittes Mal trieb er mit den jungen Leuten »praktische Rechenkunst«: »Wohlan, laßt uns rechnen und beweisen«, so sein Aufruf, »daß der Geist unseres Schöpfers auf uns ruht! Denn ist nicht Gott selbst der größte Rechen- und Zahlmeister?«

Die Ehe von Hosch war kinderlos. Er nahm daher Waisenkinder an Kindes Statt an und erzog sie wie eigene. Auch Kostgänger nahm er ins Haus wie Flattich. Trefflich sind die Abschiedsworte, mit denen er einen solchen nach der Konfirmation aus dem Hause entließ: »Willst du die Reise durchs Land der Jugend glücklich zurücklegen, so muß die Religion deine Führerin sein. Sprich zur Weisheit: ›Du bist meine

Schwester!‹ und zur Wahrheit: ›Du bist meine Mutter!‹ Bewahre ihre Vorschriften und Gebote, so werden sie dich bewahren, und dein Weg wird sein wie das Licht der aufgehenden Sonne.«

Der Beter

Eines Tages war Hosch mit Frau und Magd eben im Begriff, sich zum bescheidenen Mittagessen niederzusetzen. Siehe, da geht die Tür des Aidlinger Pfarrhauses auf, und herein tritt – die Zipfelkappe auf dem Kopf – ein alter Strumpfstricker, unter dessen Kommando ein Kreis von Separatisten stand. Mir nichts, dir nichts, geht er auf den Pfarrer zu, überreicht ihm einen Brief mit den barsch hervorgestoßenen Worten: »Da, Pfaff, lies!« und entfernt sich sofort wieder in derselben ungehobelten Manier. Hosch liest den Brief und lächelt. Nach dem Essen begann Hosch mit der Vorlesung des interessanten Schriftstücks, in dem Lästerungen über Kirche und Pfarrer ausgegossen wurden!

Gegen Abend steckt Hosch in aller Stille eine Flasche Wein in die Rocktasche und geht zum Haus hinaus zum alten Strumpfstricker... Erst nach einiger Zeit hörte die Magd aus dem Mund des alten Separatistenhaupts selber, was für ein Abenteuer ihr Pfarrherr an jenem Abend zu bestehen hatte. Als sie nämlich jenen besucht und eine Schüssel mit Essen auf seinen Tisch gestellt hatte, fing der Alte an – und Tränen standen ihm dabei in den Augen –: »Dein Pfarrherr ist mir vor wenigen Tagen dergestalt begegnet, daß ich mir kaum getraue, meine Augen gegen ihn aufzuheben. Wie er hereingetreten ist, bin ich noch ganz voll gewesen von Hochmut und Trotz. Seinen freundlichen Gruß habe ich mit der groben Antwort erwidert: ›Schon recht, Pfaff! Aber könntest du dich so weit heruntergeben, daß du mit mir im Stall niederknien und beten tätest?‹

›Warum denn nicht?‹, hat er gefragt und ist hinter mir drein in den Stall hinuntergegangen. Da sind wir dann niedergekniet, und ich hab gesagt: ›Jetzt, Pfaff, bet' du zuerst!‹ Da hat er aber ein solch mächtiges Gebet getan, daß es mir durch Mark und Bein gegangen ist. Ich hab von der Innigkeit seines Umgangs mit Gott einen solchen Eindruck bekommen, daß ich mich bis in den Boden hinein geschämt habe. Ich hab ihn dann mit Tränen um Verzeihung gebeten und gesagt, er solle doch für mich bitten, daß mir Gott meine schwere Sünde vergebe. Ach, ich hab eben nicht gewußt, daß wir einen solchen Mann Gottes zum Pfarrer haben.‹

Der Haushalter

Es ist ein weiterer Zug seines Bildes, der an Flattich erinnert, daß ihm die ökonomische Hebung seiner Gemeinde nicht weniger am Herzen lag als ihre geistliche Erneuerung. Dazu machte ihn die Liebe Christi erfinderisch: Er bemühte sich, für die langen Winterabende Jungen und Alten eine passende Beschäftigung zu verschaffen, damit nicht Zeit und Kraft in unwürdigen Dingen verzehrt würde und die Armen Gelegenheit zu einem ehrlichen Verdienst bekämen. Zur Holzersparnis empfahl er die Einführung von Kunstöfen. Wiederholt brachte er vor den Gemeinderat den Vorschlag, Obstbäume zu pflanzen und eine Gemeindebaumschule mit guten Sorten anzulegen... Kein Bürgersohn sollte heiraten dürfen, der nicht zwölf junge Bäume gesetzt, die schon dreimal ausgeschlagen haben.

Hinsichtlich der Armen- und Krankenfürsorge suchte er seine Gemeinde für folgende Vorschläge zu gewinnen:
1. Jede von den reichen Familien nimmt es auf sich, nur eine oder zwei von den ärmeren Familien, aber diese ganz zu versorgen;
2. wer einen Freudentag hat oder ein Gastmahl gibt, läßt nicht immer nur reiche und vornehme Leute daran teilnehmen, sondern auch arme und geringe;
3. wer von den Reichen ein Kind zur Taufe bringt, bittet einige von den Ärmeren zur Gevatterschaft (Patenschaft) und schenkt ihnen für ihre Mühe und Fürbitte einen Scheffel Korn;

4. wer zum heiligen Abendmahl geht, macht sich die Freude dieses festlichen Tages vollkommen durch einen Krankenbesuch oder ein anderes Werk christlicher Liebe.

Hosch gründete auch eine Leihkasse, aus der jeder Bürger unter billigen Bedingungen Geld entlehnen konnte...

Dem üppig wuchernden Wirtshausleben aber, das jeden emporblühenden Wohlstand wieder ersticken mußte, suchte er die Wurzel abzuschneiden durch Gründung eines Bürgervereins mit folgenden Bestimmungen:

1. Wer vor Feierabend in ein Wirtshaus geht, darf nicht in Gesellschaft von anderen trinken;
2. wer sich berauscht und lärmt, darf vier Wochen nicht in ein öffentliches Wirtshaus;
3. wer sich bei einer Hochzeit unanständig beträgt und etwas wider die Obrigkeit redet, ist auf ein Halbjahr von dergleichen Lustbarkeiten ausgeschlossen.

Um seinen Einrichtungen einen festeren Halt, seinen Ermahnungen einen größeren Nachdruck zu geben, verfaßte er die kleine Schrift »Werdet gute Rechner und Denker!« und widmete sie seinen Gemeinden.

9.
VIELFALT DER PIETISTISCHEN GRUPPEN

Familie Kullen

Einen Mutterboden der hauptsächlich von Bengel und seinen Schülern geprägten altpietistischen Gemeinschaftsbewegung, die sich heute »Altpietistischer Gemeinschaftsverband« nennt und in etwa sechshundert Ortsgruppen zehntausend Mitglieder zählt, bildete die Schwäbische Alb. Hier entstand in den 60er Jahren des 18. Jahrhunderts im Schulhaus von Hülben (nahe Bad Urach) ein Sammelpunkt pietistischen Lebens, das zunächst von der Lehrerfamilie Wilhelm Kullen gefördert wurde, die durch den Oetinger-Schüler Johann Ludwig Fricker (1729-1766) erweckt worden war.

Der Sohn JAKOB FRIEDRICH (1758-1818) trat in die Fußstapfen der Eltern:

»Das gesegnete Werkzeug«

Nach dem Tod der Eltern übernahm er in Hülben das väterliche Bauerngut und das Schulamt. Der Verkehr mit den Brüdern, die noch von dem durch Friedrich Christoph Steinhofer (1706-1761) und Johann Ludwig Fricker im benachbarten Dettingen a.d. Erms ausgestreuten Samen herstammten und die im Hülbener Schulhaus ein- und ausgingen, brachte Jakob Friedrich viel Förderung; namentlich wurde er von einer Erweckung, die um 1785 von Dettingen ausging, als einer der ersten erfaßt und machte sein Haus zu einem Zentrum geistlichen Lebens. So wurde er das gesegnete Werkzeug, das entstandene geistliche Leben in geordnete Gemeinschaften zusammenzufassen und durch Erbauungsstunden zu pflegen und zu fördern...

Sein geistlicher Vater war Johann Jakob Eytel (1742-1788), der langjährige Pfarrer von Neubulach, der Kullen eines Tages vorschlug, die Magd seiner Schwiegermutter, der Pfarrwitwe Fricker, zu ehelichen. Als man dem jungen Schulmeister in Hülben diesen Vorschlag überbrachte, war sein erster Gedanke: »Die Brüder sind nicht gescheit: Ich, ein Schulmeister, dazu ein Bauer, der Vermögen hat, soll eine arme Magd heiraten?« Aber plötzlich kam ihm das Wort in den Sinn, das er in der Erbauungsstunde am Nachmittag gesagt hatte: »Was der Vernunft am widersinnigsten vorkommt, das eben ist der göttliche Weg.«

Darauf empfand er einen Frieden, der ihm Bürge war, daß er den Willen Gottes tue. Er gewann in der Erwählten eine liebliche und treue Gehilfin. – So glücklich aber ihre Ehe war, so ging es freilich nicht ohne Reibereien ab. Da konnte es vorkommen, daß Jakob Friedrichs Temperament seine sensible Frau verletzte, die sich dann aus der Wohnstube – diese war zugleich das Schulzimmer – in das angrenzende Schlafkämmerlein zurückzog. Hierin folgte ihr sodann nach einer Weile der schließlich von seinem Gewissen geplagte Ehemann und sagte freundlich: »Mutter, mir ist das Trutzen entleidet!«

»Vater, mir auch«, antwortete sie beschämt, und der Friede war wieder hergestellt.

Aus solchen Erfahrungen des alltäglichen Lebens heraus gewann er viele Gedanken, die er in den Versammlungen ausbreitete, in denen er immer wieder hinwies: »Es ist ein kleiner Schritt aus der Finsternis herüber ins Licht, wenn man ihn gleich macht.« Erfahrungen sammelte er auch im Umgang mit den »alten Brüdern«, die er als »Lagerbücher, aus denen man die Grenzsteine der Felder am besten finden könne«, bezeichnete.

Ein Herzensanliegen war ihm auch der Gebetsumgang. Des Morgens bereitete er sich regelmäßig mit Gebet auf seine

Arbeit vor, weil, wie er meinte, das Herz ohne Gebet »wie ein Garten ohne Zaun ist, in den alles Geschmeiß den Eingang findet.«

Jakob Friedrichs Nachfolger im Schulamt in Hülben und als Leiter der dortigen Erbauungsstunden wurde sein Sohn CHRISTIAN FRIEDRICH (1785-1850). Den Beruf des Lehrers ergriff auch dessen Bruder JOHANNES (1787-1842), ein Mitbegründer Korntals und langjähriger Leiter des dortigen Instituts, der einen nachhaltigen Einfluß auf das von Hülben ausgehende Gemeinschaftsleben ausübte:

Der Provisor von Lauffen

Im Herbst 1805 erhielt er eine Gehilfenstelle in Lauffen a.N., wo der Oetinger-Schüler, Dekan Karl Friedrich Harttmann (1743-1815), an dem aufgeweckten Jüngling bald seine große Freude hatte, der sich mit voller Seele der mächtigen religiösen Bewegung hingab, die gerade jetzt die Stadt durchdrang. Namentlich war es der Karfreitag 1806, an dem ein besonderes helles Licht in seiner Seele aufging: Alles, was er bisher nur vereinzelt aus der Schrift gefaßt hatte, drängte sich ihm jetzt wie in einem Brennpunkt zusammen, und sein Herz wurde davon innig erquickt. Er bekam dadurch eine eindrückliche Freudigkeit und Zuversicht im Glauben, welche ihm auch die nachfolgenden Leidensproben nicht mehr rauben konnten.

Oft saß Johannes bis Mitternacht in der kalten Schulstube und schrieb die Predigten Harttmanns aus dem Gedächtnis nieder oder trug sie ins reine ein. Oft befand er sich auch im Dekanatshaus, und der würdige Alte beantwortete dem lernbegierigen Jüngling Fragen. Harttmann war dabei »wie ein Faß, das herrlich floß, wenn nur jemand es anzustechen verstand«. – Kam die Nacht, so wartete zu Hause ein kaltes Dachkämmerlein, wo er im Winter öfter erst den Schnee von seinem Bett räumen mußte, ehe er sich niederlegen konnte...

In dieser Zeit war er voll Eifer, seine Erfahrungen auch andern mitzuteilen, wozu freilich die »Stunden« die beste Gelegenheit boten. Wenn hierbei ein Text aus der Schrift verlesen wird, so richtet der »Stundenhalter« an die Teilnehmer die Aufforderung, es möge ein jeder reden, der etwas auf dem Herzen habe. Manch treffende und oft auch originelle Weisheit kommt so zum Vorschein; alles ist urwüchsig und ungekünstelt. Die ins unreine gesprochenen Gedanken kommen aus den Erfahrungen, die man die Woche über bei der Arbeit auf dem Feld, in der Werkstatt oder im Haushalt gesammelt hat. – Mit Freuden übernahm Johannes fortan die Leitung in mehreren Stunden in Lauffen und in seiner Umgebung...

Mit Elan betrieb er auch seine Lehrtätigkeit an der Schule. Er verstand es dabei sehr geschickt, seine Zöglinge mit Milde anzufassen und kam dadurch mit ihnen in ein besonderes inniges Verhältnis. Dies machte die Kinder willig und gehorsam, und sie lernten oft mehr, als ihnen aufgegeben war.

Weniger Freude an Kullen hatte indes sein Vorgesetzter, der Schulmeister, bei dem er wohnte. Da jener bald merkte, daß der junge Provisor überall im Ort weitaus mehr beliebt war als er selbst, wurde er neidisch auf ihn und machte ihm das Leben sauer. Dabei half auch die Magd mit. Lange Zeit bereitete es ihr eine große Freude, am Samstagabend, wenn Kullen das Betstündlein der alten Brüder besuchte, vorzeitig das Haus zu schließen, so daß der »Betbruder« nach seiner Rückkehr wie ein Dieb durchs Fenster einsteigen mußte.

Kullen ließ sich dadurch aber nicht zur Vergeltung hinreißen, sondern er zeigte sich auch weiterhin freundlich und demütig. Die Schulmeisterin stellte ihm einmal ein Zeugnis aus: »Mein Provisor ist ein guter Mensch: Gibt man ihm etwas, so ist er zufrieden, gibt man ihm nichts, so ist er auch zufrieden. Er läßt sich's gefallen, ob man ihm das Essen kalt oder warm auf die Stube stellt; er betet mir alle Ecklein in meinem Haus aus – wenn er nur auch den Mann besser machen würde!«

Der »Gemeinschaftspfleger« auf der Alb

Nachdem er ein langwieriges Nervenfieber, das ihn an den Rand des Grabes brachte, überstanden hatte, übernahm Johann Kullen 1809 die Knabenschule in Metzingen am Fuß der Alb, unweit seines Geburtsortes, wo er sich schließlich 1814 wieder aufhielt. In diesen Jahren widmete er sich intensiv der Gemeinschaftspflege. In Metzingen eröffnete sich ihm ein großer Wirkungskreis, der sich über die Alb bis nach Tübingen erstreckte. Nicht zuletzt ist es seinen Bemühungen zu verdanken, daß auch Metzingen lange Zeit ein Mittelpunkt der Gemeinschaftskreise der ganzen Albgegend geworden ist. Oft war keine Stube groß genug, um die strömenden Teilnehmer zu beherbergen, deren Zahl nicht selten gegen hundert war.

Von Metzingen und Hülben aus besuchte Kullen die umliegenden Alborte, um die dort entstandenen Gemeinschaften zu organisieren, von denen sich schon bald 19 an das Schulhaus in Hülben angeschlossen hatten. Dabei erwies er sich auch als großer Schriftkenner, der die Stundenhalter dazu anhielt, die »Vollständigkeit« der Schrift zu lehren, wozu es galt, sich mit der »Ökonomie« (Haushaltung) des göttlichen Heilsplanes vertraut zu machen. Für sie richtete er auch »Monatskonferenzen« ein, die bald überall im Land Nachahmung fanden und gewöhnlich an den Aposteltagen gefeiert wurden.

Auf seinen Reisen erfuhr Johannes Kullen nicht immer Zustimmung. Zum einen blieben seine Neuerungen bei manchen Gemeinschaftsgliedern nicht ohne Widerspruch; zum andern erzeigte sich auch die Obrigkeit nicht immer wohlgewogen:

»Jetzt haben wir sie!«

Eines Tages kam Kullen in Begleitung seines Freundes Martin Fauser von Glems (dem »Glemsermarte«) nach Eningen und hielt Versammlung. Dazu war viel Volks zusammengeströmt. Der dortige Amtmann, ein Feind der Pietisten, freute sich nun, aufgrund dieser großen Versammlung – nach dem »Pietistenreskript« von 1743 durften sich maximal 15 Personen an einem

Ort versammeln – eine Gelegenheit gefunden zu haben, gegen die »Stundenleute« vorgehen zu können. So erschienen, als die Versammlung kaum begonnen hatte, einige Gemeinderäte mit Ortspolizei und Feldjägern und traten flugs zur Tür herein: »Jetzt haben wir sie!« Der größte Teil der Versammlung stob erschreckt auseinander; einige wagten den Sprung aus den Fenstern des Hauses; andere wiederum versteckten sich unter dem Dach. Der restliche Teil aber blieb ruhig und ließ sich mit Kullen und Marte ins Amtshaus transportieren.

Nach kurzem Verhör und scharfen Drohungen wurden sie getrennt. Die Männer wurden in einem Gemach eingesperrt; die Frauen ebenso einen Stock höher; hier sollten sie die Nacht zubringen. Die zusammengedrängten Häuflein fanden keinen Raum zum Stehen; die Luft war bald dumpf zum Ersticken, und unter den Frauen befanden sich stillende Mütter. Dennoch – so schwer die Nacht war – so selig waren die Gefangenen. Geduldig erwarteten sie unter Gebet und Betrachtung von Bibelworten den anbrechenden Morgen; ja, die getrennten Häuflein hörten einander sogar Loblieder singen.

Am Morgen wurden sie entlassen. Kullen und Marte wurden als »die gefährlichsten« einem Feldjäger übergeben, daß er sie über die Grenze des Ortes abschiebe. Der Abschied der Geschwister war so herzlich und warm, daß das Händeschütteln vor dem Amtshaus gar kein Ende nehmen wollte. Der Amtmann riß im Zorn darüber das Fenster auf und rief seinen dienstbaren Geistern zu: »Schlagt ihnen die Hände ab!« ... Die Leutlein indes zogen fröhlich nach Hause.

Seine Vorstellungen über die Erneuerung und Organisation des Gemeinschaftswesens faßte Kullen 1814 in einem Entwurf zusammen:

»Gemeinschaftsplan für die Gemeinschaften auf der Alb...«

Wer durch das Wort und die Sakramente den Geist empfängt und von oben gezeugt wird, der ist ein wahres Glied der Gemein(d)en Jesu. Alle andern Bekenner des Christentums sind bloße Namenchristen... Philipp Jakob Spener gab den

Rat, man solle in der Kirche kleine Gemeinen anlegen. Sein Zweck war hierbei, einen Sauerteig zu pflanzen, durch welchen der Kirche aufgeholfen werden soll. In den kleinen Gemeinen war man auch mehr in den Stand gesetzt, die Rechte der Gemeinen nach Matthäus 16,19; Epheser 4,1-11; 1. Korinther 16; Römer 12-16 zu genießen und zu üben Judas 20.21, weil sich wegen der darauf ruhenden Schmach nur solche anschlossen, die ernstlich selig werden wollten. Diese Versammlungen dürfen wir nicht als eine von der Kirche getrennte Gemeine, sondern nur als einen Sauerteig in der Kirche ansehen. Auf diese Gemeinschaften, wenn sie rechter Art sind, darf man die Worte Jesu anwenden: Ihr seid das Salz der Erde, das Licht der Welt. Diese Gemeinschaften hat der Herr seit langer Zeit auffallend in Schutz genommen und der Obrigkeit Herz so gelenkt, daß sie dieselbe geduldet haben. Aber leider hat der Teufel von dieser Freiheit Gebrauch gemacht und viele Ärgernisse in die Gemeinschaften eingestreut. Worin besteht denn aber das Hauptübel in den Gemeinschaften? Antwort: Darin, daß die Versammlungen von großen Haufen angefüllt sind, denen es meistens an der neuen Geburt fehlt...

Daher ist zu befürchten, der Herr müsse ein großes Mißfallen an unsern Gemeinschaften haben. Deswegen haben wir uns entschlossen, eine Erneuerung derselben vorzunehmen, damit wir der wahren Kirche nicht mehr schaden als nützen. Wir wollen uns also auf die ganze evangelische Wahrheit miteinander verbinden und uns tüchtig machen lassen, daß wir auch zur Erneuerung unserer Gemeinschaft, die uns ihr Zutrauen geschenkt hat, soviel an uns ist, beitragen. Um nun einander nach allen Teilen gliedliche Handreichung zu tun, wollen wir (die Stundenhalter) alle vier Wochen zusammenkommen und uns über die Wahrheiten des Evangeliums... wie auch über den Zustand unserer Gemeinschaften unterhalten... Was die Lehre in unsern Gemeinschaften betrifft, so müssen wir darauf bedacht sein, daß wir bei dem lauteren Sinn des Wortes Gottes bleiben und uns hauptsächlich hüten, daß wir nicht über das Maß des Glaubens hinausreden (Röm. 12,7), sondern ganz einfältig nach unserer Erfahrung uns miteinander erbauen. Doch muß es uns um das Wachstum und um die Erweiterung unseres Sinnes zu tun sein...

Wenn wir nun mit rechtem Ernst im Gebet und Flehen anhalten und gemeinschaftlich auf das wahre Wesen des Geistes dringen, so wird der Herr mitwirken und unseren Gemeinschaften die beinahe verlorene Salzkraft wieder schenken und sie zu einer auf einem Berge liegenden Stadt machen. – Bisher haben sich Berge von Ärgernissen neben, ja gar oft auch in ihr erhoben, deswegen müssen wir mit der Unterstützung der Bedürftigen eine gewisse Gemeinzucht einführen... (Diese) ist nur ein Mittel, die Neben- und wilden Zweige am Baum abzuschneiden, die ihm den Saft rauben... Die älteren Brüder, die sie auszuüben haben, sollen sich den Sinn Jesu und seiner Apostel recht einprägen... Wahrheit verbunden mit Liebe ist hierin der beste Lehrmeister.

»So sollte man auch sein!«

Zum Kreis der Hülbener Lehrerfamilie gehört auch ein weiterer JOHANNES KULLEN (1827-1905), ein Sohn Christian Friedrichs. An ihn und das Hülbener Schulhaus erinnert sich der Freund seines Sohnes Albrecht:

Johannes Kullen (1827 - 1905)

Es war ein Sonntagmittag (um das Jahr 1880), als ich mit einigen anderen vor Hülben ankam. Was nun tun? »Natürlich«, hieß es, »müssen wir den Albrecht besuchen. Ja, aber wenn nur sein Vater nicht wäre! Der soll ja ein großes Pietistenhaupt sein!« Davor grauste uns. Wir wurden aber bemerkt. Es war gerade Versammlung im Hause. Du (Albrecht) saßest am Fenster und sahst uns, und bald saßen wir um deinen Familientisch herum. Soweit war es ja gut. Wenn nur schon der gefürchtete Augenblick vorbei gewesen wäre, wo wir vor den stolz und kalt blickenden Augen in unsres Nichts durchbohrendes Gefühl versinken mußten! Die Tür ging auf, und herein kam – ja, herein kam der sonnigste Sonnenstrahl, ein Abglanz der Güte und Leutseligkeit unsres Gottes, dein Vater. Wir wurden aufgenommen, als ob wir Engel wären. Und dann – keine Predigt, nein! »Wie, Kinder, habt ihr noch keinen Most geholt? Unsre Gäste sind durstig. Bringt doch auch Brot und Butter!«...

Die Hülbener Stunde vor etwa 60 Jahren

Wir sagten ihm, daß wir bald weitergehen wollten; aber das fand keine Gnade vor seinen Augen. Es wurde der Vorschlag gemacht, daß du uns noch auf die Ruine Hohenneuffen führest und daß wir die Nacht in Hülben blieben. Und so geschah es. Wir hatten immer noch ein wenig Angst. Wir wußten, daß abends Familienandacht gehalten wird. Da muß er uns doch die Leviten verlesen, dachten wir. Was wäre denn sonst eine Andacht? Auch das geschah nicht. Wir saßen nach unsrem Ausflug noch einige Stündchen beisammen. Ich erinnere mich nicht mehr, was im einzelnen gesprochen wurde. Es waren allerlei Geschichten; aber als wir am andern Morgen weiterzogen, war unser aller Eindruck: Das ist ein rechter Mensch, und so sollte man auch sein!«

Die Michael Hahn'sche Gemeinschaft

Ihr geistiger Vater ist der aus Altdorf bei Böblingen stammende Bauernknecht JOHANN MICHAEL HAHN (1758-1819). Ausgehend vom Erlebnis einer »Zentralschau«, entwarf er im Anschluß an Jakob Böhme und Oetinger eine umfangreiche theosophische Lehre, die in der »Wiederbringung aller Dinge« (»Allversöhnung«) gipfelt und besonderen Nachdruck auf die Heiligung im Glauben legt. Heute zählen die »Michelianer«, wie die Glieder der Gemeinschaft im Volksmund genannt werden, in etwa 350 Orten 4.500 Personen.

»Hunderttausend Zweifel«

Über seine geistliche Entwicklung, die bereits in früher Jugendzeit einsetzte, berichtet Michael Hahn:

Frühzeitig hat Gottes Gnade an mir gearbeitet, früh mich gesucht, gelockt und gezogen. Schon im 13. und 14. Lebensjahr meines Daseins fühlte ich das starke, kräftige Gotteswirken, ob ich es schon nicht kannte. Aber auch von dort an waren meine Hauptfeinde auf mich aufmerksam und gaben sich alle ersinnliche Mühe: Augenlust, des Fleisches und der Sinnen Lust regten sich und suchten mir in tausenderlei Gestalten reizbar zu werden. Allein, je mehr sie sich bestrebten, je mehr war mir Keuschheit und Jungfrauenschaft, Reinheit und ein unbeflecktes Leben vorzüglich wichtig; daher gedachte ich früh an meinen Schöpfer, weil er noch früher an mich dachte...

Indessen kam es aber doch erst zu einer gründlichen Erweckung und noch mächtigeren Gnadenarbeit Gottes bei mir in dem 18. und 19. Jahr. Da wurde es erst ganz entschieden, daß ich Gottes sein und bleiben wollte. Nur nahm ich Anstand, ob ich nicht zu lange gewartet hätte, ob mich Gott auch wohl noch würde annehmen, da er mich vorher so oft gewollt, gesucht und gelockt hatte...

Von da an blieb ich bei drei Jahren in der abscheulichsten, finstersten Höllenqual, weil ich dachte, von nun an sollte sich gar nichts Ungöttliches mehr regen und bewegen. Da aber das Böse noch heftiger sich regte, geriet ich in die größte Dunkelheit, daß ich dachte, ich sei die unseligste und unglücklichste Kreatur auf Erden. Unter derselben Zeit hatte ich bei allem ernsten Gottessuchen doch hunderttausend Zweifel und war voller Ungewißheit und Unglauben... Die Begierde ward je länger je stärker, Ihn zu kennen und zu finden, und wenn ich immer kein Genüge fand, sank ich in größere Zweifel zurück, und dann durfte sich nur ein Sündengefühl dazu gesellen, so war ich fast dem Verzweifeln nahe und dachte oft: »Ach, daß ich doch ein Dasein haben muß! Wie unglücklich bin ich doch, daß ich bin! Ach, warum kann ich doch nicht auch nicht sein!« ... In diesem Zustand blieb ich noch einige Jahre hindurch, bis endlich meine Seele wirklich erleuchtet ward.

»Ich habe den Herrn erkannt«

Zweimal wurde ihm diese Erleuchtung zuteil, die er als »Zentralschau« bezeichnete:

Zum ersten Mal (1777/78) hielt die Erleuchtung bei drei Stunden an, und als sie einige Zeit hernach wieder kam (1783), dauerte es bei sieben Wochen fast ununterbrochen...
Hieraus ist nun klar, daß ich Gott gefunden und daß meine Fragen beantwortet wurden; denn ich sah in die innerste Geburt und allen Dingen ins Herz, und mir war, als wäre auf einmal die Erde zum Himmel geworden und als ob ich die Allgegenwärtigkeit Gottes schaute; mein Herz war gleich der ausgedehnten Ewigkeit, darinnen sich Gott offenbart. Und da ich vorher an den wichtigsten Schriftstellen am meisten Vergnügen fand, und diese auch am meisten Gedanken und Verlangen nach Gott erweckten, ward ich auch über dieselben am allergründlichsten erleuchtet und belehrt. Daher rührt es auch, daß ich so gerne von den tiefsten Gotteswahrheiten schreibe, denn meine Seele lebt je länger, je mehr darinnen...
Ich habe den Herrn der Herrlichkeit erkannt, und seine Gottmenschheit, sein Plan, sein Herz und die Kraft seines Blutes und Geistes ist mir nicht verborgen; ich erkenne seine Herzensgesinnung und erfahre stets etwas von den Kräften, durch die Er sich Alles unterworfen und alles gottwidrige Wesen in allen Schöpfungsreichen untertan machen wird; ich erkenne Ihn als das A und O, als den Anfang und das Ende, als den Ersten und den Letzten, welcher die erste Ursache des Daseins aller Dinge ist, um dessentwillen alle Dinge sind und durch den alle Dinge sind, in dem sie alle ihr Sein und Bestehen haben... Sie sollen auch alle in Gottes Natur verwandelt werden, geist-leiblich und unsterblich gemacht werden in den dazu abgefaßten Ewigkeiten und Weltzeiten, bis alles wiedergebracht sei, was in Ihm zusammen bestanden hat.
Niemals habe ich den Herrn oder einen seiner Gottgesandten persönlich gesehen oder gesprochen; auch war ich nie

entzückt...; auch hatte ich nie ein solch Gesicht oder eine Traumvision oder eine Offenbarung, sondern was ich erkenne und weiß, ist mir mitgeteilt worden nicht schlafend, sondern wach, nicht entzückt, sondern im Leibe gegenwärtig, wissend, wo ich gewesen, also bloß zentralisch und von innen heraus erleuchtet, daß gleichsam aus der schwarzdikken, mitternächtlichen Wolke meiner verlorenen Menschennatur von innen zuerst ein elektrisches Feuerlicht zu sehen war und in demselben eine Geburtsquelle, ein vierfaches Rad, wovon das eine nicht anders erschien, als wenn es aus vier Lebewesen bestünde. In diesem wunderbaren Rad erblickte ich das Original der Menschheit und also die Herrlichkeit des Herrn... Hier erkannte ich also den Ursprung und Anfang aller Kreatur, und aus dem Zentrum, worin mein Geist versetzt war, sah ich die auseinander sich windenden und sich entwickelnden Schöpfungsstufen und Abstufungen aller Welten und Schöpfungsgattungen.

Der »Sonderling«

Hahns entschiedene Frömmigkeit und seine aus der Zentralschau gewonnene Lehre, die er nunmehr in den pietistischen Zusammenkünften verkündigte, fanden freilich nicht überall Zustimmung:

Die Absonderung von der Welt war Michaels Vater sehr zuwider, um so mehr, als er wünschte, sein Sohn solle die Tochter eines reichen Mannes in Altdorf heiraten, dieser Wunsch aber bei der Richtung, die der Sohn einschlug, immer aussichtsloser wurde, obgleich das Mädchen mehrere Jahre lang auf denselben wartete. Michael galt zuletzt als völliger Sonderling und Schwärmer, und sein Vater fürchtete, er möge noch von Sinnen kommen. Als auch der Ortspfarrer seinen Weg für übertrieben hielt, ergriff der Vater Zwangsmittel und gab ihm einmal 70 Streiche.

Er begann schließlich auch in Privatversammlungen zu

reden, und bald zog seine ungewöhnliche Geisteskraft eine große Menge Zuhörer herbei. Auch fingen seine Freunde an, das, was er dem einen oder andern schriftlich ans Herz gelegt hatte, abzuschreiben, und schließlich waren Hunderte von Händen damit beschäftigt, seine Mitteilungen und Gedanken schriftlich in immer weitere Kreise hinauszutragen, womit der Grundstock zur Bildung der Hahn'schen Gemeinschaft gelegt wurde.

Die Hahn'schen Brüder: Johannes Schnaitmann · Anton Egeler · Johann Martin Schäffer · Immanuel Gottlob Kolb · Johann Michael Hahn

Seine Tätigkeit brachte Spott und Verfolgung mit sich: Die vielgelesene Zeitung »Schwäbischer Merkur« stellte ihn als »Schwärmer erster Größe« an den Pranger. Als solchen betrachtete ihn auch vor allem der Herrenberger Dekan, der sich mit Macht gegen Hahns Aktivitäten in seinem Kirchspiel aussprach und seinen Geistlichen den Auftrag gab, nicht zu dulden, daß Hahn irgendwo eine Erbauungsstunde halte; statt dessen solle er beim Betreten einer Versammlung sofort verhaftet und dem Oberamt vorgeführt werden. Das geschah auch wirklich mehr als einmal:

Als er sich eines Tages nach Calw begeben und unterwegs in Deckenpfronn übernachten wollte, war dies hier ohne sein Wissen schon vor seiner Ankunft bekannt geworden – und so liefen denn die Leute in großer Menge zusammen. Daraufhin bedrohte ihn der Ortsvorsteher mit Arrest, und des andern Tages mußte sich Hahn vor dem Oberamt in Calw stellen. Hier wurde er dann über den Menschenauflauf befragt und was er geredet habe. Er antwortete, die Rede habe vom Verborgenen Schatz im Acker gehandelt. Darauf meinte der Oberbeamte, das sei ja nichts Besonderes. »Ja«, erwiderte Hahn, »es ist freilich nichts Besonderes... Am Zusammenströmen der Menschen aber sind die Herren selbst schuld daran. Nachdem ich gestern nach Deckenpfronn gekommen bin, hat man mich heute hierher gebracht. Wo nun dieses bekannt wird, hält man mich für einen apostolischen Märtyrer, und dann will mich alles sehen und bewundern. Würde man mich in der Stille meinen Weg gehen lassen, so wäre der Zulauf nicht halb so groß.« Daraufhin wurde er von den weltlichen und geistlichen Beamten in aller Freundlichkeit entlassen.

»Herr – deine Heiligung«

In den Versammlungen, aber auch in seinen Schriften und Liedern verwies Hahn stets und ständig auf die Notwendigkeit der Heiligung:

Der in der Rechtfertigung durch den Glauben empfangene Geistes- und Lebenssame enthält die reale Potenz der Vollkommenheit in sich und ist als Anfang des geistlichen Lebens die lebendige Hoffnung und Bürgschaft der Vollendung.

Zum Nachjagen der Heiligung gehört der reine heilige Trieb des göttlich-menschlichen Geistes Jesu; denn nur die, welche dieser Gottesgeist treibt, sind Gottes Kinder und nur diese erlangen die wahre Heiligung. Denn eben dieser Geist sucht seine Volljährigkeit und Ausgeburt; er begehrt zu vollenden, was er angefangen hat. Wer diesen Geist hat und ihn nicht dämpft und hindert, gelangt zum Ziel und Kleinod. Sein Bestreben ist ja, jesusähnlich zu werden und in der Anschauung Gottes satt zu werden.

Christus ist Gottes Herrlichkeit; durch seine Herrlichkeit und Tugend ist uns alles geschenkt, denn die Tugenden Jesu Christi sind die Strahlen der Herrlichkeit, sind also der Spiegel der Vollkommenheit. Wer davon gereizt ist und in diesen Vollkommenheitsspiegel geblickt hat, bis er gereizt war, von aller Finsternis auszugehen, dessen reine Lichtlust und heilige Tinkturbegierde hat in ihrer jungfräulichen Blüte das kraftvolle Wesen der Herrlichkeit empfangen; – wer es aber empfangen hat, in dem entwickelt sich das Geistesgesetz in Jesusähnlichkeit und trachtet volljährig und ausgeboren zu werden, wird von allen Jesustugenden gereizt und sucht im Trieb des Geistes Jesum nachzuahmen; und so eilt ein solcher dem Kleinod und der Ausgeburt alle Tage entgegen...

Du, lieber Mensch, mußt, wenn du anders Verstand hast und einst mit Christo erben willst, nicht wollen ohne Züchtigung, nicht ohne Anfechtung, Trübsal, Leiden und Widerwärtigkeit sein. Durch diese Kontrarietät (Hindernis) mußt du wachsen. Das Reich Gottes ist zuerst nur wie ein Senfkörnlein in dir; soll es größer werden, so muß es getrieben werden durch Widerwärtigkeit zum Wachsen. Dieses ist auch in der Natur also.

Wer den Weg des Kreuzes zur Herrlichkeit selber geht und Christi Schmach mit Ausgehung von allem trägt und ein Narr in der Welt wird, alles fahren läßt, wider das Leben der Eigenschaft streitet und sich ganz zum Opfer Gottes hingibt und auch andere also lehrt und unterrichtet, der baut auf den rechten Grund... Gold, Silber und Edelgestein.

> Herr, laß mich deine Heiligung
> durch deinen Geist erlangen!
> Du hast die Sinnesänderung
> selbst in mir angefangen;
> dein Geist wirkt Heiligung allein,
> dein Blut allein macht Herzen rein,
> seit du zum Vater gangen.

Ich kann mich vor der Welt
nicht unbefleckt bewahren;
ich kann nicht tun, was dir gefällt,
das hab ich schon erfahren.
Ich will mich übergeben dir;
mach, was du willst, o Herr, aus mir
in meinen Lebensjahren.

Laß mich, Herr Jesu, nur bei dir
die Lebensnahrung finden;
vertreibe alle Lust aus mir
zu Finsternis und Sünden!
Die Lichtgemeinschaft laß allein
mir Herzenslust und Freude sein,
so kannst du mich vollenden.

Ach lösche alles Feuer aus,
das in mir möchte brennen;
mach mich zu deinem reinen Haus,
laß dich im Geist erkennen.
Verbinde dich im Geist mit mir,
die Lichtsnatur in mich einführ,
nach dir mich auch zu nennen.

»Werkzeug der Gemeinde«

Hahns bedeutendster Schüler war der Schulmeister von Dagersheim, IMMANUEL GOTTLIEB KOLB (1784-1859), der 1850 die Gesamtleitung der Hahn'schen Gemeinschaft übernahm. Zuvor war er ein halbes Jahrhundert als Lehrer tätig, zunächst in Mähringen bei Tübingen:

Von Mähringen aus hatte ich alle Tage die Schule in dem eine halbe Stunde entfernten Filial Jettenburg zu versehen. Ich stand morgens um fünf Uhr auf, half dem Schulmeister bis um sieben Uhr beim Dreschen, solange dieses Geschäft währte;

darauf frühstückte ich, zog die Kirchenuhr auf und eilte nach Jettenburg...

Da es Winter war und ich, bloß mit Schuhen bekleidet, öfters durch tiefen Schnee zu gehen hatte, mußte ich bisweilen den ganzen Tag mit nassen Füßen Schule halten. Auch hatte ich dort kein bestimmtes Kosthaus. Lud mich jemand zum Mittagessen ein, so war es gut, wo nicht, so speiste ich an dem Gemeindetisch des Schultheißen. Im kalten Dachkämmerlein wurde ich manchmal in meinem Bett überschneit, da die Dachziegel den Schnee ungehindert durchpassieren ließen... In diesem Halbjahr bekam ich 13 Gulden Gehalt.

1807 übernahm er das Schulamt in Dagersheim, wo er bis an sein Lebensende wirkte. In einem Brief von 1832 klagt er über die drückende Arbeitslast:

Nun stelle man sich in meine Lage und denke sich einen Menschen, der immerwährend mit Sorge und Furcht wie umlagert ist, und der doch meistens Tag und Nacht zu arbeiten, die Not anderer anzuhören und in seiner Ratlosigkeit andern zu raten hat... Ohne Glauben, in sich selbst verurteilt und bis zum Atemverlieren beängstigt, soll man andere belehren, ihnen Mut machen, vom Glauben und Vertrauen und dergleichen reden. Ach Gott! Ach Jesus! Wer ist hierzu untüchtiger als ich?... Gott, der Herzenskündiger, dessen Augen voll Feuer das Innerste der Menschen und also auch mein Innerstes durchschauen, sieht die Grundstellung meines Herzens und weiß, daß ich bei allen sonstigen Unlauterkeiten und Eigenheiten des Herzens mir doch nie die Tüchtigkeit, ein Werkzeug in seiner Gemeinde zu sein, zugetraut habe...

Es ist ein Wunder, daß ich noch da bin bei so vielen Arbeiten, bei meinem schwächlichen und kränklichen Körper und bei meinem wenigen Essen. Anderthalb Jahre versah ich beide Schulen allein, war mit Besuchen überhäuft, besorgte die nötigen Feldgeschäfte und dergleichen selbst und arbeitete oft bis nachts ein Uhr. Ich bin dann in die Schule gegangen. Gleich nachher war es, als packten mich unsichtbare

Quälgeister, nämlich Zahnschmerzen, Augen- und Ohrenschmerzen, innere Leiden usw. So hatten andere den Genuß, und ich hatte die Hölle.

Stelle Dich in meine Lage! Die ganze Woche hindurch habe ich Tag und Nacht wenige Stunden Ruhe. Sonntag morgens geht es aus der Kirche in die Sonntagsschule, dann wieder in die Kirche, von da in die »Stunde«, dann wieder in die Kirche, dann bin ich bis in die Nacht von Leuten mit verschiedenen Bedürfnissen umgeben; dann geht's wieder in die Stunde, und nachts soll ich schlafen mit einer vom Husten verwundeten Brust in einer feuchten Dampfstube, nachdem ich mich in der Kirche und Sonntagsschule mit dem bösen Geist der Schüler und Sonntagsschüler abgekämpft habe. Und dann, Montag morgens, fängt der Kampf wieder aufs neue an. Ein Jahr ist schon lang, aber fünfundzwanzig Jahre sind fünfundzwanzigmal so lang. Wie oft habe ich schon mit David geseufzt und geschrien: »Ach, du Herr, wie so lange!«

»Kämpfe den guten Kampf des Glaubens«

In seinen Reden vergleicht Kolb das Christenleben oftmals mit einem Kampf oder einem Wettlauf, der »durch Kreuz und Leid führt«:

Der kindliche Glaube an den, der uns zuvor so hoch geliebt hat und in alle Ewigkeit hinein lieben will, und die aus diesem Glauben fließende Hoffnung erzeugt eine immer reinere, bewährte Liebe, welche die verschiedenen Reinigungs-, Läuterungs- und Bewährungsarten aushalten kann, die Gott anzuwenden für nötig findet... Er (Jesus Christus) hat nicht nur alles mehr oder weniger Schwere, das in meinem Lauf vorkommt, haargroß in denselben hineingeordnet, sondern auch alles für mich schon durchgemacht.

Selbsterkenntnis, Gottes- und Jesuserkenntnis ist eine wachstümliche Sache, die sich durch unsern ganzen Gnadenlauf hindurchzieht. Und damit hierin das Wachstum regelmäßig vor sich gehen kann, ist für den inneren Menschen der Wechsel von Licht und Dunkelheit ebenso wichtig wie im Natürlichen der Wechsel der Witterung und der Tages- und Jahreszeiten.

Willst du wieder in dein Urbild verwandelt werden, dann habe ich keinen anderen Rat für dich, als daß du dein Kreuz auf dich nimmst und Jesus nachfolgst; denn die Weisheit Gottes gibt sich keinem Menschen, sie habe ihn denn auf diesem Wege zuvor zubereitet.

Bei mir wird die Lebenspforte immer enger und der Weg schmaler, wie es billig und dem Wachstum gemäß ist. Weichlinge kommen weder zum Ziel noch zur wahren Ruhe; das weiß ich gewiß.

Wer's nicht mit dem alten Menschen hält, der hat ein fröhliches Christentum; wer's aber mit ihm hält, ein verdrießliches. Darum gibt's auch unter den Pietisten manche, die man mit Recht »Kopfhänger« heißt.

Die Pregizer Gemeinschaft

Die »Pregizerianer«, die sich namentlich durch ein fröhliches Christsein auszeichnen, das in Taufe und Abendmahl sein Fundament besitzt, geht zurück auf pietistisch-separatistische Kreise des späten 18. Jahrhunderts. Diese sammelte der Haiterbacher Stadtpfarrer CHRISTIAN GOTTLOB PREGIZER (1751-1824) um sich und lenkte sie in kirchliche Bahnen. Die durch seine weitreichende Tätigkeit ausgelöste Gemeinschaftsbewegung, die sich

bald nach ihm benannte, verbreitete sich vor allem im Schwarzwald sowie im Ammer- und Remstal. Heute umfaßt sie in etwa 50 Ortsgruppen 2500 Mitglieder.

»Mein Trauergeist ist fort«

Über den Beginn von Pregizers Arbeit im schwarzwälderischen Haiterbach, wo er von 1795 an bis zu seinem Tod wirkte, berichtet seine Biographie:

In Haiterbach entstand bald eine große Bewegung. Gleich nach seiner Antrittspredigt sagte eine Frau aus der Gemeinde: »Durch diesen Mann kommen viele Haiterbacher in den Feuersee.« Sie dachte an 2. Korinther 2,16. Sein Wort wurde aber nicht nur ein Geruch des Todes zum Tode, sondern auch ein Geruch des Lebens zum Leben. Die Rohesten und Wildesten wurden von der Gnade ergriffen, und schon 1796 hielt man in elf Häusern Erbauungsstunden. Aus der weiten Umgegend zogen Sonntag für Sonntag große Scharen in seine Kirche. Als Kriegsnot hereinbrach, hielt er alle Morgen eine Betstunde, in der Einheimische und Fremde täglich die Kirche füllten.

Da entfuhr ihm aber 1801 eines Tags ein Wort des Selbstruhms bezüglich seiner Predigergabe, und von Stund an war seine Freudigkeit dahin, so sehr, daß er über ein Jahr lang nicht mehr predigen konnte und einen Vikar halten mußte. Seine Seelenangst stieg manchmal fast bis zur Verzweiflung, und er fing an zu zittern und zu beben, wenn nur ein Mensch sich seinem Haus nahte. Da machte er nach langem Ringen einen Besuch bei dem in Grüntal angestellten Pfarrer Sartorius, einem Studiengenossen, der ihn wieder aufrichtete, so daß er ganz heiter zurückkam und mit den Worten ins Zimmer trat: »Frau, mein Trauergeist ist fort!« Der Vikar wurde entlassen, und Pregizer predigte mächtiger als zuvor. Gedrungen, gegen den vorigen Geist des Unglaubens zu kämpfen, versteifte er sich nun fest auf sein Taufrecht und die ihm dadurch zuteil gewordene Begnadigung und Beseligung, welche alle

Sünden hinweggenommen habe. Er las jetzt fleißig in der »Geistlichen Schatzkammer« des Prätorius (Stephan Prätorius, 1536 bis 1603) und bekannte sich »mit Herz und Hand« zu der Gnaden- und Freudenbeicht Philipp David Burks (1714 bis 1770). Die Seligkeit des gläubigen Christen erfüllte sein Herz – wes' Herz voll ist, dem geht auch der Mund über.

Die Wirkung blieb nicht aus. Der alten Versammlung wie der neuen Erbauungsstunden, in denen allen Pregizers Geist herrschte, nahm er sich treulich an. Auch in auswärtige Orte zog er oft, um heilsbegierige Seelen um sich zu sammeln. »Selige« Separatisten traten (vermutlich seit Ende 1801) gleichfalls in Verbindung mit Pregizer. Gemeinschaften der »freudigen Christen«, welche teilweise ihre Entstehung der Tätigkeit Pregizers verdankten, verbreiteten sich allmählich.

Der »gschpäßige« Prediger

Pregizers »überfließender Mund« hinterließ auf der Kanzel, aber auch in persönlichen Gesprächen nicht selten unauslöschliche Eindrücke:

An einem Sonntag während der Heuernte, wo auf dem Land alle Gedanken sich um die so notwendige trockene Witterung drehen, rief Pregizer, sobald er auf die Kanzel kam, der Gemeinde überlaut zu: »Tut den Heuschochen hinaus!« Alles wandte sich erstaunt um, um nach dem Heuschochen zu sehen. Es war natürlich nirgends einer in der Kirche zu sehen. Der Pfarrer aber wiederholte noch dringender seinen Ruf. Als nun jedermann gespannt war, wo das hinaus wolle, schrie der Pfarrer wieder: »Tut doch den Heuschochen hinaus – aus euren Herzen.« Und nun, nachdem er sich die Aufmerksamkeit gesichert hatte, begann er den Gottesdienst.

Einst nahm er gar einen Pflasterstein mit auf die Kanzel, den er neben die Bibel legte. Gespannt merkten alle auf, für was er wohl den Stein als Gleichnis brauchen würde. Auf einmal hieß es »Amen!«. Und der Stein? Der hatte seinen Zweck erfüllt: nämlich die Aufmerksamkeit bis zuletzt wach zu halten.

An einem Pfingstmontag beim Evangelium von den »Emmaus-Jüngern« war eben doch einmal richtig einer eingeschlafen auf der Empore, der Kanzel gegenüber. »Es brennt! Es brennt!«, rief Pregizer, woraufhin der Schläfer aufwachte und erschrocken fragte: »Wo brennt's?« »In der Jünger Herzen«, war des Predigers textgemäße Antwort.

Eine Bauersfrau vom Steinlachtal (Nehren) wollte auch einmal Pregizer hören und machte sich an einem Sommersonntag zu Fuß auf nach Haiterbach mit mehreren Dorfgenossinnen. Bei der Ankunft war die Kirche schon gedrängt voll, und nur vor der Kanzel waren noch Stehplätze frei. Dort stellte sie sich auf und hörte staunend die Predigt Pregizers, wobei sie einigemale verwundert den Kopf schüttelte. Plötzlich hielt Pregizer inne, blickte zu ihr hinab und rief ihr zu: »Ja, do brauchst gar net z'schüttla mit dei'm Kopf – dös ischt so!«

»Getroffen« fühlten sich von Pregizers Predigten auch einst der Joggele und der Hansjörg von Egenhausen, die am Sonntag zu einem Viehkauf nach Haiterbach gekommen waren und bei diesem Anlaß auch einmal den Pregizer hören wollten, von dem man so »gschpäßige« Sachen erzählte. Und was vernahmen sie? Ich weiß nicht, war grad das Evangelium von der Tempelreinigung der Text, jedenfalls hörten sie auf einmal von der Kanzel her gut schwäbisch die Worte: »Du, Joggele, du Hansjörg, nex do mit Ochse kaufe am Sonndag!«

Eine Leichenpredigt im Filial Beihingen begann er mit den Worten: »S'Kätterle ist fort – s'Kätterle ist wohl fort!«, das heißt: Sie ist nun gut aufgehoben.

Da Pregizer in der Predigt sich oft sehr gehen ließ, auch öfters freie Texte nahm, wurde er einmal von Gegnern, deren er sehr viele hatte, beim König verklagt. Dieser sandte nun einen hohen Beamten nach Haiterbach, der ihn heimlich abhören sollte. Unterwegs kehrte dieser auf dem Sindlinger Hof ein, wo Michael Hahn die letzte Zeit seines Lebens zubrachte. Hier erzählte er von seinem Auftrag... Das hörte die bei Tisch dienende Schaffnerin, die eine Haiterbacherin und große Verehrerin von Pregizer war. Da lief die treue Seele die ganze Samstagnacht hindurch nach Haiterbach und meldete ihrem Pfarrer, daß ein Spion im Anzug sei. »O«, sagte ihr dieser darauf, »diese Mühe hättest du dir ersparen können! Mir ist es ganz einerlei, wer unter meiner Kanzel sitzt. Ich werde darum auch heute keinen Ton anders predigen.« So tat er denn auch. Und der Erfolg war, daß der Gesandte nachher sagte: »Der Pregizer gehört pulverisiert und jedem Pfarrer im Land eine Messerspitze davon eingegeben.«

Pregizer ging einmal spazieren und kam an einem Mann vorbei, der Holz spaltete. Der Mann war als Flucher bekannt und grüßte den Pfarrer mit finsterer Miene, setzte aber seine Arbeit fort. Da trat ihm Pregizer auf sein Holz und sprach mit ernster Stimme: »Weißt du nicht, daß ich dein Seelsorger bin? Meinst du, mir sei's gleich, wenn dich der Teufel holt?« und ging weiter. Auf dem Heimweg begegnete er dem Stundenhalter, zu dem sagte er: »Heute habe ich einen geschossen.« Dem Holzspalter war das Wort »Wenn dich der Teufel holt« unauslöschlich im Herzen geblieben. Er hatte Tag und Nacht keine Ruhe mehr, ging zum Stundenhalter und klagte ihm seine Not. Dieser beruhigte ihn: »Komm nur, wir gehen zum Pfarrer!« Als sie zu diesem kamen, sagte der jubelnd: »Hast du ihn schon?« Pregizer lehrte den Mann den Weg des Heils, und aus dem ehemaligen Flucher wurde ein wackerer Bruder.

Einmal wurde in Pregizers Pfarrhaus eingebrochen; ein Fuhrmann wollte Frucht stehlen (es war in einem Mißjahr). Pregizer erwachte, zündete die Laterne an und überraschte den Fuhrmann, der kreidebleich an seinem halbvollen Sack stand. Pregizer leuchtete ihm ins Gesicht mit den Worten: »Aha! Mach no weiter und füll dein' Sack voll; aber a andersmol kommscht wenigschtens bei Dag!«

»Ein seliges Gotteskind«

1808 mußte sich der Haiterbacher Pfarrer vor dem Stuttgarter Konsistorium verantworten. Dazu setzte er ein »in der Heiligen Schrift festgegründetes Christliches Glaubensbekenntnis« auf, in dem es heißt:

Ich glaube und bekenne, daß die zwei neutestamentlichen, von ihm (Jesus Christus) selbst gestifteten Bundessiegel, die heilige Taufe und das heilige Abendmahl, die großen und heiligen Kommunikationsmittel seien, durch welche Er mir alle seine durch Tun, Leiden, Sterben und Auferstehen rechtlich erworbenen und erbeuteten Heilsgüter und Schätze, Regalien, Privilegien und Freiheiten wesentlich geschenkt und zum ewig seligen Genuß in der segensreichsten Gemeinschaft mit Ihm, dem Vater und Heiligen Geist mitgeteilt habe, so daß ich mich mit allem Recht ein hochbegnadigtes, selig-, heilig-, gerecht- und herrlichgemachtes Kind Gottes, Sein lebendiges Glied und einen Tempel des Heiligen Geistes nennen darf.

Durch die heilige Taufe trat ich in den ewigen Gnaden- und Friedensbund mit dem Dreieinigen Gott, und durch das heilige Abendmahl wird mir solcher Bund bekräftigt. Ach, was kann ich mehr verlangen? Mich beschwemmt die Gnadenflut. Halleluja!...

Ich glaube und bekenne nun bis in den Tod, daß Jesu ganzer Lauf von Seiner gesegneten Empfängnis an bis ans Kreuz, ja bis auf seinen göttlichen Thron hinauf, mir und allen Seinen Gläubigen, als dem Erstling Seiner Kreaturen, wirklich schon zugut und zum gedeihlichsten Segen komme, so daß ich durch meine Taufe auf Ihn und durch meinen Glauben an Ihn selig gemacht, das heißt: von allen Sünden, vom Zorn Gottes, Fluch des Gesetzes, verdammenden bösen Gewissen, Tod, Teufel, ewigem Gericht und höllischer Verdammnis errettet, hingegen in das Königreich Jesu Christi versetzt worden bin, in welchem ich habe und seliglich genieße die Erlösung durch Sein Blut, nämlich die Vergebung der Sünden. Ich sage

daher aus täglich seliger Erfahrung zum Bekenntnis des Glaubenshelden Luther:
»Wo Vergebung der Sünden ist, da ist Leben und Seligkeit!«, von Herzen Ja und Amen...

> Nun ich leb und sterbe drauf,
> diese Lehre zu bekennen.
> Keine Schande hält mich auf,
> dieses meinen Ruhm zu nennen.
> Jesus bleibt mein Eigentum
> und Sein Evangelium.

»Die Freuden-Christen«

Ihrer Freude am »seligen Gnadenstand« verliehen die Pregizerianer in ihren Versammlungen in fröhlichen, oft von Zithern und Klarinetten begleiteten Singweisen Ausdruck, so daß sie im Volksmund auch »Galopp«- und »Juchhe-Christen« genannt wurden. In einem ihrer Lieder, die in der Mehrzahl von Pregizer verfaßt sind, heißt es:

> Ja, Bruder, selig sind wir nun
> Im Glauben an des Höchsten Sohn!
> Wir sind als die versöhnten Knecht'
> ganz heilig, rein, schön und gerecht.

> Nicht traurig darf man jetzt noch sein,
> Daß man noch Sünde hab, o nein!
> Sie sind am Kreuz ganz ausgetilgt,
> Ganz völlig sind wir ausgebürgt.

> Übt nun die Glaubenssprache fein,
> Wir sind ja so gerecht, so rein,
> So schön, so heilig und so gut;
> Selbst wie der Sohn ins Lammes Blut.

O freuet euch der Seligkeit,
Die unser gläubig Herz erfreut,
Und die man nun in Jesu hat,
Befreit von aller Sündenlast.

So saget frei dem Herrn zur Ehr,
Wir sind nicht arme Sünder mehr.
Der Heiland war's an unsrer Statt
Am Kreuz nach Gottes Liebesrat.

Stoßt euch nicht, wenn noch viele sein,
Die gar nicht mit uns stimmen ein,
Und die dem Heiland nur zur Schmach
Stets führen die Arm-Sündersprach.

Die Brüdergemeinden Korntal und Wilhelmsdorf

Nach dem Vorbild der herrnhutischen Kolonie Königsfeld im Schwarzwald (gegr. 1806) entstanden in den Jahren 1819 und 1824 die Brüdergemeinden Korntal bei Stuttgart und Wilhelmsdorf in Oberschwaben. Die von der Kirchenleitung unabhängigen und vom König mit Privilegien bedachten Gemeinwesen waren als »Zufluchtsorte« bestimmt für pietistische Gruppen, die eine »endzeitliche Auswanderung« ins südliche Rußland oder nach Palästina planten. Maßgeblichen Anteil an der Gründung der Gemeinden hatte der Leonberger Bürgermeister GOTTLIEB WILHELM HOFFMANN (1771-1846), der der Korntaler Gemeinde lange Jahre vorstand.

»Ein Kraftmensch«

Hoffmann gehörte einer edlen Familie an, die aus Schlesien stammt. Einer seiner Vorfahren wurde um seines evangelischen Bekenntnisses willen getötet. Auch sonst fanden sich in dieser Familie wahre Kämpfernaturen und Kraftmänner, wie z.B. sein Großvater, ein Pfarrer; dieser war so stark, daß er seinen Heiligenpfleger, einen korpulenten Mann, am Hosengürtel nehmen und frei in die Luft hinausheben konnte. Ähnlich beschaffen war auch sein Vater, der ebenfalls – und zwar in Ostelsheim bei Calw – als Pfarrer amtierte und seine beiden Söhne hart und streng erzog. Gottlieb Wilhelm sagte einmal, sie haben im Jahr 365mal und im Schaltjahr 366mal Prügel bezogen...

Der Vater bestimmte Gottlieb Wilhelm zum Schreiber; beim Stadtschreiber in Calw machte er eine strenge Lehrzeit durch. Als er nun als Schreibergehilfe nach Merklingen wechseln wollte, machte er nähere Bekanntschaft mit dem Glauben: Er hatte einige Schulden, die er nicht bezahlen konnte, weswegen er Gott anrief: »Herr! Wenn du lebst, so zahle meine Schulden!« Aber sogleich reute ihn dieses Gebet wieder, denn es durchfuhr ihn der Gedanke: Wenn er's tut, so muß ich ein anderer Mensch werden. Das wollte er aber nicht. – Schon am anderen Tag erhielt er das Geld von einer verwandten, gottesfürchtigen Müllerin, der er seine Not geschrieben hatte. Dies blieb nun nicht ohne Wirkung. Mit dem Stachel im Herzen, daß Gott lebt, bezog er seine neue Stelle in Merklingen und fing an, Umgang mit pietistischen Männern, wie z.B. Flattich und besonders Machtholf zu pflegen, den er seinen »geistlichen Vater« zu nennen pflegte und dessen Demut ihm lebenslang ein Muster gelebten Glaubens blieb: Um ihn zum Lesen der Schriften Luthers zu veranlassen, trug ihm Machtholf eines Tages zehn schwere Bände von Luthers Schriften von Möttlingen nach Leonberg – eine Wegstrecke von vier Stunden...

In Leonberg fand Hoffmann schließlich seine Heimat und wurde kaiserlicher Notar und Bürgermeister; in späteren Jahren (1815-1826) wurde er zum Abgeordneten der Ständeversammlung gewählt. Seine gedeihliche geistliche Entwicklung indes zeitigte auch Wirkungen, die in Leonberg eine Erweckung auslösten. In seinem Haus veranstaltete er Kinderstunden, die von nahezu allen Schülern des Ortes besucht wurden; auch von außerhalb kam eine Menge von Besuchern...

Geprägt war seine Frömmigkeit von der Hoffnung, welche damals die pietistischen Gemeinschaften überhaupt tief durchdrang, daß nämlich das Kommen des Herrn vor der Tür stehe. Als er einmal mit seinen Freunden von einem Besuch bei Stuttgarter Brüdern über die Solitude nach Leonberg heimkehrte, warf einer seiner Begleiter – sein Gesinnungsgenosse Meidele – jauchzend seinen Hut in die Höhe und frohlockte: »Bruder, wir erleben's noch, daß das Lamm kommt!« – Das erfüllte sich freilich nicht; doch Hoffmann hielt auch in späteren Jahren noch an der Voraussage Bengels fest, daß die Wiederkunft Christi 1836 stattfinden würde. So sagte er noch im Jahre 1832 zum Vorsteher des Armenhauses in Korntal, zu Bruder Barner, der, einen Rechnungsfaszikel in die Akten einstechend, meinte, der Faden sei nicht mehr stark: »Er braucht bloß noch viereinhalb Jahre zu halten.«

Der Blick auf die Zukunft Christi hinderte aber keineswegs seine vielfältigen Aufgaben, die er in mannigfaltigen Ämtern zu verrichten hatte. Besonders entfaltete er während der Jahre seiner Mitgliedschaft in der Ständeversammlung eine unglaubliche Tätigkeit – ein Zeitgenosse meinte, der »arbeite für acht« –, zumal er seine Ämter in Leonberg behielt. Er mußte in dieser Zeit jeden Tag nach Stuttgart fahren und konnte oft erst in der Nacht seine Verwaltungsaufgaben am Schreibtisch wahrnehmen. Bei den Fahrten nach Stuttgart, bei denen freilich oft die Zeit drängte, zeigte sich auch immer wieder seine frühere Verwegenheit, indem er im Galopp ohne Bremse den Hasenberg herunterfuhr. Da warf es dann den Wagen hie und da um.

Überhaupt waren in seinem Wesen neben feiner Weltklugheit entschlossene Tatkraft und mannhafte Unerschrockenheit vereinigt. Er war eine geborene Herrschernatur, wobei ihm nicht zuletzt seine imponierende Gestalt zugute kam; manche Leute sagten es ihm geradewegs ins Gesicht: »Ihnen kann niemand widerstehen.« Widerstehen konnte auch ein Soldat nicht, der gleichgültig des Weges daherging, während eine Feuersbrunst in Leonberg ein Haus nach dem anderen verzehrte. Hoffmann, der als Polizeikommissär für Ordnung zu sorgen hatte, rief ihn stracks herbei und befahl mit durchdringendem Ton, beim Löschen Hand anzulegen, worauf dieser lässig antwortete: »Ich bin Soldat und kann tun was ich will; mir hat niemand zu befehlen.« Da nahm Hoffmann seinen Säbel und schlug mit der flachen Seite auf den Rücken des Soldaten und brüllte ihn an: »Jetzt gehen Sie und verklagen Sie mich, aber arbeiten Sie!« Erschrocken nahm der Soldat den Feuereimer und begab sich an den Brandherd.

Korntal

Der Rückgang des kirchlichen Lebens um die Wende zum 19. Jahrhundert und die Bedrückungen, welche über die religiösen Bewegungen verhängt wurden, hatten zur Folge, daß viele pietistisch gesinnte Christen zu offenem Widerstand und zur Auswanderung getrieben wurden. Der Gedanke an diese wurde dadurch gefördert, daß um diese Zeit die Hoffnungen auf das Tausendjährige Reich ganz besonders rege waren. Man gedachte vor allem an Bengels Ausspruch: »Wenn die Jahreszahl bis auf 1800 steigt, so wird es nicht weit vom Ziel sein.« Als den Hauptschauplatz der Zukunft Christi sah man das Heilige Land oder auch – so die phantastischen Vorstellungen Johann Heinrich Jung-Stillings – Rußland an. Hier glaubte man die Zufluchtsstätte des Volkes Christi zu finden, wenn in naher Zukunft das Antichristentum hereinbreche... So wanderte vor allem 1816 eine große Schar nach Südrußland aus. Nachdem nun noch weitere große Mengen zur Auswanderung bereitstanden, suchte die Regierung, die Auswanderungssucht einzudämmen.

Hoffmann unterbreitete daraufhin König Wilhelm den Vorschlag, nach biblischen Grundsätzen eine freie Brüdergemeinde zu gründen, in der die Bewohner nach freier Überzeugung Gott dienen dürften... Endlich, im Herbst 1818, wurde die staatliche Erlaubnis zur Gründung eines solchen Gemeinwesen erteilt. Hoffmann kaufte nun für 115.000 Gulden das in der Nähe von Leonberg gelegene Rittergut Korntal, wo sich nach der Gründung im Januar 1819 Familie um Familie ansiedelte. Ihre Zahl mehrte sich in kurzem so sehr, daß bereits im Herbst 1819 eine Kirche eingeweiht werden konnte, wozu etwa 8.000 Festgäste aus ganz Württemberg zusammenströmten...

Korntal um 1820

Bei der Gründung der Gemeinde wirkten verschiedene Elemente pietistischer Frömmigkeit mit: altpietistische Gruppen, herrnhutisch Gesinnte, Pregizerianer und Michelianer... Die Gemeinde hatte damit auch die Aufgabe, diese verschiedenen Richtungen zu vereinen, was zwar nicht immer ohne Übungen und Reibungen abging, aber im ganzen eine treffliche Schule der Liebe war. Gefragt, wie er es mit der Vielfalt dieser Gruppen halte, antwortete Hoffmann: »Sie alle möchte ich in dem Mörser der Liebe zerpulvern und dann ebensoviele Menschen daraus bilden.« An anderer Stelle antwortete er auf diese Frage: »Ich bin als Pregizerianer erweckt worden (d.h. in der »glücklichen Erfahrung« der Gnade Gottes), ich möchte als Michelianer wandeln (im asketischen Heiligungsernst) und als Herrnhuter sterben (im kindlichen Vertrauen auf den Kreuzestod Christi).«

In dem Gemeinwesen Korntal hatte der württembergische Pietismus nun Gelegenheit gefunden, sein Ideal einer christlichen Gemeinde in die Wirklichkeit umzusetzen. Dabei lernten die einen von den andern; man sah ein, daß zwar in einem Garten nicht einerlei Blumen seien, daß sie aber doch ganz lieblich in einem Garten beisammenstehen können, daß also wohl Mannigfaltigkeit in der Einsicht und Einheit in der Mannigfaltigkeit bestehen könne.

»Geistlicher Segen«
strömte von dieser Stätte christlichen Lebens in das pietistische Württemberg aus; vor allem in den ersten Jahrzehnten galt Korntal als »Wallfahrtsort« für die Gemeinschaftsleute bis hinauf auf die Schwäbische Alb. Namentlich an den beiden Korntaler Festtagen, dem Missionsfest am Epiphaniastag und am Jakobifest, der Jahrfeier der Anstalten, strömten immer große Scharen Korntal zu. Beeindruckt von der Atmosphäre, äußerte einmal ein Gast: »Wir kommen nach Korntal wie die Kaufleute auf die Frankfurter Messe, da kauft man große Stücke Tuch, die man nachher ellenweise verkauft« – »so holen wir in Korntal Wahrheiten, Erkenntnisse und Blicke in die Pläne Gottes und sein Wort, die wir nachher in der Heimat wieder mitteilen.«

Der erste Vorsteher Korntals wurde Israel Kaufmann aus Plieningen auf den Fildern, ein michelianischer Stundenhalter, »dessen Worten«, so ein Zeitgenosse, »man nicht lauschen konnte, ohne den Eindruck der Lieblichkeit Jesu Christi, die in ihm Gestalt gewonnen hatte, zu gewinnen.« Im Jahr 1819 siedelte er nach Korntal über und trat die ursprünglich für Michael Hahn vorgesehene Stelle als Vorsteher an.

Als er aber bereits im Februar 1820 verstarb, wurde Hoffmann sein Nachfolger. Er legte seine Ämter in Leonberg nieder und bekleidete 25 Jahre das Vorsteheramt. Diese Übernahme war für ihn kein leichter Schritt. Mit der Niederlegung der Ämter verlor er freilich auch sein hohes Einkommen. Im Vertrauen auf den Herrn, der »ihn schon durchzubringen wisse«, nahm er aber das Amt in Korntal an. Und er wurde nicht zuschanden. Ja, er war bei dem Segen Gottes, der auf seinen wenigen Mitteln ruhte, sogar imstande, anderen reichlich wohlzutun, so daß sich seine Fürsorge immer weiter ausdehnte. So kam ihm der Gedanke, ein »Rettungshaus für verwahrloste Kinder« zu gründen. 1823 begann Hoffmann mit dem Werk, das im Vertrauen auf Gottes Durchhilfe errichtet wurde (vgl. Kap. 12). Weitere Bildungsanstalten, wie die höhere Knabenschule und Mädchenrealschule, an die jeweils ein Wohnheim angebaut war, folgten. Um sie hatte sich besonders Johannes Kullen, ein Mitbegründer Korntals, verdient gemacht.

Hoffmann war indes nicht nur in den äußeren Angelegenheiten Korntals der Mittelpunkt; er war es auch im geistlichen Leben der Gemeinde. Der Hauptgottesdienst am Sonntag wurde zwar durch den Pfarrer gehalten, den die Gemeinde selbst bestimmen konnte; aber die Kinderlehren, welche überaus zahlreich auch von auswärtigen Zuhörern besucht wurden, hielt Hoffmann selbst, und selten ging jemand wieder nach Hause, ohne einen tiefen, innig bewegenden oder herzlich gewinnenden Eindruck mitzunehmen. Ebenso hielt er in der Töchteranstalt die täglichen Morgenandachten und die Erbauungsstunden; in »bewegten Tagen« lud er auch zu »Zeitungsstunden« ein, in denen er die Weltbegebenheiten mitteilte und beleuchtete, um an den »Zeichen der Zeit« zu erkennen, welche Stunde es in der Entwicklung des Reiches Gottes sei und ob der Herr bald kommen werde. Des Sonntags war er im Gemeindegasthaus, dessen Leitung er als Vorsteher ebenfalls übernommen hatte, von Besuchenden umwogt und redete oft ganze Nachmittage in einem fort.

Wilhelmsdorf

erhielt seinen Namen vom württembergischen König Wilhelm I. (1816-1864), der die Gründung mit der Bedingung verknüpfte, das dortige Moorgebiet zu urbanisieren. Ebenso wie die Muttergemeinde Korntal wurde Wilhelmsdorf ein Zentrum für schulische und diakonische Einrichtungen, die später als »Zieglersche Anstalten« bekannt wurden.

In den ersten Januartagen 1824 gelangten die ersten zehn Siedler in ihrer neuen Heimat an:

»In Gottes Namen«

Im Wirtshaus »Zum Kreuz« steht ein Mädchen am Fenster der erwärmten Stube und schaut den umherwirbelnden Schneeflocken zu. Auf einmal ruft das Mädchen: »Luag au, Muatter, wear kommt au do?« Am Hause ziehen gerade zehn kräftige Männer mit festem Schritt vorüber, ein jeder in einen großen Militärteppich gehüllt. Die Rücken der Wanderer sind mit gefüllten Säcken, mit Sägen, Äxten, Schaufeln und Hauen schwer beladen. Rüstig schreiten die Zehn weiter. Überall, wo sie hinkommen, blickt man ihnen neugierig nach. Endlich erreichen sie eine Anhöhe, wo sie von einer alten Frau erfahren, daß »da drunten im Tal das Lengenweiler Moosried« liegt, die Stätte für die neue Gemeinde. Feierlich ist ihnen zumute. Sie stehen still und entblößen ihre Häupter und stehen im stillen Gebet zu Gott regungslos da. »In Gottes Namen – laßt uns das Land einnehmen!«, unterbricht Bippus, einer der Zehn, die feierliche Stille...

In mäßigem Schneefall kommen sie nach Esenhausen, wo sie in eine Wirtsstube eintreten. Niemand ist da. Der Wirt und seine beiden Mägde hatten sich versteckt, da sie glaubten, die Gäste wären entlaufene Sträflinge. Endlich faßt sich der Wirt ein Herz und weist den Gästen ein Nachtquartier an. – Dem Bruder Gottfried Dreher von Erpfingen war die Furcht der Mägde unerträglich. Er wußte: Selbstverleugnung und uneigennützige Hilfeleistung verscheuchen das Mißtrauen und gewinnen die Herzen. Früh erhebt er sich von seinem Lager und eilt in den Stall, wo die Mägde gerade das Vieh füttern. Ohne zu säumen greift er zur Mistgabel und hilft den Stall zu reinigen. Dann nimmt er den Striegel und putzt mit großer Gewandtheit Kühe und Ochsen – damit hatte er die Herzen der Mägde und Wirtsleute gewonnen...

Noch an diesem Tag begann die Siedlungsarbeit. – Die Tür geht plötzlich auf, und in die Wirtsstube tritt ein kräftiger Mann herein, ein Gewehr auf seinen Schultern. Es ist der Konrad von Fleischwangen, der Förster. In strammer Haltung stellt er sich vor die Zehn und sagt: »Ich soll euch den Platz zeigen, den euch Seine Majestät, der König, gegeben hat. Liebe Leute, habt ihr auch gute und lange Stiefel bei euch? Das Ried (ein sumpfiges Moorgebiet, das die Siedler urbar machen sollten) ist noch nicht gefroren, und wenn einer in die schwarze Grundsuppe hineintappt, ist es im Winter kein Spaß, wenn das Wasser oben zu den Stiefelrohren hineinläuft.« Bald stehen die zehn Brüder mit ihrem Führer auf dem Ried. Es bildet ein langes, weites Tal. Der Boden schwankt unter den Füßen. Die Brüder sehen sich einander bedenklich an. Danach durchwandern sie die Strecke, die sie anbauen sollten. Nacheinander sinkt bald dieser, bald jener in die weiche Masse ein.

Nun stehen die Brüder allein auf weiter Flur. Da spricht Bippus: »Laßt uns in Gottes Namen beginnen!« Die Brüder ziehen ihre breitkrempigen schwarzen Hüte vom Kopf und bitten den himmlischen Vater um Schutz und Segen bei ihrer Arbeit. Johannes Glaser, ein Zimmermann, erhebt darauf seine Axt und schlägt sie als der erste im Namen Gottes in den Stamm. Die übrigen folgen, und nach kurzer Zeit stürzt der erste der Bäume krachend zu Boden. Andere Bäume folgen: der Anfang war gemacht. An die Stelle des Erstlings pflanzten sie später einen Zwetschgenbaum. Es war im späteren Schulgarten.

Die Brüder waren guten Mutes. Sie waren hier auf ihrem Posten, nicht allein auf Befehl ihres Königs, sondern – das war ihr felsenfester Glaube – eines noch höheren Herrn. Ihm stellten sie vertrauensvoll das anheim, was dabei herauskommen würde. Keinesfalls sollte die katholische Nachbarschaft über sie sagen: »Sie sind faul und genußsüchtig.« – So konnten sie auch bald nach fleißiger Arbeit eine erste Blockhütte errichten. Am Tage der Aufrichtung des Hauses durften sie erste freundliche Zeichen der Nachbarschaft erfahren, wie sich überhaupt im Laufe der Zeit ein freundliches Verhältnis zu diesen entwickelte.

Ein Häuslein reihte sich allmählich an das andere, und nach jeder Aufrichtung erhoben sich die Herzen zum Dank gegen Gott, bewegt von Hoffnung. Hoffmann hatte die Weisung erhalten, erst dann Familien aufziehen zu lassen, wenn die Abtrocknung des Rieds als gelungen zu betrachten sei. Doch im Herbst 1824 standen schon zehn einstöckige Häuschen – nach Hoffmanns Weisung so einfach wie möglich gebaut im Blick auf die nahe Ankunft des Herrn –, und jedes war von einer Familie bezogen.

Noch vor Beendigung des ersten Jahres der Ansiedlung, kurz vor Weihnachten, traf der Schulmeister Gottlieb Hiller ein, ein gelernter Weber aus Dettingen a.d.Erms, sehnlichst erwartet von der Schuljugend, der er im Lauf der Zeit einen Schatz aus dem Wort Gottes zukommen ließ. Im Jahr 1825 wurde fleißig weitergebaut. Die vielen heranziehenden Familien erforderten dieses. Der zur Trockenlegung angelegte Hauptkanal, der das Wasser in die Donau und in den Rhein leiten sollte, 3.600 Meter lang, 4 Meter breit und 2 Meter tief, war fertig geworden. Nun schritt man zur Anlegung der 20.000 Fuß langen Nebenkanäle. – 1826 wurde der erste größere Versuch zur Bebauung des Bodens unternommen, was aber völlig mißlang. Äcker und Wiesen lieferten Jahr um Jahr magere Ernten. – 1828 konnte in einer festlichen Feier endlich der Betsaal eingeweiht werden. Als Glocken dienten jahrelang zwei Stahlstangen, die aneinandergeschlagen wurden. Die Gottesdienste leitete lange Zeit der Lehrer. – Endlich zog 1833 der erste Geistliche auf, Pfarrer Karl Mann aus dem badischen Eppingen.

»Der Herr ist mein Hirte, mir wird nichts mangeln« – dieses alttestamentliche Wort sahen die Bewohner trotz ihrer großen Armut – zumeist gab es nur trocken Brot und schmale Bissen – täglich an sich erfüllt. Daß Gott der Herr sie an diesen Ort berufen hatte, davon waren sie alle felsenfest überzeugt. Unter seiner Gnadenleitung wollten sie aushalten und auch im Leiden nicht verzagen.

Betsaal in Wilhelmsdorf, erbaut 1828

Das »Sorgenkind«

Die Unfruchtbarkeit des Bodens, aber auch die in den ersten Jahren praktizierte Gütergemeinschaft, führten die Gemeinde zum finanziellen Ruin:

Bis zu seinem Tod 1846 war Wilhelmsdorf für Hoffmann das große »Sorgenkind«. Noch auf seinem Sterbebett legte er es den Brüdern ans Herz, die Gemeinde nicht zugrundegehen zu lassen. So trat auch an seinem Begräbnistag das Brüderkollegium in dieser Angelegenheit zusammen. Die Hilfe kam schließlich durch Schulmeister Kolb von Dagersheim. Er hatte in den Kreisen der Hahn'schen Gemeinschaft einen Aufruf zur Kollekte ergehen lassen, der in vier Wochen 40.000 Gulden erbrachte; nach einem halben Jahr waren es schließlich 50.000 Gulden.

Hilfe wurde der Gemeinde aber auch von katholischen Nachbargemeinden zuteil. 1847 fand in Ravensburg eine Zusammenkunft der Bürgermeister des Bezirks statt. Schultheiß Strobel von Esenhausen – er war zugleich Ortsvorsteher von Wilhelmsdorf – stellte dabei den Antrag, diesem Ort zum notwendigen Einkauf von Saatkartoffeln ein Darlehen zu bewilligen. Dem Anliegen widersetzte sich aber der Vorsitzende der Dorfschulzen und rief empört: »Alles, was wir den Wilhelmsdorfern geben, ist hin.« Alle stimmten ihm zu. – Da erhob sich Schultheiß Pfaff von Zußdorf und lenkte ein: »Meine Herren! Wilhelmsdorf besteht seit 1824, und in dieser Zeit hatte ich Gelegenheit, die Einwohner genau kennenzulernen; in diesen 23 Jahren ist dort nicht nur kein Gant (Versteigerung) vorgefallen, sondern auch kein Mensch um irgendeinen Kreuzer von den Wilhelmsdorfern betrogen worden. Es sind dort fleißige und rechte Leute.« – Beeindruckt von der Rede schlug die Stimmung um: Das Darlehen wurde gewährt.

DIE ERWECKUNGS-BEWEGUNG

(19. JAHRHUNDERT)

10.
»ERWACHET!«

Christian Adam Dann –
»Jeder Zoll an ihm ist ein Mann«

Zu Recht hat man Christian Adam Dann (1758-1837) als bedeutendsten Geistlichen des evangelischen Württemberg im ersten Drittel des 19. Jahrhunderts gewürdigt. Sein langjähriges Wirken in Stuttgart (1794-1812; 1824-1837) sowie in Öschingen und Mössingen (1812-1824) stellt einen Übergang vom Spätpietismus zur Erweckungsbewegung dar, die nach den Befreiungskriegen (1813-1815) einsetzt und in Württemberg mit Ludwig Hofackers Auftreten ihren ersten Höhepunkt erlebt. Obgleich Dann dem pietistischen Gemeinschaftswesen gegenüber zurückhaltend blieb, galt er als das »Haupt des Stuttgarter Pietismus«, der das neuerwachte geistliche Leben »in kirchliche Formen und Ordnungen zu deren Belebung hineinleitete« (Palmer).

Meisterhaft hat ihn Albert Knapp charakterisiert:

Der Bußprediger

In seinen Predigten stand er immer von seinem Gegenstand durchdrungen da, lauter und mit keuschem Wahrheitsblick auf die Sache des Herrn gerichtet. Alles »Gemachte«, alles »nach Pharisäismus Riechende« lag fern von seinem vor Gott offenliegenden, gebeugten und doch durch die Huld Christi aufgerichteten Gemüt. Er pflegte die ganze Woche hindurch seine Predigt zu studieren und trug sie betend und sinnend durch alle Vorkommnisse der Woche mit sich im Herzen umher, wie eine Mutter das werdende Kind unter dem Herzen trägt. Es flossen daraus wahrhaft herrliche, geist- und lebensvolle Predigten ..., voll der seltensten und elektrisierenden Gedankenblitze und genialen Wendungen von seinem gottbegeisterten Munde. Das alte lautere Evangelium von Jesu Christo blieb jederzeit der Hauptinhalt seiner öffentlichen und privaten Vorträge, mit dem strengsten, sittlichen Ernst gewürzt. Er verschmähte es nicht, mitunter auch scharfe, gesetzliche Predigten zu halten, wobei er die dunkelsten Falten des Gemüts mit der Feuerfackel jenes alles durchdringenden Wortes (Hebr. 4,10) unerbittlich beleuchtete.

Ich erinnere mich noch einer von ihm in Stuttgart gehaltenen Predigt über die Worte des Herrn: »Was denkt ihr so Arges in euren Herzen?«, worin er die verschiedenartigen Regungen des Neides, der Schadenfreude, des Hasses, der Rachsucht, des Geizes usw. mit einer wetterleuchtenden Gewalt enthüllte und strafte, daß es den Zuhörern durch Mark und Bein gehen mußte. Dabei berührte er z. B. einen Weingärtner, der seine vom Hagel härter als die seines Nachbarn getroffene Pflanzung mit ärgerlichen Blicken beschaut und denkt: »Dem da drüben hätte es auch nicht geschadet, wenn ihm der Hagel sein Feld schärfer als das meinige mitgenommen hätte, denn er ist um kein Haar bräver als ich!« Nun hielt er einen Augenblick inne und rief sodann mit einer Donnerstimme, wie wenn der Weingärtner vor ihm stünde: »Was denkst du so Arges in deinem Herzen? Vielleicht denkst du nicht eben heute so, sondern hast vor Monaten oder Jahren so gedacht und meinst nun, das sei längst vorüber ... Nein, sage ich dir, im Namen des Herrn: Die Sünde veraltet nicht und dein Gewissen auch

Die Stuttgarter Stiftskirche, 1806

nicht, sondern sie steht mit dir frisch von den Toten auf, wenn du nicht Buße tust und bei deinem Heiland Vergebung suchst!« ... Hierauf nahm er sich einen Gewerbemann vor, der auf einen jüngeren Konkurrenten erbost ist und dabei also denkt: »Wenn nur der verwünschte Mensch über alle Berge geschleudert wäre, der widerwärtige Mensch! ... Hoffentlich wird er bald bankrott, vielleicht kommt auch einmal Feuer in sein Warenlager; ach, das wäre schön ...!« Daraufhin folgt eine Pause und abermals das erschütternde Wort: »Was denkst du so Arges in deinem Herzen? Bist du nicht in deinem Seelengrunde bereits ein Dieb und Brandstifter? Am Tage der Offenbarung stehst du als ein Dieb, als ein Mordbrenner vor dem Herrn da, wenn du nicht in dein Gewissen gehst und vor ihm, der reich ist über alle, Buße tust!«

Der Seelsorger

Aber in dieser Posaunenstimme lag nicht seine einzige Stärke; auch in der Seelsorge bewies er sich als ernster Zeuge der Wahrheit, ohne deshalb das Herz dem Sünder zu verschließen. Gerade durch jene herablassende, in unscheinbaren, stillen Kreisen dienende Liebe zu den Kindern und andern jugendlichen Seelen hat er noch ungleich tiefer und nachhaltiger auf seine Zeitgenossen eingewirkt. Die Kinderwelt war schon von früheren Jahren her sein liebstes Arbeitsfeld, und der im Eisenharnisch dahertretende Zeuge, dem keine Sünde der Erwachsenen zu vornehm und zu adelig war, daß er sie nicht gestraft hätte, fand doch in den harmlosen Umgebungen der zärteren Seelen stets seine liebste, willkommenste Heimat. Da blühten ihm seine Rosen, da gediehen ihm die meisten, edelsten Früchte zum ewigen Leben. Wer ihn kannte, sah wohl: »Jeder Zoll an ihm ist ein Mann«, und doch verstand sich dieser männliche Charakter am meisten auf Erweckung und Führung weiblicher Seelen und zarter Mägdlein, die oft von Jugend auf bis an seinen Tod mit unaussprechlichem Vertrauen an diesem ihrem geistlichen Vater gehangen haben ...

Meine erste Gattin, die als fünfjähriges Kind zu ihm gebracht wurde, erinnerte sich noch in späteren Jahren, wie sehr sie sich immer auf den frommen Mann gefreut, wie sie ihn auch sogleich über die Hauptsache, die ihr am Herzen lag, befragt habe: »Herr Helfer, wie sieht's denn im Himmel aus?«, was er mit einem freundlichen Lächeln so beantwortete: »Das weiß ich nicht genau; weil aber der Heiland dort in der Herrlichkeit wohnt, so wollen wir uns recht kindlich an ihn halten, damit wir miteinander gewiß hinkommen.«

Er gab nicht allein den Kindern, sondern auch den christlichen Frauen und Jungfrauen drei gesonderte Lehrstunden in der Woche und unterhielt unter anderem mit manchen Schülerinnen, auch mit solchen, die längst in die Ehe getreten waren, viele Jahre hindurch einen rührenden Bibelbund, wonach sich jegliche verpflichtete, täglich einen fortlaufenden Abschnitt in der Heiligen Schrift zu lesen und zu betrachten und ihm sodann zu gewissen Zeiten Rechenschaft darüber zu geben.

Nicht weniger segensreich wirkten seine von stetem Gebet begleiteten Hausbesuche in vielen Familien. Man hielt es für einen besonderen Segen, für eine nicht alltägliche Ehre, ihn in einem Hause empfangen zu dürfen, wo er bald mit dem einzelnen oder der gesamten Familie über die wichtigsten Angelegenheiten des Geistes zu reden pflegte. Seine Besuche wurden dadurch oft zu christlichen Hausvisitationen, nötigenfalls auch zu Rügengerichten ... Ein solches ging einmal vonstatten, als einst ein Schneidermeister im Hochgefühl seiner rationalistischen Aufklärung zu ihm sagte: »Aber Herr Diakonus, eins geniert mich ganz besonders bei der Beichte, daß man als ein gebildeter Mann darin das unpassende, schier ehrenrührige Wort vernehmen muß: ›Ich armer Sünder.‹ Das ist doch gegen alle gebührende Selbstachtung und gegen allen besseren Zeitgeschmack!« Dann besann sich nicht lange und gab ihm zur Antwort: »Ja, ja; dann müssen sie eben statt dessen zu Gott sagen: »Ich hochmütiger Schneider!«

Der Nasiräer

So mild und maßhaltend er mit andern Seelen zu Werke ging und so evangelisch sein Geist sie zu Christo hinleitete, so asketisch streng war er gegen sich selbst. Man kann ohne Übertreibung von ihm sagen, daß das Nasiräat Israels (4. Mose 6) in ihm wieder mit christlichem Gepräge aufgelebt ist. Schwerlich hat es einen unbeugsameren Nasiräer gegeben als ihn, der das Evangelium sich oft als ein wahrhaft mosaisches Joch aufzulegen pflegte. Er war einer von denjenigen, über welche ein edler 80jähriger, erblindeter Greis einst zu mir sagte: »Das sind die besten Leute, bei welchen das Gewissen jedes Jahr enger, das Herz jedes Jahr weiter wird; mit solchen hat's für die Ewigkeit keine Gefahr!«

Dieses Nasiräerwesen, womit er sich viele Jahrzehnte lang übte und zügelte, sein Fleisch kreuzigte und dem alten Menchen in sich Faustschläge ins Angesicht gab, bestand in einer Menge von Gelübden, die er sich auferlegte und über deren gewissenhafter Erfüllung er mit einer außerordentlichen Festigkeit und Schärfe wachte ... Eine unverwüstlich elastische Kraft bewahrte er sich auch durch die strengste Diät. Wein war von seinem Munde verbannt, so gastfrei er andere damit bewirtete. Auch der Fleischkost enthielt er sich beinahe durchaus, und was bei andern Predigern nach der Anstrengung eine kräftige Mahlzeit erzielt, das vollstreckte er mit zwei Hühnereiern oder auch mit einem Gänseei, weil er sich darin seine Mannesportion zur Genüge zugemessen fand. Sehr oft beschränkte er sich auf Brot und Milch. Darum litt er im Gegensatz zu so vielen oft eher an einer gewissen Schwäche des Fleisches als an Vollsaftigkeit und hätte sehr wohl in jenen »Orden der Mageren« gepaßt. Alles an ihm war Bein, Muskel und Nerv – jeder Zoll ein Mann der Selbstverleugnung und Selbstbeherrschung.

Der Freund der Tiere

Die von Württemberg ausgehenden »Vereine gegen die Tierquälerei« haben ihren Keim und Ursprung dem vollendeten Dann zu verdanken. Dieser trug eine rührende Liebe zu den Tieren in seinem Gemüt, und man konnte den sonst so ernsten, gestrengen Mann hierin mit dem Apostel Johannes vergleichen, der in seinen Musestunden manchmal ein kirres Rebhuhn auf dem Finger getragen und gestreichelt haben soll. Nicht selten konnte man ihn auf seinem Sofa erblicken, ein weißes, munteres Kätzchen auf der Schulter, das in traulichem Übermut nach der weißen Schlafmütze hinaufgriff und das Zipfelchen mit seiner Pfote hin- und herschlug. Die Tiere waren ihm hold, weil er ihnen hold war, und die nutzlose Mißhandlung oder Ängstigung eines derselben gehörte in seinen Augen zu den schweren Sünden, namentlich wenn sie vom bloßen Mutwillen ausgegangen waren ...

Dann war er der kräftigste, furchtloseste Anwalt der so vieltausendfach geplagten Tierwelt, und seine Zeugenstimme hat er auch in der Predigt für die Kreatur erhoben. Nach einer solchen Predigt mußte er es zuweilen in Kauf nehmen, daß ihm die Haustüre mit Kot beschmiert oder eine Katze lebendig an den Glockenzug gebunden wurde.

»Bitte der armen Tiere«

Auch in Schriften trat Dann für die Tierwelt ein. Eine von ihnen eröffnet er mit der Schilderung eines ergreifenden Vorgangs:

Schon lange lag mir's im Gemüte, eine Fürsprache für die Tiere bei meinen Mitmenschen einzulegen und gleichsam der Mund dieser stummen und doch empfindenden Geschöpfe zu sein, durch den ihre gerechten Klagen an alle diejenigen gebracht werden könnten, unter deren Gedankenlosigkeit und Unwissenheit oder Leichtsinn und Bosheit sie so unaussprechlich viel und so unschuldig zu leiden haben. Durch einen traurigen Vorgang reifte, schneller als ich dachte, dieser Gedanke zur Ausführung.

Auf der Kirche meines Wohnorts nistete auch dieses Jahr wieder ein Storchenpaar. Ihr Erscheinen erregte, wie immer und beinah überall, angenehme Gefühle. Gar lieblich war es anzusehen, da wir uns am Osterfest des vorigen Jahres auf unserm Kirchhofe am frühen Morgen versammelt hatten und diese guten, sanften Geschöpfe, die angenehmen Vorboten des Frühlings, wie alte Bekannte uns freundlich und friedsam bewillkommnend, in stiller Geschäftigkeit, um ihre Haushaltung miteinander wieder ordentlich einzurichten, über unsern Häuptern hin- und herflogen. Dessenungeachtet fand man vor einigen Wochen an einem der Plätze, wo die beiden alten Störche, die mit ihren Jungen eine friedliche Familie von fünf Mitgliedern bildeten, ihre Nahrung suchten, einen von jenen durch einen Flintenschuß getötet. Gerechter Unwille und Schmerz über den Täter und die Tat ergriff die Herzen der meisten Einwohner ...

Wer du nun und wo du auch sein magst, der du dies getan hast: Gott kennt dich. Eben um dieses meines Gottes willen bin ich dir nicht feind, obgleich du eines seiner Geschöpfe mit grausamer Hand und aus bloßem Mutwillen hingerichtet hast. Ich wünsche dir vielmehr das Allerbeste, nämlich, daß dir Gott die Augen öffnen und dich zu einer tiefen, gründlichen Selbsterkenntnis führen möchte. Dann würdest du auch unzählig viele andere, bisher unbekannte Sünden entdecken. Mit heißen Tränen würdest du dann auch deine Roheit und Gefühllosigkeit dem abbitten, dem auch das Winseln, die Angst und die Todesschmerzen des von dir gemordeten unschuldigen Geschöpfs nicht unbekannt geblieben sind. Es wird dir wohl kaum glaublich vorkommen, wenn ich dir sage, daß bei einem alten heidnischen Volk die Todesstrafe darauf gesetzt war, wenn jemand aus Mutwillen einen Storch umbrachte ... Wo noch irgendein Funke von menschlichem Gefühl, von Mitleiden in deiner Seele vorhanden ist, so müßte dich über deinem Leichtsinn dein Gewissen aufs bitterste anklagen, wenn du den seines Gatten beraubten, guten Alten bald an dieser, bald an jener Stelle in Trauer erblicktest und um ihn herum die mit ihm trauernden verwaisten Jungen. Tränen treten mir in die Augen, wenn ich mir's denke, daß der Kummer auch ihn noch das Leben kosten wird ...

»Die stille Dulderin«

In die lange Reihe der bewundernswerten württembergischen Pfarrfrauen gehört auch Danns Frau, CHRISTIANA MARIA LOUISE, geb. Finner (1768-1817). Von ihr zeichnet Dann ein anmutiges Bild:

Schon früh wurde ihr Herz zum innigen Mitgefühl fremder Not, ihre Hand zur mildtätigen Liebe gewöhnt. Schon in ihrer Jugendzeit entbehrte sie gern, um andern geben zu können. Zu armen Kindern trug sie daher eine ganz besondere Liebe. Sie wollte ihnen sogar gleich werden. Diese Kinderliebe blieb ihr auch durch ihr ganzes Leben hindurch eigen ...

Wo sie hinkam, da sah und hatte man sie gern, die anspruchslose, mit dem Geringsten vorliebnehmende gute Seele. Nie war Vergnügen ihr Hauptzweck, sondern sie machte sich sogleich etwas zu schaffen, und gar oft übernahm sie von freien Stücken das Beschwerlichste, wie wenn es für sie aufgespart geblieben wäre. Sie hatte früh schon sich selbst überwinden gelernt. Nicht helfen zu können – dies gehörte zu ihren schmerzhaftesten Erfahrungen. Bedrängten zu helfen, war ihr sodann keine Mühe zuviel, kein Gang zu sauer, keine Zeit zu unbequem, kein Opfer zu schwer ... Viele Lasten lagen auf ihr, und zwar die größern, die ich nicht übernehmen konnte. So machte sie auf dem Dorf Öschingen der anfängliche Mangel an naher ärztlicher Hilfe und die Entfernung der Apotheke noch geschäftiger in der Krankenpflege, worin sie sich wirklich eine solche Fertigkeit erwarb, daß sie bei jedem äußerlichen oder innerlichen Krankheitsanfall etwas Zweckdienliches zu geben oder vorzuschlagen wußte. Noch jetzt ist in Öschingen die Redensart im Gange: »Die Frau war wie ein Doktor; sie wußte für alles etwas!«

Es war eine schwere Zeit, da gerade in einem der kältesten Winter das überall grassierende Nervenfieber auch in unserm Hause einbrach. Nicht achtend der eigenen Gefahr, pflegte sie eine kranke Freundin. Nach deren Tod erkrankte sie selbst. Tief im Innersten aufbewahrt, bleibt mir ihr liebliches Bild: mit welcher Hingebung sie dalag und wie freundlich sie sich gegen mich äußerte: »Ich bin ganz ruhig, wie's der Herr schickt; sei auch du es!« ...

Solange wie möglich zwang sie sich, außer dem Bett zu sein; denn im Dulden war sie eine Meisterin. Aber bald nahm das Übel so zu, daß sie sich legen mußte. Und von da an blieb sie dann bei einem halben Jahr immer auf einer Stelle liegen, daß sie den kranken Kopf mit dem Arm der noch freien Seite unterstützen mußte. Hatte sie ihr Glaube vorher schon in Lieben und Dulden erwiesen, so sollte er nun durch die heißeste Läuterung noch mehr erprobt werden – das Gold sollte durchs Feuer der Trübsal bewährt werden ... Nur mit Mühe konnte sie etwas weniges zu sich nehmen.

Aber wie dankbar war sie für die kleinste Erfrischung. Dankbarkeit gehörte überhaupt zu den Grundzügen ihres sittlichen Wesens ... Freundlich mich anblickend, tröstete sie mich, wenn es ihr wieder etwas besser ging. Wenn ich sie des Nachts verließ, so drückte sie mir immer noch die Hände mit unbeschreiblicher Lieblichkeit; doch zitterten dabei in ihren Augen Tränen.

Wieviel besser – dachte ich oft im stillen – bist du als ich! Wieweit treuer besorgst du deinen Wirkungskreis als ich den meinigen! Wieviel Schweres mußtest du bloß um meinetwillen tragen!

Ludwig Hofacker – Herold des Evangeliums

Von Ludwig Hofacker (1798-1828), dem Hauptvertreter der württembergischen Erweckungspredigt, geht noch heute eine starke Anziehung aus. In den wenigen Jahren seiner durch Krankheit wiederholt unterbrochenen Arbeit als Vikar seines Vaters an der St. Leonhardskirche in Stuttgart (1823 bis 1825) und Pfarrer der Landgemeinde Rielingshausen (1826 bis 1828) hat er durch seine Verkündigung eine außerordentlich große Wirkung ausgeübt.

»Nur Du! Nur Du!«

Zum Glauben fand Hofacker während seines Theologiestudiums in Tübingen, nachdem er als »Bruder Lustig« ein geselliges – zuweilen auch trinkfestes – Studentenleben geführt hatte:

Ich lebte in dieser Zeit (im Evang. Stift) so mit dem großen Haufen dahin, war auch nicht sehr fleißig, weil ich meistens Studentengedanken im Kopf hatte. So ging's auch in den ersten zwei Jahren, die ich in Tübingen zubrachte. Ich hatte viele Kameraden und war ein Knecht des Zeit- und Studentengeistes. Ich war weit von Gott weggekommen und steckte in greulicher Sündenfinsternis. Ich wandelte in einem beständigen Traum. Die Weisheit dieser Welt, die ich begierig in mich sog, hatte mir den Kopf vollends verrückt. So ging ich elendiglich dahin bis in den Herbst 1818, wo ich die Gottesgelehrtheit studieren sollte.

Schon im Sommer dieses Jahres peinigte mich der Herr oft mit innerer Unruhe über meinen verlorenen Zustand ... Ich dachte aber, ich möchte doch auch etwas finden, worauf ich auch leben und sterben, das ich auch glauben könne ... Um diese Zeit fiel mir eine Schrift in die Hände, die das selige Ende des Hofrats Jung-Stilling, eines treuen Knechtes Christi, beschrieb. Ich dachte, dieser Mann hat etwas gehabt, das er ohne Zweifel glaubte und auf das er seine Seligkeit setzen konnte. Dies machte mich dem Evangelium geneigter ... Nun las ich die Bibel fleißig, aber meine Finsternis war groß. Ich wurde sehr vom Unglauben geplagt. Ich konnte nicht glauben, daß das wahr sei, was in der Bibel steht. Ich betete und seufzte viel zum Heiland ...

Tübingen um 1825

Endlich schenkte mir der Herr durch verschiedene Mittel Frieden. Nach einem langen Flehen vor Jesu war es mir, wie wenn der Herr in seiner gottmenschlichen, sanftmajestätischen Persönlichkeit aus einem Vorhang vor mich hintrat. Ein Meer von himmlischer Lebenskraft durchströmte mich und ein heiliger Schauer durchdrang mein Gebein, daß ich stracks auf mein Antlitz fiel und in überschwenglicher Entzückung vor ihm liegen blieb mit dem Seufzer: »Nur Du! Nur Du!« Nach und nach merkte ich durch Umgang, Gebet und Forschen in der Heiligen Schrift immer deutlicher, auf was es hinauslaufe und daß das Wort von der Versöhnung aus Gnaden ohne Zutun der Werke die Hauptsache sei ...

Nun aber gefiel es Gott, mich einen anderen Weg zu führen, auf daß mir kund würde, was in meinem Herzen ist. Im August 1820 ging ich einmal an einem warmen Tage mittags über die Straße und vergnügte mich inwendig an der Treue des Heilandes, an dessen Hand das Leben alle Tage herrlicher und seliger werde, als ich plötzlich das Bewußtsein verlor und niederstürzte und mit dem Kopf an der scharfen Kante eines Blitzableiters aufschlug... Die Ärzte erklärten die Krankheit für einen Sonnenstich. Ich wurde sehr elend und mußte vier Wochen lang im Bett bleiben. So endete mein Lauf in Tübingen.

»Ich möchte schreien«

Die durchschlagende Kraft seiner Predigt erwuchs aus ihrer verständlichen Darstellung der reformatorisch-pietistischen Botschaft von der Gnade Gottes; sie ist ein »Schrei«:

Man kann nicht populär genug reden, nicht deutlich, ich möchte sagen: nicht platt genug. Was meine Predigten selbst betrifft, so tue ich den Mund so weit auf wie möglich. Das heißt, ich mache keine Brühe um die Wahrheit herum, was ich auch nicht könnte, sondern sie kommt ganz trocken heraus. Ich nehme, so oft es geschehen kann, das Herz in Beschlag. Auf dieses suche ich geradewegs und im Sturmschritt loszugehen und es als eine Festung zu erobern. Mein ganzes Bestreben geht darauf, keilförmig zu arbeiten, d. h. in den Zuhörern in jeglicher Predigt einen Totaleindruck hervorzubringen, ihnen mit aller Kraft einen Keil ins Herz hineinschlagen und sie dann laufen lassen! Daher sind meine Predigten mehr erwecklich als erbaulich, mehr auf das Herz als auf den Verstand meiner Zuhörer berechnet. Ich werde, je länger ich predige, desto einfacher.

Meine Sache ist's, einen Eklat zu machen, ein Geräusch und Aufsehen. Ich möchte schreien, daß man's vom Südpol bis zum Nordpol hörte: »Jesus nimmt die Sünder an.« Ich rufe, ich schreie, ich posaune es: »O Seelen, hierher, hierher, verstockte Herzen! Betet, eilet zum Lamme Gottes hin! Christus muß in das Herz, in das Herz, sage ich. So kommt doch, ihr abgematteten Seelen. Fliehet, fliehet auf den Hügel Golgatha. Werdet um Gottes willen Kinder, wie der Heiland befohlen hat. Laßt euch Leben und Gnade zuströmen aus Jesu tiefen Wunden.«

»Ich weiß nichts als Christum den Gekreuzigten«

In mannigfaltiger Variation umkreist Hofackers Verkündigung ausschließlich das Grundthema von »Sünde und Gnade in christozentrischer Zuspitzung« (Martin Schmidt) und gipfelt schließlich im Aufruf zum »Glaubenssprung«:

»Wo die Sünde mächtig geworden ist ...«

Ihr Ehebrecher, hört's; ihr Trunkenbolde, hört's; ihr Diebe, ihr Fresser, ihr Flucher, ihr losen, ihr gottlosen Leute. Bedenkt es doch, wie weit wir von Gott weggekommen sind durch die Sünde. Der eine macht dies, der andere das zu seinem Götzen; der eine sucht die Freude seines Herzens an seinen Feldern und Gütern, der andere an seinem Gelde, ein dritter an seinem Gewerbe, ein vierter liebt sein Weib, ein fünfter seine Kinder mehr als Gott und den Heiland, ein sechster hat seine Freude am Fressen und Saufen, und gewöhnlich hat ein Mensch nicht bloß einen Götzen, sondern zehn und hundert und noch mehr. Verfluchte nennt Jesus Christus diese; in das ewige Feuer weist er sie, das dem Teufel und seinen Engeln bereitet ist. Dies ist das Endurteil; bei diesem Urteil hat es sein ewiges Verbleiben. O, laßt uns das wohl bedenken! Jetzt leben wir noch in der Gnadenzeit, in der Bußzeit. Dann aber, wenn der Tag des Herrn erscheint, ist es vorbei, auf ewig vorbei ...

O liebe Zuhörer, wie bejammernswürdig sind doch wir armen Menschen, daß wir sterben müssen! Denn was heißt sterben? Geht hin auf einen Gottesacker und seht da die schreckliche Gewalt des Todes. Nach fünfzig Jahren wird es mit den meisten von uns ganz anders sein. Da wird diese Hand, die ich hier ausstrecke, schon lange verfault sein ... Solche Verwüstung richtet der Tod an. Ist es nicht schrecklich, daß dieser Leib soll vergehen, soll verwesen, soll ein stinkendes Aas werden? O gewiß, das ist eine schreckliche Macht des Todes.

»... da ist Gottes Gnade noch mächtiger«

Einer Seele aber, die den Heiland lauter sucht, einem armen Herzen, das nichts, gar nichts mehr aufzuweisen hat von eigener Gerechtigkeit, das sich ganz unter die Verdammung des Gesetzes gebeugt hat und an keiner Ecke mehr seine Blöße decken kann oder will, dem offenbart sich Jesus, und zwar zu derselben Stunde, wo das Herz in diese Niedrigkeit herabsank. Dann ist Christi Gerechtigkeit durch den Glauben an ihn unsere Gerechtigkeit; dann ist's gerade, wie wenn an uns die Sünde abgestraft worden wäre. O süßes Evangelium! O herrliche Erlösung!

Jesu große Herrlichkeit ist sein Leiden, seine Todes- und Kreuzesgestalt. Denn so hoch ist Jesus nirgends als am Kreuze. Er blickt uns aus Seinem Todesleiden heraus an und spricht: Hast du mich dennoch nicht lieb, ob ich gleich solches für dich gelitten habe. Tritt näher hinzu, Seele, betrachte und beschaue ihn recht. Aus seinen Nägelwunden fließt sein Blut über seinen heiligen Leib hinunter und fällt in großen Tropfen auf die Erde. Sein Angesicht ist mit Blut überdeckt; sein Rücken ist zerfleischt von den Geißelhieben. So ist er am anbetungswürdigsten an dem Kreuz, in seinen Wunden. Wer das recht bedenkt und glaubt, der kann nicht anders, er muß in rechtes Staunen über diese Erniedrigung des eingeborenen Sohnes vom Vater hineinversinken ...

O die Herrlichkeit des Königs Jesus Christus war sehr verborgen und verhüllt; äußerlich nichts als Schande, nichts als Elend und Jammer, nichts als Spott und Schmach. Und doch von innen – welche Herrlichkeit, welche Sanftmut, welche Liebe, welche Geduld, welch ein Herz, ja ein für das Heil der Sünder durchstoßenes Herz, ein Hirtenherz, das alles daransetzt, um seine Schafe zu retten! O es ist kein Wunder, wenn ein armer Sünder sich im Geist unter sein Kreuz, zu seinen Füßen niedersetzt und spricht: Hier will ich bleiben, mein Hirte, verachte und verstoße mich nicht; den Saum deines Kleides will ich küssen; an deinen Augen soll mein Blick hängen mein Leben lang ...

Wenn die Gerechten in den tiefen Ewigkeiten ihre Lobgesänge vor Gottes Thron bringen werden, so wird doch das, was nach dem Ablauf von tausend Ewigkeiten ihm gesungen wird, nicht mehr, nicht höher, nicht tiefer sein als der Name Jesus. Es ist der Name Jesus ein unaussprechlicher, ein unerschöpflicher, ein unausdenklicher, ein unausfühlbarer Name. Er ist eine ausgeschüttete Salbe voll köstlichen Wohlgeruchs für arme, für elende, für in sich verlorene Sünder, für Leute, die den Höllengestank der Sünde lange genug eingeatmet haben. Es ist Lebensduft in diesem Namen, himmlischer Lebensduft. Jesus heißt unser Gott und Heiland, Hallelujah ...

»Wagen muß man«

Nun was dünkt euch, liebe Zuhörer? Wer hat den Mut, sich einschreiben zu lassen unter die Zahl der Lebendigen, unter die Glieder der Braut des Lammes, um eingereiht zu werden in den Orden der Kämpfer und Streiter Jesu Christi? ...

Was ist zu machen, liebe Zuhörer? Wir wollen doch alle selig werden, nicht wahr? Heraus aus dem Lumpenzeug der eigenen Gerechtigkeit und als Sünder in die freie Gnade hineinspringen! Wagen muß man; wagen muß man seine Seligkeit, d. h. dem Heiland sich unbedingt auf lautere Gnade hin, ohne alles eigene Recht anvertrauen. Hier ist ein Meer von Liebe und Erbarmung. Wer wagt es, in dieses Meer hineinzuspringen? Wer ist so keck? ...

Mit diesem Sprung in die freie Gnade ist der Glaube nach seinem innersten Kern vollendet. Denn sobald ein Mensch keine eigene Gerechtigkeit mehr aufweist, so ist er dem Gesetz gestorben, und die Gerechtigkeit wird ihm zuteil. Von nun an steht einem solchen armen Sünder das Meer der Erbarmungen Gottes offen; er ist ein Kind Gottes, geboren für den Tag der Ewigkeit, ein Mensch Gottes, dem seine Beilage nicht mehr genommen wird, wenn er sie nicht wieder vergeudet und verschleudert ... Wer hierüber nachdenkt, der muß von Stein sein, wenn es in ihm nicht eine Neigung erweckt, den zu lieben, der ihn zuerst geliebt hat. Man kann es eigentlich den Menschen nicht begreiflich machen, was in dem Namen Jesu liegt. Es muß geglaubt, erfahren, gefühlt werden.

»Einen solchen Hohenpriester«

Von einem Gottesdienst in Rielingshausen, wohin Sonntag für Sonntag aus einem Umkreis von 50 Kilometern Massen von Besuchern strömten, berichtet Hofackers Biograph, Albert Knapp:

Gleich beim Eintritt in die – 800 Plätze fassende – Kirche ergriff mich die ernste Sammlung der dichtgedrängten, harrenden Gemeinde, und vor den geöffneten Türen sah man, so weit etwa die Stimme des Predigers reichen mochte, noch zahlreiche Volksmassen sich scharen – selbst Obstleitern wurden herbeigeschafft und an die Mauern der Kirche gelehnt, um durch die geöffneten Fenster die Predigt zu hören. Der Gesang wogte feierlich durch die Versammlung hin, sanft und andachtsvoll; man fühlte es, die Leute wußten, warum sie gekommen waren. Hofacker betrat die Kanzel – ein ernster, leidender Zug ging durch sein edles Angesicht, dem man die Trübsalsprobe wohl ansah. Es lag eine Inbrunst, ein hinreißendes Feuer der Wahrhaftigkeit und einer seligen Lebenserfahrung in seinem Zeugnis. Sein Feuer ermüdete nicht bis zum Schluß, und wahrlich, er hatte in diesem einzigen Vortrag, dessen einzelne, höchst originelle Nuancen in dem

Druck nicht wiederzugeben waren, mehr gesagt als mancher andere wohl in einem Jahre oder sein ganzes Leben lang.

Marbach am Neckar um 1664

Ich erinnere mich hierbei noch, wie er den Hauptsatz: »Einen solchen Hohenpriester müssen wir haben!« zuerst den Gegenüberstehenden gewaltig zurief – dann wandte er sich feierlich, nach einer Pause, zu denen zur linken Hand und wiederholte voll mächtigen Nachdrucks dasselbe Wort – hierauf ebenso zu denen zur Rechten, so daß es einem ganz fühlbar ward: Diese Leute sagen innerlich alle: »Ja und Amen« – denn sie müssen es sagen! ... Sichtbar erschöpft verließ er die Kanzel. Ein inniger Segen des gehörten Wortes, aber auch ein schmerzliches Gefühl meines Sündenelends und meiner Schwachheit im Glauben begleiteten mich aus der Kirche. Nie wird mir jene Predigt entschwinden; ich weiß sie nach 32 Jahren beinahe noch auswendig, denn sie war im edelsten Sinne des Wortes eine Tat, und wenn ich irgendwo recht unmittelbar empfunden habe, daß das Reich Gottes nicht in Worten, sondern in Beweisung des Geistes und der Kraft steht, so habe ich's dort empfunden.

Albert Knapp – der »Klopstock des 19. Jahrhunderts«

Ihre profilierteste Gestalt besitzt die württembergische Kirchenlieddichtung des 19. Jahrhunderts im Stuttgarter Pfarrer Albert Knapp (1798-1864). Verdient gemacht hat er sich nicht nur mit über 1.200 verfaßten Gedichten und Liedern, sondern auch als Schriftsteller und bedeutender Hymnologe.

»Den Anfang eines ganz neuen Lebens«

erlebte Knapp zu Beginn seines Vikariats im November 1820. Anlaß dazu gab sein Freund Ludwig Hofacker, den er wenige Wochen zuvor an seinem Krankenbett besuchte:

Hofacker hatte einen Verband um sein Haupt, und obenan saß die wachsame Mutter. Nicht ohne einen inneren Kampf hatte ich diesen Besuch gewagt und mich daher mit den vermeintlich besten, kräftigsten Waffen darauf gerüstet, nämlich mit jener prächtigen Darstellung Jean Pauls, worin er das Bild Herders uns vor Augen legt. Ich grüßte den alten Freund und las ihm mit großer Begeisterung daraus vor, gewiß hoffend, daß die genialen Jean-Paul-Blitze dieses edle, wiewohl pietistische Herz ganz gewiß ergreifen müßten. Allein, wie groß war mein Erstaunen, als Hofacker mit liebevoll umflortem Blick mich ansah und langsam sprach: »Lieber Freund, das alles wäre ganz schön und erhaben, wenn Herder nur nicht ein armer Sünder gewesen wäre!«

»Ach, Hofacker«, rief ich aus, »wie magst du so kühl und prosaisch herausreden!«

»Kommen Sie, Herr Magister«, rief die Mutter begütigend dazwischen, »geben Sie meinem Sohn jetzt etwas, das uns besser bekommt als der geniale Herder!«

»Was soll ich denn lesen?« fragte ich.

»Nun denn«, sagte die Mutter, »lesen Sie uns etwas aus der Offenbarung des Johannes vor!«

Mit dem tiefsten Widerwillen hörte ich dieses Wort an, denn ich wußte von dem genannten Buch bisher kaum viel mehr, als daß ein Drache darin vorkomme, der ein unschuldiges Kind fressen wolle. So nahm ich denn die Bibel und las vom Anfang an weiter hinein: »Gnade sei mit euch und Friede von dem, der ... uns geliebt hat und gewaschen von unsern Sünden mit seinem Blut (Kap. 1, 4.5)... Weiter vermochte ich nicht zu lesen. Mir war's, als drängen heilige Posaunenstimmen des Himmels in mein Ohr. Die Tränen fielen mir aus den Augen, und ohne weitere Entschuldigung ging ich von dannen, getroffen vom Blitz der Majestät Jesu Christi ... Hofacker rief mir sanft ein Lebewohl nach, und Gott gebe, daß es mir ein ewiges Wohl in Ihm bedeute.

Einige Wochen später verließ ich dann am 7. November die Universität, von einer ziemlichen Anzahl meiner Jugendgenossen in mehreren Wagen bis nach Echterdingen begleitet, wo das alte Burschentum noch zum letztenmal in heiterem, aber gedämpftem Feuer auflöderte, worauf ich einsam vollends gen Feuerbach in der Nacht fuhr ...

Die ersten vierzehn Tage meiner Vikariatszeit in Feuerbach verflossen mir unter Empfindungen, die ich keinem Menschen beschreiben kann. Einerseits empfand ich in meinem Innern eine ungeheure Leere – andererseits sollte ich nun doch predigen und eine Gemeinde von mehr als 2000 unsterblichen Seelen mit Gottes Wort erbauen. Hier halfen mir alle meine philosophischen Phantasmen und poetischen Flüge keinen Zollbreit vom Fleck, und ich merkte wohl, daß ein Prediger, der ohne eine innere Lebensquelle zu der Gemeinde redet, nur als ein jämmerlicher Strohmann auf der Kanzel steht.

Wie verzweifelt griff ich in meiner bankrotten Herzenswirtschaft umher – eine Predigt über Gottes Wort galt es vor einfachen, heilverlangenden Seelen zu halten, und dazu fehlte mir der Geist: wie dem wilden Waldvogel der melodische Gesang.

Wer hätte mir aus diesem finsteren Labyrinth herauszuhelfen vermocht? In Wahrheit keine Kreatur, ich selbst am wenigsten. Da streckte der Hirt und Bischof unsrer Seelen seine mitleidige Hand nach mir aus und schenkte mir an einem stillen Vormittage durch einen Brief meines Freundes Ludwig Hofacker und durch ein Büchlein des sel. Martin Boos (1762 bis 1825), welches er für mich beigelegt, einen Blick sowohl in mein eigenes Verderben als auch in Seine mit keinem Wort genugsam zu preisende Huld und Majestät – einen Blick, der für mich der Anfang eines ganz neuen Lebens ward. Mein vergangenes Leben erschien mir augenblicklich als ein finsterer Traum, und jener Vormittag, da ich meinen König und Heiland zum ersten Mal im Staub weinend und lobpreisend anbetete, als der lichte Ausgangspunkt eines neuen, unvergänglichen Lebens, dessen Wurzeln in Seinem Herzen und in Seinen Todeswunden liegen...

Die Herzensänderung konnte der Gemeinde nicht verborgen bleiben; denn ich fing an, in einer ganz neuen Weise zu predigen. Die erste Freude und Liebe des jungen Predigers drang auch der Gemeinde zu Herzen, so daß sie sich mit Heilsbegierde sehr zahlreich im Hause Gottes versammelte, wenn der Sonntag erschien, und niemand, der Füße hatte, zu Hause blieb.

Evangelischer Liederschatz

1837 erschien Knapps Hauptwerk: »Evangelischer Liederschatz für Kirche und Haus. Eine Sammlung geistlicher Lieder aus allen christlichen Jahrhunderten«:

Wie so vielen anderen seiner Amtskollegen, ging auch ihm die damalige Gesangbuchsnot der evangelischen Landeskirchen tief zu Herzen, und er hielt eine Verbesserung der durch die Willkür und Geschmacklosigkeit der Aufklärung verunstalteten Gesangbücher, besonders im Interesse der Gemeinden, die an denselben nächst der Bibel am meisten sich zu erbauen pflegen, für ein unabweisbares Bedürfnis. So reifte in ihm der Plan, als Vorarbeit für eine Gesangbuchreform den Versuch einer umfassenden Sammlung geistlicher Gesänge zu wagen, die es der Kirche tatsächlich vor Augen legen sollte, was sie an guten Liedern besitze. Jahrelang sammelte er, was er nur immer an Quellen auftreiben konnte. Ganze Waschkörbe voll alter und neuer Liedersammlungen hatte er oft zu durchforschen. Aus einer Summe von 80.000 Liedern wählte er 3.590 aus. Manches wertvolle, längst verschollene Lied hat erst er wieder neu entdeckt.

Bei seiner Auswahl schwebte ihm das doppelte Ziel vor: einmal den evangelischen Christen Deutschlands einen reichen Vorrat der besten christlichen Lieder zu persönlicher und häuslicher Erbauung vorzulegen und sodann den künftigen Bearbeitern kirchlicher Gesangbücher eine möglichst umfassende Fundgrube der besten Kirchengesänge darzubieten.

Mit begeisternden Worten leitet er das Werk ein:

Jedenfalls leuchtet ein, daß ein Kirchenlied nicht bloß den zufälligen Sinn und Willen eines einzelnen aussprechen, sondern eine Stimme der gesamten Kirche sein muß – jenes Christenvereins, der sich einmütiglich erbaut auf dem Grund der Apostel und Propheten, daran Jesus Christus der Eckstein ist. Willkürlichkeit in Glaubensansicht, Gefühl und Willensbestimmung ist dem Kirchenlied von vornherein und mit seinem Charakter wie mit seiner Bestimmung durchaus unvereinbar, sowohl was den Gehalt selbst als auch was die Form betrifft.

Was ein Kirchenlied sein soll, das muß jeder evangelische Christ glauben, fühlen, hoffen, wollen und verstehen können; das darf die geistliche Bildungsstufe der Kirche weder übersteigen wollen noch unter derselben stehenbleiben; das muß daher den Charakter der wahren Religion, das heißt der heiligen Gebundenheit an den geoffenbarten, lebendigen Gott an sich tragen und die Sprache seines Volkes reden ... Das christliche Kirchenlied in seiner echten Gestalt ist der dichterische Lapidarstil des Heiligen Geistes, durch welchen die Gemeinde mit Gott redet und er mit ihr. Das schönste Vorbild gibt hierzu die Bibel, dieser Schatz heiliger Körner, aus denen lauter Leben und Ernten himmlischer Freude sprossen ...

»Eines wünsch' ich mir«

Knapps bekanntestes Lied, das auch im Liederschatz Aufnahme fand, entstand 1823 während seines Vikariats:

Dieses Lied verfaßte ich meinem Freund Wilhelm Gruner, einem Sachsen aus Saalfeld, der es für die Konfirmation der Tochter eines Schlossermeisters in Stuttgart von mir begehrte. Ich hatte mit dem nun heimgegangenen Freund eine stille Gebetsgemeinschaft, und er wußte um meine gesetzlichen Seelenkämpfe, die mich mehrere Male dermaßen in Verzweiflung brachten, daß ich trotz aller Gebete und Bemühungen tagelang nicht drei Linien einer Predigt zustande brachte, weil ich den geistlichen Bann und Eigensinn in mir trug, kein Wort predigen zu wollen, das ich nicht in der Freude des Heiligen Geistes empfangen hätte.

Da kam es einmal, daß ich nach einer halb durchweinten Nacht morgens noch kein Thema zur Predigt wußte und mich in äußerster Seelenangst langhin vor Gott auf den Boden legte, bis Gruner kam, der dann mit mir zu Christus seufzte und mit mir zur Kirche ging, wo ich ganz in der Todesangst und aus dem Stegreif predigte. Unter solchen Beängstigungen wurde auch das Lied geboren. Ist etwas Gutes daran, so ist's wahrhaftig nicht mein Verdienst; denn ich sprach darin nicht aus, was ich im Gefühl genoß, sondern was ich in äußerster Verlassenheit von Gott wünschte:

Eines wünsch ich mir vor allem andern,
eine Speise früh und spät,
selig läßt's im Tränental sich wandern,
wenn dies eine mit uns geht:
unverrückt auf einen Mann zu schauen,
der mit blutgem Schweiß und Todesgrauen
auf sein Antlitz niedersank
und den Kelch des Vaters trank.

Ja, mein Jesu, laß mich nie vergessen
meine Schuld und deine Huld.
Als ich in der Finsternis gesessen,
trugest du mit mir Geduld,
hattest längst nach deinem Schaf getrachtet,
eh es auf des Hirten Ruf geachtet,
und mit teurem Lösegeld
mich erkauft von dieser Welt.

Ewig soll er mir vor Augen stehen,
wie er als ein stilles Lamm
dort so blutig und so bleich zu sehen,
hängend an des Kreuzes Stamm,
wie er dürstend rang um meine Seele,
daß sie ihm zu seinem Lohn nicht fehle,
und dann auch an mich gedacht,
als er rief: »Es ist vollbracht!«

Ich bin dein, sprich du darauf ein Amen!
Treuster Jesu, du bist mein.
Drücke deinen süßen Jesusnamen
brennend in mein Herz hinein.
Mit dir alles tun und alles lassen,
in dir leben und in dir erblassen,
das sei bis zur letzten Stund
unser Wandel, unser Bund.

Christian Gottlob Barth – der Jugend- und Missionsfreund

Zu den markanten Gestalten der württembergischen Erweckungsbewegung zählt auch Christian Gottlob Barth (1799-1862). Geprägt von der »Reich-Gottes-Theologie« trat er in vielfältiger Weise in Erscheinung: als Pfarrer der Gemeinde Möttlingen (1824-1838), als Förderer der Inneren und Äußeren Mission, als Volks- und Jugendschriftsteller, als Gründer des Calwer Verlags (1833), als Prediger und Liederdichter sowie auch als Förderer der Naturwissenschaften.

Über seine Kindheit und Jugend in Stuttgart, die in auffallender Weise sein späteres Wirken vorzeichnen, erzählt er:

»Wie eine junge Amsel«

Wie eine junge Amsel bin ich unter viel Gesang aufgewachsen. Mein Vater war ein großer Freund des Gesangs und spielte die Zither, die Flöte, die Harfe und das Klavier. Meine Mutter hatte eine schöne Stimme. In unserem Haus wurde viel gesungen, aber nur christliche Lieder; und von manchen derselben, wie »Auf, du priesterliches Geschlechte«, »Saft vom Felsen«, »Wer will ein Jünger Jesu sein« usw. klingen mir die Melodien immer noch in den Ohren, daß ich sie vorsingen und nach dem Gehör auf dem Klavier spielen kann, ob ich sie gleich nie auf Noten sah und seit dreißig Jahren nicht mehr singen hörte. Zuweilen geschah es, daß wir am späten Sommerabend, wenn die Eltern ausgegangen waren, bei unseren Nachbarn umhergingen und ihnen Lieder vorsangen, was ihnen viel Freude zu machen schien und uns manches kleine Geschenk eintrug. Das einzige musikalische Instrument, mit dem wir den Gesang begleiteten, war eine Art Tamburin, ein breiter Reif, mit Trommelfell überzogen, der zu einem Farbsieb gehörte.

Noch ehe ich selbst Klavierspielen lernte und ein brauchbares Instrument bekam, ging ich zuweilen zu einem Nachbarn, der ein altes Klavier in einer ungebrauchten Küche stehen hatte. Ich stellte mich an dasselbe, sang ein Lied und spielte dazu mit willkürlichen Griffen; und da meine Stimme die leisen Töne des Klaviers weit übertönte, merkte ich die Disharmonie nicht und wunderte mich, daß ich so gut spielen konnte, da ich doch noch nichts gelernt hatte.

»Eine Aufmunterung für die Seele«

Noch auffallender ist in dieser Hinsicht ein seltsamer Einfall in meinen Kinderjahren, der in mein zehntes Jahr fällt. Ich kam auf den Gedanken, eine kleine Sammlung biblischer Geschichten zu schreiben und die Bilder selbst dazu zu zeichnen. Das Format des Büchleins war sehr klein (Sedez). Der Titel lautete: »Eine Aufmunterung für die Seele. Erste Auflage. Verkaufspreis 1 Groschen. Im Jahr Christi 1809.« Auf der Rückseite stand das Motto: »Setzer, setz es in Fraktur: JESUS IST MEIN ALLES NUR.« Die Vorrede lautete also: »Dieses Büchlein heiße ich eine Aufmunterung der Seele, weil ich darin beschreibe den Lebenslauf der Alten. Dieses Büchlein, lieber christlicher Leser, lies mit Bedacht und denke darauf, wie du dem Exempel dieser alten Väter nachkommen mögest.«

Es standen in dem Büchlein die kurzen Lebensbeschreibungen der Patriarchen bis auf Mose; und bei den wichtigsten Geschichten stand ein Bild – mit der Feder gezeichnet. Von dieser kleinen biblischen Geschichte, die nur wenige Blätter enthielt, schrieb ich zwanzig Exemplare und zeichnete in jedes die Bilder hinein wie ein alter Benediktinermönch in seinem Kloster, nur nicht so schön. Die meisten dieser Büchlein wurden an meine Mitschüler verschenkt. Wer hätte damals daran gedacht, daß ich 23 Jahre später eine biblische Geschichte mit Bildern herausgeben würde!

Seine nie abnehmende Arbeit hatte Barth unter das Motto gestellt: »Ich hasse die Ruhe«.

Auf der Kanzel

Barths Persönlichkeit hatte etwas so Durchgreifendes, im Innersten Anregendes und Packendes, daß er – überall wo er hinkam und seine Tätigkeit entfaltete – die Leute aufrüttelte und in Bewegung setzte. Er ging gleichsam zu jedem einzelnen hin, faßte ihn am Arm, schüttelte ihn und rief: »Auf, auf! Raus, raus! Vorwärts Marsch!« Dieser Art waren vor allem seine Predigten beschaffen. Wenn er auf die Kanzel trat und anfing, so war seine Stimme meist zuerst gehalten und gedämpft, so daß für manche Zuhörer der Kanzelgruß und wohl auch noch der Anfang des Gebets inmitten des unvermeidlichen Hustens, Räusperns und Schneuzens, wie es in vielen Gemeinden üblich ist, fast unverständlich war. Auch die Predigt begann fast immer ruhig und gemessen. Aber dann pflegte er schon das Thema so zu stellen, daß es zum Nachdenken herausforderte, ja sich manchmal wie ein Rätsel ausnahm, auf dessen Lösung man begierig war. Und dann kam die Entwicklung. Immer voller, rascher, gedankenreicher floß der Strom der Rede dahin: Ein schlagender, den Nagel auf den Kopf treffender Vergleich drängte den anderen; die Sprache wurde immer lebendiger, hinreißender, herzandringender und blühte oft in wunderbarer Schönheit herrlich empor, bis dann am Schluß nicht bloß er selbst – wie er einmal sagte – am ganzen Körper zitterte, sondern auch seine Möttlinger Gemeinde beim Amen in tiefster Bewegung sich erhob ...

Dabei bekamen seine Predigten noch eine besonders feierliche Weihe durch das ernste Bewußtsein, dem er immer wieder Ausdruck verlieh: »Kindlein, es ist die letzte Stunde.«

Überhaupt war für Barth das Leben und Weben im Gedanken an die kommenden letzten Dinge ein Stachel und Antrieb, seine Stimme mächtig zu erheben – gleich einer Posaune –, und alle Kräfte, all seine Zeit anzustrengen, um zu retten, was sich noch retten lassen wollte, und das Evangelium zu predigen zur Zeit und zur Unzeit, ehe durch gottfeindliche Mächte – wie er meinte – die Kirchen geschlossen und verödet würden.

Barth war auch weit über seine Gemeinde hinaus als Prediger begehrt. Oft pilgerte er während seiner Calwer Zeit (1838-1862) in der Morgenfrühe des Sonntags nach Stammheim, wo er 1827 eine »Kinderrettungsanstalt« mitbegründet hatte, oder nach andernorts, um dort die Predigt zu halten. Und was für ein Wallfahrten – namentlich an schönen Sonntagen – setzte dann ein: von den benachbarten Ortschaften und Weilern, aus den Tälern und Höhen kamen die heilsbegierigen Menschen gelaufen. Da geschah's manchmal, daß der Raum die Leute nicht fassen konnte, daß manche im Freien vor den Kirchentüren standen und horchten.

Der Kinder- und Jugendfreund

Barths besonderes Interesse galt den »Kleinen«, der Kinder- und Jugendwelt. So stand das Möttlinger Pfarrhaus ganz besonders für diese offen: Am Sonntagabend kamen die Kinder, deren sich Barth, obwohl er jedesmal an diesem Tag schon drei Predigten gehalten hatte, doch immer mit der größten Herzlichkeit annahm. Daher hingen aber auch alle mit inniger Liebe an ihm, und noch bis in ihr spätes Alter dankten sie ihm für das, was er ihnen in den Kinderstunden gesagt hatte. An einem andern Abend kamen die konfirmierten Mädchen und brachten ihre Kunkeln mit. Da wurden dann Abschnitte aus der Bibel gelesen, schöne Lieder gesungen, biblische Rätsel aufgegeben und auch sonst über manches geredet, was lieblich ist und wohllautet. Wenn dann das Gespräch auf die himmlische Stadt Gottes kam, so konnte er darüber so anschaulich reden, als wäre er selber dort gewesen.

Nicht leicht geriet bei irgendeiner Gelegenheit sein eigen Herz so sehr ins Wallen und Wogen der Liebe wie bei der Konfirmation. Da war er ein Hirte, dem das Herz brechen will vor Liebe und Erbarmen gegenüber den Schafen. Sein Schlußgebet in der letzten Unterrichtsstunde vor der Konfirmation ging allen Kindern durch Mark und Bein. Am Schluß einer solchen Stunde sagte er einmal: »Kinder, ihr wollt morgen euern Taufbund erneuern. Was habt ihr nun vor? Meint ihr's auch redlich?« Er konnte aber vor Tränen nicht weiterreden, verbarg sein Angesicht am Ofenschirm und winkte den Kindern, sie sollten nach Hause gehen. Bei der Konfirmation selbst redete er auch den Alten mächtig ans Herz. Einmal rief er zur Empore hinauf: »Ihr alten grauen Sünder dort oben, ihr seid auch einmal hier gestanden!« Beim Schlußgebet rief er dann: »Herr Jesu, mir bricht das Herz beim Anblick dieser Schäflein, die hier vor dir liegen und nun hinauskommen in die Welt, wo der Wolf ihnen nachstellt – wie wird es denn sein!«

Barth erwies sich auch in seiner Schriftstellerei als Freund der Kinder. Damals wuchs noch gar wenig im Büchergarten für die Jugend und Kinder, und unter dem wenigen waren viel Dornen und Disteln, und auch den hübschen Blumen fehlte fast durchaus der edle Duft, der zarte Schmelz, nämlich die Weihe des vollen evangelischen Christenglaubens. Da machte Barth sich auf und schrieb seine »Erzählungen für Christenkinder«, die so voll sind von heiligem Ernst wie von köstlichem Humor, und führte jeweils auf Weihnachten und Ostern hin seinen Lesern ein anderes Exempel christlicher Lehre, Warnung, Vermahnung und Tröstung vor die Augen. Dazu fügte er dann die periodisch erscheinenden »Jugendblätter«, die zum Unterhaltenden auch das Belehrende bieten. Hinzu traten schließlich auch zahlreiche Schulbücher.

Seine bekanntesten Kinderschriften sind der »Arme Heinrich« (1828), eine rührende Erzählung über einen Waisenknaben, und vor allem die »Zweimal 52 biblischen Geschichten« (1832), die in ihrem einfachen kindlichen Ton den Kindern die Wahrheiten der alt- und neutestamentlichen Geschichten so tief zu Gemüte führen, daß sie selbst auch von den Erwachsenen gelesen wurden. Die Kinder hatten ihre große Freude daran. Bis 1945 haben sie 483 (!) Auflagen und 80 (!) Übersetzungen erlebt.

Titelblatt der zweimal 52 Biblischen Geschichten

Bahnbrecher der Mission

Unter denen, die in Württemberg, ja in Deutschland dem Missionsgedanken die Bahn gebrochen haben, steht Barths Name obenan. Im Jahre 1828 begann er mit der Herausgabe des »Calwer Missionsblattes«, durch das er die Missionssache allen bekannt, lieb und wert machen wollte. Damit trat er nicht nur mit dem Leser in enge Verbindung, sondern auch mit der weltweiten Mission, die damals von Deutschland aus besonders von der Basler Mission betrieben wurde, deren wichtigster Förderer er wurde; ja man nannte ihn sogar den »heimlichen Inspektor« dieses Werks.

Dazu kam eine ständig anwachsende Korrespondenz, die ihn gleichsam nach allen Himmelsgegenden führte: Er besprach sich darin mit Freunden und Bekannten über den »Stand der Reich-Gottes-Sache« und unterstützte damit Missionare in Afrika und Labrador, in China, Indien und Australien. Jährlich hatte er etwa 1.300 (!) Briefe zu schreiben; in zwei Tagen erhielt er so viele Briefe, daß das Porto zusammen 13 Gulden betrug.

Zum Wohl der Mission diente auch Barths reiche naturkundliche Sammlung, die sich dem Kontakt mit den Missionaren verdankt. Die Sammlung umfaßte alle erdenklichen Länder und alle möglichen Objekte: vom afrikanischen Fetisch, von der Keule oder dem Wurfspeer des Südsee-Insulaners an bis zu den feinsten Erzeugnissen der uralten chinesischen und indischen Kultur. Schon der Geruch, der den Eintretenden in Barths Haus in Calw umfing, mußte ihn feierlich stimmen, so ganz ahnungsvoll überseeisch, wie lauter Sandelholz. Und wie aufregend war's, wenn Kisten aus Afrika oder Indien ankamen, vollgefüllt mit schönsten Fellen von Affen, Löwen oder Leoparden, oder aus Labrador mit Fellen von Seehunden und Walrossen. Die Sammlung hätte noch viel großartiger sein können, hätte Barth nicht die schönsten Exemplare, hauptsächlich aus dem Tierreich, den Naturalienkabinetten in Stuttgart, Tübingen, München und Berlin verschenkt, wo der Besucher manches Exemplar mit Dr. Barths Namen bezeichnet finden konnte.

Voll war sein Haus nicht nur mit diesen kostbaren Gegenständen, sondern auch stets mit Gästen, die ihn in Möttlingen oder Calw in seiner Junggesellenwohnung – Barth blieb zeitlebens unverheiratet, weil er für die Ehe keine Zeit hatte – aufsuchten, die eine vielbevölkerte Wallfahrtsstätte wurde. Welch eine aufopfernde Liebe brachte er seinen Gästen aus aller Herren Ländern und ihren zahllosen Missionaren entgegen! Immer öffnete er dabei seine Vorratskammer. Zuweilen gab es da zu verzehren: Renntierzungen aus Labrador, Feigen von Smyrna, Datteln von Kairo, Mandeln aus Jerusalem, Wein vom Libanon oder vom Kap der Guten Hoffnung, Kaffee aus Arabien und Zigarren aus Havanna – dies alles bekam er von dankbaren Missionaren zugesandt.

Im Einsatz für die Mission war der geschäftige Barth aber auch auf den Missionsfesten. Bald war es so, daß man sich in Württemberg und in der Nachbarschaft kaum ein bedeutendes Missionsfest denken konnte, ohne daß Barth dabei war. Seine Reden bildeten dabei immer den Hauptanziehungspunkt, und wenn man sicher sein wollte, daß die Leute auch bei solchen Festen, die sich in die Länge zogen, aushielten bis zuletzt, so durfte man Barth erst gegen Schluß auftreten lassen. Wenn er begann, so hob sich da und dort manches Haupt empor, das schon schlummermüde auf die Brust niedergesunken war. Hier war Barth nun in seinem Element; seine reiche Belesenheit in der Missionsliteratur und seine Missionskorrespondenz lieferten den schönsten Stoff; seine geistvolle Originalität sorgte dafür, daß dieser Stoff in anziehender Weise dargeboten wurde.

Überhaupt lebte und webte er in der Mission, und die Uhr in seinem Wohnzimmer mit ihren fünf Uhrtafeln, welche außer der Calwer Zeit auch noch anzeigten, welche Zeit es in Jerusalem, in Peking, Kalkutta und auf Tahiti šei, ist das beste Sinnbild davon, wie er im Geist mit den Missionaren lebte, fühlte und betete, die draußen in fernen Ländern am Bau des göttlichen Reichs arbeiteten. Treffend hat ihn auch ein Zeitgenosse charakterisiert als »einen edlen Eremiten, der von seiner einsamen Zelle aus die ganze Welt mit den Armen seiner missionarischen Liebe umspannte und unablässig – wie wohl nie ein Regent, Diplomat oder Botschafter – mit den Völkern aller Erdteile göttliche Reichsdepeschen wechselte.«

»Reisender in Sachen Gottes«

Für die Anliegen der Mission und des Calwer Verlags, dessen Geschäftsführer er bis zu seinem Tode war, befand er sich stets auf Reisen, die ihn sogar bis nach Ungarn, England und Schottland führten. Dies geschah – in früherer Zeit – zu Fuß oder – in späteren Jahren – per Kutsche, die dann morgens früh, oft lange vor Tagesanbruch, pünktlich vor dem Haus stand. Waren die Geschäfte dringend, so kam es ihm nicht darauf an, auch im Wagen noch eine Korrektur zu lesen; jedenfalls durften auch in der Kutsche der Tabaksbeutel und die lange Pfeife nicht fehlen ...

In jedem Jahr war der Besuch der Basler Missionsfeste der Höhepunkt all seines Reisens. Mehr als 30 Jahre ist er ein regelmäßiger Festgast in Basel gewesen. Da erfrischte er sich und wurde erfrischt, erfreute sich und wurde erfreut. Mit welchem Jubel begrüßten die Missionskinder den wohlbekannten Kinderfreund, wenn er sich dort ihrem Hause näherte. Und wenn auch des Kinderfreunds Rocktaschen, welche so gar vielversprechend gefüllt aussahen, nicht geringen Anteil an dieser lebhaften und freudigen Begrüßung hatten, so war's doch nicht minder der Mann selbst, auf den sich die Kinder lange freuten und dem sie aufs innigste anhingen.

»Der du in Todesnächten«

Das Reich Gottes steht freilich auch im Mittelpunkt von Barths Liedern:

Der du in Todesnächten erkämpft das Heil der Welt
und dich als den Gerechten zum Bürgen dargestellt,
der du den Feind bezwungen, den Himmel aufgetan:
Dir stimmen unsre Zungen ein Halleluja an!

Noch werden sie geladen, noch gehn die Boten aus,
um mit dem Ruf der Gnaden zu füllen dir dein Haus.
Es ist kein Preis zu teuer, es ist kein Weg zu schwer,
hinauszustreun dein Feuer ins weite Völkermeer.

Im Himmel und auf Erden ist alle Macht nun dein,
bis alle Völker werden zu deinen Füßen sein,
bis die von Süd und Norden, bis die von Ost und West
sind deine Gäste worden bei deinem Hochzeitsfest.

Johann Christoph Blumhardt – »Dein Reich komme«

Zum Nachfolger Christian Gottlob Barths berufen, wirkte Johann Christoph Blumhardt (1805-1880), der »Theologe der Hoffnung« (Karl Barth), von 1838 an als Pfarrer in Möttlingen. Sechs Jahre später setzte hier eine aufsehenerregende Bußbewegung ein, der ein exorzistischer »Kampf« vorausgegangen war. 1852 kaufte Blumhardt das königliche Bad Boll, ein Schwefelbad am Fuß der Schwäbischen Alb, wo er ein Seelsorgezentrum einrichtete, das weit über Deutschlands Grenzen hinaus bekannt wurde.

»Behüte euch alle der liebe Gott«

Im Sommer 1838 verließ Blumhardt Iptingen, wo er als Vikar tätig war:

Am 31. Juli bekränzten die Schulkinder aus dankbarer Liebe zu ihrem treuen Lehrer und Seelsorger seinen Wagen, und morgens 6 Uhr fing die Abreise an. Die Straßen waren alle mit Menschen angefüllt, um ihm den letzten Dank und die letzte Liebe noch zu erweisen und Abschied von ihm zu nehmen, auch den Segen noch einmal zu empfangen, den er so oft über Iptingen ausgesprochen hat. Unser teurer und lieber Seelsorger war aber ganz bestürzt, konnte vor Weinen fast nicht reden und sprach nur die Worte durch die Straßen hindurch: »Behüte euch alle der liebe Gott, und ich vergesse euch nicht«, und so fing die Reise an. Der Schultheiß und der ganze Gemeinderat wie auch der Schullehrer und etliche gute Freunde begleiteten ihn bis nach Möttlingen ...

Die meisten Schulkinder waren schon vorausgeeilt, und wo die Straße nach Weissach und Mönsheim ging, bestreuten sie den Weg noch mit Blumen und Zweigen, spannten ein mit Blumen bekränztes Seil über den Weg und hielten seinen Wagen auf. Er redete also die Schulkinder noch einmal an: »Ihr lieben Kinder, wir wollen auch noch einmal miteinander singen«, und so wurden aus dem ›Hiller‹ (gemeint ist: aus dem Geistlichen Liederkästlein) die zwei ersten Verse gesungen: »In Jesu will ich bleiben, das sei mein fester Sinn« ...

Alles zerfloß in Tränen. Viele Schüler und auch andere Leute sprachen: »Heute haben wir einen traurigen Tag, wohingegen die Möttlinger einen freudigen Tag haben«; und so nahm er vollends Abschied.

»Jesus ist Sieger!«

Nachdem bei einer jungen Frau aus der Gemeinde Möttlingen, Gottliebin Dittus (1815-1872), hysterische Symptome auftraten, die Blumhardt als dämonische Besessenheit deutete, begann für ihn ein intensives seelsorgerliches Bemühen. Nach zwei Jahren führte dieses in den Weihnachtstagen 1843 zum lang ersehnten Ende der Krankheit; die daraufhin einsetzende Erweckung zeitigte auch Heilungen:

Doris Blumhardt, Gottliebin Dittus, Christoph Blumhardt

Das Mißlichste war, daß sich in diesen Tagen die finsteren Einwirkungen auch auf den halbblinden Bruder und eine andere Schwester (von Gottliebin Dittus), Katharina, ausdehnten, ich also mit dreien zumal den verzweifeltsten Kampf durchzumachen hatte, wobei deutlich der innere Zusammenhang zu erkennen war ... Der Bruder war am schnellsten wieder frei ...

Die Hauptsache kam aber diesmal nicht an Gottliebin, welche im letzten Akt nach vorausgegangenen Kämpfen gleichfalls völlig frei zu sein schien, sondern an ihre Schwester Katharina, (die) ... nun aber so rasend wurde, daß sie nur mit

Mühe festgehalten werden konnte. Sie drohte mich in tausend Stücke zu zerreißen, und ich durfte es nicht wagen, ihr nahe zu treten ... Dabei raffelte und plärrte sie so fürchterlich, daß man Tausende von Lästermäulern in ihr vereinigt sich denken konnte. Daneben ließ sich dennoch der Dämon aus ihr ebenso bestimmt vernehmen, der sich diesmal nicht als einen abgeschiedenen Menschengeist, sondern als einen vornehmen Satansengel ausgab, als das oberste Haupt aller Zauberei...

Plötzlich, gegen 12 Uhr um Mitternacht, war es, als erblickte er den geöffneten Feuerschlund. Da dröhnte aus der Kehle des Mädchens zu mehreren Malen, ja wohl eine Viertelstunde andauernd, nur ein Schrei der Verzweiflung, mit einer erschütternden Stärke, als müßte das Haus zusammenstürzen. Grauenerregenderes läßt sich nichts denken, und es konnte nicht fehlen, daß nicht die Hälfte der Bewohner des Orts, nicht ohne besonderen Schrecken, Kenntnis von dem Kampf bekam. Dabei befiel die Katharina ein so starkes Zittern, daß es war, als wollten sich alle ihre Glieder voneinander abschütteln ...

Endlich kam der ergreifendste Augenblick, welchen unmöglich jemand genügend sich vorstellen kann, der nicht Augen- und Ohrenzeuge war. Um 2 Uhr morgens brüllte der angebliche Satansengel, wobei das Mädchen den Kopf und Oberleib weit über die Lehne des Stuhls zurückbog, mit einer Stimme, die man kaum bei einer menschlichen Kehle für möglich halten sollte, die Worte heraus: »Jesus ist Sieger! Jesus ist Sieger!« – Worte, die so weit sie ertönten, auch verstanden wurden und auf viele Personen einen unauslöschlichen Eindruck machten. Nun schien die Macht und Kraft des Dämons mit jedem Augenblick mehr gebrochen zu sein. Er wurde immer stiller und ruhiger, konnte immer weniger Bewegungen machen und verschwand zuletzt ganz unmerklich, wie das Lebenslicht eines Sterbenden erlischt, jedoch erst gegen 8 Uhr morgens.

Das war der Zeitpunkt, da der zweijährige Kampf zu Ende ging. Daß dem so sei, fühlte ich so sicher und bestimmt, daß ich nicht umhin konnte, am Sonntag, tags darauf, da ich über den Lobgesang der Maria zu predigen hatte, meine triumphierende Freude merken zu lassen. – Es gab freilich hintennach noch mancherlei aufzuräumen, aber es war nur der Schutt eines zusammengestürzten Gebäudes ... Alle früheren Gebrechen, die den Ärzten wohlbekannt waren, wurden ganz aufgehoben: die hohe Seite, der kurze Fuß, die Magenübel usw. Dabei wurde ihre Gesundheit immer fester und dauerhafter; und jetzt steht es seit geraumer Zeit mit ihr so, daß sie in jeder Hinsicht als vollkommen hergestellt, als ein wahres Wunder Gottes angesehen werden kann.

»In allen Häusern ist ein Reden von Gottseligkeit«

Es geht an einem fort, ohne Unterbrechung. – Jetzt sind im ganzen 67 Personen bei mir gewesen, alle zuvor zu sechst und noch mehr in der Wohnstube als einem Vorzimmer mit gepreßtem Herzen wartend, dann bei mir letzteres ausleerend, Gnade begehrend und Friede und mitunter bitterlich weinend, was die härtesten Männer nicht unterlassen können ... Manche, wenn ich frage, was sie hertreibe, sagen, sie sehen, daß die andern so freudig und heiter werden, und so möchten sie's auch bekommen. Da fehlt freilich noch viel; aber sind sie einmal dagewesen, so entwischen sie nicht mehr. – Viele Gebetskreise finden jetzt statt, und in allen Häusern ist nur ein Reden der Gottseligkeit, und meine heiteren und populären Vorträge, wo sie auch seien, sind lauter Zündfeuer und Ortsgespräche ...

Dazu mag nur als kleines Beispiel dienen, daß jetzt, wo doch die Leute den ganzen Tag hart zu arbeiten haben, sie sich jeden Abend in verschiedenen Abteilungen nach 8 Uhr bis nach 10 Uhr, auch noch länger, zu Gebet und Betrachtung der Heiligen Schrift versammeln. So wohnte ich selbst am letzten Freitag der Versammlung der Frauen bei, wo etwa 50 beieinander waren. Die eine oder andere betet aus dem Herzen, dann wird gesungen, ein Bibelabschnitt gelesen, darüber gesprochen, was man versteht, auch Erfahrungen des Tages daran geknüpft usw., dann wieder gesungen und von einer oder mehreren gebetet ...

Es ist wahr, daß sehr viele Kranke der verschiedensten Art zu mir kommen in der Absicht, Hilfe von ihren Leiden zu finden ... Die Kranken sind vorzugsweise Geisteskranke und Epileptische so verschiedener Art, daß ich mich nicht genug über die Mannigfaltigkeit derselben wundern kann. Sodann sind es solche, die ein Übel an sich haben, das sie irgendwie für das gewöhnliche Leben unfähig macht. Insbesondere leiden sie an Gliederweh, Reißen in den Gliedern, Rheumatismen in Armen und Füßen oder im Rücken, ferner an Brustbeklemmungen, kurzer Atem, Magenbeschwerden ... Es kommen Blinde oder Halbblinde, Taube, Stumme, besonders viele Kinder der letzten Arten ...

Viele kommen nicht mehr zum zweitenmal, weil sie es nicht mehr nötig haben, viele nur, um mir die erhaltene Hilfe anzuzeigen. Andere kehren mit der Bemerkung zurück, es sei ihnen um vieles leichter geworden. Wieder andere kommen oft wieder, teils weil die Krankheit so verwickelt ist, daß sie notwendig längere Zeit zur Heilung erfordert, was namentlich bei Geisteskranken der Fall ist ... Wenn ich einzelne nennen darf, so wurden mir dankenswert die Heilungen mancher Geisteskranken und Besessenen (berichtet) ..., ferner (die Heilung) eines erblindeten Kindes mit weißen Tupfen in den Augen ..., eines 15jährigen Mädchens mit einem Halsschwamm, eines Mannes mit einer kranken Hand ...

Erweckung im Schwarzwald

Über Möttlingen hinaus erfaßte die Erweckungsbewegung die Dörfer der Umgebung. Zu diesen zählt auch Neuweiler, der Heimatort von JOHANNES SEITZ (1839-1922), des Gründers des »Evangelischen Reichsbrüderbundes« (1878), aus dem zu Beginn dieses Jahrhunderts der »Württembergische Brüderbund« hervorging.

Aus seiner Kindheit erzählt er:

Meine frühesten Erinnerungen reichen bis in die ersten Tage meiner Schulzeit zurück. Damals herrschte noch – sowohl im Hause meiner Eltern als auch im ganzen Dorf – tiefe Finsternis und Todesnacht ... Wie man mir später erzählte, war fast das ganze Dorf besonders durch das Wirtshausleben und das Laster der Trunksucht auch wirtschaftlich heruntergekommen und ein Teil der Familien verarmt. Der Ortsgeistliche selbst war ein Trinker, ebenso die meisten Vorstände des Dorfes. Aber nur noch wenige Jahre sollte es in diesem Sündenverderbnis weitergehen, da kam die Liebe und das Erbarmen Gottes mit einer großen Gnadenheimsuchung über den ganzen Ort ... Vater und Mutter und alle meine acht Geschwister wurden von dem Feuer, das Gott angezündet hatte, ergriffen. Sowohl über dem Dorf als auch über meiner Eltern Haus erfüllte sich das Wort der Schrift: »Er hieß das Licht aus der Finsternis hervorleuchten.« (2. Kor. 4,6)

Obwohl unser Dorf Neuweiler rund 25 Kilometer entfernt von Möttlingen liegt, übte alles, was durch diesen Mann in Möttlingen (Blumhardt) an wunderbaren Gottestaten an Kranken, Besessenen, Geistesgestörten aller Art und an Erweckung geistlich toter Sünder durch die machtvollen Predigten dieses Mannes geschah, bald auch seine Segenswirkung auf unser Dorf und auf viele andere Dörfer des Schwarzwaldes aus. Es kamen eine Zeitlang fast jeden Sonntag ganze Scharen auch aus meinem Geburtsort nach Möttlingen, und fast alle, die dorthin pilgerten, wurden durch das, was sie dort sahen, und durch die geistesgewaltigen und geistesmächtigen Predigten, die sie dort hörten, so ergriffen und umgewandelt, daß sie als andere, als ganz veränderte, neue Menschen in ihre Dörfer und Häuser zurückkehrten.

Es war zuerst nur Neugierde, die auch meinen Vater bewog, in aller Stille, so geheim wie nur möglich, sich hinzuschleichen. Dazu wurde er bewogen durch eine wunderbare Heilung, die an einer Gastwirtin unseres Dorfes geschehen war, in deren Gastwirtschaft mein Vater hin und wieder verkehrte. Diese Gastwirtin wurde durch Pfarrer Blumhardt von einem unheilbaren Gesichtskrebs völlig geheilt, und sie kam als ein ganz anderer Mensch mit einem neuen Leben und Sinn nach Hause. Ihr Mann, der ein »Narr«, nämlich ein Geisteskranker war, wurde infolge davon auch zu Pfarrer Blumhardt nach Möttlingen gebracht, und auch er kam von seiner Geisteskrankheit völlig geheilt zurück. Das war meinem Vater so wunderbar, daß er diesen »Wundermann« doch auch einmal sehen und hören wollte. Mein Vater war berüchtigt als ein rechter Witzbold und Spötter. Aber schon durch die erste Predigt, die er von Pfarrer Blumhardt hörte, wurde er so »zerschmettert und zermalmt« und in eine so gründliche Buße und Beugung geführt, daß er nun auch meiner Mutter und uns, seinen Kindern, mit großem Ernst und mit Inbrunst erklärte: »Wir alle sind auf dem Weg zur Hölle. Wir alle müssen Buße tun, alles muß anders werden, wenn wir nicht alle miteinander in die Hölle fahren, sondern in den Himmel kommen wollen.«

Die Mutter meinte zuerst, der Vater sei ein Narr geworden. Aber bald wurden auch die Mutter und wir Kinder alle von dem Geist, den heißen Gebeten und dem neuen Leben des Vaters so ergriffen und fortgerissen, daß wir alle den Weg einschlugen, den unser Vater eingeschlagen hatte. Wir gingen mit dem Vater nach Möttlingen, und dadurch wurde unser Haus so umgewandelt, daß es eine Zeitlang eine Hütte Gottes wurde ... Es war eine herrliche Wunderzeit.

»Wir glauben es gewiß«

Aus den Erlebnissen in Möttlingen erwuchs Blumhardts Reich-Gottes-Theologie, die biblizistisch-eschatologisch motiviert ist von der Gewißheit des »Sieges Jesu« und der Hoffnung auf eine »neue Ausgießung des Heiligen Geistes« vor der Wiederkunft Christi:

Wir bedürfen einer neuen Offenbarung (einer Ausgießung) des Heiligen Geistes, sonst bleiben wir im alten hängen; und nur in anderer Form werden die alten, unheilvollen Schäden, unter welchen die Christenheit von jeher gelitten hat, zum Vorschein kommen. – Die ersten Gaben und Kräfte (der christlichen Urgemeinde) müssen kommen, wenn es mit unserer Christenheit anders werden soll; ich spüre, so ärmlich darf es nicht fortgehen.

Daß das Ende (der Weltzeit) nahe ist und möglicherweise noch von uns erlebt werden kann, glaube ich auch. Aber die eigentlichen Anzeichen sind noch nicht vorhanden; man hat sie mehr im Gefühl. Das sicherste Kennzeichen, das ich erwarte, ist eine neue Anregung der Christenheit und Menschheit durch den Heiligen Geist. – Ich erwarte (gemäß Joel, Kap. 2) eine allgemeine, die ganze Welt durchdringende Aufregung zum Guten, ein Rennen und Jagen zum Reich Gottes, wie es nicht gewesen ist, solange die Welt steht. Sind die bindenden finsteren Kräfte hinweg, so wird sich erst zeigen, was auch in unserem Geschlecht Edles verborgen ist. Erst muß der Schlangensame sich ducken; erst fallen sie zu Boden, wenn Christus ruft: »Ich bin's!« Freilich werden sie wieder im Grimm sich aufmachen und die letzte Trübsalszeit bringen, die aber doch eine Freudenzeit ist, weil ihr Ziel die Erlösung der Kreatur werden wird.

> Daß Jesus siegt, bleibt ewig ausgemacht;
> Sein wird die ganze Welt.
> Denn alles ist nach seines Todes Nacht
> in seine Hand gestellt.
> Nachdem am Kreuz er ausgerungen,
> hat er zum Thron sich aufgeschwungen.
> Ja, Jesus siegt.
>
> Ja, Jesus siegt! Sei's, daß die Finsternis
> im Trotzen wütend schnaubt;
> Sei's, daß sie wähnt mit ihrem gift'gen Biß
> hätt' sie ihm viel geraubt:
> Die Seinen läßt in Not und Grämen
> sich unser Held doch niemals nehmen.
> Ja, Jesus siegt!

Ja, Jesus siegt! Wir glauben es gewiß,
und glaubend kämpfen wir.
Wie du uns führst durch alle Finsternis –
wir folgen, Jesu, dir!
Denn alles muß vor dir sich beugen,
bis auch der letzte Feind wird schweigen.
Ja, Jesus siegt!

Bad Boll

Auch hier wirkte Blumhardt mit Erfolg unter kranken und in geistliche Not geratenen Menschen, wie Besucher berichten:

Kurhaus Bad Boll um 1910

Die hier versammelte zahlreiche Gesellschaft höheren und niederen Standes, die überall verbreitete Ruhe und Stille, das anspruchslose Familienleben, erhöht durch das ungezwungene annähernde Benehmen der Mitglieder der höheren gegen die der niederen Stände, der sich kundgebende stille, religiöse, duldsame, fern von Pietismus sich haltende Sinn der Mehrzahl der Gesellschaft, überdies das freie, offene, gemütliche, heitere, vom Sektengeist weit entfernte Benehmen des mit Glaubensreichtum und Gottvertrauen erfüllten Eigentümers des Bades Boll, des Pfarrers Blumhardt, bestimmten mich, meinen vierzehntägigen Urlaub hier in Boll zu verleben ... Der Verkehr mit dem Kranken in den ersten Tagen beschränkt sich darauf, ihn auf die religiösen Vorträge von Blumhardt und das Gebet zu verweisen ... Derselbe betet mit niemand besonders (d. h. in der Öffentlichkeit), warnt vor zu vielem Beten und zu vieler Wortmacherei beim Gebet.

Vor dem Niedersitzen zum Tisch wird jedesmal – morgens, mittags und abends – ein kurzes Gebet von Blumhardt gesprochen. Nach beendetem Mahl werden von ihm zwei Verse aus einem Kapitel des Neuen Testaments vorgelesen und kurz besprochen. Dann folgt das Absingen einiger Verse aus einem geistlichen Lied ... In den Predigten von Blumhardt herrscht gleicher Sinn wie in den Gebeten. Sie sind fern von jeder pietistischen Färbung, Geist und Herz erhebend, auch manchmal warnend und bewegen sich vornehmlich in den Schranken des vorgelesenen Evangeliums.

Ich war von Jugend auf fallsüchtig (epileptisch) und scheute, da mein Vermögen mir dies erlaubte, keine Ausgabe, um bei den besten Ärzten Hilfe zu suchen, aber ohne Erfolg. Durch Bekannte vernahm ich endlich, daß in Schwaben ein Pfarrer lebe, der durch Gebet Wunder tun könne und viele Kranke schon geheilt habe. Voll Hoffnung gehe ich hin, fühle mich aber wie mit kaltem Wasser übergossen, als man sich dort um mich eigentlich gar nicht kümmert ... Halb entmutigt mache ich selbst endlich den Anfang und gehe zu ihm (zu Blumhardt) auf sein Zimmer. Er fragt nach meinem Begehr. »Gesund will ich werden«, war meine Antwort ... »Sie gesund zu machen«, erwiderte er, »geht über meine Kraft, aber wir wollen miteinander zu einem gehen, der's kann«; und ohne alle Umstände klagte er dem Heiland mein Leid, mit Bitte um meine volle Heilung. Obgleich das Gebet nicht einfacher, nicht menschlicher gedacht werden konnte, rieselte es wie ein Schauer durch meine Glieder, der mich auf die Knie niederwarf vor der Majestät des gegenwärtigen Gottes, den ich zum erstenmal in meinem Leben als einen persönlich gegenwärtigen Gott erfahren habe. Gesund stand ich von den Knien auf, und wenn mein Weg mich irgend in die Nähe führt, versäume ich es nie, Bad Boll zu besuchen, wo ich gelernt habe, was beten ist.

»So, Heiland, jetzt kannst du kommen«

Die Zuversicht des Glaubens bestimmte auch Blumhardts letzte Lebenswochen, über die seine Söhne Christoph und Theophil berichten:

In das Arbeitsleben des Vaters kam der erste Hemmschuh am letzten Weihnachtsfest; von jenem Tag an quälte ihn ein starker Husten ... Dabei bewahrte er aber die wohltuendste Ruhe, auch heiteren Sinn und Gemütlichkeit, so daß niemand Anlaß bekam, sorglich zu werden. Auch sprach er von nichts weniger als seinem bevorstehenden Tode. Er wehrte sich gegen den Husten und konnte wohl oft sagen: »Ich fühle, der Tod will an mich«, aber ohne dabei unruhig ... zu werden, daß es der Tod gewinnen könnte. Vielmehr sprach er es bis in die letzte Zeit aus, er hoffe, die bevorstehende Änderung (die Ausgießung des Heiligen Geistes) noch zu erleben; allerdings konnte er oft hinzusetzen: »Wenn nicht ich, so doch jedenfalls ihr.«

Am 15. Januar betrat er zum letztenmal Kanzel und Altar seiner Hauskirche ... In der darauffolgenden Woche befiel ihn eine Lungenentzündung, und als sich das Fieber steigerte, sagte er: »Jetzt wird's ernst« ... In der Nacht vom Sonntag auf Montag war es sehr schlimm. Er gab seinen beiden Söhnen den Auftrag, in einem andern Zimmer ... für ihn zu beten; er wolle im Geist dabeisein, daß in dieser Krankheit Satan nichts gewinne, er auch nicht sterbe, wenn es nicht ganz allein und ausschließlich Gottes Wille sei. Es war uns, als hörten wir vom Himmel rufen: »Ihr seid erhört!« ... Unser Vater war auch von da an frei von Unruhe bezüglich der Erhaltung seines Lebens. Sein Geist beschäftigte sich nur noch mit Gedanken an die Erfüllung der Weissagungen. »Dein Reich komme, und der Herr wird seine Sache herrlich hinausführen; der Herr wird seine milde Hand auftun zur Barmherzigkeit über alle Völker«, das waren seine Reden. So nahte der letzte Tag, der schwerste. Am Dienstagabend wurde er plötzlich ruhig mit dem vernehmlich gesprochenen Wort: »So, Heiland, jetzt kannst du kommen, wenn du willst ...« Ruhig schlief er ein; nicht die geringste Zuckung war in seinem Gesicht oder sonst bemerkbar. So schied dieser Mann Gottes.

»Gottes Reich kommt«

Diese Hoffnung blieb auch bestimmend im Denken von Blumhardts Sohn CHRISTOPH (1842-1919), der 1880 die Leitung von Bad Boll übernahm. Weit mehr als sein Vater öffnete er sich den Ereignissen der Zeitgeschichte und sah in der sozialistischen Arbeiterbewegung ein Signal des anbrechenden Reiches Gottes. Diese vertrat er als Abgeordneter der sozialdemokratischen Partei im Württembergischen Landtag (1900-1906):

In den Vordergrund stelle ich meine Stellung zu Christus und zu seinem Geist. Es ist jedermann bekannt, daß ich von diesem alles habe, was ich bezeuge und lebe ... Heute hat mich Gott aus dem »vertraulichen« Kreise herausgeführt und ohne mein Suchen in die Öffentlichkeit gebracht. Ich mußte der arbeitenden, heute nach Millionen zählenden Klasse die Hand reichen ... Ich reichte die Hand als der, der ich bin, als Nachfolger Christi, und bin als solcher mit so ganzer Liebe aufgenommen worden, daß ich erkennen mußte: hier wird Gott nicht geleugnet.

Die Anschauung ist allgemein, daß auch nichts (von der Kirche) erwartet werden kann, weil das sogenannte gläubige und orthodoxe Christentum in feste Dogmen gebunden ist, welche die freie Entwicklung des Menschen hindern und das tägliche Leben in Widerspruch bringen mit dem kirchlichen

Leben ... So bleibt jeder Sozialdemokrat frei, Gott zu dienen im Geist und in der Wahrheit, frei auch in Ausübung kirchlicher Handlungen ... Diese freie Geistesrichtung gegenüber den historischen Gebilden der verschiedenen Kirchen und Sekten teile ich längst mit den Vertretern der sozialistischen Bewegung ...

Aber freilich, hier stoße ich auf den größten Widerspruch (innerhalb der Christenheit). Allgemein fast sagt man mir, Christus habe nur geistig trösten, helfen und ins Jenseits überführen wollen. Das leugne ich aber aufs allerentschiedenste; ja ich sehe in dieser Anschauung die Ursache, daß das Christentum in entscheidenden Momenten dem geistigen und materiellen Fortschritt hindernd in den Weg getreten ist, so daß nur auf mehr oder weniger revolutionärem Wege trotz des Christentums der Anschauung Bahn gebrochen werden mußte, daß des Menschen Aufgabe hauptsächlich auch darin liege, das Erdenleben göttlich zu gestalten, und zwar so, daß alle Geschlechter auf Erden gesegnet genannt werden können ...

Freilich beruhigt Jesus bezüglich des Jenseits; er will jede Furcht vor dem Tode nehmen; aber dann heißt es: Seid Mitarbeiter Gottes, daß das Ziel erreicht wird: »Friede auf Erden.« ... (In) meiner zielbewußten Arbeit auf eine neue Zeit und Welt ... schwand mir die Notwendigkeit eines kirchlichen Bekenntnisses für diese Nachfolger Christi vollständig dahin. Ob ein solcher Mensch, der auf dieses Ziel bedacht ist, katholisch oder protestantisch geboren war, dieser oder jener kirchlichen Obrigkeit noch angehörte, war für mich Nebensache. Genug, wenn jemand lebendig wurde für Recht und Wahrheit, für Liebe und Nachsicht für alle Menschen und mithalf, Aberglauben und Herrschsucht, Standes- und Geburtsstolz zu bekämpfen und besonders der Verdammungssucht auf Grund einer religiösen Anschauung absagte ...

Ich gab, innerlich gedrungen, auf einer Versammlung der Arbeiter den Bestrebungen der Sozialdemokratie recht ...; und wer mich kannte, muß es verstehen, daß ich mich als der, der ich bin, auch öffentlich auf die Seite der ringenden und kämpfenden Proletarier stelle, die bei aller schweren Arbeit ums tägliche Brot Idealismus genug in sich tragen, um ein höchstes Ziel der Menschheit nicht nur zu glauben, sondern mit Energie darauf hinzuarbeiten ... Vorwärts müssen wir, die soziale Frage fordert irgendeine Lösung; Lösung kann aber nur erreicht werden auf dem Wege zu neuer Ordnung in den Eigentumsverhältnissen. Also in gewissem Sinne leben wir auch heute, wie unsere Vorfahren in früheren Zeiten, in revolutionären Bewegungen ... Mit einer solchen Gesinnung (der Sozialdemokratie) kann ein Anhänger Christi ganz wohl gehen.

11.
WELTWEITE REICH-GOTTES-ARBEIT

Württemberg und Basel

Die erste aus der Erweckungsbewegung und englischen Einflüssen hervorgegangene deutsche Missionsgesellschaft des 19. Jahrhunderts war die von der Deutschen Christentumsgesellschaft 1815 gegründete Basler Mission, deren Unternehmungen maßgeblich von württembergischen Missionsfreunden getragen wurden, aus deren Mitte auch zahlreiche Missionare hervorgingen.

Ihr erster Leiter war Johann Christoph Blumhardts Onkel, CHRISTIAN GOTTLIEB BLUMHARDT (1779-1838), der von 1816 bis 1838 als Inspektor amtierte.

»Werkzeug unter den Heiden«

Noch mitten während des Studiums wurde Blumhardt im Frühjahr 1800 an das Krankenlager des Vaters gerufen. Zu Beginn der Karwoche, als es schon deutlich war, daß es mit seinem Vater zu Ende gehen werde, wurde er gebeten, am Karfreitag seine erste Predigt in Häslach zu halten. Als er ablehnen wollte, befahl ihm sein Vater, die Predigt zu halten, er werde erst nach der Predigt sterben. So begann Blumhardt seine Predigt mit den Worten: »Aus Gehorsam gegen meinen sterbenden Vater stehe ich hier.« Wenige Stunden darauf starb der Vater, nachdem er den Sohn unter Handauflegung gesegnet hatte mit den prophetischen Worten: »Dich wird der Heiland so segnen und mit seines Geistes Gaben also ausrüsten, daß du einst ein gesegnetes Werkzeug seiner Gnade unter den Heiden sein wirst.«

Ende Juli 1815 erhielt Christian Friedrich Spittler auf seinen Antrag hin von der Basler Regierung – was er kaum zu erhoffen gewagt – die Erlaubnis, eine Missionsanstalt zu eröffnen. Spittler und sein Mitarbeiter Kellner waren »freudetrunken«. Nun galt es für Spittler, Christian Gottlieb Blumhardt als Inspektor der Anstalt zu gewinnen. Am Schluß eines Briefes vom August jenes Jahres an diesen schreibt er: »Nun ist noch eine starke Batterie zu erobern, genannt Blumhardt. Von allen Seiten wird uns zugerufen, zu einem vollständigen Sieg müsse auch diese gewonnen werden, und dann erst könne man mit der Sache ernstlich den Anfang machen.«

Basler Missionshaus um 1820

Und nun wird Blumhardt »bombardiert«. Je stürmischer aber Spittler vorging, desto ruhiger wurde dieser. Aber schließlich konnte Blumhardt nicht anders, als in diesem Ruf zugleich den Ruf seines Herrn zu erkennen, so schwer ihm auch der Abschied von seinem Pfarramt in Bürg wurde, wo er seit 1809 gewirkt hatte, wo er zwei Kinder und soeben auch seine innig geliebte Schwiegermutter begraben hatte und manche hoffnungsvolle Frucht zu reifen begann. Als Blumhardt im April 1816 in Basel eintraf, begleiteten ihn schon Missionskandidaten aus Württemberg. Am 26. August endlich wurde die Missionsschule mit sieben Schülern eröffnet.

Wie viele tüchtige Männer, besonders auch Württemberger, sind seither aus dem Basler Missionshaus hervorgegangen! In wie vielen Heidenländern und auch unter Tataren, Juden, Armeniern, Türken und Persern haben Schüler Blumhardts den guten Samen ausgestreut! Und wieviel hat er selbst beigetragen durch seine Reisen und Vorträge, durch die Gründung von Missionsvereinen hin und her in deutschen Landen, ja selbst in Frankreich und anderwärts, durch sein »Missionsmagazin« (seit 1816) und den »Heidenboten« (seit 1828) sowie durch sein großes Werk über die »Missionsgeschichte der Kirche Christi« (1828-1837) – beigetragen dazu, daß das 19. Jahrhundert ein Missionsjahrhundert geworden ist.

»Wundervolle Führungen Gottes«

In der Einleitung zu diesem fünfbändigen Werk heißt es:

Eine genauere und tiefere Kenntnis der christlichen Missionsgeschichte gewährt schon im allgemeinen jedem Freund des Herrn und seiner Sache gar wichtige Vorteile. Wen sollte zum Beispiel die Frage nicht interessieren: welchen geschichtlichen Gang die Sache des Reiches Christi auf Erden genommen habe? Wem sollte es nicht wichtig sein, gerade in dieser Geschichte eine ununterbrochene Reihe wundervoller Führungen Gottes mit seiner Kirche in der Welt und die herrliche Erfüllung all der Aussichten, Belehrungen und Verheißungen anzutreffen, welche uns der Heiland von den künftigen Erfahrungen seines göttlichen Reiches im Kreise der Weltvölker gegeben hat.

Die christliche Missionsgeschichte ist ein köstliches Stärkungsmittel unseres Glaubens an die Verheißungen Gottes. Sie zeigt uns die Sache des Evangeliums in ihrer höheren Würde und Bedeutung; sie lehrt uns die mannigfaltigen Widersacher erkennen, mit denen das Christentum von seinem ersten Anfang bald in dieser, bald in jener Gestalt zu kämpfen hatte. Sie ist die kräftigste Apologie für die Göttlichkeit der Religion Christi gegen alle Verunglimpfungen, mit denen eine falsche Weltweisheit die Sache des Evangeliums zu bestreiten gesucht hat. Im Lichte einer solchen Missionsgeschichte wird uns die Kirche Christi, der wir anzugehören das Glück haben, teurer und das Gefühl der Verpflichtung lebendiger in unsern Herzen, ihre göttlichen Segnungen allen Völkern der Erde mitzuteilen.

Die zentrale Gestalt der von Basel ausgehenden schwäbisch-alemannischen Reich-Gottes-Arbeit war der aus Wimsheim bei Leonberg stammende CHRISTIAN FRIEDRICH SPITTLER (1782-1867). Als langjähriger Sekretär der Deutschen Christentumsgesellschaft – von 1801 bis zu seinem Lebensende! – entfaltete er »als Handlanger Gottes« eine ausnehmend rege Betriebsamkeit, indem er zahlreiche missionarisch-diakonische Werke ins Leben rief.

Unter diesen ist die 1840 entstandene »Pilgermission St. Chrischona« sein Hauptwerk:

»Stadt auf dem Berg«

Ein mit Spittler befreundeter Pfarrer aus dem Südbadischen hatte 1834 im Pfarrhaus des kleinen Dorfes Feuerbach bei Kandern in Südbaden angefangen, »Jünglinge aus dem Handwerkerstand« um sich zu sammeln und ihnen biblischen Unterricht zu geben. Es waren sechs an der Zahl, welche nach genossener Vorbereitung hinausziehen, in ihrem Beruf arbeiten und daneben als »Pilgermissionare« durch Verbreitung christlicher Schriften sowie durch Gründung und Pflege von Erbauungsstunden wirken sollten: Dies war die Keimzelle der Pilgermissionsschule von Chrischona ...

Unabhängig hatte Spittler bereits 1827 ähnliches versucht... Den ersten Anlauf nahm er im katholischen Österreich, wohin er 1829 junge Handwerker aus dem Basler Jünglingsverein sandte. Versehen mit Traktaten, Bibeln und

Neuen Testamenten zogen sie aus. Zwei von ihnen, Christian Ankele und Johannes Mühlhäuser, beide Württemberger, arbeiteten in Österreich mit großem Segen. Bald aber wurden sie von den Behörden verhaftet und ins Gefängnis gesteckt ...

Schließlich nahm sein Konzept neue Gestalt an: eine Schule zu gründen für solche »christlich gesinnten jungen Leute, welche gesonnen wären, in die Fremde hinauszuziehen und dort nicht allein in ihrem irdischen Beruf tüchtig zu werden und ihr tägliches Brot zu erwerben mit ihrer Hände Arbeit, sondern auch, wo es irgend möglich wäre, dem Herrn zu dienen wie ein Paulus, zuvor einen guten biblischen Unterricht und damit einen Schatz des Wortes Gottes ins Gedächtnis und Herz zu geben, aus welchem sie ohne Scheu ihren Mitmenschen aus Liebe zum Herrn in aller Einfalt und Bescheidenheit, aber im Vertrauen auf den Befehl und die Verheißung des Herrn reichlich mitteilen könnten.«

1837 erhielt das Projekt anläßlich eines Besuchs des Schwagers Jonathan Friedrich Bahnmaier (1774-1841) in Basel neuen Auftrieb. Mit diesem wanderte Spittler auf den Chrischona-Berg. Der »Basler-Rigi« mit der alten St. Chrischona-Kapelle auf der Spitze erhebt sich 280 Meter über dem Rhein und über 500 Meter über dem Meer. Von dort kann man bis auf die Hochalpen blicken. Schließlich betrachteten beide eine als Schuppen dienende alte Kirche, wobei Spittlers Plan eingehend besprochen wurde: Das Vorhaben, hier oben eine »Pilgerschule« als »Stadt auf dem Berg« zu gründen.

Die Stadt Basel verpachtete schließlich das Kirchlein samt Friedhof zu einem symbolischen Mietpreis von 5 Franken an Spittler. Dieser begab sich endlich 1840 mit seiner Tochter Susette, dem Schreinermeister Epple und dem ersten Missionszögling Joseph Mohr, einem Zimmermann, auf den Berg, um mit den Arbeiten zu beginnen. Mohr, 1814 in Ravensburg als Sohn katholischer Eltern geboren, hatte seine Ausbildung im Basler Missionshaus abbrechen müssen, weil »seine Begabung in den alten Sprachen nicht ausreiche« ... Spittler beauftragte nun Mohr mit der Reparatur der alten Chrischona-Kirche. Lange ehe die baulichen Arbeiten vollendet waren, zog

Mohr in die »vermoderte Sakristei« ein, um dort zuerst zu renovieren und später zusammen mit anderen eine »Knopfmacherei« zu betreiben; nebenbei sollte er noch biblischen Unterricht empfangen und Bibeln und Traktate verbreiten. Über seine ersten Tätigkeiten erfahren wir aus seinem Tagebuch:

»Den 7. Februar 1840, an einem Freitag, habe ich das Magazin ausgeräumt, alte Dielen hereingeschafft und hernach den Chor helfen ausräumen. Dies ist der erste Tag, an dem mir Gott Gnade und Kraft schenkte, die Arbeit zu beginnen an diesem großen und wichtigen Vorhaben.

Den 10. Februar. Die Knopfmaschine von Riehen heraufgebracht.

Den 15. Februar fing ich an, den Kirchhof zu planieren ...

Den 5. März habe ich den Ofen aussetzen wollen und konnte es nicht.«

Einige Tage später heißt es: »Heute Besenreisig gesucht und Besen gemacht.

Den 9. April im Turm eine Raumöffnung gemacht zu einem Türgerüst; bei Schaub (dem Chrischonabauern) eine Predigt gelesen und mit Katholiken disputiert.

Den 5. Mai ein Gärtlein gemacht.«

»In Knechtsgestalt das Reich Gottes bauen«

Spittler beabsichtigte nun auf Chrischona – wie er selbst sagte –, »jungen Leuten aus dem Handwerkerstand, welche in aufrichtiger Liebe zum Herrn und Eifer für sein Reich sich in den Missionsdienst gemeldet hatten, aber wegen Mangels an Begabung für die dazu als notwendig erklärte wissenschaftliche und sprachliche Aubildung abgewiesen werden mußten«, zu einer praktisch-orientierten Ausbildung zu verhelfen. Die Zöglinge sollten Selbstverleugnung beweisen und ihren Lebensunterhalt selber verdienen. Deshalb war er »nicht allein auf die größte Einfachheit und Sparsamkeit im Anstaltsleben bedacht, sondern auch auf Einführung gewisser Industriezweige, die der Anstalt etwas einbringen könnten, und ruhte nicht, bis es ihm gelungen war, für die Anstalt so viel Land und Vieh zu erwerben, daß der landwirtschaftliche Ertrag einen wichtigen Faktor für die Existenz der Anstalt bildete«. – Spittler wollte seine Schüler zu entschiedenen Christen ausbilden: »Mein Sinn ist, daß wir in Stille und Einfalt, ohne Geräusch, in Knechtsgestalt, wie unser Herr und Meister voranging, unsern Weg machen; solange wir in Demut und Armut bereit sind, Jesus das Kreuz nachzutragen, fehlt es am Durchkommen nicht.«

In den ersten Jahrzehnten des Werks wurden die »Chrischona-Brüder« nach Nordamerika zum Dienst an deutschen Einwanderern ausgesandt, schließlich nach Äthiopien, Palästina – Johann Ludwig Schneller, ein aus Erpfingen (auf der Schwäbischen Alb) stammender Volksschullehrer, gründete 1860 in Jerusalem das »Syrische Waisenhaus« – und Ägypten. Später wurden immer mehr Brüder in den Heimatländern Schweiz und Deutschland begehrt.

Samuel Hebich – »Zeuge Jesu Christi in der Heidenwelt«

Zusammen mit zwei weiteren Kandidaten reiste Samuel Hebich (1803-1868), ein aus Nellingen bei Ulm stammender Konditor und Kaufmann, 1834 als erster Missionar der Basler Mission nach Indien aus, wo er 25 Jahre in Mangalore, Dharwar und Kannanore wirkte. Obwohl er manche charakterliche Schwächen besaß und durch Wunderlichkeiten nicht selten Anlaß zu Kritik gab, gelang es ihm durch derbvolkstümliche Bußpredigten Hindus zum christlichen Glauben zu führen:

»Ich will ein Jünger Jesu werden«

Eine Fülle von Arbeit wartete seiner auf der Missionsstation. Über alledem vergaß er die Hauptsache nicht: die Arbeit an den Heiden. Von zehn bis drei Uhr versammelte sich in der Regel täglich eine Schar Eingeborener in dem Häuschen, das er mit viel Mühe erworben hatte. Mit unermüdlichem Einsatz bemühte er sich, die christlichen Lehren, besonders die Versöhnung durch Christi Blut, in Herz und Verstand der Heiden hineinzulegen. Auch mit allerlei Zeichen suchte er die göttlichen Geheimnisse ihnen verständlich zu machen.

Nachdem Hebich einige Sätze der kanaresischen Sprache erlernt hatte, missionierte er sogleich auf der Straße und verteilte Bibeln und Traktate. Bald unternahm er auch weite Predigtreisen, wobei er in Englisch predigte, das dann ein Dolmetscher übersetzte. Um das Kanaresische war es nunmehr geschehen, wie er überhaupt vom Studieren wenig hielt – während seiner Ausbildung zum Missionar am Basler Missionsseminar hatte er sogar eines Tages seine hebräische Grammatik den dahinfließenden Wellen des Rheins anvertraut ...

Mit Neujahr 1842 begann er eine neue Art Straßenpredigt, indem er mit seinen Begleitern alle Straßen und Märkte in regelmäßiger Reihenfolge besuchte und an jedem Ort etwa eine halbe Stunde das Wort verkündigte. Jeder Einwohner Kannanores sollte auf diese Art Gelegenheit bekommen, die Hauptsache des Evangeliums, die Einladung zu Gottes Reich durch Buße und Glauben, zu hören. Aufs Disputieren ließ er sich dabei nicht ein, sondern lud die Streitlustigen zu sich ins Haus. Auch manche suchende Seele fand sich dort ein. So kam einst ein Eingeborener, dem das Wort ins Herz gedrungen war, abends zu Hebich und entschloß sich zu bleiben, um weiteren Unterricht zu erhalten. Nach etlichen Tagen aber kam seine Gattin mit den Kindern, ihn abzuholen; die Einladung, eine Jüngerin Jesu zu werden, wies sie dabei verächtlich ab. Der Mann blieb. Als sie ihm aber nach einigen Tagen sagen ließ, eins seiner Kinder sei schwer krank, da ging er und kam nicht wieder. Er war zwar willig zurückzukommen, aber die Leute seiner Kaste ließen ihn, ihren Friseur, nicht fort. So machte sich Hebich selbst auf den Weg. Er fand ihn – es war des Sonntags in der Früh – neben seinem Sohn schlafen, weckte ihn und sprach: »Willst du mir folgen?« Während er sich daraufhin rüstete, kamen die Seinen, weinend umklammerte ihn die Frau; es entstand ein Straßenauflauf, und Hebich mußte allein – unter dem Hohngelächter der Menge – davongehen. Indessen rief der Mann: »Ich will ein Jünger Jesu werden, und ihr könnt mich nicht hindern!« Nach etlichen Tagen entrann er auch den Seinen und wurde bald danach im Missionshaus mit noch weiteren Bekehrten getauft ...

Eine neue Wirkungsstätte fand Hebich in dem nahe gelegenen Fischerdorf Tai, wo er seine Seminarschüler als Lehrer anstellte, selbst aber auch jeden Sonnabend regelmäßig bis in die Nacht hinein predigte. Es war »ein harter Boden«, und die Herzen wurden erst weicher und empfänglicher für das Wort Gottes, als eine schwere Choleraepidemie das Dorf heimsuchte. Tag und Nacht war Hebich bei den Kranken, von denen manche noch an der Schwelle der Ewigkeit im Glauben Frieden fanden.

»Ein Gang in die Schlacht«

Mit Vorliebe besuchte der »Langbart«, wie Hebich wegen seines patriarchalischen Aussehens genannt wurde, die großen Götzenfeste der Hindus, um das Evangelium zu verkündigen. Dieser Besuch war für Hebich immer wie »ein Gang in die Schlacht«, wobei er zum Märtyrertod bereit war. Auf dem Marktplatz angekommen, etwa in der Nähe des Götzentempels, stellte er sich dabei mit seinen Leuten, aber auch mit Polizisten, die ihn beschützten, in Positur, legte seinen langen Hirtenstab, den er bei derartigen Einsätzen bei sich trug, zu seinen Füßen, nahm den Hut ab und bedeckte damit das Gesicht. Darauf betete er mit lauter Stimme und stimmte laut einen Choral an, so daß man Angst haben mußte, die Mauern des Tempels stürzten ein.

Dann erschallte seine Donnerstimme zur Predigt, und eine bunte Zuhörerschaft sammelte sich um ihn und seine Helfer: »Du armes, betörtes Volk! Heute Nacht hast du wieder den Zorn des lebendigen Gottes auf dich herabgerufen, als du in lärmender Prozession einem Stein göttliche Ehre erwiesen hast! Eure Götter existieren ja gar nicht! Brahma ist nicht! Wischnu ist nicht! Schiwa ist nicht! Krischna ist nicht! Ischwara ist nicht! Steine sind es, weiter nichts! Und geht ihr nach dem heiligen Benares, so seht ihr auch dort nur einen Stein! Geht ihr nach Taliparambu, so seht ihr auch dort nur einen Stein! Wo ihr hingeht – nichts als Stein! Du armes Volk! Die Brahmanen haben dich zu Narren gemacht! Selbst beten sie die Sonne an; euch aber geben sie einen Stein und treiben noch Handel damit. Hört auf! Bekehrt euch von euren Sünden zum lebendigen Gott! Heute ist noch die angenehme Zeit! Heute ist noch der Tag des Heils! O ihr Brahmanen, ihr Kinder des Teufels! Wann wollt ihr aufhören, das Volk zu betören? Ihr Betrüger! Ihr seid die ersten, die der Zorn des lebendigen Gottes verzehren wird! Wenn ihr jetzt sterbt, so wartet euer das höllische Feuer, da der Wurm nicht stirbt und das Feuer nicht verlöscht. Eilt, eure Seelen zu erretten! Ihr könnt es, wenn ihr Jesus Christus annehmt ...«

Viele der Zuhörer hörten manchmal betroffen zu. Sehr oft aber fühlten sie seine Worte wie Pfeilschüsse und suchten, gegen ihn loszuschlagen. Oft baten sie auch die anwesenden Polizisten, sie mögen doch weggehen, damit sie Hebich recht durchprügeln könnten. Dieser aber blieb gewöhnlich ruhig und predigte unbeirrt weiter. So war es auch in Taliparambu, wo einst ein bekanntes Heiligtum stand. Hier waren vor allem Brahmanen die Festbesucher, weswegen der Widerspruch besonders heftig war. Sie suchten Hebich auf alle erdenkliche Weise zu stören und zu ärgern. Sie spotteten und schmähten, suchten ihn lächerlich zu machen; manche warfen Steine und Kuhmist nach ihnen und hetzten die großen Tempelelefanten auf ihn. Die aufgebrachte Menge stürmte schließlich sein Zelt und schnitt die Stricke ab. Mehrere Stunden dauerte die Auseinandersetzung, bis schließlich sogar ein Elefant gegen das Zelt anstürmte, allerdings kurz davor wieder abbog. Hebich und seine Mannschaft war wieder einmal verschont geblieben. Mit Freuden kehrte man heim.

»Sie Feigling!«

Erfolg zeitigten auch Bekehrungsversuche unter englischen Soldaten:

Als ich (General Carnegy) nach Sonnenuntergang im Boot Kannanore zuruderte, hörte ich plötzlich jemand rufen: »Halt! Halt!« Ich ließ halten.

Da kam ein wunderlich gekleideter Mann auf mich zu und sagte: »Guten Abend! Wohin gehen Sie?«

»Nach Kannanore«, erwiderte ich.

»Sind Sie dessen gewiß?«, fragte er.

»Freilich bin ich gewiß«, antwortete ich.

»Sind Sie ebenso gewiß, sich auf dem Weg zum Himmel zu befinden, als Sie Gewißheit haben, nach Kannanore zu kommen? Denken Sie darüber nach. Gute Nacht!« Sprach's und ging davon.

Ich aber mußte die ganze Nacht darüber nachdenken und beten, bis ich die Gewißheit des Heils hatte.

Bei einem großen festlichen Abendessen in einem Regiment war auch Hebich zugegen, den ein junger Leutnant barsch ansprach: »Sie wissen ja selbst, daß alles unwahr ist, was Sie predigen. Es gibt keine Seele; alles ist nämlich Stoff!«

Hebich zeigte sich unbeeindruckt, bis er plötzlich vom Tisch aufstand, seinen Stuhl ergriff, ihn auf den Boden legte und wieder auf seine Füße stellte. Ebenso ergriff er flugs den Leutnant, legte ihn – ohne daß dieser reagieren konnte – auf den Rücken und stellte ihn dann wieder auf seine Füße.

Außer sich vor Zorn, zog dieser sofort den Degen und wollte gegen den »Langbart« vorgehen. Glücklicherweise sprangen aber Offiziere vom Nachbartisch herbei und hielten ihn fest. Nachdem wieder Ruhe eingekehrt war, eröffnete Hebich wiederum das Gespräch: »Meine lieben Herren, der Herr Leutnant sagte, ein Mensch sei nur eine Sache wie ein Stück Holz. Ich legte den Stuhl auf den Rücken und stellte ihn dann wieder auf. Der Stuhl wurde nicht zornig, protestierte auch nicht. Aber dieser junge Mann: Wenn er keinen Geist hat und nur eine Sache ist, warum wurde er dann zornig?«

Der Leutnant verabschiedete sich eilends und ging betroffen nach Hause, indem er sich fragte: »Wenn ich wirklich eine Seele habe, wo bringe ich dann die Ewigkeit zu?« Einige Tage später suchte er Hebich auf und fand zur Gewißheit des Glaubens.

Wenige Monate später kam er bei einem Gefecht in Neu Delhi zu Tode. Sterbend zog er sein Tagebuch aus der Tasche und bat seinen Freund: »Bitte übersende es meiner lieben betenden Mutter in England; teile ihr mit, daß ich im Glauben an den Herrn Jesus sterbe; sende auch herzliche Grüße an Herrn Missionar Hebich und sage ihm, daß ich es ihm mit meinem letzten Atemzug danke, daß er mich zum Glauben an Jesus geführt hat«.

Ein als »eisern« geltender Major, den Hebich gut kannte, hatte seinen Diener angewiesen, den »deutschen Hünen mit dem langen weißen Bart« auf gar keinen Fall in seine Wohnung hereinzulassen. Da stand Hebich auf einmal vor der Tür. Sofort wurde er abgewiesen! Lächelnd schob Hebich daraufhin den Diener auf die Seite und betrat das noble Haus. Aber – kein Offizier war zu sehen. Hebich schritt flugs in das Schlafzimmer, danach in das Eß- und Wohnzimmer. Niemand war zu sehen! Da rührte sich etwas an den Fransen des Sofas. Tatsächlich – da drunter im Staub lag der Major! »Kommen Sie hervor, Sie Feigling!«, donnert Hebich ihm entgegen, »Hier, setzen Sie sich auf das Sofa und hören Sie Gottes Wort!« Und nun verkündigte ihm Hebich das Evangelium, daß man vor dem allmächtigen Gott nicht fliehen könne, der den Menschen in Jesus Christus nachgegangen ist. – Der Major wurde schließlich ein mutiger »Soldat Jesu Christi«.

Johann Ludwig Krapf – Bahnbrecher der ostafrikanischen Mission

Aus dem Tübinger Vorort Derendingen stammt Württembergs bedeutendster evangelischer Missionar: Johann Ludwig Krapf (1810-1881), der als Sendbote der englischen »Church Missionary Society« von 1837 bis 1855 in Afrika wirkte. Nach dem vergeblichen Versuch, in Äthiopien einzudringen, zog Krapf 1843 an die ostafrikanische Küste (Mombasa, Sansibar), von wo aus er Erkundungsreisen ins Innere Afrikas unternahm; daneben erforschte er die ostafrikanischen Sprachen.

Zusammen mit JOHANNES REBMANN (1820-1876), einem »Wengerter« (Weingärtner) aus Gerlingen nahe Stuttgart – dieser der »ruhige, überlegene Johannes«, jener hingegen der »feurige, wagende Paulus« (Vortisch) – gründete Krapf im Sommer 1846 die erste Missionsstation:

»Die Mission muß angefangen werden«

Alle Bedingungen waren erfüllt, in Ostafrika Fuß zu fassen. Krapf wählte Rabbai Mpia (nahe Mombasa) aus, ein kleines Dorf des Stammes der Wanika, um hier den ersten Stützpunkt zu errichten. Rabbai lag auf dem Festland, nahe an der Küste, vier Grad südlich vom Äquator, mitten in einem Kokoswald. Aber Anfang und Fortgang des Werkes waren gleich schwierig. Am Morgen des 25. August, als sie in das Dorf einziehen wollten, hatte Krapf wieder einen heftigen Fieberanfall. Er ließ sich aber nicht abhalten und sagte zu sich selbst: »Die Mission muß angefangen werden, und sei Tod oder Leben die Folge.« Mit innerlichem Seufzen wankte er neben Rebmann her, der gleichfalls sehr schwach war und kaum zu Fuß gehen konnte. Trotz ihres guten Esels waren sie kaum in der Lage, die Höhe von 300 Metern zu ersteigen und mußten alle paar Schritte ermattet ausruhen. »Kaum«, sagt Krapf darüber, «wird eine Mission in solcher Schwachheit angefangen worden sein; aber so sollte es sein, damit wir uns nicht unserer eigenen Kraft rühmten« ...

Einige Tage nach ihrer Ankunft begannen sie ein Haus zu bauen. Doch die Wanika machten das Fundament so schlecht, daß die Missionare genötigt waren, noch einmal an die Arbeit zu gehen, wenn nicht der nächstbeste starke Wind das ganze Haus über den Haufen werfen sollte. Nach abermaliger Grundlegung, wobei die Wanika den Missionaren vergnügt zuschauten, bestrichen sie mit ihren Händen die Wände mit Lehm und Kot. Das schiefe Dach wurde mit geflochtenen Kokosblättern gedeckt. Nach ihrem Einzug in das Haus am 16. Oktober schrieb Krapf in sein Tagebuch: »Jeder wahre Freund des Reiches Christi muß sich dieser Mission freuen, weil sie der erste Schritt zum Vorrücken in das Herz Afrikas ist. Wir haben einen festen Punkt gewonnen, von wo aus die unerforschten Gebiete des Innern Afrikas besucht werden können.«

Mit der Vollendung der Wohnhütte hatten die Missionare nun zwar ein ordentliches Obdach gefunden, aber der Aufenthalt in diesem Haus war nicht besonders angenehm. Namentlich die zahllosen Mäuse machten viel Beschwerden. Eine andere Plage waren die Ameisen: »Als ich gestern abend etwa um neun Uhr in mein Kämmerlein ging«, so Krapf in seinem Tagebuch, »fühlte ich schnell ein Beißen und Klemmen an allen Teilen des Körpers. Ich wußte bald, was das sei, und untersuchte das Zimmer mit dem Licht – und wirklich wimmelte es darin so von Ameisen, daß der Boden ganz schwarz aussah ...« Gefährlicher noch waren die Schlangen und Skorpione, mit denen Krapf auch oft zu tun hatte. Als er eines Morgens vom Bett aufstand, lag eine große Schlange so im Weg, daß er unfehlbar auf sie hätte treten müssen, wenn es noch finster gewesen wäre. Er ergriff sofort ein Beil und hieb ihr den Kopf ab ...

»Mit Gottes Hilfe«

Als die Hütte für den Gottesdienst, welche 60 bis 80 Personen fassen konnte, endlich fertig geworden war, wurde gleich am Sonntag (15. August 1847) die Einweihung vorgenommen. Etwa 12 bis 15 Wanika versammelten sich, und Krapf lud sie ein, jeden Sonntag wiederzukommen und Gottes Wort anzuhören. Als er seine Anrede vollendet hatte, fragte einer der Wanika, was Krapf ihnen zu essen geben würde, wenn sie jeden Sonntag hierher kämen. Wenn sie Reis und eine Kuh erhielten – so ihre Forderung –, würden sie immer kommen, wenn nicht, würden sie wegbleiben. Das war für den Einweihungstag freilich eine niederschlagende Erfahrung. Krapf suchte daher durch Besuche von Haus zu Haus die Wanika auf den Gottesdienst vorzubereiten. Besonders ließ er es sich angelegen sein, bei den häufigen heidnischen Festlichkeiten, bei denen die Wanika oft Tag und Nacht mit Schreien, Tanzen und Saufen fortmachten, Zeugnisse des Glaubens abzulegen.

Tief beugte ihn oft der ins Irdische versunkene, gleichgültige Sinn der Wanika. Lange Zeit schien alle Arbeit vergeblich. Die Wanika sahen die Missionare großenteils als Leute an, welche nur dazu da seien, daß sie bei ihnen allerlei irdische Dinge, die gerade nötig oder wünschenswert schienen, sich holen könnten. Die Bettelei war grenzenlos. Das Haus der Missionare sah oft einem Kaufladen gleich, wo Kunden in Menge erschienen, aber ohne zahlen zu wollen. Der eine verlangte ein Beil, der andere ein Kleid, der dritte wollte Nadeln, der vierte einen Taler, der fünfte wünschte Salz oder Pfeffer usw. Krapf sah die Sache so an: Der Missionar kann keine Wunder der Krankenheilungen und Totenerweckungen tun wie die Apostel, aber er kann Wunder der Liebe, der Demut, der Geduld, der Selbstverleugnung tun, und »die haben noch heute eine mächtige Anziehungskraft für die Heiden«.

Die schlechten Erfahrungen schlugen Krapfs Herz oft nieder, zumal den Wanika auch ein Verständnis für Heilsbedürftigkeit völlig fehlte ... So bekam er nach zweijähriger aufopferungsvoller Arbeit von einem jungen Mann, der die Gottesdienste oft besucht hatte, die Frage vorgeworfen, wer eigentlich Christus sei, dem er glauben solle, was ihn wie ein Donnerschlag traf. Aber Krapf verzagte nicht. »Mit Gottes Hilfe«, schrieb er im August 1847, »haben wir doch Eingang bei diesem Volk gefunden ..., haben die Anfänge einer Schule gemacht, die Sprache ziemlich gelernt, Bücher vorbereitet, vielen Wanika, Wakamba und Suaheli das Wort Gottes verkündigt, Sitten, Gebräuche und Vorurteile sowie auch die landschaftlichen Verhältnisse dieser Völker kennengelernt. Auch wir werden noch die Gnade erleben, Ihm Seelen zuzuführen als Lohn seiner Schmerzen.«

Mringe, der Krüppel

Als Krapf im Mai 1848 in das Dorf Muihani kam, um zu predigen, gelang es ihm, eine Anzahl Leute auf dem Dorfplatz zu versammeln. Es war um die Mittagszeit, heiß brannte die Sonne auf die Negerhütten ringsum – das Dorf lag fast auf dem Äquator –, und der Missionar stand auf dem erhöhten Wurzelwerk eines Baumes. Um ihn herum kauerten die Dorfbewohner. Er erzählte ihnen die Geschichte aus Johannes 3 von Jesus und Nikodemus. Aber die Aufmerksamkeit war nicht groß; etliche zündeten sich immer wieder ihre stinkenden Pfeifen an, etliche schwatzten miteinander – nur einer schien leuchtende Augen und offene Ohren zu haben. Er saß etwas abgesondert von den anderen und wie ein Häuflein Unglück zusammengekauert.

»Und du dort hinten«, redete Krapf ihn am Ende der Erzählung an, »hättest du nicht Lust, wie unser Nikodemus zum Heiland zu kommen und sein Freund zu werden?«

»Dein Gott müßte mir allerdings«, erwiderte jener, »etwas ganz Besonderes geben und mich ganz neu schaffen.« Er erhob sich vom Boden, aber er wurde dadurch kaum größer, denn er war ein Krüppel mit verschrobenen Beinen und hochgekrümmtem Buckel und blieb ein Häuflein Elend, auch wenn er stand. Krapf verstand jetzt sofort, wie der arme Mensch es meinte, und sprach zu ihm: »Vertraue Jesus, glaube an Ihn, so wirst du ein anderer Mensch werden – äußerlich nicht schöner und achtenswerter, aber innerlich reich und glücklich. – Wie heißt du denn?«

»Mringe, der Krüppel«, antwortete der Kleine und ging dann mit tiefen Gedanken, wie er sie noch nie in seinem turmartig verzogenen Kopfe herumgewälzt hatte, in seine Hütte zurück, die etwas abseits vom Dorf am Waldrand stand...

Als ihn nach acht Tagen der arme Krüppel auf der Missionsstation besuchte, nahm Krapf ihn besonders freundlich auf, tischte ihm zunächst allerlei gute Sachen auf und erklärte ihm dann die Worte Jesu: »Kommet her zu Mir alle, die ihr mühselig und beladen seid. Ich will euch erquicken.« So etwas hatte Mringe von seinen Fetischen und Götzen nie gehört! Er kam jetzt öfter zu Krapf und wollte noch mehr von dem Gott hören. So wurde das Herz Mringes immer mehr berührt, bis er schließlich zum Glauben fand. Da Mringe bei seiner körperlichen Schwachheit nicht arbeiten konnte, sorgte Krapf in rührender väterlicher Weise dafür, daß er nicht Hunger zu leiden hatte, zumal er sterbenskrank wurde ...

Nachdem Krapf im Februar kurzzeitig nach Europa zurückgekehrt war, besuchte Rebmann den Kranken. »Da ist kein Taufexamen mehr nötig; Licht und Leben des Sohnes Gottes ist auf seinem Antlitz zu lesen!«, dachte Rebmann, als er ihn sah. Im Beisein des Nachbars Abbe, dem Mringe zuvor vom Evangelium erzählt hatte, taufte Rebmann andertags den leidensfröhlichen Mringe, und als er ihn am folgenden

Morgen wieder besuchen wollte, fand er ihn mit gefalteten Händen tot auf der Matte in seiner Hütte. Abbe bezog nun die Hütte des Verstorbenen und trat das Erbe an, das ihm dieser hinterlassen hatte: seinem Volk ein Prediger, ein Licht und Salz zu sein.

Mringe war der erste und einzige Heide, der durch Krapf dem Evangelium gewonnen wurde und ihm neuen Antrieb verlieh: »In solchen Augenblicken (nachdem Mringe zum Glauben gefunden hatte)«, schrieb Krapf in sein Tagebuch, »fühlt man die Herrlichkeit des Missionsberufes. Ein Missionar, der in Gottes Geist reden kann und darf, ist das seligste Wesen, das es auf Erden gibt. Was sind Königs- und Kaiserwürden, verglichen mit der Würde eines Predigers im Busch oder in der einsamen Hütte? Ich glaube, ein Erzengel würde sein Los mit ihm tauschen.«

»Das Ende der geographischen Tat ist der Beginn der Mission« (D. Livingstone)

Krapfs oft mit Gefahren verbundene Reisen bereiteten nicht nur der Mission den Weg, sondern zeitigten auch geographische Entdeckungen:

Gegen Ende des Jahres 1849 rüstete sich Krapf zu einer neuen Erkundungsreise, und zwar um das noch weiter als Usambara im Innern gelegene Heimatland der Wakamba zu erforschen, ob nicht dort Missionsstationen angelegt werden könnten, da die Wakamba großen Handel trieben, überall hinreisten und somit treffliche Boten des Evangeliums werden konnten. Überhaupt plante er, Afrika von Ost nach West mit Missionsstationen zu »besetzen«: »Ich nahm an, daß es etwa 900 Wegstunden seien von Mombasa bis zum Gabunfluß in Westafrika, wo die Amerikaner eine Mission gegründet hatten. Wenn nun alle 100 Wegstunden eine Station mit vier Missionaren aufgestellt würde, so würde man 9 Stationen, 36 Missionare und ungefähr 50 000 Gulden jährlich brauchen. Würde man alle Jahre von Ost nach West zugleich vorrücken, so müßte die Missionskette in vier bis fünf Jahren fertig sein.« ... Er hoffte, auf der Reise neben reichlicher Predigt Erkundigungen einziehen zu können über Wege nach Uniamesi (Tanganjikasee-Gebiet) zu den sagenhaften Nilquellen und zu Überresten christlicher Gemeinden am Äquator.

Krapfs Reisen in Afrika

(- - - - Grenzen; — · — · — Eisenbahn; ++++ Krapfs Reiseweg)

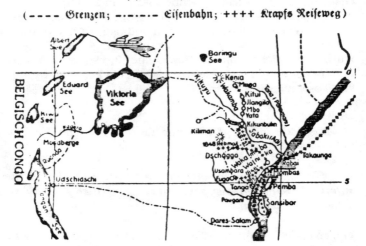

Krapfs Reisen in Ostafrika

Am 1. November 1849 brach er mit elf Trägern auf. Da überall eine Art Durchgangszoll von den Häuptlingen verlangt wurde und die Eingeborenen wie auch die Träger immer wieder Geschenke forderten, hatte er viele Mühe und Gefahren zu bestehen, bis er den Stamm der Wanika hinter sich hatte. Dann kamen Gegenden, die von Galläräubern heimgesucht wurden oder durch borniges Gestrüpp unwegsam oder durch wilde Tiere wie Elefanten und Nashörner gefährdet waren. Am 10. November kehrten sie in dem hochgelegenen Dorf Mangu ein, von wo Krapf eine schöne Aussicht auf den

Kilimandscharo hatte ... Als sie weiterzogen, hatten sie wasserloses Land zu durchstreifen und wären einmal fast verdurstet. In der äußersten Not fand Krapf etliche Freiwillige, die sich mit letzter Kraft mit ihm auf die Suche nach Wasser machten. Nach vierstündigem Marsch erblickten sie endlich Palmen, die einen nahen Fluß vermuten ließen, und mit der letzten Anstrengung schleppten sie sich – eben bei Sonnenuntergang – zu jener Stelle, wo sie wirklich Wasser in Fülle antrafen.

Während sie in Kikumbuliu und Idumuo ihren Speise- und Wasservorrat ergänzten und die Neger den weißen Mann wie ein Wesen anderer Welten staunend umringten, gab es Gelegenheit, ihnen von Jesus zu erzählen. Als eine große Schlange heranschlich, ergriff sie ein Wanika, brach ihr die Giftzähne aus und gebot ihr dann unter Murmeln von Zaubersprüchen bestimmte Bewegungen zu machen, die sie auch prompt ausführte. Da er sich damit besondere Ehrfurcht verschaffen wollte, befahl ihm Krapf, die Schlange zu töten. Der Neger erklärte aber, dies nicht tun zu dürfen, da die Tötung ihm großes Unheil brächte. Nun griff Krapf selbst zur Flinte, erschoß das Tier und erzählte dann den Leuten die Geschichte des Sündenfalls unserer Stammeltern, den nach der Bibel (1. Mose 3) der Teufel – die alte Schlange – verursacht hat.

Bald ging es weiter durch fruchtbare Täler, über hohe kalte Höhen, dann durch Gegenden, wo sogar das Holz rar war, durch Dörfer, wo sie zartes Giraffen- und hartes Elefantenfleisch angeboten bekamen. Schließlich erreichten sie einen Felshügel, nachdem es Krapf am Tage vorher nur mit Mühe gelungen war, eine Meuterei seiner Träger niederzuschlagen, die einen höheren Lohn verlangten. Im Dorf Ilangilo begann das Gebiet des Stammes Kitui. Krapf wünschte besonders und sah es als Ziel seiner Reise an, den Kitui-Häuptling Kiwoi zu besuchen und für eine Missionsstation zu gewinnen. In den Unterredungen, in denen Krapf auch geographische Fragen beantwortet haben wollte, erzählte ihm der weitgereiste Häuptling, daß außer dem Kilimandscharo noch ein anderer, größerer Kiima dscha dscheu (Berg der Weiße), der Mount

Kenya (niedriger als der Kibo), nur sechs Tagesreisen von Ilangilo entfernt sei. Krapf sollte auch wirklich bald Gelegenheit haben, den Kenya zu sehen und damit seine größte Entdeckung in Ostafrika zu machen.

»Auf dem Heimweg«, so erzählt er vom 3. Dezember 1849, »erreichten wir einen erhöhten Ort, von wo aus ich den Schneeberg Kenya (5252 Meter) deutlich sehen konnte, da die Luft rein und klar war. Er erschien mir wie eine ungeheure Mauer, auf deren Spitze ich zwei große Türme oder Hörner erblickte, die dem Berg ein imposantes Aussehen gaben.

Krapf wurde später für seine Entdeckung hochgeehrt, nachdem er bereits früher als Anerkennung für seine sprachwissenschaftlichen Werke und die Beschaffung wertvoller alter Handschriften in Amharisch (äthiopisch) von der Universität Tübingen den Doktortitel erhalten hatte; die Geographische Gesellschaft in Paris ließ je eine Denkmünze mit seinem und Rebmanns Namen prägen, und verschiedene gelehrte Gesellschaften ernannten ihn zu ihrem Ehrenmitglied.

»Seine gewaltige Tat«

Bereits eineinhalb Jahre zuvor, am 11. Mai 1848, hatte Rebmann als erster Europäer den Kilimandscharo (5895 Meter), Afrikas höchsten Berg, entdeckt:

Inmitten einer großen Wüste, die voll ist von wilden Tieren, – vor allem von Nashörnern, Büffeln und Elefanten – schliefen wir unter Dornbüschen sicher und ruhig unter Gottes gnädigem Schutz ... Wir sahen diesen Morgen die Berge von Dschagga immer deutlicher, bis ich gegen 10 Uhr den Gipfel von einem dieser, mit einer auffallenden weißen Wolke bedeckt, zu sehen glaubte. Mein Führer hieß dies Weiße, das ich sah, schlechtweg »Kälte« (beredi); es wurde mir aber ebenso klar wie gewiß, daß das nichts anderes sein könne als Schnee, was ich meinen Leuten sogleich zu erklären suchte; sie wollten mir aber nicht recht glauben, ausgenommen mein Führer, der, wie ich nachher erfuhr, bereits früher um das »Silber« dort oben in Ängsten war und einige Leute hinaufgeschickt hatte, die ihm des Silbers soviel wie möglich bringen sollten, allerdings nichts als Wasser zurückbrachten. All die sonderbaren Geschichten von einem unzugänglichen, weil von bösen Geistern bewohnten Gold- und Silberberg im Innern, waren mir nun auf einmal klargeworden.

Als ich bald nachher unter einem Baum ausruhte, las ich den 111. Psalm (»Lobpreis der wunderbaren Werke Gottes«) in der englischen Bibel, an den ich gerade der Ordnung nach kam. Er machte einen doppelten Eindruck auf mich im Angesicht des herrlichen Schneebergs, besonders der 6. Vers (»Er läßt verkündigen seine gewaltigen Taten«), der so herrlich und klar ausdrückte, was ich nur leise ahnte und fühlte ...

Friedrich Autenrieth – Vorwärts mit Gott

Ähnlich wie Krapf in Ostafrika wirkte im westafrikanischen Kamerun, einer ehemaligen deutschen Kolonie, ein weiterer schwäbischer Missionspionier: Friedrich Autenrieth (1862 bis 1920), ein gebürtiger Schorndorfer, der Ende 1887 von der Basler Mission entsandt wurde.

Nach mehrmonatigem Aufenthalt an der Küste versuchte er ins Innere des Landes vorzudringen, wo er eine christliche Gemeinde bereits vorfand:

Geistesfrühling im Aboland

Es war im Oktober 1888, als ich zum erstenmal auf das wiederholte Bitten des bekehrten Häuptlings Koto die Reise von der Küste (Victoria) ins Aboland unternahm. Nach 10 bis 12stündiger Bootsfahrt erreicht man auf dem Kamerun-, Wuri- und Abofluß das Dorf Mangamba. Wie aus einem Palmengarten erhebt sich hier ein freistehender, sanft ansteigender Hügel, an dessen Abhängen die Hütten des Dorfes im Schatten reicher und üppiger Palmen-, Bananen- und Pisangpflanzungen in malerischer Weise zerstreut liegen. Auf der Spitze des Hügels genießt man bei klarem Wetter eine unvergleichlich schöne Fernsicht ... Dieses Plateau des Mangambahügels war der Ort, wo Koto seine Hütte aufgeschlagen hatte, wo die Morgenröte des neuen Tages schon angebrochen war. Tränen der Freude rannen Koto über die Wangen, als er mich kommen sah. Was war doch schon alles hier im Werden!

Bootsfahrt auf dem Abofluß

Ich traute meinen Augen kaum, als ich die Scharen von Menschen herzuströmen sah. Auch war eine Versammlungshütte im Bau begriffen, und die sollte eingeweiht werden. Während ich Taufbewerbern weitere Unterweisung gab, wurde an der neuen »Kapelle« eifrig gebaut, und bald stand sie reichlich geschmückt zum festlichen Tage bereit. Ein herrlicher, unvergeßlicher Tag war es, als die Hunderte von Schwarzen sich zur ersten christlichen Festversammlung auf dem Hügel versammelt hatten! Die Taufe von elf jungen Männern und die Einweihung einer Kapelle – das war die erste Arbeit, die wir Missionare in diesem Land verrichten durften! Wahrlich, ein schönerer Missionsanfang im heidnischen Land läßt sich nicht denken! ...

Heller Jubel erfüllte das Dorf Mangamba, als ich am 13. Mai 1889 in Begleitung des Handwerker-Missionars Walker zur dauernden Niederlassung abermals dort eintraf. Auch die Heiden nahmen an diesem bedeutsamen Ereignis freudigen Anteil ... Hatten doch viele von ihnen noch nie einen weißen Mann gesehen, und waren wir somit für sie zum mindesten ein Gegenstand großer Bewunderung ... Die fröhliche Eigenart unserer Aboleute konnten wir auch während der Zeit des Baues der Missionsstation kennenlernen. Fröhlich singend zogen unsere »Gottesmänner«, wie sich die Christen nannten, allmorgendlich hinaus in den Wald, um Balken und Bretter zu sägen.

»Die Gottessache«

Die kaum begonnene Missionsarbeit nahm in rascher Weise einen immer mächtigeren Aufschwung. Alles strömte nach Mangamba. Vom Morgen bis zum Abend und meist noch tief in die Nacht hinein galt es, den wißbegierigen Leuten von nah und fern die »große Gottessache« – so nannten die Eingeborenen das Evangelium – zu verkündigen. Gottes Geist hatte mächtig angefangen zu wirken, und der Herr bekräftigte auch sein Wort durch mancherlei mitfolgende Zeichen.

Die hochgehenden Wellen der Bewegung, die von Mangamba ausgingen, waren bald nicht nur im engeren Bezirk unseres Stationsgebietes, sondern auch im Muristammgebiet und in West-Abo bemerkbar, von woher nun die ersten Leute zu uns Ost-Aboern herüberkamen. Seit vielen Jahren hatte zwischen beiden Gebieten blutige Fehde bestanden, und niemand konnte ohne Gefahr des Lebens den Abofluß, der beide Stammesteile trennte, überschreiten. Nun war es durch die »Gottessache« gekommen, daß fünf junge Leute von West-Abo es wagten, den gefährlichen Gang nach Ost-Abo zu machen, was eine ganze Bewegung in Mangamba hervorrief. Vor Zeiten hatten nämlich Ost-Aboer, wozu auch die Mangambaleute gehören, bei Anlaß eines großen heidnischen Festes einen Menschenraubzug nach West-Abo unternommen und dort gräßliche Greueltaten verübt. Eine größere Anzahl Männer und Frauen wurden meuchlings überfallen, in grausamster Weise ermordet und ihre Köpfe von dannen getragen. Natürlich war die Folge, daß jene Dörfer unseren Ost-Aboern für diese Greueltaten tödliche Rache schworen ...

Das Wagnis nun der fünf jungen Männer, deren Anführer ein Häuptlingssohn namens Musi war, war ein Ereignis von besonderer Bedeutung und hatte zunächst schon den schönen Erfolg, daß der bisherige feindselige Bann gebrochen und neue friedliche Beziehungen ihren Anfang nahmen. Der alten Fehde und des immerwährenden Mordens war man ohnehin längst müde geworden. So bemühten sich selbst die Heiden in Mangamba, dem Häuptlingssohn und seinen Begleitern die bestmögliche Freundschaft zu erweisen. Doch Musi dachte an alle diese Dinge weiter nicht, und es erschien ihm jedenfalls auch geringfügig, daß seine Reise nach Mangamba den endlichen Friedensschluß zwischen Ost- und West-Abo bedeuten sollte. Sein Herz war mit viel Wichtigerem erfüllt – das war die »Gottessache«. Darin ging jetzt all sein Sinnen und Denken auf ... Eine völlig neue Zeit, eine herrliche Heils- und Segenszeit sollte damit für ganz Ost-Abo anbrechen.

Musi, der mit seinem Freund Timba als erster in Bwapaki getauft wurde, war mit einem wahren Feuereifer für die Gottessache beseelt. Bald war er auch »Lehrer« und »Prediger« seines Gebiets. Dabei betrachtete er nicht nur die Bwapakidörfer, sondern auch die weitere Umgegend als sein Arbeitsfeld. So traf ich ihn einmal mit zwölf seiner »Gottesmänner« in dem mehrere Stunden von Bwapaki entfernten Miang, wo er mir zu meiner großen Überraschung mitteilte, daß er bereits seit drei Tagen in den Miangdörfern, deren es etwa ein Dutzend gab, Straßenpredigt treibe. Ich glaubte der erste zu sein, der hier die »Gottessache« verkündigte, aber da war mir der eifrige Musi schon zuvorgekommen.

Diese 13köpfige Predigtgesellschaft bot ein so interessantes äußeres Bild, daß es mir heute noch sehr lebendig vor

Augen steht. Es hatte sich nämlich zu jener Zeit allgemein die Anschauung gebildet, daß ein Gottesmann außer dem üblichen Lendentuch noch irgendwelches andere europäische Kleidungsstück zu tragen habe. Da waren alte Fräcke von jeder Gattung und Farbe zu sehen, die sie sich von Kaufleuten an der Küste erworben hatten. Einer hatte gar seinen Frack umgekehrt an und trug das bunte Futter nach außen. Da

Missionspredigt

waren Strohhüte mit losgerissenem Rand oder sogar ohne Boden, Kappen mit Löchern, Sonnen- und Regenschirme mit und ohne Tuch, Hosen mit nur einem Bein usw. Selbst eine bunte Frauen-Nachtjacke fehlte nicht, und auf einem der Wollköpfe balancierte ein durchlöcherter Zylinder! Am kostbarsten drapiert war ein langbeiniger Jüngling, der in einem alten Waffenrock eines deutschen Dragoneroffiziers erschien, wozu die gestrickte rote Zipfelmütze auf seinem Haupt eine seltsame Ergänzung bot... Und merkwürdig – die »Gottesmänner« durften trotz ihres possenhaften Aufzuges hier in Miang bleibenden Segen stiften!

»Wir wollen ihn aufessen«

Vom Aboland dehnt sich in nördlicher und östlicher Richtung ein weites Hügelland aus, das bis dahin für uns noch immer ein völlig unbekanntes Gebiet war. Noch nie war ein Eingeborener des Abostammes in jene Gebirge vorgedrungen; man wußte über sie nur schauerliche Spukgeschichten zu erzählen. Des Nachts, wenn unsere Aboleute im Mondschein um das Feuer sich versammelten, erzählten kühne Männer, die im Ansehen großer Zauberkraft standen, die schauerlichsten Hexen- und Gespenstergeschichten, so daß den Zuhörern die Haare sich sträubten und es ihnen heiß und kalt vor Angst über den Körper lief. Doch der Plan, in jene Gebiete vorzudringen, ließ mir keine Ruhe mehr ... Die Vorbereitungen wurden sorgfältig getroffen, galt es doch eine Entdeckungsreise durch den pfadlosen Urwald in unbekannte Gebiete zu machen. Unser Geld hatten wir in Gestalt von Tauschwaren wie Blättertabak, Baumwollstoffen, Hüten, Kappen, Schirmen, Messern, Scheren, Faden, Nadeln, Perlen, Ohrringen, Tonpfeifen usw. mitzunehmen. Nachdem wir uns im Gebet der Obhut Gottes befohlen hatten, trat ich mit meinen Getreuen am 12. Juni 1893 meine erste Reise ins innere Hochland an...

Im ganzen war unsere Aufnahme auf dieser ersten Reise im Nkosiland eine weitaus bessere, als wir erwarteten. Ja, es kam dahin, daß ich in dem prächtig, 800 m hoch gelegenen Dorf Nyasoso mit dem dortigen Häuptling Sona, an dem wir fast nur edle Eigenschaften wahrnahmen, die besten Freundschaftsbeziehungen anknüpfen konnten. Doch mit betrübter Miene teilte er uns mit, daß seine Dorfältesten ihn alle vor dem weißen Mann warnten und ihm auch sagten, der weiße Mann »stehle jedem die Seele«, der sich mit ihm befreunde ...

Fast zwei Jahre vergingen, bis es wieder möglich wurde, im Aboland Träger für eine nochmalige Reise ins Nkosiland zu gewinnen. Daß nach unserem Eintreffen in Nyasoso sofort die feindseligste Stimmung im ganzen Land sich gegen uns erhob, kann nach den geschilderten Umständen (der mittlerweile eingetretene Tod Sonas) nicht weiter wundernehmen. Man hatte geschworen, bei einer nächtlichen Todesmahlzeit mich zu ermorden und zu verspeisen. In der entscheidenden Nacht kam kein Schlaf in meine Augen. Jetzt war die Entscheidung da. Ich wollte das Äußerste wagen. Ich rang mit Gott, flehte um Hilfe und erhob mich am Morgen frisch und mutig. Mit zwei Begleitern machte ich mich auf den Weg. Im Nu erhob sich der wildeste Sturm. Hunderte von Bewaffneten stürmten von allen Seiten auf uns ein. Die Luft hallte wider von dem Geschrei. Die Lage schien rettungslos. Mit Todesverachtung drang ich nun – unbewaffnet wie ich war – geradewegs auf die wilde Menge ein, und mit raschem, beherztem Schritt bahnte ich mir durch sie hindurch den Weg. Bestürzt wichen die Angreifer zurück. Sie hatten eine abergläubische Scheu; sie glaubten, ich habe eine Zauberkraft, daß ich so Großes wagen könne. Alles rannte davon nach Sundem. Da rief ich meinen Begleitern zu: »Vorwärts mit Gott!« und ging auch nach Sundem. Dort ging der Hauptsturm los. Tausende von rasenden Menschen umringten uns und schwangen ihre Lanzen dicht vor meinem Angesicht. Zwei volle Stunden stand ich so mit meinen jungen Leuten vor ihnen auf offener Straße, umheult von der tobenden Menge, als wäre die Hölle losgelassen. Doch den Todesstoß wagte keiner. Ihre Bestürzung war zu groß, daß ich ihnen jetzt, ohne Waffen, in die Hände lief. Schließlich gerieten die Leute unter sich in Streit, und der eine schrie dies, der andere das. Der Oberhäuptling selbst äußerte angstvoll: »Er ist Gott, und wenn wir ihn angreifen, so wird das Land untergehen.«

In einem Ziegenstall fanden wir für die Nacht Unterkunft. Nach Mitternacht zog eine Rotte der wildesten und beherztesten Männer vor die Hütte und verlangten unter wildem Gebrüll: »Wir wollen den Weißen töten und ihn aufessen; wir haben es geschworen.« Aber schließlich hatte doch keiner den Mut, die Mordtat zu vollziehen; sie sahen ›Geister‹, die meine Hütte umringten. Unverrichteter Dinge zogen sie ab. Damit war die Entscheidung gefallen. Wir waren gerettet, und der Sieg war unser! ...

Obwohl noch lange kein vollständiger Friede einkehrte, kam es bald zu dem feierlichen Beschluß, daß ich die Erlaubnis haben sollte, hier in Nyasoso eine Missionsstation zu gründen, und schon in den nächsten Monaten sah dieser Ort, der so schön, gleichsam auf einer Terrasse des 2500 m hohen Kupeberges gelegen ist, ein vorläufiges Wohnhaus entstehen. ... Es war mir wie ein Traum, als ich nach drei Monaten wieder unter den schattigen Palmen des Abolandes dahinwandelte. Welch frohe Gefühle durchzogen jetzt meine Seele! Alles, was mir einst nur als schöner Traum vor Augen schwebte, war heute erfüllt. Das zukunftsreiche Hochland war der Mission erschlossen! Gott sei gedankt!

12.
WERKE DER INNEREN MISSION

Christian Heinrich Zeller –
Freund der armen Kinder

Unter den im letzten Jahrhundert in Württemberg gegründeten diakonischen Werken nehmen die sogenannten Kinderrettungsanstalten einen besonderen Platz ein. Wegweisend dafür war die 1820 als Zweigverein der Deutschen Christentumsgesellschaft im badischen Beuggen im Südschwarzwald entstandene »Freiwillige Armen- und Schullehreranstalt«. Ihr Gründer war der aus Entringen bei Tübingen stammende Jurist Christian Heinrich Zeller (1779-1860), ein Freund Pestalozzis.

Befreundet war Zeller auch mit Christian Friedrich Spittler, dem er im November 1819 berichtet:

»Wer ein Kind aufnimmt, nimmt Mich auf«

Da stehe ich und überblicke, was der Herr seit drei Jahren in unserer Armenschullehrer-Sache getan hat, in dieser Sache, zu deren Ausführung wir vor drei Jahren nichts hatten als ein Fünklein Glaube, Liebe und Hoffnung. Es war der Glaube an die tröstliche Wahrheit: »Gott will, daß allen Menschen geholfen werde und sie zur Erkenntnis der Wahrheit kommen.« Es war der Glaube an das Wort: »Wer ein Kind aufnimmt in meinem Namen, der nimmt Mich auf.« Es war die Erinnerung an den Befehl Jesu: »Lasset die Kinder zu mir kommen und wehrt es ihnen nicht, denn ihrer ist das Reich Gottes!«

So standen wir am 22. Oktober 1816 unter den Bäumen des Münsterkirchhofs zu Basel, an dessen Fuß der Rhein vorbeiströmt. Freude und Wehmut war in unseren Herzen, Freude über den neuerweckten Eifer für die evangelischen Missionen unter den Heiden auf beiden Halbkugeln, über die segensvolle Verbreitung des Evangeliums unter Völkern, die so lange schon in Finsternis und Schatten des Todes gesessen sind, und über den Segen, womit auch die Missionsschule zu Basel gleich bei ihrem Anfang dazu beizutragen gewürdigt wurde.

Aber mit Wehmut blickten wir auf den betrübten Zustand so vieler vaterländischer Schulen, auf die Lage so vieler armer, verwahrloster Kinder in reicheren und in ärmeren Ländern und auf die Beschaffenheit des Christentums in diesen. Rechts und links rauschten die fallenden Blätter von den Bäumen des Kirchhofes; überall Bilder des Herbstes, des Scheidens und Welkens. Es war mir, als ob das Evangelium mit seinem Leuchter von unseren Gegenden auch scheiden und die Blüten, Blätter und Früchte des wahren evangelischen Lebens immer mehr dahinwelken wollten. Da entstieg unserem Herzen der Wunsch: »Ach, daß doch ähnliche Anstalten wie für die ferne Heidenwelt auch für unsere armen Gegenden in der Nähe errichtet und christliche Lehrer in ähnlichem Geiste wie die Heidenboten für unsere armen Kinder und Gemeinden gebildet werden könnten! ...

Ich soll nun diese so sichtbar von dem Herrn gewollte und begünstigte Anstalt leiten, Vaterstelle an den armen Kindern vertreten und junge Männer zu Freunden, Führern und Lehrern armer Kinder bilden helfen! Wer bin ich, Herr, daß Du mein gedenkest? Wie vermöchte ich Deinem Ruf zu folgen, wenn ich nicht wüßte und glaubte, daß alle wahrhafte Bildung und Bildungskraft nicht von uns, sondern von Dir und Deinem Wort ausgeht? Ach, ich selbst bin nichts als ein Anfänger im ABC dieser großen Aufgabe!

»Ein Tempel des Herrn«

Mit dreißig »verwahrlosten« Kindern und zehn »erweckten Jünglingen«, die den Beruf des »Armenschullehrers« anstrebten, eröffnete Zeller ein halbes Jahr später die Anstalt. Bei der Einweihungsfeier am 22. Juni beschreibt er deren Ziele:

Von jenem Krieg (dem »Befreiungskrieg« 1813-1815) und seinen traurigen Folgen ist auch dies Haus, worin wir jetzt versammelt sind – und selbst dieser Saal –, ein Zeuge gewesen, und noch sind blutige Spuren davon in allen seinen Teilen sichtbar.

Während die Staaten genug zu tun haben, um die erlittenen irdischen Schäden und Wunden zu heilen, bluten die geistigen Wunden fort, und alles scheint einer allmählichen Auszehrung entgegenzustreben. Unerwartet erwachte ein neuer Lebensgeist in der kranken Christenheit ... Ein liebestätiger Eifer regt sich wieder, der sich für andere hingibt, nachdem man so lange nur dem eigenen Nutzen gedient und nur Staub damit gewonnen hat.

Aber nicht nur in das Große und Ferne wirkt der Geist des Christentums, wenn er einmal erwacht ist. Mild und barmherzig wirkt er auch im kleinen und in der Nähe, ladet ebenso die Armen und Elenden auf den Gassen der Stadt wie die Unglücklichen draußen an den Landstraßen und an den Hecken und Zäunen vor der Stadt zu dem großen bereiteten Abendmahl ein und bemüht sich, überall das Verlorene zu suchen und zu retten und die Genießer des Mahls vollzählig zu machen. Daher richten sich so viele Blicke auf das Elend verwahrloster Jugend, auf die Armut so vieler erschöpfter Gemeinden, auf den Zustand des öffentlichen Unterrichts. Man fängt an, wieder häufiger einzusehen, daß die Jugend durch verbesserte Verstandesübungen allein nicht wahrhaft gebildet, daß durch Unterrichtsmethoden als solche das kranke Schulwesen nicht geheilt werden kann.

Man merkt wieder hier und da, daß der Herr aller Herren und der König aller Könige auch wieder, wie ehemals, aus dem Mund der Kinder und Säuglinge sich ein Lob bereiten und seinen fast vergessenen Namen auch wieder in den Lehrzimmern der Schulen mit Kraft und Leben verkündigt wissen will ... Der Herr will, daß die Schulen Pflanzschulen des Christentums und evangelischer Wahrheit und Liebe werden. Er will es haben, daß auch in diesen Teil seines Weinberges treue Arbeiter ausgesandt werden.

Laut tönt die Stimme Gottes: Weiset das Werk meiner Hände, die Kinder, zu mir! Ja, er befiehlt es: Lasset die Kinder zu mir kommen und wehrt es ihnen – wie bisher – nicht mehr ... Der Herr, ja, er sieht es gern, wenn man sich herabläßt zu den Niedrigen und sich der Elenden erbarmt und den Hungrigen das Brot bricht und den Nackten in das Haus führt. Er, der es den Boten des Johannes als ein Zeichen seines Kommens, ja seines Daseins beschrieben, daß den Armen, die fast überall wie Schafe ohne Hirten sind, das Evangelium gepredigt werde; er will dieses auch zu unserer Zeit und auch in den Schulen wieder getan sehen. Aber wie sollen die armen Kinder glauben, so ihnen niemand predigt? Wer soll ihnen predigen, wenn niemand dazu gesandt wird? Darum ist die christliche Liebe tätig, auch diesem Mangel abzuhelfen. Dafür sind so viele milde Herzen erweckt. Dazu ist auch unsere freiwillige Armenschullehreranstalt errichtet, geweiht und geheiligt ...

Es ist ein Geist, der dies alles wirkt und leitet und segnet. Es ist ein Geist, der alle dazu begeistert und in Liebe vereinigt. Es ist der Geist unseres Herrn, dessen Früchte, gleich den Früchten des Lebensbaumes, den Völkern der Erde Genesung geben. Ach, in diesem Heiligen Geist, der wieder ausgegossen wird, wenn man wieder danach hungert und fleht, liegt das Rettungs- und Heilungsmittel der zerrissenen, zerschlagenen, verwundeten und kranken Menschheit ... O möchte daher dieses Haus eine Freistätte und ein Tempel des Herrn sein und bleiben! Ihm ist es geheiligt und seinem Namen gewidmet. Er belebe Vorsteher, Väter, Mütter, Lehrer, Zöglinge und Kinder und alle Hausgenossen! Er lasse jedes ein Licht werden, auf welchen Leuchter er es auch zu stellen für gut findet!

Vor dieser ansehnlichen Versammlung bekenne und verspreche ich es laut und feierlich, daß ich von Herzen begehre, im Dienst des Herrn Jesu zu leben und zu sterben. Sein möchte ich bleiben, tot und lebendig. Ihm, seinem erhabenen Namen zur Ehre, seinem großen, unermeßlichen Erlösungswerk zum Segen und seinem herrlichen Reich zur Förderung, dürste ich, Seelen zu gewinnen, und nachdem ich so lange ohne ihn, ja wider ihn gelebt, mein Scherflein dazu beizutragen, daß wieder ein christlicher Geist und ein christliches Leben in die Schulen, besonders in die Schulen der Armut, eingeführt werde. Er, der große Hirte der Schafe und der Lämmer, der da ist und der da war und der da kommt, verleihe mir und meinen Brüdern in unserer Armut die Gabe seines Heiligen Geistes ... und lasse alle unsere Wohltäter (dem Freundeskreis der Anstalten) seine Verheißung erfahren: »Was ihr getan habt einem dieser meiner Geringsten, das habt ihr an mir getan!« Amen.

»Der Geist der ersten Liebe«

Von vielfältigen Mühen begleitet, nahm das Werk seinen Anfang:

Es gab nun Schüler von dreißig Jahren bis zu einem Alter von sechs Jahren: fähige und unfähige, empfängliche und stumpfe, freundliche und finstere, frohe und mißmutige, dankbare und undankbare, wohlerzogene und verwilderte, unterrichtete und gänzlich unwissende, wohlgekleidete und zerlumpte, reinliche und schmutzige, ordentliche und unordentliche. Unter diesen lehrte ein einziger Lehrer und Pflegevater, der vom Morgen bis zum Abend das ABC zu lehren hatte, aber auch – was ihm die größte Freude war – die Bibel erklären durfte. Anfangs blieb dieser gemischte Haufen den ganzen Tag beisammen in einer Klasse; später wurde er in zwei Klassen getrennt. Die Schullehrerzöglinge wurden vormittags fünf Stunden, die Kinder nachmittags drei Stunden unterrichtet; am Abend wurden dann alle zusammen in einer Bibelstunde vereinigt.

Nicht geringer als die Mühe in der Schule waren die Sorgen des Haushalts, welche zumeist auf Frau Fäsch und Frau Sophie Zeller lagen. Die Anstalt hatte im ersten Jahr weder Garten- noch Feldfrüchte, und oft wußte man am Abend nicht, was man am andern Tag kochen sollte. In vielem sah es noch ziemlich leer aus, und von Tag zu Tag entdeckte man neue Bedürfnisse. Das war ein Feld für Spittlers rastlose Tätigkeit und für die Liebe der Basler Freunde und Freundinnen (der Deutschen Christentumsgesellschaft). Da kamen nach und nach von der freundlichen Nachbarstadt nützliche Dinge aller Art: Kleiderkästen, Mehlkästen, Tische, Bänke, Stühle, Pfannen, Kübel, Zinngeschirr, Leuchter, Messer, Gabeln, Löffel, Seife, Bettlaken, Schwämme, Kämme usw. – Frau Zeller lernte Wunden verbinden und Kranke pflegen. Der Sorgen und Anforderungen waren so viel, daß sie manchmal selbst dem glaubensmutigen Zeller über den Kopf zu wachsen drohten. Aber das alles überwand der Geist der ersten Liebe.

»Die wahre Erziehungslehre«

Motiviert war die Arbeit von Zellers pietistischer Pädagogik:

Man wird finden, daß die wahre Erziehungslehre nichts anderes ist als das wahre Evangelium, das große Wort von der Versöhnung, die durch Jesus Christus geschehen ist. (Ebenso) ist die wahre Erziehungskunst nichts anderes als das Leben Jesu Christi, das in dem Herzen eines menschlichen Erziehers eine Gestalt gewinnt und von solchem Herzen erleuchtend, erwärmend und segnend ausströmt auf die armen Kinder und sie nach und nach verklärt in das göttliche Bild des Menschensohnes. Alle Bildung wird man dann nur nach diesem Bilde beurteilen. Da wird ein solcher Erzieher finden, daß er selbst noch von Gott erzogen werden muß; da wird er demütig werden und sich mit seinen Kindern – wie mit jüngeren

Geschwistern – erziehen lassen zu Kindern eines Vaters; da werden ihm die Augen aufgehen über das tiefe Verderben des menschlichen Herzens. Er wird an aller ungeheiligten Weisheit einen Ekel bekommen, da wird er verzagen an der sogenannten Riesenkraft der eigenen sündigen Adamsnatur; da wird er beten lernen ...

Steht er aber irgendwo an, zweifelt er und wünscht er guten Bescheid, so wird er aufschlagen das große Erziehungslehrbuch der Menschheit: die liebe Bibel; und aus dieser Quelle wird er Geist, Rat und Einsicht schöpfen, wie Gott die Menschen erzieht und erziehen will. Also bekommt die Erziehung ihren einzig wahren Grund, und dieser Grund, den so viele Erziehungsbaumeister verworfen haben, wird zum Eckstein werden.

»Wie lange wird es anstehen?«

Beuggens Vorbild löste die »Süddeutsche Rettungshausbewegung« aus, die in Württemberg bis 1845 in 22 »Rettungshäusern« Gestalt annahm, in denen über tausend Kinder Aufnahme fanden. Über die Gründung eines solchen in Korntal im Jahr 1823 berichtet die dortige Chronik:

Es war ein strahlender Sommertag, als Gottlieb Wilhelm Hoffmann (der Gründer und Vorsteher der Brüdergemeinde Korntal; siehe Kap. 9) Besuch aus Stuttgart erhielt. Angekommen waren einige höheren Ständen angehörende Brüder, die mit einer Kutsche nach Korntal gekommen waren. Zusammen mit Hoffmann saßen sie nun an einem Tisch des Gemeindegasthauses, um sich geistlich zu erbauen und sich zu beratschlagen. Da geht die Tür auf – ein kleiner Knabe, etwa sechs Jahre alt, kommt herein und bittet um ein Almosen. Es gab in jenen Jahren im ganzen Königreich Württemberg große Hungersnot, so daß selbst Eltern ihre Kinder aussetzten, eben weil sie nichts mehr zu essen hatten. So traf man auf den Straßen nicht selten umherirrende, verwahrloste Kinder.

Hoffmann schaut dem erwartungsfrohen Knaben in die Augen und drückt ihm eine Gabe in die Hand. Der Bub nimmt es dankbar an, seine Augen beginnen zu strahlen. Als er nun wiederum das Gasthaus verläßt, sagt Hoffmann: »Wie lange wird es anstehen, da schauen die Augen des Buben nicht mehr so unverdorben in die Welt, weil er wohl schnell zu allerhand Bösem – wie Lügen und Stehlen – sich verleiten lassen wird! Man sollte eben mehr Anstalten für solche Kinder haben.«

Nachdem nun die Gäste aus Stuttgart wieder aufgestanden waren, um nach Hause zu fahren, da tritt – bewegt vom Anblick des Knaben – der Kutscher herzu, nimmt seinen Geldbeutel heraus und übergibt Hoffmann ein Geldstück, einen Sechsbätzner, mit den Worten: »Für die Kinderanstalt, die sie gründen wollen.« Hoffmann nahm das Geld als Wink, ein Kinderrettungshaus zu gründen, das noch im selben Jahr eingeweiht werden konnte.

Tobias Heinrich Lotter – ein Menschenfreund

Ein Bahnbrecher der Inneren Mission war auch der in Vergessenheit geratene Stuttgarter Kaufmann Tobias Heinrich Lotter (1772 bis 1834), der sich auch als fruchtbarer Jugendschriftsteller hervortat:

»Sein irdisches Paradies«

Wer um das Jahr 1830 in Stuttgart war, der konnte manchmal einen Mann durch die Straßen gehen sehen, der zwar nichts Auffallendes in seinem Wesen hatte, sich aber doch von den gewöhnlichen Leuten unterschied. In einem schlichten grauen Kleid ging er einher, nicht schnell, aber auch nicht langsam; das schon graue Haupt war ein wenig gesenkt und unbedeckt, denn den Hut trug er immer in der einen Hand, während die andere einen Stock führte.

In seinem Gesicht lag eine Ruhe und Milde, die nur innerer Friede verleihen kann, und eine Freundlichkeit, die Zutrauen erwecken mußte, um so mehr, wenn man bemerken konnte, wie hier und da ein armes Kind freundlich auf ihn zukam, ihm die Hand gab und von ihm liebreich gegrüßt wurde. Zu solchen Kindern führte ihn gewöhnlich sein Gang, und wer ihm nachgehen wollte, der konnte ihn in der Brunnenstraße in das sogenannte Suppenhaus gehen sehen, das eine Beschäftigungsanstalt für arme Kinder enthält, oder in eine andere ähnliche Anstalt... Wollen wir ihm noch weiter nachgehen, so sehen wir ihn endlich in ein großes Haus treten, das an der Ecke zwischen der Schulstraße und dem Marktplatz steht und den Gebrüdern Lotter gehört. Hier wurde im September 1812 die Württembergische Bibelanstalt gegründet, wobei er deren erster ehrenamtlicher Sekretär wurde. Der ältere der beiden Brüder ist der Mann, den wir bisher betrachtet haben: Tobias Heinrich Lotter, der unermüdlich tätige, liebevolle Armen- und Jugendfreund. 1796 übernahm er das Geschäft seines Vaters Tobias Ludwig Lotter (1743-1814), der ebenfalls dem Stuttgarter Pietismus angehörte, und verehelichte sich mit der Tochter eines Expeditionsrates, Luise Glocker. Da seine Ehe nicht mit Kindern gesegnet war, suchte sein von Liebe zu den Menschen und vor allem zur Kinderwelt erfülltes Herz diesen Mangel dadurch zu ersetzen, daß er sich als den Vater armer und verlassener Kinder und als den Berater und Helfer seiner leidenden Mitmenschen ansah.

Begleiten wir ihn nun zu den verschiedenen Stätten, wo sein menschenfreundlicher Geist wirkte: Wir besuchen zuerst das erwähnte Suppenhaus, wo die Katharinen-Schule ein Gegenstand seiner Fürsorge ist. Wir treten mit ihm in das Zimmer, wo er die Knaben und Mädchen aus ärmeren Ständen besucht, sie auf den Arm nimmt, mit ihnen Späße treibt, sie mit freundlichen Worten zum Fleiß ermuntert und sich nach ihren Arbeiten erkundigt. Diese Anstalt, im Jahre 1806 vor allem durch ihn gegründet, fand an ihm auch einen der tätigsten Förderer. – Indessen kommen arme Leute mit Töpfen und Löffeln in dasselbe Haus, und wir sehen, wie sie eine nahrhafte Suppe bekommen, deren gute Bereitung und ge-

Rathaus und Marktplatz in Stuttgart, 1815

rechte Verteilung Lotter von Zeit zu Zeit beaufsichtigt. Zur Winterzeit wird hier auch den Armen Holz gereicht. Diese Wohltätigkeit geht aus von der Privatgesellschaft freiwilliger Armenfreunde, die im Jahre 1805 von ihm zusammen mit einigen anderen Freunden gestiftet worden war. Die Anstalt war der erste Schritt seiner öffentlichen, ins Große gehenden Wirksamkeit für Armenunterstützung. Zur Unterstützung dieses Werkes gründete er 1813 auch die Marien-Pflege ...

Vom Suppenhaus gehen wir in die obere Stadt zur ebenfalls von Lotter mitbegründeten Paulinen-Pflege und teilen mit ihm die Freude über die Versorgung einer Anzahl armer, verwahrloster Kinder, die hier eine Herberge finden, wo sie ernährt und gekleidet, erzogen und unterrichtet werden sollen. – Jetzt lassen wir uns zu einer munteren Schar kleiner Kinder führen, in eine der beiden Kleinkinder-Schulen für Stuttgarter Arme, die durch seine Bemühungen 1827 gegründet wurden. Mit Vergnügen sieht er ihren fröhlichen Spielen zu; hier findet er sein irdisches Paradies in der Umgebung dieser Kleinen ...

So wirkte er für die Armen seiner Vaterstadt, doch sein Beruf war noch umfassender. In der 1817 von Königin Katharina gegründeten »Zentralleitung des Wohltätigkeitsvereins« wurde er ein führender Mitarbeiter. Somit war er für sein ganzes Vaterland von großem Segen. Dies alles tat er aus Liebe zu Gott und den Menschen.

»Eine rastlose Biene«

Eine so ausgebreitete und vielseitige Tätigkeit für das Wohl der Armen, sollte man meinen, habe alle seine Kräfte in Anspruch genommen und ihm keine Zeit zu anderer Tätigkeit übriggelassen; und allerdings hatte er schon im Jahr 1816 den Beruf des Kaufmanns dem des Armenfreundes aufopfern müssen. Aber bei seiner treuen Benutzung der Zeit, da er in der Erholung sehr sparsam war und sich auch die nächtliche Ruhe abkürzte, wurde es ihm doch möglich, manche Morgen- und Abendstunde für das Lesen guter Bücher zu gewinnen, und dieser Treue verdanken wir auch seine Schriften, deren er nach und nach über fünfzig herausgegeben hat...

Seine schriftstellerische Arbeit bestand nicht primär in der Abfassung der Schriften, sondern vielmehr im Sammeln und Zusammentragen des »Guten und Nützlichen« für die Jugend. Dabei sammelte er vor allem zahlreiche Erzählungen aus dem In- und Ausland, aus der Welt des Menschen, aber auch der Tiere; dazu zählten auch Schilderungen christlich-moralischen Inhalts. Er war wie eine Biene, die rastlos Honig von allen Seiten her in die Zellen eintrug. Seine bekannteste

Schrift ist das mehrbändige Werk »Beispiele des Guten«, das zu den wichtigsten Werken der deutschen Jugendliteratur des beginnenden 19. Jahrhunderts zählte und vor allem bei der Jugend Württembergs sehr begehrt war.

Gustav Werner – der »schwäbische Franziskus«

Weitaus bekannter als Lotter war der von der Münsinger Alb stammende Gustav Werner (1809-1887), dessen Wirken freilich in manchem die Grenzen der Erweckungsbewegung hinter sich ließ. Angeregt vom Philosophen Emanuel Swedenborg (1688 bis 1772) und dem elsässischen Pfarrer Johann Friedrich Oberlin (1740-1826), sah er die Aufgabe der Christenheit in »der Durchdringung des Volkslebens mit christlicher Liebe und Gerechtigkeit«, womit die Kirche aus dem »paulinischen Zeitalter des Glaubens in das johanneische der Liebe« übergehe. Getragen von dieser Hoffnung und einem undogmatischen Glauben, gründete er zahlreiche »Liebeswerke«, in denen er verwaiste Kinder, Arme und Behinderte versorgte; darüber hinaus unternahm er den bahnbrechenden Versuch, Christentum und Industriewelt zu versöhnen.

Werners Lebenswerk ist das »Bruderhaus« in Reutlingen, dessen Anfänge auf seine Tätigkeit als Vikar zurückgehen:

»So hent mer no koin ghet«

Kurz nach seiner Rückkehr von Straßburg (1834), wo er mit dem Leben und Wirken des berühmten Pfarrers Johann Friedrich Oberlin bekanntgeworden war, warteten in der verarmten Gemeinde Walddorf zahlreiche Aufgaben auf den jungen Vikar, zumal der Pfarrer kränklich war. Mit großer Gewissenhaftigkeit und rührigem Eifer erfaßte Werner seinen Beruf. Bald wurden auch seine Predigten von Leuten aus der Umgebung besucht, die von seiner Verkündigung angetan waren. Nach der ersten Predigt meinte der Walddorfer Schultheiß verwundert: »So hent mer no koin ghet...«

Gustav Werner war zugleich auch ein begabter Seelsorger und zeigte besonderes Geschick im Umgang mit der Jugend. Wie sehr die Kinder an ihm hingen, beweist, daß selbst die Schulkinder aus den Filialorten bei den Religionsstunden im Winter nicht zu spät kamen – was ansonsten üblich war, obwohl sie Werner oft schon morgens von sechs bis sieben Uhr abhielt. Der großen sozialen Not in der Gemeinde suchte er nun zu steuern, indem er im Oktober 1837 eine Kleinkinderschule begründete, der wenige Wochen später eine »Industrieschule« für Mädchen folgte; untergebracht waren die Schulen zunächst im Hause einer Krämerin. Im Sommer des darauffolgenden Jahres entstanden die gleichen Einrichtungen auch im Filialort Rübgarten. Die Lehrerin von Walddorf, Marie Agnes Jakob, im Ort von jedermann »Bäsle« genannt, eine eifrige Besucherin von Werners Bibelstunden, leitete diese Schulen und erteilte den Unterricht umsonst.

Als schließlich im August 1838 eine arme Taglöhnerfrau verstarb und sechs Kinder hinterließ, die von der Gemeinde keine Unterstützung erhielten, wußte sich Werner abermals gerufen und ging mit gutem Beispiel voran: Er übernahm die Pflege des jüngsten Mädchens, das gerade einmal zwei Jahre zählte, indem er es beim »Bäsle« beherbergte und das Kostgeld übernahm. Seinem Beispiel folgte nun auch endlich die Gemeinde, die die weiteren Kinder versorgte. Zuvor hatte Werner bei der Beerdigung der Mutter der sechs Waisen noch vergeblich gepredigt: »Ihr wohlhabenden Bauersleute von Walddorf, macht nun endlich Ernst mit eurem Christenglauben und erzeigt ihn durch die Liebe! Erbarmt euch dieser armen und verlassenen Kinder!...«

Mit dieser Glaubenstat hatte der junge Vikar den Grundstock gelegt für eine »Kinderrettungsanstalt«, die bald anwuchs, weshalb Werner mit Genehmigung des Walddorfer Gemeinderats aufs Walddorfer Backhaus ein Stockwerk errichten ließ, in dem die Anstalt untergebracht werden konnte. Das Bäsle übernahm dabei den Unterricht und brachte den Mädchen die Handarbeit bei. Leider hatte das Werk nur kurzen Bestand.

»A arm's Schulmoisterle«

Ursache dazu gab die Kirchenbehörde, die Werners Predigttätigkeit und das Abhalten von Privaterbauungsstunden verbot. Werner glaubte jedoch, in seinem Gewissen gebunden zu sein, diese Arbeit weiterführen zu müssen, und legte daraufhin das Vikariatsamt nieder... Am 14. Februar 1840 verließ er mit blutendem Herzen sein liebes Walddorf und siedelte zusammen mit dem Bäsle, einer weiteren Gehilfin und zehn Kindern nach Reutlingen über, wo er fünf Zimmer für seine Anstalt gemietet hatte... Mit Tränen in den Augen begleiteten die Walddorfer Kinder seinen Auszug bis an den Neckar, wo sie ihm zum Abschied das Lied sangen: »Befiehl du deine Wege«.

Daß in Reutlingen kein reicher Mann seinen Einzug hielt – Werner hatte nur einige wenige Gulden in seiner Tasche –, konnten die Bürger der Stadt gleich auf den ersten Blick erkennen. Rief doch eine Gerbersfrau aus, als sie der des Weges daherkommenden kleinen Schar ansichtig wurde: »Do zieht so a arm's Schulmoisterle 'rei und hot fei so viel Kender, daß Gott erbarm!« Aber Werner hatte neben den Kindern ein unerschütterliches Gottvertrauen mitgebracht...

Bereits nach drei Monaten konnte eine Kuh angeschafft werden; wenig später konnte ein größeres Grundstück gepachtet werden, auf dem man Gemüse anbaute. Im Sommer 1842 konnten Werner und die Seinen in ein eigenes Haus umziehen, das man »Gotteshilfe« nannte. Darin wurden zunächst dreißig Kinder versorgt. Eines von diesen bekam er eines Tages, als ihn ein »Bettelweib« auf der Straße anflehte, er möge sich doch »um alles in der Welt« ihres Säuglings erbarmen, woraufhin Werner das Kind auf seine Arme nahm und es nach Hause trug. Wenig später kaufte er von einer Gemeinde auf der Schwäbischen Alb einen großen Kochkessel für die Küche. Als nun dieser gebracht wurde, fand man darin zu aller Verwunderung ein kleines verwaistes Kind sitzen, mit einem Brief des Schultheißen jenes Albortes in der Hand. Darin stand: »Wenn Sie das Kind umsonst aufnehmen, erhalten Sie den Kessel umsonst.« Werner ging auf das Angebot ein.

»Was nicht zur Tat wird, hat keinen Wert«

Im Jahre 1841 vermählte sich Werner mit Albertine Zwißler (1812-1882) von Reutlingen, mit der er eine liebliche Ehe führte, auch wenn sie kinderlos blieb. Albertine war eins mit ihrem Mann in der aufopfernden Nächstenliebe. Vom ersten Tag der Verheiratung an war Werner der »Vater«, seine Frau die »Mutter« der Anstalt, und so wurden sie auch fortan angeredet. Es war auch ein wunderbares Zusammenleben der Hausgenossen, eine Gemeinschaft ähnlich der der ersten Christengemeinden, in der Werner »eine Gemeinschaft zu bilden« suchte, in welcher das Reich Gottes mit seiner Gerechtigkeit mehr und mehr seine Verwirklichung finden könnte und die in Wahrheit eine Hütte Gottes bei den Menschen würde.«

Werners Mitarbeiter, die sich zumeist aus Frauen rekrutierten und zu jeder Arbeit sich bereit fanden, nahmen keinen Lohn; sie erbaten sich einzig die Pflege im Hause in Krankheitsfällen und im Alter. Es herrschte zudem Gütergemeinschaft unter den »Hausgenossen«, wie sie sich alle nannten. Durch den Verzicht auf eigenen Besitz sollte die wahre Liebe und Selbstverleugnung am schönsten zum Ausdruck kommen. So fühlten sich die Hausgenossen als Brüder und Schwestern, die ihrem Werk den treffenden Namen »Bruderhaus« verliehen.

Trotz zahlreicher Hindernisse, die sich in den Weg stellten, entwickelte sich die Anstalt rasch fort, die durch landwirtschaftliche und kleinindustrielle Betriebe (besonders durch Strick-, Häkel- und Klöppelarbeit) die Selbstversorgung zu sichern suchte. Die Zahl der beherbergten Kinder nahm stetig zu: waren es 1843 erst 42, so 1848 bereits 80 und 1853 sogar 90 Kinder im Alter von 7 bis 14 Jahren, 48 Jugendliche zwischen 14 und 20 Jahren; hinzu kamen noch 30 Hilfsbedürftige.

Das Bruderhaus

Um seinen Gedanken, dem Nächsten mit der Liebestat zu dienen, weite Verbreitung zu schaffen, gründete Vater Werner, aber auch mehrere seiner Anhänger, zahlreiche Zweiganstalten, wo immer die Gelegenheit günstig war oder sich besondere Not zeigte, unter anderem in Walddorf, seiner ehemaligen Wirkungsstätte, und im Schwarzwalddorf Fluorn, wo in den 50er Jahren sechsmal die Ernten durch Hagelschlag vernichtet worden waren. Dadurch geriet fast die Hälfte der Einwohnerschaft in Gant, wodurch wiederum siebzig Kinder der Fürsorge anheimfielen. Werner zögerte nicht lange und widmete sich diesen armen Kindern, die er zunächst in auswärtigen Familien und im Bruderhaus unterbrachte. Wenig später kaufte er in der Nähe von Fluorn eine alte Mühle, die er als Wohnstätte für die Kinder ausbaute und darin schließlich auch Behinderte aufnahm.

Auch diesen hat Werners Liebe und Fürsorge gegolten. Noch in seinen letzten Lebensjahren wußte er sich zum Dienst an diesen armen Geschöpfen gerufen: Als er im Herbst 1881 in Cannstatt weilte und das dortige Volksfest auf dem Wasen besuchen wollte, wo sich Kaiser Wilhelm I. zeigen wollte, bot sich ihm auf dem Weg dorthin ein herzbewegender Anblick dar. Eine große Schar von Krüppeln hatte sich links und rechts vom Weg gelagert und durch die eintönige Musik der Drehorgeln das Mitleid der Festbesucher zu erregen gesucht. Tiefbetroffen blieb Werner stehen und vernahm eine Stimme in seinem Herzen: »Was tust du hier? Der Kaiser hat nichts davon, wenn du ihn siehst. Geh du aber hin und tu etwas für die Krüppel.« Werner reiste sofort heim nach Reutlingen, wo er in einem ausgedienten Wirtshaus eine neue »Anstalt für Krüppel und Schwachsinnige« eröffnete, die sich mit der Herstellung von Papiererzeugnissen (Tüten und Schachteln) selbst unterhalten sollte...

Neben der vielfältigen Arbeit in seinen Anstalten war Werner auch als Prediger gefordert. Oft mußte er bis zu fünf Vorträge am Tag abhalten, wozu er zumeist weite Reisen im Württemberger Land unternahm. So besuchte er 1842 regelmäßig zehn, 1843 bereits dreißig, 1847 sogar etwa hundert Ortschaften, in die er eingeladen wurde; zuweilen drängten sich über tausend Zuhörer zu seinen Predigten, die er oft im Freien oder in Scheunen abhielt. Von mehreren Seiten wurde er dafür angefeindet: 1851 wurde Werner von der obersten Kirchenbehörde aus der Gruppe der Pfarramts-Kandidaten ausgeschlossen, nachdem er sich geweigert hatte, sich auf die kirchlichen Bekenntnisse zu verpflichten, was ihm freilich pietistisch-orthodoxe Kreise übelnahmen und ihn verketzerten...

So fragte einst ein diesen Kreisen angehörender Pfarrer während des Gottesdienstes spöttisch seine Gemeinde: »Wo sind denn nun die Früchte von Werners Verkündigung?« Plötzlich erhob sich ein Mann und sprach mit freudiger Stimme:

»Hier ist eine solche Frucht! Seit Jahren besuchte ich als Namenschrist regelmäßig die Kirche, ohne einen lebendigen Glauben zu besitzen; ich war ein Säufer und ein händelsüchtiger Mensch! Seit ich aber Gustav Werner von Reutlingen hörte, bin ich ein neuer Mensch geworden!« Ebenso berichtete eine Frau, es sei ihr bei einer Predigt Werners über den Text »Zerreißt eure Herzen, nicht eure Kleider« gewesen, als habe ein Blitz ihr Herz durchbohrt. Sie sei nach zwanzigjähriger Ehe voll Haß und Zank zu einer liebreichen Ehe zurückgekehrt.

Gustav Werner predigt

Tenor seiner packenden Verkündigung, die sich vor allem dem Johannesevangelium verpflichtet wußte, war:

»Die Liebe ist des Gesetzes Erfüllung«

Die Versöhnung des Menschen hat zwei Seiten: die eine bezieht sich auf das Verhältnis der Menschen zu Gott, die andere auf das Verhältnis der Menschen untereinander... Nun ist aber diese (d.h. die Menschheit) in ihrer inneren und äußeren Entwicklung so vorangeschritten, daß man abermals mit allem Recht predigen kann: »Die Zeit ist erfüllt, das Reich Gottes ist herbeigekommen.«... Darum wird es Hauptaufgabe der Kirche sein, nun auch die andere Seite der Versöhnung, die zwischen den Menschen selbst, auszubilden, von welcher Christus ein so herrliches Vorbild in der ersten Gemeinde aufgerichtet hat... Nun aber muß sie (die Kirche) ebenso entschieden und unermüdet predigen: »Kindlein, liebet einander!«

Sie (die Bruderliebe) besteht vielmehr in dem herzlichen Wohlwollen, das man für andere fühlt und welches aus der göttlichen Liebe fließt, die nur das Heil des Menschen will... Ist es in mir einmal zur Wahrheit geworden, daß meine Mitmenschen mir Brüder sind, die ich als mir angehörig betrachte und für die ich mich als Bruder verpflichtet fühle? Es handelt sich da nimmer um Wohltaten und Almosen, die ich als Herr und Eigentümer einem andern erweisen oder versagen kann, sondern um Pflichten, die ich gegen meinen Mitmenschen zu erfüllen habe. Die ganze Welt erscheint mir dann als eine große Haushaltung des einen gemeinschaftlichen Vaters, für deren Wohlbestand ich mitzuwirken habe nach meinen Kräften und Gaben, wie jedes Glied eines Haushalts das Seine zur Festhaltung desselben beizutragen hat. Das geistige und leibliche Wohl der Mitmenschen zu fördern, wird mir zur Pflicht; und ich bin hier nicht an bestimmte Personen gebunden, etwa bloß an solche, welche die gleiche Glaubensrichtung mit mir teilen oder zu welchen mich meine Neigung mehr hinzieht; sondern je wie ich in meiner Umgebung Gutes wirken oder Böses verhüten kann, bin ich verpflichtet, es zu tun an jeder Person, die an meinem Weg liegt, wie das Gleichnis vom barmherzigen Samariter uns so schön zeigt.

Diese Gesinnung wird uns zur entsprechenden Tat führen. Da wir die Mitmenschen als unsere Brüder betrachten, für welche zu sorgen wir uns verpflichtet fühlen, und die Armen, Kranken und sittlich Verwahrlosten unter ihnen wie etwa jüngere oder schwächliche Geschwister ansehen, denen sich unsere vermehrte Teilnahme zuwenden muß, so werden wir unsere Mittel und Kräfte dazu anwenden, zur Befriedigung ihrer geistigen und leiblichen Bedürfnisse das Unsere beizutragen. Und je mehr wir hierfür leisten können, desto glücklicher wird sich unser Herz fühlen und desto mehr haben wir Bruderliebe geübt...

Man darf mit größter Zuversicht behaupten, daß nun die Zeit für eine andere höhere und edlere Form der menschlichen Gesellschaft gekommen ist und die bisherige ihrem Ende entgegengeht... Wir müssen daher es als unsere höchste Aufgabe betrachten, die brüderliche Liebe im Sinne Christi auf das tägliche Leben anzuwenden und namentlich in die gesellschaftlichen und gewerblichen Verhältnisse einzuführen und so den Beweis zu geben, daß sie die einzig mögliche und rettende Form für unsere heutige Gesellschaft ist, die an den Rand des Abgrunds geraten ist... Wir dürfen aber bei der Not unserer Zeit nicht verzagen. Wer sein Haupt in die Höhe hebt, sieht eine Morgenröte nach dunkler, trüber Nacht im fernen Osten aufsteigen, sieht den Anbruch des Reiches Gottes, welches mit der Verwirklichung der Bruderliebe seine Offenbarung und Heimat auf dieser Erde findet, was nach so vielen herrlichen Verheißungen doch einmal eine Wahrheit werden muß. Es ist wunderbar, wie alles in unserer Zeit diesem kommenden Gottesreich Bahn bricht und Vorschuß leistet. Mit erhobener Stimme und freudiger Zuversicht darf der Knecht des Herrn nun den Gästen zurufen: »Es ist alles bereit, kommt zur Hochzeit!«

»Gott im Maschinensaal«

Neben den Anstalten gründete Werner auch Fabriken, in denen er »die Herrschaft Christi heimisch machen« wollte – ein Versuch, der allerdings mißlang:

Es ist seit 16 Jahren mein unablässiges Streben, der Kirche zu ihrer Vollendung, dem Reich Gottes zu seiner Verwirklichung, der seufzenden Kreatur zu ihrer Erlösung zu helfen. Dies suchte ich zu erreichen teils durch mündliche Ausbreitung der Wahrheit, teils durch Herstellung einer Gemeinschaft, welche die Liebe und den Geist des Christentums nicht bloß im inneren Leben, sondern auch im äußeren Wirken darstellen soll... Aber ich möchte auch meines Glaubens leben und der Welt in einer sichtbaren Erscheinung zeigen, was das Wort der Gerechtigkeit wirkt, wenn es Fleisch wird.

Ich glaubte dies in keiner Weise entsprechender ausführen zu können, als in der Einrichtung einer Fabrik nach den einfachen Gesetzen der göttlichen Gerechtigkeit ... Es wird mir damit ein Punkt gegeben, da ich die menschliche Gesellschaft an ihrem kränksten Teil anfassen und die Zulänglichkeit des Heilmittels am ehesten erproben kann. Hier ist der eigentliche Sitz des Übels unserer Zeit zu suchen, dorthin muß sich demnach die Heilkraft des Christentums wenden... Durch den Aufschwung in der Fabrikation geht der Mittelstand unter, der Grundpfeiler der heutigen Gesellschaft, und die Kluft zwischen Arm und Reich wird immer größer, der kleine Handwerker verarmt...

Zudem ist die Industrie die herrschende Macht in unserer Zeit; ihr beugen sich nach und nach alle Größen, ihr Einfluß erstreckt sich in die Paläste der Großen wie auch in die niedrigsten Hütten; alle Kräfte des Leibes und der Seele werden ihr dienstbar; soll Christus König werden, so muß Er auf diesen Stuhl sich setzen, in diesem Gebiet muß Er seine Gerechtigkeit offenbaren und walten lassen; und wenn Er hier Frieden und Segen schafft, dann wird Er die Reiche der Welt einnehmen... Darin erkenne ich ein besonders sprechendes Zeichen, daß nun die Zeit gekommen ist, in welcher das Reich Gottes sich auf Erden verwirklichen soll oder die erhabenen, einfachen Gesetze desselben auch auf die irdischen Verhältnisse angewendet werden sollen; hiermit wird nach zwei Seiten gewirkt: Der geistige Zustand der Menschen wird veredelt, und der äußere Wohlstand wird gehoben; die geistige und leibliche Seite des Menschen wird gefaßt und geheilt – und so eine gründliche Heilung erzielt...

In diesem Sinne betet Werner bei der Einweihung einer Papierfabrik im Mai 1851 in Reutlingen:

> Nimm, Herr, diese Opfergabe,
> dir gehöret Werk und Haus!
> Du bist Herr hier, darum labe
> wen du willst und teile aus
> vom Erwerbe deinen Armen!
> Schaffe jedem die Gebühr!
> Für dein Lieben und Erbarmen
> leihn wir gern die Hände dir.
>
> Rolle, rüstige Turbine,
> hauch dem Werke Leben ein,
> daß sich rege die Maschine
> und die Räder groß und klein!
> Schaff dem Armen seine Speise
> und dem Nackenden sein Kleid!
> Herrschen mög' in unserm Kreise
> Liebe und Gerechtigkeit!

Wilhelmine Canz – »eine schwäbische Mutter«

Angeregt durch das Vorbild des Diakonissenhauses im südbadischen Nonnenweier, entstand 1856 in Großheppach im Remstal das erste württembergische Mutterhaus, das – bis zum heutigen Tag – Kindergärtnerinnen ausbildet. Begründet wurde es von der Arzttochter Wilhelmine Canz (1815 bis 1901), die dem Werk bis 1896 vorstand. Bekannt wurde sie auch als Schriftstellerin durch ihren aufsehenerregenden Roman »Eritis sicut deus« («Ihr werdet

sein wie Gott«), mit dem sie den Deutschen Idealismus (Hegel)
in die Schranken zu weisen versuchte.

»Und ihr war eine Antwort worden«

Während einer Glaubenskrise in jungen Jahren wurde ihr eine – wie sie meinte – »göttliche Vision« zuteil:

Aber mein Kopf war doch in unliebsame Mitleidenschaft gezogen, und ihm versprach nun die »höhere Vernunftweisheit« der modernen Philosophie (des Deutschen Idealismus) als Brücke über die Kluft zwischen Glauben und Wissen zu dienen... Ich bat Gott, wenn hier die Wahrheit sei, so möge er mich sie finden lassen und dann darin ganz glücklich machen. Ich weiß heute noch das Plätzchen, wo ich dies tat. Ich saß auf meinem Tritt am Fenster bei der Arbeit an einem schönen Nachmittag ganz allein. Ich hatte die Hände gefaltet und sah in den schönen Himmel hinein.

Da ist mir etwas begegnet, was ich durchaus nicht verstand; lange Jahre hindurch ist es wie ein totes Samenkorn in mir liegengeblieben, dem Mumienweizen gleich in der Hand der Mumie. Wenn die Erinnerung daran auftauchte, so stand ich davor wie vor einem ungelösten Rätsel. Es kam eine Stimme an mich heran wie von fern her und doch nahe, unverstanden und doch lichtklar, wie ein holder Zephyr, bei dem mir unaussprechlich wohl und doch ganz sonderbar zumute wurde. Die Stimme sagte: »Du wirst einst große Ehre im Himmel haben – aber nicht durch diese Philosophie, sondern durchs Gegenteil, durch deren Überwindung!«

Es kam das absolut nicht aus mir selbst, sondern von außen her, und ich habe seitdem den Vorgang, von dem in Lukas 2,26 steht: »Und ihm war eine Antwort zuteil geworden von dem Heiligen Geist...«, mir ähnlich denken müssen. Weil ich so selig war und ganz in der Liebe meines Gottes schwamm, so bat ich ihn damals auch ganz kühnlich, er möge mich doch nur nicht so alt werden lassen. Ich wollte etwa 39 bis 40 Jahre alt werden; dann hätte ich lange genug gelebt und wollte gerne sterben. Sonderbar! Auch diese Bitte ist gehört und – erhört worden, nur auf andere Weise, als ich's damals in meiner Einfalt meinte... In mir blieb es (dieses Erlebnis) mit ehernem Griffel verzeichnet.

Nach mehreren vergeblichen Versuchen nahm das Mutterhaus in Großheppach endlich seinen Anfang:

»Jetzt will ich gar nichts mehr tun«

Zu Anfang des September (1854) reiste ich weiter nach Stuttgart. Im Hintergrund meiner Seele lag immer jene Aufforderung der lieben Regine Jolberg (1800-1870; Gründerin und Leiterin von Nonnenweier), den Anstoß zur Errichtung einer Anstalt für Erziehung von Kinderpflegerinnen zu geben... Ich ging nun selbst zu Prälat Carl Sixt von Kapff (1805-1879; führender Kopf der württembergischen Erweckungsbewegung)... Der liebe Mann sagte, er glaube es ja gerne, daß solch eine Anstalt ein Segen werden könnte; aber wenn man einen Turm bauen wolle, müsse man sich fragen, ob man es habe hinauszuführen. Und da müsse er sagen, sie hätten's nicht! Es sei zudem auch gar nicht der Mühe wert, Mädchen für diesen Beruf vorzubilden; sie müßten nachher doch verkümmern bei dem Geiz der Gemeindebehörden, die für alles Geld hätten, für Kinderschulen aber hätten sie keines...

Ich sagte: »Sie haben da ganz recht, Herr Prälat, bei uns sind die Gemeindebehörden auch geizig. Aber ich möchte dem, was sie da sagen, nur eines entgegenhalten. Wenn Mädchen durch eine christliche Erziehung für dieses Werk einerseits mehr stille Leidenskraft zum Aushalten, andererseits mehr Hilfsmittel haben, die Kinder immer wieder frisch anzufassen, so bekommen sie die Kinder, durch die Kinder die Mütter, durch die Mütter die Väter und durch die Väter am Ende auch die Stadt- und Dorfherren!...«

So reiste ich (im Juni 1855) wieder meinem Asyl in Göppingen zu und sagte zum Herrn im Kämmerlein: »Jetzt will ich gar nichts mehr tun, will aber auch nirgends hingehen, als wohin du mich weisest. Und dies soll mir das Zeichen sein, daß es von dir sei, wenn einmal von einer geordneten Behörde, von Pfarrer und Schultheiß aus einem Dörflein ein Ruf kommt...«

Und siehe, anderntags bekam ich einen Brief von Pfarrer Spring in Großheppach, der mir schrieb, er sei unmittelbar zu Assessor Clausnitzer gekommen und habe gehört, daß ich beabsichtige, eine Anstalt für Kinderpflegerinnen im Remstal zu gründen; er lade mich in seinem und im Namen des Herrn Schultheißen ein, solches in Großheppach zu tun. Es wäre da um 4600 Gulden ein Haus samt Gewürzgarten und Baumgut zu haben, das sich vortrefflich eignen würde... Sonderbar! Am selben Tag war dieser Brief geschrieben, da ich meinen Akkord mit dem Herrn im Kämmerlein gemacht hatte! Tageswort (die Losung der Herrnhuter Brüdergemeine), da ich ihn bekam, war: »Sein Rat ist wunderbar, und er führt es herrlich hinaus!« Der Lehrtext war: »Sie brachten Kindlein zu Jesu. Und er herzte sie und legte die Hände auf sie und segnete sie.«

»Eine feste Stadt«

Am 17. Oktober fuhr ich von Stuttgart mit dem Eilwagen bis Waiblingen und wanderte dann mit meinem Gott allein durchs schöne Remstal der Stätte zu, die mich aufnehmen sollte, wo ich niemand kannte... Am 18. kam der Wagen mit meiner kleinen Haushaltung an... Ich will und werde diese erste Nacht nie vergessen. Ich war dem Herrn nachgegangen in eine fremde Welt. Ich erneuerte in jener Nacht unter vielen Tränen den Bund mit meinem treuen Gott und Heiland und sagte ihm: »Ich will dir folgen durch dick und dünn!« Und ich weiß, er hat auch den Bund mit mir erneuert! Tageswort war: »Mose nahm das Blut und sprengte das Volk damit und sprach: Das ist das Blut des Bundes, den der Herr mit euch macht über allen diesen Worten.«

Meine Nichte (Amalie Rohde) kam erst acht Tage später; in der Zwischenzeit blieb ich ganz allein. Es sah schon recht wohnlich aus, als sie kam, und sie freute sich sehr, besonders auch über das nette Häuschen, das wir bewohnen sollten und das so ganz den Träumen ihrer Kindheit entsprach. Ich sollte nun, 40 Jahre alt, von Gnade leben lernen und da wirklich das eigene Leben verlieren – sterben, wie ich mir als junges Mädchen in kindischer Meinung einst vom Herrn ausgebeten hatte.

Wieder acht Tage später kam ein Bettelmädchen von einem Weiler des Schurwalds, 15 Jahre alt, das ich, als besonders bedürftig und verlassen, aufgenommen hatte...

Unsre nächste Aufgabe war, eine Kinderschule anzufangen, wozu der Herr Pfarrer alsbald Veranstaltung traf, indem er ein Zimmer mietete, das nötigste Gerät machen ließ, die Sache von der Kanzel verkündigte und die Mütter aufforderte, ihre Kinder zu bringen. Meine Nichte gab sich zur Kinderpflegerin her, und weil sie unentgeltlich arbeitete und die Kinderzahl bald groß wurde, so wurde ihr ein Mädchen vom Ort für eine kleine Entschädigung zugegeben...

Auf Anfang Mai (1856) war der Eintritt der ersten (Kinderpflegerinnen-)Zöglinge festgesetzt. Am 1. Mai war Himmelfahrt, und Tageslosung war: »Ich will dich heute zur festen Stadt, zur eisernen Säule und zur ehernen Mauer machen im ganzen Land.«

Am 2. Mai wurde meine liebe Nichte wieder schwer krank; das leidige Schleimfieber kehrte wieder. Ich zagte und stand fragend vor dem Herrn. Am 3. kam die erste Schwester, da eben für mich wieder alles in Frage stand. Das Tageswort war: »Der Herr harret, daß er euch gnädig sei, und hat sich aufgemacht, daß er sich euer erbarme.« – »Gott sendet seine Güte und Treue.« Am Tage, da man dies Wort hatte, ist die Notiz (im Tagebuch) über entschiedene Besserung (des Krankheitszustandes der Nichte) eingetragen, und da mittlerweile auch die zweite Schwester gekommen war, so war die Familie mit fünf Personen vollzählig. Kostgeld verlangten wir keines, wir sahen dem Herrn auf die Hände.

Damit war nun der kleine, arme Anfang unseres Mutterhäuschens gemacht, und es ging auch arm und schwach genug her. Doch wenn man uns fragt: »Habt ihr auch je Mangel gehabt?«, so müssen wir antworten: »Herr, nie keinen!«

Ich hatte auch darin meinen Bund mit dem Herrn gemacht, daß ich von Menschen, auch aus unserer Umgebung, gar nichts erwarten, daß ich aber jede Milch und jedes Gemüse, das uns etwa geschenkt würde, mit Dank als aus des Herrn Hand annehmen wollte. Und nun kam es so, daß wir immer auf einen oder zwei Tage zum voraus wußten, was wir kochen konnten. Ein kleines Gärtchen und freundliche Hilfeleistung einiger Leute versorgten uns doch mit Gemüse.

Mutterhaus für Kindergarten-Schwestern

Wir nahmen auch im Herbst wieder zwei arme Mädchen auf, die uns von Freunden zugewiesen worden waren. So arm es bei uns herging, Mangel haben wir doch nie gehabt. Auch innerlich ging es durch viel Armut, Schwachheit des Fleisches und Geistes; aber das Wort lief mit oder voraus, lehrend, strafend, ermahnend, tröstend, erquickend...

Was unser Mutterhaus anlangt, so war es mir immer eine Hauptsorge, daß es wirklich ein Mutterhaus werden möchte, eine Herberge für die erweiterte Familie, der die Schwestern immer wieder gerne zusteuerten. Ich teilte mit ihnen, was ich hatte, und sie teilten mit uns, was sie hatten... Es war mir ein besonderes Herzensanliegen, alle Gaben Gottes recht mit Danksagung zu empfangen und zu genießen, auch sie so zuzubereiten, daß sie dem Leib zur Wohltat würden und nichts verderbt und verschleudert werde; nie aber Naturgaben als Hauptsache anzusehen, sondern daß unsre Seele leben lerne von einem jeglichen Wort, das aus dem Mund Gottes kommt.

»Ich will dich behüten, wo du hinziehst«

Häufig war Wilhelmine Canz auch im Land unterwegs, um Kinderschulen einzurichten:

Ich hatte in dieser kalten, bösen Zeit Berufsreisen zu machen. War nicht eben lieblich. Wir fingen da und dort neue Schulen an... Das Wort lief begleitend und segnend mit. Der Herr will sich überall aus dem Munde der Kleinen und Unmündigen ein Lob zubereiten.

Am 6. Mai (1874) mußte ich auf meiner Reise weiter, bekam aber im Augenblick der Abreise noch einen Brief nachgeschickt, des Inhalts, daß in dem Ort, wohin ich sollte und wollte, noch alles in der Schwebe sei, es würde wohl besser sein, still zu warten... Was tun? Sollte ich gehen oder bleiben? Unser Tageswort hieß: »Siehe, ich bin mit dir und will dich behüten, wo du hinziehst.« Das klang tröstlich genug, und ich entschloß mich zu reisen.

Der Morgen war scharf und kalt; die Eisenbahn ging über eine sehr gefährliche Notbrücke... Ich stieg aus an einem Ort, wo ich eine unserer Schulen besuchen wollte, und meinte der Karte nach, ich hätte dann von hier aus nicht allzu weit nach dem Dörfchen zu pilgern, das für heute das Ziel meiner Reise war. Nachdem ich den ganzen Morgen unter den Kindern gewesen war, wanderte ich mit meiner Begleiterin in herrlicher Gegend einen uns beiden fremden Weg nach dem uns beiden fremden Dorf. Es war im Tal heiß geworden; auf dem Berg kam ein Kieselschauer... Ich tröstete mich, still vor mich hersagend:

> Gehn andre über Land und See,
> durch Ungewitter, Wind und Schnee,
> im Regen über Berg und Tal
> viel tausendmal,
> dem Bauch zu dienen überall:
> So laß mich um dein Kanaan
> auch Müh und Arbeit wenden an;
> und auch auf meiner Pilgerreis'
> auf andre Weis'
> erzeigen einen solchen Fleiß!

Als wir aus dem Wald traten und eine herrliche Aussicht sich vor uns auftat, hörten wir vom Tal herauf Glockengeläute... Im schönen Talkessel lag ein Dorf, malerisch an den jenseitigen Berg hingelagert, die neue Kirche auf dem höchsten Punkt. Das Geläute heimelte mich so an, daß ich sagte: »Es ist mir immer, wie wenn die Glocken uns läuten wollten.« Wir stiegen nieder, die Glocken schwiegen, es wurde ganz still...

Ich war todmüde, stieg aber die Stufen aufwärts (zum Pfarrhaus) und läutete. Eine Magd öffnete und rief: »Ach, Sie kommen! ... wegen dieser Sache (der Kinderschule) hat man geläutet und schon eine Stunde lang auf Sie gewartet. Nun ist alles in der Kirche. Nun war das Verwundern an uns. Wir stiegen vollends die Treppen bis zur Kirche hinauf, öffneten leise eine Tür und fanden da eine zahlreiche Versammlung... Wir setzten uns still in einen Stuhl; mir sauste es vor Müdigkeit in den Ohren. Der Pfarrer sprach von »dieser Sache« als einer sehr wichtigen und nötigen... Nach dem Schluß begrüßte man uns und berichtete, wie man lange, lange geläutet hätte. Also wirklich uns geläutet! Nun ging's ins gemietete Lokal (in die Kinderschule), soviel Leute eben Platz hatten, und ich hatte, ohne einen Tropfen Erquickung über die Lippen gebracht zu haben, sofort einzustehen und erzählte die Geschichte vom Guten Hirten, und alles war erfreut, daß diese Sache nun doch zustande gekommen sei. – Mir war's im innersten Herzen feierlich zumute, als tönten die Glocken immerfort und sprächen mir ins Ohr: »Siehe, ich bin mit dir und will dich behüten, wo du hinziehst.«

13.
DER GLAUBE IM ALLTAG

Beate Paulus – was eine Mutter kann

Zu den namhaften württembergischen Pfarrfrauen zählt auch Beate Paulus (1778-1842), eine Tochter Philipp Matthäus Hahns und Enkelin Johann Friedrich Flattichs. Ausgezeichnet hat sie sich vor allem durch ihre Fürsorge für ihre neun Kinder, denen sie trotz prekärer wirtschaftlicher Verhältnisse eine Ausbildung ermöglichte. Zu jenen gehören Christoph Paulus (1815-1894), ein führender Mitarbeiter der 1861 gegründeten pietistisch-separatistischen Gemeinschaft des »Deutschen Tempels« und Philipp Paulus (1809-1878), der 1837 auf dem »Salon« in Ludwigsburg eine christliche Bildungsanstalt eröffnete, der seine Mutter in einer Denkschrift so charakterisiert:

»Meine Mama«

Allein gewohnt, die Lage, in der sie war, aus Gottes Hand hinzunehmen, grämte sie sich nicht über dem, was sie nicht tun konnte, sondern suchte nur in dem, was ihr zu tun möglich war, treu zu sein und das Rechte zu treffen. In diesem Sinne erschien es ihr als etwas sehr Wichtiges bei der Erziehung der Kinder, immer genau zu unterscheiden zwischen Sünde und Unfug. Als bloßen Unfug erkannte sie alles, was nur aus Gründen der Ordnung, der Bequemlichkeit, der Nützlichkeit usw. nicht geduldet werden konnte, als eigentliche Sünde dagegen alles, was eine Verletzung unserer Pflichten gegen Gott oder gegen die Menschen in sich schloß.

Handelte es sich nun bloß um Dinge des Unfugs – sei's, daß wir die Kleider beschmutzten oder zerrissen –, so rügte sie das wohl und züchtigte uns mitunter auch dafür, allein immer nur im Sinne und Ton eines Zuchtmeisters; handelte es sich aber um eigentlich sündliche Dinge – um eine Lüge, eine Heuchelei, eine Undankbarkeit, eine Lieblosigkeit usw. –, so veränderte sich der ganze Charakter ihres Auftretens in Worten und Gebärden, und sie begann, jetzt nicht mehr im Sinn und Geist eines Zuchtmeisters, sondern in dem eines Propheten und Priesters des Allerhöchsten mit uns zu reden, und das mit einem solchen Ernst, daß es uns Mark und Bein durchdrang, mit einem so tiefen Gefühl der Traurigkeit über unsere Sünde, daß wir uns nicht mehr zu helfen wußten und lieber zehn Trachten Schläge als eine derartige Predigt – wie wir's nannten – hingenommen hätten.

Mit dieser Art des Einflusses auf unser Verhalten verband sie auch noch eine anderweitige Einwirkung auf unsere sittlich-religiöse Bildung dadurch, daß sie fast jeden Abend sich noch zu uns aufs Bett setzte und uns etwas aus der biblischen Geschichte erzählte, und zwar mit einer solchen Lebendigkeit und Anschaulichkeit, daß wir ganz hingenommen waren und uns beim Ausziehen schon darauf freuten. Sie selbst kannte die ganze heilige Geschichte Alten und Neuen Testaments so genau wie wenige sonst in der Welt... Doch war natürlich hierbei das nicht der Hauptgewinn, daß die biblische Geschichte uns so in den Kopf und ins Gedächtnis geprägt wurde, sondern daß sie als ein lebendiges Samenkorn aus Gottes Garten ins Herz und Gemüt uns gepflanzt wurde und in aller Stille aufging und Frucht brachte im Leben.

Den stillsten und verborgensten, aber doch zugleich mächtigsten und gewaltigsten Einfluß aber übte sie endlich auf uns durch ihr eigenes Beispiel und Vorbild. Wir sahen tagtäglich an ihr, daß nichts Irdisches sie treibe: keine Eitelkeit, keine Genußsucht, keine Gewinnsucht. Sie ging in den geringsten Kleidern einher, sie war mit der einfachsten und geringsten Kost zufrieden; ja Kleider und Essen waren ihr so untergeordnete Dinge, daß sie selbst noch im Alter, wo wir aus gesundheitlichen Rücksichten meinten, sie solle sich besser kleiden und statt Wassersuppe, gestandene Milch und Kartoffeln auch kräftigere Speise nehmen, uns antworten konnte: »Laßt mir meine Kleider und meine Kost, für diese Welt sind sie schon recht... Ich will mit dem, was ich habe, in dieser Welt mich begnügen und warten, bis ich da bin, wo man die Kleider trägt, die nimmer veralten, und wo man ißt und trinkt, was den Hunger und Durst auf ewig stillt.«

Andererseits konnten wir tagtäglich auch sehen, daß nur der Blick aufs Höhere, Ewige sie leitet. Anderen dienen und für sie sich aufopfern, Liebe üben, für die Ewigkeit sorgen und wirken – das war ihr ganzes Tun und Treiben.

Über dieses Tun und Treiben berichtet Philipp Paulus ausführlich in einer Lebensbeschreibung (»Beate Paulus – was eine Mutter kann«), die – in manchen Passagen legendär ausgeschmückt – zum Klassiker pietistischer Erbauungsliteratur avancierte:

»Das ist doch seltsam und wunderbar«

Eines Tages war der Vater (Pfarrer Karl Friedrich Paulus; 1763-1828) allein im Zimmer und saß in Gedanken versunken auf seinem Kanapee. Da klopft's an die Tür. Er ruft herein. Der Amtsbote trat ein und übergibt drei Briefe: von Tübingen, Nürtingen und Stuttgart. Alle hatten den gleichen Inhalt: Es sollten an alle drei Orte in kürzester Frist teils größere, teils kleinere Summen geschickt werden, um angesammelte Verbindlichkeiten, Kollegiengelder, Kostgeld usw. (für die Ausbildung der Söhne zu begleichen). Der Vater liest's mit sichtlicher Bewegung und breitet alsdann die Briefe auf dem Tisch aus und wartet, bis die Mutter kommt. Kaum ist sie ins Zimmer eingetreten, so ruft er sie her und sagt: »So Mutter, da lies und zahle jetzt mit deinem Glauben. So geht's, wenn man ins Blaue hinein auf Gott hineinhaust. Du aber hast einen Sohn nach dem andern hinausgetan (eine Ausbildung ermöglicht) und dich damit getröstet: Gott verläßt die nicht, die sich auf ihn verlassen. Jetzt stehen wir da, und du bringst uns nun zuletzt auch mit deinem Eigensinn in Spott und Schande!« Die Mutter ergreift die Briefe und liest und wird immer ernster. Auf einmal antwortet sie in festem Ton: »Ja, sei außer Sorge. Die Sache wird in Ordnung kommen.« Sagt's und geht rasch zur Tür hinaus...

Sie ging auf die Bühne. Dort angekommen, läßt sie die Falltür herunter und streckt sich darauf aus und beginnt nun mit dem zu verhandeln, mit dem sie das Werk der Erziehung angefangen hatte. Sie hielt ihm die Briefe auf dem Tisch vor und besteht dann darauf: »Er dürfe sie diesmal nicht stecken lassen«.

Indessen war der Vater unten im Zimmer und wartete. Es wurde Nacht und sie kam nicht. Das Nachtessen wurde aufgetragen, und sie war immer noch auf der Bühne. Da schickt er die älteste Tochter, Beate, hinauf und erhält zur Antwort: »Eßt ihr nur, für mich ist's nicht Zeit zu essen.« – Am andern Morgen kommt's Frühstück auf den Tisch, und der Vater schickt zum drittenmal die Beate fort, die Mutter zum Frühstück zu rufen. Aber die entgegnet: »Ich brauche kein Frühstück, laßt mich in Ruhe, wenn's Zeit ist, werde ich schon kommen.« So blieb sie den Abend, die Nacht und den Morgen auf ihrer Falltüre liegen; der Vater und die Kinder fingen an, unruhig zu werden... Auf einmal öffnet sich die Tür und die Mutter tritt wieder herein mit einem Antlitz voll Ruhe und Frieden, wie verklärt, daß die Beate mit offenen Armen auf sie zueilt und ruft: »O Mutter, was ist's? Hat ein Engel vom Himmel dir Geld gebracht?« »Das nicht, mein Kind«, antwortete sie freundlich lächelnd, »aber ich weiß, es wird kommen!«

Kaum hatte die Mutter ausgesprochen, so klopft es an und eine Magd tritt herein und sagt: »Guten Morgen, Frau Pfarrerin, der Herr Lindenwirt schickt mich und läßt die Frau Pfarrerin bitten, zu ihm in die Linde hinauszukommen.« Die Magd geht wieder, die Mutter kleidet sich an und macht sich auf den Weg zum Lindenwirt... Dieser führt sie in ein Nebenzimmer und erzählt ihr: »Ich weiß nicht, was das ist, ich habe diese ganze

Nacht wegen Ihnen nicht schlafen können. Ich habe schon länger im Kasten da etliche hundert Gulden, und da trieb es mich nun die ganze Nacht um, ich solle Ihnen dieses Geld geben, Sie haben es nötig.«

Die Mutter antwortete ihm: »Ja, freilich kann ich's gebrauchen, Herr Lindenwirt. Ich habe diese ganze Nacht auch nicht geschlafen, sondern Gott angerufen, mir zu helfen. Es kamen gestern drei Briefe, die Kinder müßten wieder nach Hause zurückgeschickt werden, wenn ihr Kostgeld nicht sogleich bezahlt werde.«

»So, so!«, erwiderte der Lindenwirt, ein edler und geistvoller Mann, »das ist doch seltsam und wunderbar.« Damit öffnete er fröhlich den Kasten, holt drei gewichtige Rollen heraus und übergibt sie ihr.

Hiermit geht sie und kommt wieder heim. Da warten gespannt der Vater und die Kinder, und die Briefe liegen noch offen auf dem Tisch; die Mutter aber tritt jetzt freudestrahlend wieder zu ihm hinzu, legt auf jeden der Briefe eine der Rollen und sagt: »So, da ist das Geld, und glaubt, daß das Vertrauen auf Gott kein leerer Wahn ist.«

»Ein Hirte unter seinen Schäflein«

Diese Sorge für die Ausbildung ihrer Kinder lag ihr je länger, je mehr so schwer auf dem Herzen, daß alle sonstigen Kämpfe und Sorgen dagegen in den Hintergrund traten. Und doch nahmen diese auch nicht ab. Besonders die (zur Pfarrei gehörende) Landwirtschaft bildete fortwährend eine reiche Quelle von Nöten... So lernte sie allmählich, diese »Nebennöte« sich gefallen zu lassen und die Hauptsorge Gott anheimzustellen und in ihrem Teil an ihren Kindern sowie auch an andern Kindern in der Gemeinde das zu tun, was sie eben allein tun konnte. – Was die Kinder in der Gemeinde betrifft, so ging sie mit dem biblischen Historienbuch unter dem Arm zu den Kindern in die Häuser und besuchte sie, so daß sie oft an einem Sonntag in fünf oder sechs Häuser kam, wo sie dann drei bis vier Stunden zubrachte. Da aber die Kinder die biblischen Erzählungen sehr gern hörten, so geschah es fast regelmäßig, daß, wenn sie ein Haus verließ, um in ein anderes zu gehen, sämtliche Kinder mit ihr gingen, um im nächsten Haus die Fortsetzung zu hören. Das war denn freilich ein ganz eigenartiger Anblick, wenn sie so wie ein Hirte unter seinen Schäflein durch die Straßen zog – aber nicht mit dem Hirtenstab in der Hand, sondern mit dem Historienbuch unter dem Arm. Auch während dieser Wanderung auf der Straße fuhr sie fort, zu reden und die Lernbegierigen zu belehren.

Es war dies in der Tat nichts anderes als eine wandernde Sonntagsschule, wie sie die Welt bis dahin vielleicht noch nie gesehen hatte. Sie war dabei im höchsten Grad gesegnet und hatte den besonderen Vorteil, daß so immer auch den Alten Gelegenheit geboten war, etwas Gutes zu hören. Nicht selten wurden so Leute indirekt und ohne zu wissen, wie ihnen geschah, auf das Eine, was not tut, aufmerksam gemacht, welche direkt für einen solchen Zuspruch völlig unzugänglich gewesen wären.

»Man sieht sie wachsen«

Es war in der Neujahrsnacht 1819/20, daß die Mutter über allerlei nachdachte und ihr ganzes Tun und Lassen bis dahin einer Prüfung unterwarf. Da kam ihr auf einmal unter anderem der Gedanke, sie solle die Predigten ihres seligen Vaters (Philipp Matthäus Hahn) nicht mehr so allein hinter dem Ofen lesen wie bisher, sondern auch andere an dem reichen Segen, den sie darin finde, teilnehmen lassen. Sie ging daher gleich am andern Morgen zu ihrer Nachbarin und Freundin und machte ihr den Antrag, ob es ihr nicht recht sei, wenn sie künftig die Predigt bei ihr lese, damit sie auch hören könne. Die Nachbarin war über den Antrag hocherfreut und zeigte sich bald auch als eine sehr aufmerksame Hörerin des Worts. Allmählich wohnten auch noch andere bei: ihr Mann, ihre erwachsenen Kinder und einige andere Frauen des Dorfs.

Während die Mutter las, pflegte die Nachbarin, da sie arm war und neun Kinder zu versorgen hatte, die zerrissenen Kleider ihrer Kinder zu flicken, und zwar mit einer solchen Fertigkeit, daß einmal eine der anwesenden Frauen zu ihr sagte: »Katherainle, ich daink, du köntest in oam Dag um da ganze Lupferbearg umma naiha, so flink gohts bi dir.« (»... ich denke, du kannst in einem Tag um den ganzen Lupferberg herumnähen, so flink geht's bei dir.«)

Kaum hatte die Mutter so etliche Sonntage das Predigtlesen im Nachbarhaus fortgesetzt, so zeigten sich schon die Wirkungen davon bei der Freundin in der Art, daß die Mutter erfreut darüber sagte: »Man sieht sie wachsen!« Dieselbe wurde je länger, je heiterer und vergnügter und versicherte oft: »Sit d'Mama – so hieß sie im ganzen Dorf – zu üüs kont, woaß i erst, für was i do bi und leab, und je mai i mit em Wort Gottes bikannt wurd, desto größer wurd mi Hunger und Durst derno.« (»Seit die Mama zu uns kommt, weiß ich erst, für was ich da bin und lebe, und je mehr ich mit dem Wort Gottes bekannt werde, desto größer wird mein Hunger und Durst danach.«) Zugleich nahm auch ihre Liebe und Anhänglichkeit zur Mutter sichtbar zu, so daß sie ihr unter allen Umständen eine immer herzlichere Teilnahme bezeugte.

D' Annemrei von Weil

Weit weniger bekannt als Beate Paulus war deren Zeitgenossin Anna Maria Bälz (1757-1833) aus Neuweiler im Schönbuch, die von jedermann Annemrei von Weil genannt wurde. Ihr Leben hat die Schriftstellerin Elisabeth Oehler-Heimerdinger anschaulich skizziert:

Ein Krüppel

Zwischen den frischgrünen Buchenwäldern und den weiten Flächen der Kornfelder und Krautäcker des Schönbuchs ist Anna Maria Bälz in dem kleinen Ort Neuweiler aufgewachsen, das damals schon nach Weil eingepfarrt war. Die Bauernfrauen, die kein eigenes Backhäuslein bei ihrem Hof besaßen, brachten ihrem Vater, dem »Bälzenbäck« ihre Brotlaibe und ihre Kirbekuchen und an Weihnachten ihre Lebkuchen und Springerle zum Backen. Werktags besorgte er daneben seine Landwirtschaft, und auf den Sonntag backte er Brezeln. So lebten die Bäckersleute von ihrer Backstube und dem Ertrag ihrer Äcker...

Als dem Bälzenbäck Anno 1757 das letzte Kind geboren wurde, die kleine Anna Maria, machte man nicht viel Umstände. Die Schwestern, schon 15- und 13jährig, nahmen es im Wagen mit auf den Acker, und es gedieh dabei. Annegret und Annekätter, die beiden Schwestern, fanden viel Freude an ihrem neuen Schwesterlein. – Eines Tages – die kleine Annemrei war schon ein munteres Ding von drei Jahren –, da lag sie matt wie ein welkes Pflänzchen im Bett, und ihre Bäcklein glühten. Viele Wochen mußte sie so in der Kammer liegen; es half kein Umschlag und keine Arznei. Die Pocken habe sie, hieß es. Als das Kind endlich wieder aufstehen durfte, da trugen es seine Beinchen nicht mehr, und ein Ärmchen war kraftlos geworden. Es werde schon wieder gut werden mit dem Annemreile, tröstete sich die Mutter, wenn es erst wieder bei Kräften wäre. Aber es wurde nicht wieder gut: Das kleine Mädchen zog das rechte Bein nach, und der linke Arm war und blieb im Ellenbogen zusammengezogen und wollte sich nicht mehr strecken lassen. Die arme, kleine Annemrei war ein Krüppel geworden; so grausam das war, die Mutter mußte es sich endlich selber eingestehen.

Vorerst hüpfte sie auf ihrem gesunden Bein im Zimmer umher, lachte und scherzte wie andere Kinder auch und hatte trotz allem frohe Kinderjahre im Bäckerhaus. Da starb ganz unverhofft der Vater mitten aus der Arbeit heraus, als sie gerade fünf Jahre alt war. Strenger und härter wurde jetzt das Leben. Der Backofen wurde kalt, die Bäckerei ging ein. Das Bauerngeschäft aber mußte weitergehen, und die Mutter hatte nun die harte Männerarbeit auf dem Acker und im Stall mit ihren Mädchen allein zu machen. – So wuchs die kleine Annemrei freudlos auf, ohne besondere Obhut und Pflege, so nebenher als der kleine Nachkömmling, für den niemand recht Zeit und Lust hatte. Für Gottes Wort, für Andacht und Gebet war im Haus der Bäckerswitwe nicht viel Platz. Für die liebshungrige Annemrei war das sehr schade, denn als sie zur Schule kam, da wachte ihr Geist auf, da wurde sie voll Fragens nach Gott und nach dem »Woher« und »Wohin« des Menschen... Auch ihre Kamerädlein wollten nichts von ihr. Wer mochte sich schon um ein verkrüppeltes, hilfloses Kind viel kümmern!...

»A Pietischtin«

Ihre Schwestern hatten in Annemreis ersten Schuljahren nacheinander geheiratet. Beide waren in den großen, schönen Marktflecken Weil gekommen, von dem ihr Geburtsort Neuweiler nur ein Ableger ist. Die Annegret hatte einen Bäcker genommen und die Annekätter einen Bauern... Seit der Verheiratung der Schwestern lebte Annemrei mit der Mutter zusammen allein.

Mit der Schulzeit nahm auch Hören und Lernen für Annemrei ein Ende, und das war ihr von Herzen leid. Da erfuhr sie, daß in dem benachbarten Altdorf, eine Wegstunde von ihrem Heimatort entfernt, eine »Gemeinschaft« sei, wo Männer und Frauen um das Wort Gottes zusammenkamen. Wie schlug ihr da das Herz. Aber die Leute im Dorf redeten abwertend über die »Stundenleut«, weshalb die Mutter nichts davon wissen wollte. »Überfrommes Zeug«, nannte sie das, das passe nicht in ihr Haus. Annemrei wußte nun, wie die Mutter dachte und daß sie ihr niemals erlauben werde, in die Altdorfer Stunde zu gehen. Nach kurzem Kampf war sie aber fest entschlossen: Dann ging sie eben heimlich, ganz allein. Sie nahm einen Stab mit auf den Weg, auf den sie sich beim Gehen stützte; so zog sie die weite Landstraße dahin. Müde kam sie in Altdorf angehinkt und fragte nach der Bauernstube, in der die Versammlung sei. Dort fand sie die Teilnehmer, Bauern und Bauernfrauen, auch einige ältere Mädchen, schon versammelt. Sauber gekleidete, ernste Männer saßen am Tisch vor ihren Büchern. Nach dem Gesang legten sie ein Kapitel des Neuen Testaments aus – so einfach und schlicht, daß Annemrei jeden Satz verstehen konnte.

Als sie in der frühen Dämmerung des Herbstabends heimkam, fand sie das Haus verschlossen. Sie klopfte an die Haustür; aber da war weder Stimme noch Antwort. Die Mutter machte mit ihrer Drohung Ernst und ließ sie nicht ins Haus. Annemrei mochte heute übernachten, wo sie wollte. Von dem anstrengenden, weiten Weg sehr hungrig geworden, ging denn Annemrei, das leibarme 14jährige Ding, ohne Abendbrot zu den Kühen in den Stall, und bei dem friedlichen Geschnaufe der Tiere schlief das müde Mädchen bald ein. Die Gemeinschaft, die sie an diesem Nachmittag hatte erleben dürfen, erfüllte sie noch ganz, daß sie dafür das Schelten der Mutter samt der Nacht im Stall gelassen und still auf sich nahm. Auch wollte sie wieder nach Altdorf! Es stand ihr fest, daß sie am nächsten Sonntag trotz allem wieder dorthin gehen werde, auch wenn sie zu einem Weg zwei Stunden brauchte statt einer wie die andern Leute...

Eine Magd

Als Annemrei kaum 15 Jahre alt war, starb die Mutter, das abgeschaffte Weib, und hinterließ den beiden großen Töchtern in Weil die schwächliche Schwester. Es war nun nicht so, daß die beiden nicht guten Willens gewesen wären, die verwaiste kleine Schwester bei sich aufzunehmen; ganz im Gegenteil, jede von ihnen wartete ungeduldig auf ihre Hilfe. Annegret, die Bäckerin, hatte drei kleine Kinder, und das vierte war unterwegs. Annekätter, die Bäuerin, hatte auch zwei Kleine zu hüten; und in beiden Häusern gab es dazuhin so viel Haus- und Feldarbeit, daß die zwei Schwestern sich um ihre Annemrei geradezu rissen...

Den einen Tag war Annemrei nun im Bäckerhaus, den andern bei der Bäuerin. Was gab es doch alles zu schaffen, bis der Stall versorgt, das kleine Volk gerichtet und satt gemacht, bis geputzt, gewaschen, gespült, gekocht war! – Es waren ja auch harte Jahre dazumal... Wenn dann Annemrei nach mühsamem Tagwerk an manchem Abend noch hungrig zu Bett ging, weil kaum die Kinder satt geworden waren, so klagte sie nicht. Sie richtet sich auf an einem Verslein, das sie einmal gehört und das sich ihr unauslöschlich eingeprägt hatte:

> Mein Gott, laß mich mein vergessen
> und ein vorgesetztes Essen
> andern hungrig geben hin!

Annemrei war und blieb die Magd ihrer Schwestern. Jeden Samstag war sie todmüde von der Arbeit der Woche. Wenn sie des Nachts spät genug in den Schlaf gesunken war, ließ man ihr aber die verdiente Ruhe nicht; sie mußte sonntags ihrem Schwager Bäcker auch noch den Gesellen machen und lang vor Tag schon helfen, Laugenbrezeln zu backen, auf die der ganze Ort zum Vormittagsvesper wartete. Am Sonntagmorgen war sie deswegen in der Regel völlig erschöpft, und einmal geschah es, daß sie während der Predigt in der Kirche vor übergroßer Müdigkeit einschlief.

Jeden Sonntagnachmittag machte sich Annemrei auch von Weil aus regelmäßig auf den Weg nach Altdorf. Eines Tages stellte sich in der Versammlung ein junger Mann ein, zwanzig Jahre alt, ein Jahr jünger als sie. Der hatte Wunderdinge erlebt: eine Schau in Gottes Geheimnisse. Er hieß Michael Hahn (vgl. Kap. 9) ... Sonntag für Sonntag saß Annemrei, das verkrüppelte Mädchen, zwischen den Frauen in der Stunde und hörte dem Gesprochenen aufmerksam zu. Das war ihre einzige Erquickung nach der harten Magdarbeit der Woche, nach dem Kindertrubel und dem Brezelnbacken... So vergingen der

Annemrei zwischen hartem Magddienst bei ihren Schwestern und lichten Stunden am Sonntag im Gottesdienst und in der »Stunde« all die Jahre ihrer Jugend und ihrer besten Schaffenskraft. Als die Jüngste im Bäckershaus ein elfjähriges Schulmädchen war, starb ihre Mutter, und auf Annemrei lag fortan die Last, für den verwaisten Haushalt zu sorgen, allein. – Zehn Jahre nach der Bäckerin starb auch die andere Schwester, die Bäuerin. Annemrei war jetzt 47 Jahre alt; wo sollte sie nun bleiben? Sie war jetzt ganz allein. Da kauften ihr die Verwandten von ihrem elterlichen Vermögen ein Häuslein, ein winziges Haus, mitten in der Gasse zwischen den andern drin.

Eine Kreuzträgerin

An ihrem Stock hinkte die Jungfer in das bescheidene Heim. Es war baufällig gewesen, doch hatte man es zur Not wieder hergerichtet. Hier also sollte Annemrei von den Zinsen ihres kleinen Vermögens ihr Leben fristen und in den Häusern mit Nähen und Flicken hinzuverdienen... An vielerlei Leute waren ihre Gulden ausgeliehen worden, doch nicht eins dachte daran, der armen Geberin den Zins zur rechten Zeit zu bringen; und wenn sie spät genug an das Versäumnis erinnerte, dann wurde sie gar noch beschimpft. Annemrei aber schalt nicht wieder. Ihr Herr Jesus hatte sie gelehrt, zu bitten für die, die sie beleidigen. So tat sie es.

Weil die Gelder nicht eingingen, mußte sie um so fleißiger selber die Hände regen. Früh bis spät stichelte und nähte sie für die Leute; die halben Nächte durch spann sie für andere Flachs und Hanf; rastlos schnurrte ihr Spinnrädchen den ganzen langen Winter durch. Einfach und anspruchslos war sie schon immer durchs Leben gegangen, einfach und anspruchslos lebte sie auch jetzt, damit sie immer noch etwas übrig hatte für die ganz Armen. – Auch für die Annemrei kamen Tage, wo keine Kartoffeln und kein Stückchen Brot mehr im Haus war. Dann setzte sie einen Topf Wasser ans Feuer, streute Salz drein... Mit Innigkeit sprach sie darüber ihr

Tischgebet, und stets erlangte sie Kraft und Sättigung von solch kärglichem Mahl. Ja, das Gebet war ihr Kraft und Leben. Lang war sie als eine »Betschwester« verspottet worden; mit der Zeit aber wurde sie für viele zur Fürbitterin, zu der man in Krankheitsnöten und mit anderen Sorgen ging...

Eines Tages stürzte sie auf ihrer Hausstaffel so unglücklich, daß die Kniescheibe ihres guten Beins in Stücke sprang. Die Verletzung war so schwer, daß sie ganz im Bett bleiben mußte. Es ging einen Monat um den andern, es ging ein ganzes Jahr und noch eins, Annemrei lag immer noch hilflos in ihrem Bett. Die Krankheitszeit zehrte ihr restliches kleines Vermögen rasch vollends auf. Mit ihren fleißigen Händen nähte, strickte und flickte sie auch im Bett noch für die Leute... Als sie die letzten Kreuzer ausgegeben hatte, war sie, die zeit ihres Lebens vielen andern wohlgetan, selber auf die Mildtätigkeit und die Gaben barmherziger Mitmenschen angewiesen. Von Jugend auf hatte sie mehr als andere die Last eines schweren Lebens getragen; in den Jahren ihrer Krankheit mußte sie nun auch noch die Bitterkeit der Armut, der gänzlichen Entblößung von allen eigenen Mitteln von Grund auf kennenlernen...

Ihr Leiden nahm zu. Endlich konnte man sie nicht mehr den ganzen Tag allein in ihrem kleinen Haus liegenlassen, und es kam so weit, daß sie reihum in die Bauernhäuser geholt wurde, um dort versorgt zu werden. So kamen jeden Morgen Leute, die sie mit ihrem kranken Bein in das Haus trugen, das an dem Tag an der Reihe war. »In meinem 67. Lebensjahr«, schreibt sie, »wurde ich von vier Personen von einem Haus ins andere getragen. Was das für eine Demütigungsprobe für mich war, kann ich nicht sagen. Gott wolle ein jedes davor bewahren!« ...

Nach neun langen Jahren konnte sie wieder gehen. Auch diese Prüfung war nun bestanden, und Annemrei konnte an ihrem siebzigsten Geburtstag bewundernd sagen, wie Gott sie durch lauter Kreuz und Leiden zu sich gebracht habe: »Gnade, du bist groß! Ja, unaussprechlich groß ist die Gnade, die einen so sündhaften Krüppel schon siebzig Jahre getragen und oft und viel ganz väterlich gezüchtigt hat, weil allemal

Liebe mit der Zucht verbunden war, die auf mein ewiges Heil gezielt. Im Himmel will ich dich mit allen Heiligen anbeten, besonders für den Kreuzesweg, den du mich geführt hast. Dir übergebe ich mich aufs neue mit Leib und Seele, mit meinem ganzen Schicksal. Rette doch deine Ehre und meine Seele! Amen.«

Zuletzt sollte sie noch zwei schwere, harte Jahre durchleben. Die Wassersucht setzte an, und bald konnte sich Annemrei nicht mehr selber im Bett umdrehen. Große Wunden brachen auf und schmerzten namenlos. Aber sie hielt tapfer aus; man hörte kein Wort des Murrens aus ihrem Munde... Am 3. Februar 1833 durfte sie – im 76. Lebensjahr stehend – ihr Leben sanft beschließen.

Schulmeister Klett – »Alles fällt vom Himmel«

Eine liebenswerte Gestalt, deren Andenken in pietistischen Kreisen bis heute bewahrt blieb, ist auch der Schulmeister Klett aus dem kleinen Dorf Stockach bei Tübingen, der trotz ständig drückender Armut einen unbekümmerten Glaubenssinn bewies.

Über eine Begegnung mit ihm im Hungerjahr 1816/1817 erzählt eine Krämersfrau:

»O – dafür hat Gott schon gesorgt!«

Im November des Jahres 1816 zogen mein Mann und ich nach Tübingen auf den Markt, um unsere Waren feilzubieten. Unser Erlös fiel aber infolge der ungünstigen Witterung sehr mager aus. Es schneite und regnete... Nachdem wir Tübingen verlassen hatten, wanderten wir die Steinlach aufwärts, indem wir durch Hausieren noch etwas zu verdienen suchten, und kamen endlich nach Stockach, wo wir übernachten wollten. Von mehreren Dorfbewohnern wurden wir hier zum Schulmeister geschickt, der uns sehr freundlich aufnahm. In der frisch eingeheizten Stube konnten wir unsre durchnäßten Kleider zum Trocknen ausziehen und erhielten dafür andre. Er unterhielt sich hierauf mit uns, und es tat mir herzlich wohl, den lieben freundlichen Mann reden zu hören.

Endlich wurde der Tisch gedeckt, eine Schüssel mit einer dünnen Suppe aufgetragen und herausgeschöpft. Mein Mann und ich erhielten die ersten Portionen, dann die neun Kinder etwas kleinere. Zuletzt blieb dem Schulmeister und seiner Frau nichts mehr übrig als eine Kinderportion. Als die Kinder sahen, wie wenig für Vater und Mutter blieb, wollten sie das Ihre mit ihnen teilen. Die Eltern aber sagten: »Eßt nur, was ihr habt; wir haben genug!« Wir dachten, es werde noch eine Schüssel mit dampfenden Kartoffeln und vielleicht auch etwas Milch nachfolgen, aber nichts von alledem gab es zu sehen.

»Seid ihr satt?«, fragte nun der Schulmeister seine Kinder. »Ich habe genug«, antwortete das eine; ein andres sagte, es könne bis morgen warten... Ich erschrak, als ich diese Armut sah, und es reute mich, daß wir den lieben Leuten ihr kärgliches Abendbrot weggegessen hatten. »Habt ihr denn gar nichts mehr?«, fragte ich, »keine Kartoffeln?« »Nichts, gar nichts«, gab die Frau zur Antwort; »nicht eine Kartoffel, kein Mehl, keine Butter, kein Stück Brot, nichts, das man essen oder kochen kann.«

»Was werdet ihr aber morgen anfangen, wenn ihr gar nichts mehr habt?«, fragte ich aufs tiefste ergriffen.

»Darüber bekümmere ich mich nicht«, sagte der Schulmeister mit großer Ruhe; »ich habe mein Anliegen, Frau und Kinder und was uns not tut, dem Herrn befohlen, und ich bin getrosten Mutes; wenn Er sieht, daß wir und unsre Kinder etwas bedürfen, so wird's schon kommen...«

Wir trauten unsern Ohren kaum, und ich mußte fast immer weinen. Meinem Mann wurde es ganz eng zumute, und doch war es ihm wieder wohl bei dem Glaubensmann. Dieser aber merkte bald, wo es meinem Mann fehle; er sprach ihm darum freundlich und liebreich, doch auch ernstlich zu, er solle sein

Vertrauen auf Gott und den Heiland setzen. Er habe ihn noch in keiner Not steckenlassen.

Nach dem Abendgebet wurde für uns das Nachtlager bereitet, Stroh auf den Boden gebreitet und Bettstücke darauf gelegt. Der Schulmeister und seine Frau begnügten sich mit einem Strohsack und deckten sich mit alten Kleidern zu, und bald waren sie in tiefem Schlaf. Wir aber blieben noch lange wach; mein Mann rückte bald auf diese, bald auf jene Seite, und ich hörte ihn schwer seufzen. Auf meine Frage, was ihm denn fehle, sagte er: »Ach, der Schulmeister!«

Ich erwiderte: »Gelt, wenn wir nur auch so wären!«

Endlich fiel mir ein, was ich in Tübingen eingekauft und mitgenommen hatte, und sagte zu meinem Mann: »Du, was meinst, wenn ich morgen einen Kaffee machen würde? Ich habe ja Kaffee, Zucker und zwei Halbweißbrote bei mir.«

»Recht so, mach's so!«, war seine Antwort.

Als der Schulmeister am nächsten Morgen in die Stube trat, grüßte er uns freundlich und fragte, ob wir gut geschlafen hätten. Ich bejahte das und rückte gleich mit dem Vorschlag heraus, für sie und uns einen Kaffee zu machen...

Nachdem der Schulmeister herzlich gebetet und gedankt hatte, fing er an: »Hab' ich euch nicht gesagt: Wenn der Herr sieht, daß wir etwas nötig haben, so wird's schon kommen.«

Nach dem Frühstück rüsteten wir uns zur Weiterreise; ich konnte mich jedoch nicht enthalten, den Schulmeister noch zu fragen, was er mit seiner Familie denn zu Mittag essen werde. Er aber antwortete ganz herzlich und vergnügt: »O, dafür hat Gott schon gesorgt, da dürft ihr ohne Sorge sein; ich wenigstens habe keinen Kummer. Bis Mittag ist gewiß wieder etwas da.« Wir dankten herzlich für seine Gastfreundschaft, und ich schied mit Tränen in den Augen...

Als wir eine kleine Anhöhe erstiegen hatten, sagte mein Mann, der bisher sehr schweigsam gewesen war: »Das ist ein frommer Mann; wenn alle Leute so wären!« Während wir auf der andern Seite wieder hinabstiegen, kam uns ein Mann entgegen, der einen Schubkarren vor sich herschob. Ich wandte mich um und sagte zu dem Mann: »Ihr habt wohl schwer?«

»Ja freilich!« war seine Antwort. »Was führt Ihr denn?«
»Allerlei: Brot, Mehl, Schmalz, Kartoffeln, Gerste, Bohnen und dergleichen.«
Ihr werdet doch nicht mit den Sachen zu Markt gehen?«
»Ach nein! Es ist da drinnen (in Stockach) so ein armer, frommer Schulmeister, der wird jetzt in der teuren Zeit nicht viel übrig haben für sich und seine Familie.«

Über diesen Worten stieg mein Erstaunen aufs höchste, und ich konnte vor innerer Bewegung meine Tränen nicht zurückhalten. Meinem Mann gingen ebenfalls die Augen über... Wir zogen frohen Herzens und mit Dank unsre Straße. Seitdem ist mein Mann ein andrer. Ich darf nicht nur wieder mit meinen Kindern beten, was er zuvor verboten hatte; er betet nun auch selber und geht sogar mit mir in die Versammlungen. Das habe ich jener denkwürdigen Begegnung mit dem Schulmeister von Stockach zu verdanken.

Ein armer und doch reicher Schulmeister

Derartige Hilfeleistungen widerfuhren Klett noch öfter:

Eines Tages hatte er nur noch einen sogenannten Kronentaler. Mit diesem wanderte er nach Tübingen, um dort bei einem Bäcker einen Stumpen Mehl zu kaufen. Unterwegs begegnete ihm ein Handwerksbursche, der ihn um einen Zehrpfennig anging. Klett erwiderte, er habe nur einen Kronentaler bei sich, und für diesen müsse er für seine Familie Mehl kaufen – und ging weiter. Plötzlich hieß es jedoch in seinem Innern: »Gib dem, der dich bittet!« (Matth. 5,42). Er erkannte diese Stimme als einen Befehl seines Gottes, wandte sich schnell zurück zu dem Handwerksburschen und reichte ihm den Kronentaler. Wie er nun zu seinem Mehl kommen sollte, wußte der Schulmeister nicht; aber sein Gott wußte es.

In Tübingen besuchte er eine befreundete Bäckersfrau, bei der er das Mehl hatte kaufen wollen, und erzählte ihr, wie es ihm unterwegs ergangen sei. Sie lachte und ging aus dem

Laden in die Wohnstube, wo sich eine Anzahl Studenten befand, die regelmäßig bei den Bäckersleuten zu Mittag aß. Diesen erzählte nun die Bäckerin, was der arme Schulmeister von Stockach getan hatte. »Das muß ein rechtschaffener Mann sein, dem müssen wir etwas geben!« riefen die Studenten wie aus einem Munde und bewerkstelligten unter sich eine Sammlung für Klett, die so viel ergab, daß dieser nach Ankauf des nötigen Mehls noch mit einem schönen Überschuß in bar den Heimweg antreten konnte...

Als er wieder einmal nach Stuttgart wanderte, um seine geistlichen Brüder zu besuchen, konnte er unterwegs auf einen Wagen aufsitzen. Weil noch mehrere Personen mitfuhren, kam ein Gespräch auf über das Wort: »Das kommt von oben!«, das der Schulmeister ausgesprochen hatte. Er sagte, es sei alles gut, was von oben komme; denn denen, die Gott lieben, dienten alle Dinge zum Besten (Röm. 8,28). Aber von den Mitfahrenden waren nicht alle dieses Sinnes, besonders einer unter ihnen widersprach seinen Worten sehr. In Stuttgart angekommen, widerfuhr es nun dem Schulmeister beim Absteigen vom Wagen, daß er mit dem Rock hängenblieb, so daß dieser, der ohnehin fadenscheinig gewesen war, entzwei riß. — Wer den Schaden hat, braucht für den Spott nicht zu sorgen! — Spöttisch lachend fragte einer der Mitgereisten Klett, ob ihm das nun auch zum Besten diene. Eine Frau, welche die Fahrt ebenfalls mitgemacht hatte, trat alsbald für ihn ein und antwortete an seiner Statt: »Allerdings!«, und zu Klett gewandt, fuhr sie fort, er möge nur mit ihr kommen, sie wolle ihm statt seines zerrissenen Rocks einen noch guten von ihrem Mann geben...

Durch allzu große Freigebigkeit kam Klett je und je in Schulden hinein. Da geschah es eines Tages, daß der gute Mann deswegen aufs Amtsgericht nach Tübingen vorgeladen wurde. Da er aber nichts hatte, um seine Schulden zu bezahlen, sah er nichts anderes vor sich als den »Schuldturm«. Bebenden und betenden Herzens wanderte er zur bestimmten Zeit Tübingen zu.

Dort angekommen, mußte er sofort auf dem Notariat erscheinen. Der Notar forderte ihn auf, seine sämtlichen Schulden zu nennen. Nun war's ihm vollends klar, daß ihm der Schuldturm drohte. Zitternd und zagend gab er grundehrlich jede große und kleine Schuld an..., und es kam eine erkleckliche Summe heraus, angesichts deren Schulmeister Klett fast zusammenbrach. – Jetzt erfolgte das Urteil. Mit freundlicher Miene erklärte der Notar: »Vor einigen Wochen starb hier eine Frau, die in ihrem Testament verfügte, aus ihrem Nachlaß müßten zuerst sämtliche Schulden des Schulmeisters Klett von Stockach bezahlt werden, ehe etwas an die Erben verteilt werde. Herr Schulmeister, Ihr seid frei!«

Freudestrahlend bedankte sich der Geängstete bei dem Herrn Notar und zog dann seine Straße fröhlich, erfüllt von dem Lobpreis der Barmherzigkeit Gottes:

> Weicht, ihr finstern Sorgen,
> denn auf heut und morgen
> sorgt ein andrer Mann!
> Laßt mich nun mit Frieden;
> dem hab ich's beschieden,
> der es besser kann!
> Schreit die Welt
> gleich immer: Geld!
> Ich will Hosianna schreien,
> glauben und mich freuen.
>
> Gott hat, zu bezahlen,
> das ist ohne Prahlen
> mein gewisser Schatz.
> Alles fällt vom Himmel;
> sorgendem Gewimmel
> geb' ich keinen Platz.
> Sonnenschein
> und Fröhlichsein,
> fetter Tau und kühler Regen
> ist des Himmels Segen.

Hab ich keinen Heller,
weder Brot noch Teller,
weder Dach noch Fach,
reißen meine Kleider,
sagen andre: Leider!
Schreien: Weh und ach!
Sing ich doch
und glaube noch;
ich will ruhen, trinken, speisen
und den Vater preisen.

D' Bas' Schmiede – »So ein dummes Weible«

Ähnlich wie Beata Sturm zu Beginn des 18. Jahrhunderts in Stuttgart wirkte in Weilheim an der Teck im 19. Jahrhundert »D' Bas' Schmiede« (1813-1893), eine Schwäbin von echtem Schrot und Korn. Beeindruckt von ihrem Leben, beschreibt sie so ihr Enkel:

»Eine Wucherin«

D' Bas' Schmiede hieß sie, weil ihr Mann Schmied war. Daß sie Base genannt wurde, war nichts Ungewöhnliches. Wir nannten damals als Kinder jede Frau Bas' und jeden Mann Vetter...

Wüßte die Bas' Schmiede jetzt, daß von ihr Aufzeichnungen gemacht und zum Lesen gegeben werden, so würde sie sicher sagen: »Was macht ihr für einen Lebtag aus so einem dummen Weible!« Aber nur sie selber beurteilte sich so; denn dumm war sie nicht. Es haben oft sehr gescheite Leute ihr mit großer Aufmerksamkeit und Dankbarkeit zugehört. Freilich, ihr eigener Enkel hielt sie, als er so ungefähr 17 Jahre alt war, für ein dummes Weib; denn er lernte fremde Sprachen, und von den großen Dichtern, die dieser verehrte, kannte sie nicht einmal die Namen. Was sie aber kannte – und dies gründlich –, das waren die Bibel, Johann Arnds »Wahres Christentum«, die Schatzkästlein von Karl Heinrich von Bogatzky und manches Derartige. Daraus hatte sie so viel Lebensweisheit, Frieden, Freude und Kraft geschöpft, daß sie davon abgeben konnte.

Weilheim an der Teck

Und doch, wer die Bildung eines Menschen nach seinen Schulzeugnissen einschätzt, der mußte sie wirklich für dumm halten; denn in der Schule saß sie fast immer auf dem letzten Platz. Das Schreiben fiel ihr offenbar besonders schwer; sie hat nie in ihrem Leben etwas geschrieben, auch keinen Brief, und die einzige wirkliche Verlegenheit bedeutete es für sie, wenn sie – glücklicherweise selten – ihren Namen schreiben mußte. Aber Lesen hat sie gelernt; das hat sie fleißig geübt, und das war das Glück ihres Lebens.

Sie war die fleißigste Frau des Städtchens, die erste, die in der Frühe auf den Acker oder auf die Wiese ging, und die letzte, die in der Abenddämmerung heimkam. Als sie deswegen jemand eine »Wucherin« nannte, erwiderte sie: »Ja, das bin ich, eine Wucherin für Zeit und Ewigkeit.«

An den langen Winterabenden spann sie Jahr um Jahr unermüdlich. Dabei hatte sie immer ein Buch vor sich liegen und lernte auswendig. Vielleicht gab es im Städtchen niemand, der so viel auswendig lernte, aber vielleicht auch niemand, der so viel auswendig gelernt hat. Dreizehn Winter lang lernte sie an einem Gedicht, das vom künstlerischen Standpunkt aus gewertet eine armselige Versemacherei war... Als sie einmal nach dreizehn Jahren die 70 Strophen des Gedichts ohne zu stocken ihrer Tochter und einigen Freunden aufsagen konnte, war sie überglücklich.

Eine Wohltäterin

Sie wucherte aber nicht nur für sich, sondern damit sie auch dem Dürftigen helfen könne. Oft hat sie neben ihrer Arbeit noch einer andern Frau geholfen, die mit ihrem Umtrieb nicht fertig wurde. Und oft hat sie spät in der Nacht noch für andere Strümpfe gestopft und Kleider geflickt. Alles selbstverständlich unentgeltlich. Als ihr Mann sie deshalb einmal unsanft ins Bett jagte, wartete sie, bis er schlief, stand auf und machte die Arbeit fertig...

Vor allem der Sonntagnachmittag war ganz den Besuchen bei Kranken und Armen geweiht. Ehe sie sich auf den Weg machte, steckte sie noch Geld zu sich. Ihre Tochter sorgte dafür, daß sie immer in ihrer Schublade etwas Vorrat hatte. Als diese ihr aber eines Tages sagte, sie möge doch in ihren Ausgaben bei ihren Besuchen etwas sparsamer sein, zog sie die Schublade heraus und sagte: »Guck, es sind noch viele Zwanziger drin« (kleine silberne Zwanzigpfennigstücke). Von da an ließ ihre Tochter sie gewähren. Sie ließ übrigens auch keinen Handwerksburschen leer aus dem Hause gehen. »Ich möchte nicht«, sagte sie, »daß er einen Fluch zurückläßt.« Ging sie in Häuser, wo Kinder waren, so kaufte sie für diese unterwegs Brezeln oder Milchbrötle. Sie war darum auch bei allen Kindern beliebt – aber nicht bloß bei den Kindern, sondern auch bei den Erwachsenen. Wie mancher Kranke äußerte: »Wenn die Bas' Schmiede an meinem Bett sitzt, vergesse ich meine Schmerzen.« Es war seltsam oder auch, recht verstanden, nicht seltsam, daß sie von einer solchen Reihe von Besuchen am Abend nicht ermüdet, sondern gestärkt nach Hause kam, denn sie hatte so viel Freude in die Häuser und Herzen getragen, daß ihr eigenes Herz davon so beglückt war, daß es gar nichts davon merkte, was die andern Glieder an Arbeit hatten leisten müssen. Besonders angelegen waren ihr die Kranken, die schon jahrelang ans Bett gefesselt waren...

Segen ging von ihr aus, auch in Fällen, in denen sie es selber nicht gewahr wurde. Ein Bauer erzählte mir: »So eine Frau wie d' Bas' Schmiede gibt's nicht mehr. Da ging ich einmal in der ersten Morgendämmerung während der Heuernte zum Mähen. Ich brummte vor mich hin: »Ist dieses Leben eine Schinderei vom frühen Morgen bis in die sinkende Nacht. Wozu ist man eigentlich auf der Welt?« Da hörte ich plötzlich jemand singen: »Geh aus, mein Herz, und suche Freud' in dieser lieben Sommerzeit an deines Gottes Gaben!« Das war d' Bas' Schmiede. Und da sagte ich laut zu mir selber: »Kerle, schäm dich! Du bist ein junger, kräftiger Mann und gehst mit Gebrumm an die Arbeit. Und dös alte Weible, dem das Mähen schwerer fällt, macht die gleiche Arbeit, aber geht mit Lob und Dank daran. Nimm dir ein Beispiel und schäm dich!«

Eine Seelsorgerin

In ihren Andachtsbüchern steckten zu jeder Zeit eine Menge Merkzeichen. Die wertvollen Stellen las sie immer wieder oder las sie andern vor. Wie viele hat sie damit getröstet! Denn wie sie den Ertrag ihrer körperlichen Arbeit nicht für sich behielt, sondern davon austeilte, wo sie Not sah, so hielt sie es auch mit den geistlichen Schätzen, die sie gesammelt hatte. Sie war die eigentliche Seelsorgerin des Städtchens. Wo irgend eine Not war, eine äußere oder innere, war sie zur Stelle... Wenn die beiden Stadtpfarrer – und diese schätzten ihre Mithilfe sehr – sie dann und wann auf einen Hilfs- oder Zuspruchbedürftigen aufmerksam machen wollten, den sie besuchen sollte, war sie meistens schon dort...

Sie war eine Meisterin im Trösten. Aber wo es not tat, konnte sie auch scharf werden. Als ein Stadtpfarrer ihr erzählte, daß ein ehemaliger Mesner, den er in seiner Krankheit besuchte, ihm den Rücken zugekehrt und ihn so abgewiesen habe, ging sie zu diesem hin und sagte: »Du Lausbub, so gehst du mit dem Herrn Stadtpfarrer um! Morgen kommt er wieder zu dir; dann will ich etwas anderes von dir hören!« Und sie behielt recht.

Das Geheimnis ihres großen Einflusses, dem sich auch die »ungäbsten« Leute beugten, war ihre aufrichtige, selbstlose und demütige Aufgeschlossenheit und Bereitschaft für jedermann. Als sie einmal im Garten vor dem Haus arbeitete, ging, von ihr unbemerkt, ein Mann vorbei, der als einer der schlimmsten Trinker und Flucher im Städtchen galt. Dieser redete die Tochter der Bas' Schmiede an: »Weißt du auch, warum alle Leute deine Mutter so gern haben?« Auf ihre Frage: »Warum denn?«, antwortete der Mann: »Ha, do merkt a jedes: des Weib tät' uns em Teufel no aus dem Rache reiße, wenn s' es könnt!«...

Wo die Bas' Schmiede ging und stand, war sie Seelsorgerin. Eine Frau erzählte: »Die Bas' Schmiede vergesse ich nicht. Einst standen wir, dreizehnjährige Mädchen, lachend beisammen. Da ging sie vorbei, und im Vorbeigehen sagte sie: Mädle, fliehet die Sünden der Jugend! Ich verstand damals ihre Worte nicht, aber sie hafteten in meinem Gedächtnis, weil sie mit so liebevollem Ernst gesprochen wurden. Später verstand ich sie, und dann gingen sie bewahrend mit mir durch die Versuchungen.«

Zu Bas' Schmiedes nächsten Freundinnen gehörte eine sehr fein empfindende und wesenhaft fromme Frau, die durch ihre Ehe ein schweres Leben hatte. Ihr Mann war im Grunde gutgeartet. Aber wenn er viel getrunken hatte, wurde er bösartig, und dann konnte es geschehen, daß er seine von ihm sonst geliebte Frau sogar mißhandelte. Wenn freilich gerade die Bas' Schmiede, die er sehr verehrte, bei seiner Frau war, wenn er betrunken heimkam, wagte er sich nicht ins Wohnzimmer, sondern ging direkt in die Schlafkammer und bat seine Frau, es der Bas' Schmiede ja nicht zu sagen, daß er wieder einen Rausch habe. Als einmal die Bas' Schmiede früh aufs Feld ging, hörte sie inwendig eine Stimme: »Guck nach der Bas' Rike!« »Was soll ich so früh bei ihr?« antwortete sie. Aber die innere Stimme wurde so dringend, daß sie schließlich umkehrte und zum Haus der Bas' Rike ging. Doch was sollte sie dort? Sie öffnete die Haustüre und rief laut hinein: »Gott ist die Liebe, er liebt auch dich«, kehrte um und ging aufs Feld. Die Bas' Rike aber auf dem Hausboden oben warf den Strick, den sie in der Hand hatte, weg und rief: »Was, du Teufel, so weit hast du mich schon gehabt!«, ging an ihr Tagwerk und trug ihr Hauskreuz tapfer weiter...

Wie oft pflegte sie zu sagen: »Gott macht koin O'gschick!« Einmal blieben nach einer Gemeinschaftsstunde einige Brüder beisammen, und jeder erzählte von seinem Kreuz, das er für das schwerste von allen hielt. Schließlich sagte die Bas' Schmiede, die aufmerksam zugehört hatte: »Brüder, mir ist's immer angst, ob ich mich auch recht verhalte, wenn einmal das Kreuz zu mir kommt.« Darauf sagte ihr Schwiegersohn zu den andern: »Nehmt euch ein Beispiel an meiner Schwiegermutter! Sie hat wahrscheinlich mehr eigenes und dazu noch fremdes Kreuz getragen als wir alle. Aber sie weiß es nicht und wartet noch auf diese Prüfung...«

»I flieg aber naus!«

Im Frühjahr dieses neuen Jahres (1893) erkrankte die Bas' Schmiede – sie war jetzt 80 Jahre alt – so schwer, daß man mit einem raschen Ende rechnen mußte... In den letzten acht Tagen durfte die Bas' Schmiede noch viel Schönes erleben. Alle wollten ihr noch Liebe, Dankbarkeit und Verehrung zeigen und einen Segen bei ihr holen. Ihre Tochter erzählte, es sei auffallend gewesen, wie sie beim Abschied fast prophetisch jedem das gesagt habe, was er gerade nötig gehabt habe... Als eine ältere Frau, die kaum je einen Gottesdienst oder eine Gemeinschaftsstunde versäumt hatte, an ihr Bett trat, sagte sie zu dieser: »Sag du ja nicht, daß du dich bekehren wollest, wenn du nicht einmal mit deiner Tochter im Frieden auskommen kannst!« Jahrelang hatte sich die Bas' Schmiede um die Aussöhnung der beiden bemüht, jedoch immer vergeblich. Aber nun hatte sie Erfolg. Stracks lief die Frau zu ihrer Tochter und sagte weinend: »Wir wollen doch wieder gut miteinander sein!« Die Tochter glaubte zuerst, ihre Mutter rede irre. Als sie aber den Ernst ihrer Worte wahrnahm, kam es zu einer dauerhaften Versöhnung...

In der letzten Nacht war der Kampf mit dem Tode schwer. Gegen halb drei Uhr rief die Tochter die beiden Enkelinnen ans Bett: »Kinder, gucket!« Die Großmutter hatte einen überirdischen Glanz im Gesicht. Das letzte Wort an die Tochter war: »Glaubst du, daß der Heiland da ist?« Als die Tochter antwortete: »Ja«, und nickte, schien diese Antwort ihr einer letzten Gewißheit zu ermangeln, und sie fragte noch einmal: »Glaubst du es ganz gewiß?« Als sie noch einmal die Bestätigung erhielt, sagte sie: »Dann ist's gut.« Kurz darauf war der Kampf zu Ende... Nach dem Heimgang der Bas' Schmiede war eine solche Seligkeit im Zimmer, daß die Versammelten zuerst gar nicht weinen konnten, sondern miteinander das ganze Lied sangen: »Nun danket alle Gott!«

Die Bas' Schmiede hat es wahr gemacht, was sie einmal beim Gedanken an ihren Tod gesagt hatte: »Mich hält nichts, i flieg aber naus!« Auch die Wahrheit eines andern Wortes von ihr wurde durch ihr Ende bestätigt: »Wenn eines Menschen Leben nicht auf Lob und Dank Gottes hinausläuft, ist's nicht rechter Art gewesen.« – Ihr Leben war rechter Art gewesen.

UNSER JAHRHUNDERT

14.
IN BEDRÄNGNISSEN DES DRITTEN REICHES

Theophil Wurm – der Bischof seiner Kirche

Daß die württembergische Landeskirche in den Jahren des Dritten Reiches der vom nationalsozialistischen Regime angestrebten »Gleichschaltung« und Eingliederung in die Reichskirche entging, verdankt sie insbesondere ihrem Bischof Theophil Wurm (1868-1953). Obgleich er – wie nicht wenige Pfarrer und Gemeindeglieder – anfänglich die Machtübernahme Hitlers begrüßte und zuweilen einen gemäßigten kirchenpolitischen Kurs einschlug, trat er im Kirchenkampf auf die Seite der »Bekennenden Kirche« und protestierte gegen die Verbrechen des Nationalsozialismus.

Dokumentiert wird dies unter anderem durch seine Eingabe vom 19. Juli 1940 an das Reichsministerium des Innern, in der er die Tötung »lebensunwerten Lebens« verurteilt:

»Gott läßt sich nicht spotten«

Die Entscheidung darüber, wann dem Leben eines leidenden Menschen ein Ende gesetzt wird, steht dem allmächtigen Gott zu, nach dessen unerforschlichem Ratschluß das eine Mal ein völlig gesunder und wertvoller Mensch vor der Zeit hingerafft wird, das andere Mal ein lebensuntüchtiger jahrzehntelang dahinsiecht. Ich kann gut verstehen, daß viele Menschen angesichts dieser und vieler anderer nicht mit der Vernunft zu erklärenden Tatsachen den Glauben an Gott verwerfen und statt seiner ein blindes Schicksal annehmen. Aber das kann ich nicht verstehen, daß von der Seite, die ausdrücklich den

Atheismus verwirft und für die außerhalb des Christentums Stehenden die Bezeichnung gottgläubig gewählt und eingeführt hat, eine Mißachtung des göttlichen Majestätsrechts gebilligt und durchgeführt wird, wie sie in dem Vorgehen gegen die Pfleglinge der Anstalten vorliegt...

Damit komme ich zum zweiten Anstoß, den das Empfinden unseres Volkes an den besprochenen Maßnahmen nimmt. Schon die vorchristliche Antike stellte den Grundsatz auf: res sacra miser, eine heilige Sache ist der Unglückliche. Das Christentum hat es sich von jeher zur Aufgabe gemacht, im Blick auf den, von dem es heißt »Er trug unsere Krankheit und lud auf sich unsere Schmerzen«, der Kranken und Elenden sich anzunehmen. Gegenüber der Roheit eines primitiven Heidentums wurde der Mensch als Mensch und nicht als Tier betrachtet. Die Fortschritte der Heilkunde wurden in den Anstalten der christlichen Liebestätigkeit auch für die geistig Erkrankten nutzbar gemacht. Wesentliche Fortschritte sind gerade auch von Spezialärzten in Anstalten der Inneren Mission wie von staatlichen Anstalten ausgegangen. Ich habe oft die Gewissenhaftigkeit und Geduld der Anstaltspsychiater bewundert, die ja gegenüber anderen Ärzten einen viel geringeren Prozentsatz als Heilerfolge aufzuweisen haben und doch jeglichen Pflegling als ein ihnen anvertrautes Gut behandeln. Wie schwer muß es diesen Männern werden, entgegen der ganzen Tradition ihres Standes Maßnahmen geschehen zu lassen und zu vertreten, die auf das Gegenteil der menschenfreundlichen Einstellung hinauslaufen, die neben der wissenschaftlichen Akribie die Ehre und Würde des Ärztestandes bildet ...

Ich kann nur mit Grausen daran denken, daß so, wie begonnen wurde, fortgefahren wird ... Gott läßt sich nicht spotten. Er kann das, was wir auf der einen Seite als Vorteil gewonnen zu haben glauben, auf der anderen Seite zum Schaden und Fluch werden lassen. Entweder erkennt auch der NS-Staat die Grenzen an, die ihm von Gott gesetzt sind, oder er begünstigt einen Sittenverfall, der auch den Verfall des Staates nach sich ziehen müßte.

Nachdem Wurm wegen seiner Proteste durch die nationalsozialistische Führung »zum Schweigen« verurteilt worden war, konnte er erstmals wieder am 10. Mai 1945, zwei Tage nach Kriegsende an Himmelfahrt, predigen. Zugrunde legte er Johannes 14,1-6:

»Euer Herz erschrecke nicht«

Was ist alles über uns (über Stuttgart) ergangen, seit ich Dir an Neujahr 1944 von der Kanzel der Stiftskirche aus den Jahresspruch für das damals begonnene Jahr »Der Herr ist treu, der wird euch stärken und bewahren vor dem Argen« auslegen durfte! Die Stiftskirche ist wie alle anderen Kirchen unserer Stadt eine Ruine, eine ganze Reihe von Städten außer der Landeshauptstadt ist in Trümmer gesunken, ungezählte Menschen – Männer und Frauen, Greise und Kinder – sind an der Front oder in der Heimat, die schließlich selbst Front wurde, gefallen, und bei der Besetzung des Landes haben sich schmerzliche und erschütternde Dinge ereignet ...

Unsere Herzen sind tief verwundet angesichts von Schäden und Verlusten, die keine menschliche Hand mehr ausgleichen und gutmachen kann. Aber ist nicht das Bitterste dies, daß man uns sagen kann: »So habt ihr's, so haben's die Euren auch gemacht, ihr empfanget, was eure Taten wert sind? ...« Tief demütigend ist es für uns, daß die Anstifter von Gewalttätigkeiten und Grausamkeiten draußen und daheim so viele Helfershelfer gefunden haben und daß eine noch viel größere Zahl über all diese Dinge, die den Tieferblickenden schon lange quälen mußten, hinwegzuleiten verstanden, als ob sie das nichts anginge, was im Namen des deutschen Volkes verübt wurde ...

Daß wir diese Tyrannei losgeworden sind, das erfüllt unsere Herzen heute mit Dank und mit Freude, und wenn wir uns auch völlig darüber klar sind, daß Nöte und Sorgen nicht bloß hinter uns liegen, sondern auch vor uns stehen, so lassen wir uns nun doch von dem heutigen Festtagstext gerne zurufen: Euer Herz erschrecke nicht! Warum braucht es nicht zu erschrecken? Gott ist über uns! Christus ist bei uns! Der Himmel steht vor uns! ...

Wenn wir auf den hinter uns liegenden Abschnitt unserer Geschichte blicken, so werden wir nicht sagen können, daß er durch besondere Glaubenskraft ausgezeichnet gewesen sei. Unser Volk war mehr menschengläubig als gottgläubig ... Als die Unmöglichkeit, diesen Krieg siegreich zu beenden, für jeden nüchtern denkenden Menschen deutlich war, machte man sich nicht los von einem geradezu aberwitzigen Vertrauen auf Personen, auf Erfindungen, auf irgendwelche menschlichen Schachzüge und warf dem Moloch des Kriegs immer neue Opfer an Menschen und an Gütern in den Rachen. Ja, es wurden die Verheißungen, die in der Heiligen Schrift dem Glauben an Gott und Gotteswort gegeben sind, in einer oft fast lästerlichen Weise auf den Glauben an das Menschenwort übertragen ...

Es ist eine Hauptbedeutung der jetzigen Ereignisse, daß dadurch der Glaube an den Menschen widerlegt ist; nicht bloß der Glaube an eine bestimmte menschliche Persönlichkeit, sondern das Vertrauen auf den Menschen als solchen, die Vergöttlichung, um nicht zu sagen: die Vergötzung menschlichen Wissens, Wollens und Könnens ... Wie hat sich nun aber die Verachtung Gottes am Menschen selbst gerächt! Wie ist man mit dem Menschenleben und der Menschenwürde umgegangen! ... Wahrlich ein furchtbares Gericht über ein Volk, das nur noch an den Menschen glaubte! ... Gott läßt sich nicht spotten, aber er läßt sich auch nicht vergeblich anrufen. Euer Herz erschrecke nicht! Glaubt an Gott und glaubt an mich, spricht Jesus beim Abschied zu seinen Jüngern ...

Es hat sich auch diesmal der verhaßte Galiläer stärker erwiesen als die Verfolger seiner Gemeinde. Aber diese herrliche Erfahrung verpflichtet nun auch seine Gemeinde, es noch viel ernster zu nehmen mit der Vertiefung in sein Wort, mit seiner Nachfolge auf dem Weg des Kreuzes, mit dem Gehorsam gegen die Zucht seines Geistes. Glaubt an mich, das will heißen: Pflegt nicht bloß eine überlieferte christliche Frömmigkeit mit christlichen Liedern, christlichen Bildern, christlichem Wortschatz, sondern nehmet den Geist Christi in euch auf ... Für die Jünger Jesu in unserem Land und in allen Ländern ist die Stunde gekommen, der Welt zu zeigen, daß nach jenem apostolischen Wort das Böse nur durch das Gute überwunden werden kann ... Wir haben die Welt und das Leben und uns selbst so kennengelernt, daß uns jeder Stolz und jeder Ruhm vergangen ist ...

Gott segne diejenigen, die in unserer Stadt und unserem Land bereit sind, unter so erschwerten Verhältnissen die Verantwortung zu übernehmen; er lasse sie bei allen Schichten Vertrauen und Unterstützung gewinnen. Er wehre dem Geist, der auch aus dem Unglück des Vaterlandes Nutzen zu ziehen sucht.

»Der Herr ist Gott!«

An seinem 80. Geburtstag, am 7. Dezember 1948, resümiert Wurm die zurückliegenden Jahre:

1. Es ist etwas Wunderbares, wenn man bei ganz bestimmten Fragen und Entscheidungen die Führung Gottes erkennen darf. Es handelte sich in den Kämpfen mit dem NS-Gewaltsystem um die Kirchwerdung der Kirche. Gott hat es so gefügt, daß wie einst am Karmel auch die Volksmenge rufen mußte: »Der Herr ist Gott, der Herr ist Gott!« Gott läßt keinen Feind an uns heran, wenn wir nichts anderes wollen als seinen Willen bezeugen und tun.

2. Viel gutes Wollen in der Welt erreicht sein Ziel nicht, weil es mit selbstsüchtigen Nebenabsichten vermischt ist und sich unreiner Mittel bedient. Nicht der Zweck heiligt die Mittel, sondern das unheilige Mittel zerstört den schönsten Zweck.

3. Das schwere Schicksal unseres Volkes kann getragen und überwunden werden nur durch Buße, Glaube und Liebe. Durch Buße: indem wir erkennen, wie oberflächlich und selbstsüchtig wir in früheren glücklichen Zeiten dahingelebt haben, und indem wir uns schämen des furchtbaren Geistes, der in unserer Mitte ausgebrochen ist und die Welt und uns selbst ins Unglück gestürzt hat. – Durch Glaube: indem wir

im Sinne von Jesaja 40 erkennen, daß Gott mächtiger ist als jede Weltmacht und sich derer annimmt, die sich nicht auf Waffen und Geld, sondern allein auf Ihn verlassen. – Durch Liebe: indem wir nicht mehr zulassen, daß ein Teil des Volkes prassen kann, während der andere verkümmert.

4. Die Männer der Kirche bitte ich, in ihrer Verkündigung darauf zu achten, daß die Bezeugung der göttlichen Liebe und des Erlösungswerkes Christi nicht mehr getrennt werden darf von der Bezeugung der Barmherzigkeit und Gerechtigkeit im Menschen- und Völkerleben.

5. Die Männer des Staates bitte ich, die Entscheidungen in wirtschaftlichen und politischen Fragen nicht bloß unter dem Gesichtspunkt der Zweckmäßigkeit und des Nutzens zu treffen, sondern in der Verantwortung vor Gott und im Blick auf die Erhaltung der inneren Gesundheit unseres Volkes.

6. Mein Empfinden für Volk und Vaterland möchte ich frei von jedem exklusiven Nationalismus, aber in innigster, dankbarer Verbundenheit mit den Besten unseres Volkes in die Worte kleiden:

> Werf ich von mir einst dies mein Staubgewand,
> beten will ich dann zu Gott dem Herrn:
> Lasse strahlen deinen schönsten Stern
> nieder auf mein irdisch Vaterland.

Julius von Jan – »ein rechter Prophet«

Mut bewies auch der Pfarrer Julius von Jan (1897-1964), der von 1935 bis 1938 und von 1945 bis 1949 in Oberlenningen amtierte. Mit prophetischer Stimme nannte er in seiner Buß- und Bettagspredigt im November 1938 das Unrecht der Pogrome gegen die jüdische Bevölkerung in der »Reichskristallnacht« (9./10. Nov.) beim Namen:

»Es ist herausgesprochen!«

Der Prophet Jeremia ruft: »O Land, Land, Land, höre des Herrn Wort!« (Kap. 22,29) Wenn wir bloß dieses eine Sätzlein hören, so verstehen wir zunächst noch nicht, was für schwere Kämpfe und Nöte den Jeremia zu diesem Ruf veranlaßt haben ... Jeremia hat gegen all dieses Unrecht (des Volkes Israel) einen zähen Kampf geführt im Namen Gottes und der Gerechtigkeit. Seit fast 30 Jahren predigt er dem Volk des Herrn Wort. Er widerspricht den Lügenpredigten derer, die in nationaler Schwärmerei Heil und Sieg verkünden. Aber er wird nicht gehört ... In tiefem Schmerz darüber schreit Jeremia in sein Volk hinein: »O Land, Land, Land, höre des Herrn Wort!« Warum wirst du dem treuen Gott untreu? Warum achtest du seine Gebote nicht mehr? ...

Die Martinskirche in Oberlenningen

O Land, liebes Heimatland, höre des Herrn Wort! In diesen Tagen geht durch unser Volk ein Fragen: Wo ist in Deutschland der Prophet, der in des Königs Haus geschickt wird, um des Herrn Wort zu sagen? Wo ist der Mann, der im Namen Gottes und der Gerechtigkeit ruft, wie Jeremia gerufen hat: »Haltet Recht und Gerechtigkeit, errettet den Beraubten von des Frevlers Hand! Schindet nicht die Fremdlinge, Waisen und Witwen und tut niemand Gewalt und vergießt nicht unschuldig Blut!«

Gott hat uns solche Männer gesandt! Sie sind heute entweder im Konzentrationslager oder mundtot gemacht. Die aber, die in der Fürsten Häuser kommen und dort noch heilige Handlungen vollziehen können, sind Lügenprediger wie die nationalen Schwärmer zu Jeremias Zeiten und können nur Heil und Sieg rufen, aber nicht des Herrn Wort verkündigen ... Wenn nun die einen schweigen müssen und die andern nicht reden wollen, dann haben wir heute wahrlich allen Grund, einen Bußtag zu halten, einen Tag der Trauer über unsre und des Volkes Sünden.

Ein Verbrechen ist geschehen in Paris (der Anschlag eines polnischen Juden auf einen deutschen Diplomaten). Der Mörder wird seine gerechte Strafe empfangen, weil er das göttliche Gesetz übertreten hat. Wir trauern mit unserem Volk um das Opfer dieser verbrecherischen Tat. Aber wer hätte gedacht, daß dieses eine Verbrechen in Paris bei uns in Deutschland so viele Verbrechen zur Folge haben könnte? Hier haben wir die Quittung bekommen auf den großen Abfall von Gott und Christus, auf das organisierte Antichristentum.

Die Leidenschaften sind entfesselt, die Gebote Gottes mißachtet, Gotteshäuser, die andern heilig waren, sind ungestraft niedergebrannt worden, das Eigentum der Fremden geraubt oder zerstört. Männer, die unserm deutschen Volk treu gedient haben und ihre Pflicht gewissenhaft erfüllt haben, wurden ins Konzentrationslager geworfen, bloß weil sie einer andern Rasse angehörten! ... Es ist eine entsetzliche Saat des Hasses, die jetzt wieder ausgesät worden ist. Welch entsetzliche Ernte wird daraus erwachsen, wenn Gott unserem Volk und uns nicht Gnade schenkt zu aufrichtiger Buße. ...

Es kann ein Mensch und ein Volk von Gott zu höchsten Ehren erhoben sein; wenn er sein Herz verschließt vor des Herrn Wort, so wird er plötzlich in die Tiefe gestürzt. Äußeres Glück, äußere Erfolge führen uns Menschen nur zu leicht in einen Hochmut hinein, der den ganzen göttlichen Segen verderbt und deshalb in tiefem Fall endet. Darum ist uns der Bußtag ein Tag der Trauer über unsre und unseres Volkes

Sünden, die wir vor Gott bekennen, und ein Tag des Gebets: Herr, schenk uns und unsrem Volk ein neues Hören auf dein Wort, ein neues Achten auf deine Gebote und fange bei uns an! ...

Wenn wir heute mit unsrem Volk in der Buße vor Gericht gestanden sind, so ist dies Bekennen der Schuld, von der man nicht sprechen zu dürfen glaubte, wenigstens für mich auch heute wie das Abwerfen einer großen Last. Gott Lob! Es ist herausgesprochen vor Gott und in Gottes Namen. Nun mag die Welt mit uns tun, was sie will. Wir stehen in unsres Herren Hand. Gott ist getreu! Du aber, o Land, Land, Land, höre des Herrn Wort!

»Der Judenknecht«

Jeremias Mahnung stieß abermals auf taube Ohren:

Am 25. November (1938) hingen rings um Pfarrhaus und Kirche rote Plakate mit der Aufschrift »Judenknecht«. Am Abend rückte ein Haufen von etwa 200 fremden Männern in Zivil vor dem Pfarrhaus in Oberlenningen an. Auf Befehl der Partei waren sie in acht Lastwagen und sonstigen Kraftwagen von Nürtingen hergefahren worden. Von Jan, der in Schopfloch noch einen Bibelabend hielt und anschließend im dortigen Pfarrhaus noch zu Gast war, wurde abgeholt und der Meute übergeben. Oberlenninger Bürger mußten in ihren Häusern bleiben. Sie befanden sich ohnehin größtenteils in der Turnhalle. Nur die Hitler-Jugend hatte antreten müssen, versuchte sich aber zu zerstreuen. Die fremden Gestalten schlugen den Gemeindepfarrer auf greuliche Weise zusammen und warfen ihn unter wüsten Beschimpfungen auf das Dach eines benachbarten Geräteschuppens. Ein Schutzmann konnte eingreifen und befahl, von Jan ins Rathaus zu tragen. Vor dem Abtransport ins Kirchheimer Amtsgerichtsgefängnis wurde er unter greller Beleuchtung und Schmährufen durchs Spalier geführt.

Julius von Jan wurde nach vier Monaten Haft von der Gestapo aus Württemberg ausgewiesen und konnte in Bayern Dienst tun. Vom Stuttgarter Sondergericht wurde er am 25. November 1939 wegen Vergehens gegen das »Heimtückegesetz« und den »Kanzelparagraphen« zu sechzehn Monaten Gefängnis verurteilt. Die Strafanzeige des Oberkirchenrats gegen die Täter blieb ohne Erfolg. – Im September 1945 kehrte von Jan nach wechselvollem Geschick wieder in die Heimatgemeinde Oberlenningen zurück und versah das Pfarramt, als ob nichts geschehen wäre, ohne sich im Märtyrerglanz zu spiegeln oder Versagen aufzurechnen.

Otto und Gertrud Mörike – im Kampf für die Gerechtigkeit

Befreundet war von Jan mit dem damaligen zweiten Pfarrer von Kirchheim unter Teck, Otto Mörike (1897-1978), einem Nachfahren aus einem Verwandtschaftszweig des Dichters und dessen Gattin Gertrud, geb. Lörcher (1904-1982), die ebenfalls der Bekennenden Kirche angehörten. Wie jener machten auch sie aus ihrer politischen Einstellung kein Hehl und gewährten verfolgten Juden Asyl; dafür wurden sie 1971 mit der Yad-Vashem-Medaille ausgezeichnet.

Nachdem Otto Mörike bereits zu Beginn des Kirchenkampfes auf der »Schwarzen Liste« der Geheimen Staatspolizei (Gestapo) stand, kam es am 10. April 1938 anläßlich einer Volksabstimmung zum Eklat: Die Frage »Stimmst du für die Liste unseres Führers Adolf Hitler?« beantworteten beide in separaten Erklärungen, die sie in die Wahlurne warfen, mit

»Nein!«

Vieles Große ist in dem genannten Zeitraum (1933-1938) geleistet worden, besonders auf sozialem und wirtschaftlichem Gebiet ... Ich (Otto Mörike) anerkenne das mit Dank gegen Gott.

Aber daneben steht – Gott sei's geklagt! – anderes, was mich und mit mir nicht wenige aufrechte deutsche Männer und Frauen mit großer Sorge um die Zukunft unseres Volkes erfüllt und wozu ich unmöglich ja sagen kann. Es ist dies im wesentlichen zweierlei:

1. Die Auflösung von Sittlichkeit und Recht
2. Die Zerstörung der Kirche und die Entchristlichung unseres Volkes.

Zu 1) ... Deutschland bezeichnet sich selbst als Rechtsstaat. Wie geht damit zusammen, daß es immer noch Konzentrationslager gibt und daß die Maßnahmen der Geheimen Staatspolizei jeder richterlichen Nachprüfung entzogen sind? Wohin soll es führen, wenn entgegen dem klaren Gerichtsurteil, das in der Sache von Pfarrer (Martin) Niemöller gefällt wurde und das Niemöller freigab, von allerhöchster Stelle die Verbringung dieses Mannes, der ein ganzer Deutscher, ein ganzer Christ, ein Ehrenmann vom Scheitel bis zur Sohle ist, ins Konzentrationslager verfügt und Niemöller, der Vorkämpfer der Bekennenden Kirche, damit zum gefährlichen Volksschädling gestempelt wurde? Das ist Rechtsbeugung und klares Unrecht; solches Handeln gefährdet die Würde Deutschlands als eines Rechtsstaates.

Zu 2) Die Zerstörung der Kirche und die Entchristlichung unseres Volkes wird planmäßig auf alle mögliche Weise betrieben. Bei der weltanschaulichen Ausrichtung der Partei und ihrer Organisationen, besonders in deren Schulungslagern, nimmt der oft aufs gehässigste geführte Kampf gegen Kirche und Christentum bekanntermaßen einen breiten Raum ein. Auch die Schule wird heute weithin zu diesem heillosen Kampf mißbraucht. Dazuhin erfahren Lehrer, die sich zur Kirche halten und zum christlichen Glauben bekennen – entgegen allen feierlichen Versicherungen von maßgebender Stelle, daß niemand um seines Glaubens und seiner kirchlichen Zugehörigkeit willen Schaden in seinem Amt leiden soll – eine »Sonderbehandlung«. Die Inhaftierung von über 800 evangelischen Pfarrern und Gemeindegliedern im Jahre 1937, meist ohne gerichtliche Handhabe, die zahlreichen Ausweisungen, Redeverbote und sonstigen Maßregelungen, die über Pfarrer, Gemeindeglieder und ganze Gemeinden der Bekennenden Kirche hin und her im ganzen Reich verhängt wurden und noch verhängt sind, machen jedem Einsichtigen deutlich, daß es sich hier nicht mehr um bedauerliche Entgleisungen untergeordneter Instanzen handelt, sondern um eine von Partei und Staat selbst gewollte und systematisch durchgeführte Zerstörung der Kirche und Entchristlichung des Volkes.

Wenn ich zusammenfasse, komme ich zu dem Urteil: Dies beides, den Kampf gegen die Kirche und den christlichen Glauben sowie die Auflösung von Recht und Sittlichkeit, halte ich für ein Beginnen, das den Fluch Gottes und damit das Verderben unseres Landes nach sich ziehen muß. Im Kampf um und gegen das Recht und den Glauben unserer Väter wird sich das Schicksal unseres Volkes entscheiden. Da ich aber in diesem Kampf niemals mit der derzeitigen Haltung von Partei und Staat einig gehen kann, kann ich auf die 2. Wahlfrage nur mit einem schmerzlichen, aber entschiedenen Nein antworten.

»Heraus mit dem Landesverräter«

Ein ähnliches Schicksal wie von Jan widerfuhr nunmehr auch Mörike:

Gegen 23 Uhr (am Wahlsonntag) läutete es am Pfarrhaus; ich kleidete mich notdürftig an und öffnete dem Stationskommandanten Neubig mit Begleiter die Haustüre. Er hielt mir sofort meine Erklärung unter die Augen und fragte mich, ob sie von mir stamme. Ich berief mich auf das Wahlgeheimnis, wofür er keinerlei Verständnis zeigte ... Er wußte mir dann zu berichten, daß ich mit meinem Schritt eine ganz böse Sache angerichtet habe, denn die Erklärung sei soeben im »Adler« ... verlesen worden und habe eine furchtbare Empörung unter den Anwesenden hervorgerufen ... (Dann) wollte er mir noch väterliche Ermahnungen erteilen, daß ich doch endlich von meinem »Fanatismus« abstehen möge ...
Nach etwa ein bis zwei Stunden fuhr plötzlich ein Auto am Pfarrhaus vor, und dann ging's los. Sofort setzte ein Sprechchor ein: »Heraus mit dem Landesverräter!« ... Als ich nicht öffnete, traten die Schreier mit vereinter Gewalt die Füllung der Haustüre ein, riegelten auch innen auf, stürmten die Treppe herauf, und ein Vortrupp, etwa vier Mann stark, geführt von einem SS-Mann, drang in das Schlafzimmer ein, wo ich mich mit meiner (im sechsten Monat schwangeren) Frau und der dreieinhalbjährigen Lene befand und halb angekleidet war. Der SS-Mann und andere Hände streckten sich nun mit erregten Zurufen nach mir aus und zerrten mich ins Wohnzimmer, wo das Gros der Eindringlinge auf mich wartete ... Im Wohnzimmer sowie vor der geöffneten Türe ... harrte meiner eine kampf- und schlagbereite Schar von zirka zwölf bis 15 SA-Männern, Zivilisten und einem Werkschärler, die nun unter wüstem Geschrei ihre Fäuste an mir erprobten. Alle hatten es auf Kopf und Gesicht abgesehen, und es ist der bewahrenden Güte Gottes zuzuschreiben, daß ich mein rechtes Auge nicht eingebüßt habe ...
An der Haustüre unten angekommen, erwartete mich eine

Schar von etwa 30 Männern und Frauen johlend. Unter der Haustüre gab es noch einen Aufenthalt von etwa drei Minuten, währenddessen überlegt und beraten wurde, ob ich mit dem (bereitstehenden) Wagen ins Gefängnis zu verbringen sei oder zu Fuß. Der Entscheid der Straße »der Hund soll laufen« obsiegte ... Endlich war eine Gasse frei, durch die ich mich dann unter dem Wutgeheul der alsdann sich anschließenden Männer und Frauen, deren eine mir ins Gesicht spuckte, die Straße erreichte und durch die Max-Eyth-Straße zum Gefängnis gebracht wurde. Das Wutgeschrei der Menge, die gemeinsten und niederträchtigsten Anwürfe begleiteten mich auf dem ganzen Wege, und immer neu wurde ich von hinten angefallen und geschlagen ... Als wir vor dem Gefängnistor anlangten ..., da erreichte das tolle Treiben seinen Höhepunkt, und jeder suchte sich noch einen Schlag zu sichern. Mein Mantel ging dabei auch in Stücke sowie meine Hose ... Auch wurde von hinten gegen mich gestaucht. Ich wurde von hinten am Kragen gepackt und mir die Gurgel zugezogen. Schließlich als die Tür sich öffnete, taumelte ich nur noch wie ein Betrunkener in den Gefängnishof hinein.

»Dem lieben Heiland ist's noch schlimmer gegangen«

Wenige Tage später schrieb Gertrud Mörike an die damals elfjährige Tochter Dora Maria, die auswärts die Ferien verbrachte:

Mein liebes Dorchen!

Heute muß ich Dir vom Bett aus schreiben. Ich muß ein paar Tage liegen, doch geht mir's gut und auf unser Kindlein dürfen wir auch noch hoffen. Wenn Gott mir nicht geholfen hätte, wäre es mir schlimmer gegangen ...

Und nun, liebes Dorchen, stehen wir in der Passionszeit und denken daran, wie unser Heiland so viel hat leiden müssen. Trotzdem er unschuldig war, hat man ihn gefangen, geschlagen, verspien und verhöhnt und gar noch gekreuzigt. Und da hat Jesus schon vorausgesagt, daß es seinen Jüngern und allen so ergehen werde, die zu ihm halten. Du weißt, daß es auch heute wieder so geschieht. Unser Onkel Immer, der Onkel Steinbauer und jetzt Niemöller. Und nun ist wieder einer ins Gefängnis gekommen um der Wahrheit willen, und den kennst Du am allerbesten von allen Gefangenen, denn das ist unser liebes Vaterle. In der Sonntagnacht haben sie ihn geholt ... Gelt, das ist schlimm, aber ich sagte Dir schon: dem lieben Heiland ist's noch schlimmer gegangen. Aber wie es bei Jesus schon an Ostern wieder alles gut wurde, so wird auch für unsern Vater alles wieder gut werden, denn es beten so viele für ihn.

Die Fluchthelfer

Nach mehrmonatiger Gefängnisstrafe und der Ausweisung aus Kirchheim übernahm Mörike 1939 die Pfarrei in Weissach und Flacht. Im dortigen Pfarrhaus fanden nun verfolgte Juden einen Zufluchtsort. Das jüdische Ehepaar Krakauer berichtet:

Wir kamen (am ersten Advent) auch glücklich in Weissach an und wanderten hinüber nach Flacht – schweren Herzens, denn wir wußten, daß man uns jetzt nur dorthin kommen ließ, weil es beim besten Willen keine andere Möglichkeit gegeben hatte. So fürchteten wir, als lästig betrachtet zu werden, und waren um so angenehmer überrascht über die Herzlichkeit, mit der wir empfangen wurden. Meine Frau durfte im Pfarrhaus wohnen, während ich bei der Mesnerin untergebracht wurde. Im Pfarrhaus waren außer fünf Kindern, einer Haustochter und der Mutter der Hausfrau noch deren Bruder sowie der verwundete Pflegesohn zu Gast. Aber wir Fremde – und Andersgläubige – wurden fast noch liebevoller behandelt als die eigenen Angehörigen. An allen Vorbereitungen zum Weihnachtsfest durften wir teilnehmen, für uns in vieler Beziehung etwas ganz Neues, und immer fester wurde das Band, das uns mit dem Ehepaar Mörike verknüpfte ... Wenn man auch vielleicht nicht allenthalben wußte, daß er verfolgte Juden bei sich aufnahm, so war es doch ein offenes Geheimnis, daß er für KZ-Häftlinge sorgte, und reichlich flossen die Gaben aus seinen Gemeinden. Mancher Häftling dankt sein Leben der Hilfe dieses Pfarrers und den Mitgliedern seiner Gemeinde.

Was uns besonders wohltuend berührte, war, daß er so gar keine Furcht hatte, wir könnten bei ihm entdeckt werden. So nahm ich nicht nur an jeder Andacht, jeder Bibelstunde und an sonstigen kirchlichen Veranstaltungen teil, sondern auf Wunsch des Pfarrers veranstaltete ich sogar in verschiedenen Gemeindesälen stark besuchte Lichtbildervorführungen ... Obwohl dieser Weihnachtsaufenthalt sich erst in letzter Minute ergeben hatte, fanden wir auch schöne Gaben unter dem Baum ... Aus den weihnachtlichen Gesprächen dieser Tage mit Pfarrer Mörike habe ich die Kraft genommen, trotz aller Mühsal unseres Daseins, der ständigen Gefahr und der, wie es uns manchmal scheinen wollte Aussichtslosigkeit unseres Beginnens, im Vertrauen auf Gottes Führung den einmal beschrittenen Weg fortzusetzen. Die sichere Art des Hausherrn gab auch uns Sicherheit und Zuversicht ...

Manches Pfarrhaus, das früher gerne bereit gewesen wäre, uns eine Zuflucht zu gewähren, schreckte jetzt zurück, wenn es an die Folgen dachte, die unsere Entdeckung mit sich bringen würde. Oft wußten wir nicht, wie die beiden Freunde (Otto Mörike und Pfarrer Theodor Dipper) es trotz der unsäglichen Schwierigkeiten fertigbrachten, uns neue Türen zu öffnen. Bei Wind und Wetter, bei Tag und Nacht zogen sie für uns durch das Land, sicher oftmals abgewiesen. Aber das konnte sie nicht entmutigen, und wenn wir lange und zaghaft fragten, gab es nur eine Antwort: »Es wird schon gehen, machen Sie sich keine Sorgen ...«

(Schließlich) sprang Pfarrer Mörike, der Unermüdliche, selbst wieder in die Bresche und lud uns ins Flachter Pfarrhaus ein, trotz aller Bedenken, die dagegen sprachen. Zu Fuß und bei strömendem Regen wanderten wir zu ihm und kamen glücklich – wenn auch völlig durchweicht – an. Man empfing uns wie heimkehrende Kinder, die zu beherbergen sehr unangenehm werden konnte ... Zehn Tage mußten wir bleiben, bis sich das nächste Plätzchen für uns fand. Das war Calw ... Freund Mörike beabsichtigte, uns von da ab wieder in seiner Nähe unterzubringen und hatte damit auf dem Bauernhof von Eugen Immendörfer und seiner Tochter Frieda in Heimerdingen Erfolg. Reichlich mit Proviant versehen, zogen wir nun wieder durch das sommerliche Land und hielten in den Pfarrhäusern von Simmozheim und Rutesheim Einkehr. Frieder Mörike (der nachmalige Dekan von Göppingen), der Sohn des Flachter Pfarrhauses, verbrachte in diesen Tagen unsretwegen viele Stunden auf dem Rad, da er uns im Auftrag seines Vaters geleiten sollte ...

Es war Februar (1945) geworden, und die Kämpfe spielten sich zum Teil schon auf deutschem Boden ab. Mit der Angst und der Verwirrung der Behörden steigerten sich zugleich ihre Wut, ihr Druck und die Schärfe ihrer Kontrollmaßnahmen ... Je verworrener die Verhältnisse wurden, desto sorgsamer mußte unser Schleichpfad vorbereitet werden ... Pfarrer Mörike übernahm es, für uns zu suchen, und war mehrere Tage unterwegs. Auch die Nachrichtenübermittlung wurde immer schwieriger, und erst im letzten Augenblick erfuhren wir, daß wir nach Sindelfingen zu einer Eintagsstation kommen sollten. Einen Tag! Aber es waren für uns 24 gewonnene Stunden ...

15.
WIEDERAUFBAU NACH DEM KRIEG

Karl Hartenstein – ein Leben für Kirche und Mission

Karl Hartenstein (1894-1952) zählt zu den führenden ökumenischen Missions- und Kirchenmännern Europas in der neueren Zeit. Als Direktor der Basler Mission (1926-1939) und Stuttgarter Prälat und Stiftsprediger (1941-1952) hat er sich um die theologische Erneuerung der Mission und den Wiederaufbau der württembergischen Landeskirche nach dem Krieg verdient gemacht. Motiviert war sein vielfältiges Wirken vom Ringen um die

Einheit des Glaubens

Hartensteins weitreichende und einflußreiche Beziehungen waren von überaus mannigfaltiger Natur. Vor allem brachte seine internationale Arbeit als Direktor der Basler Mission ungeahnte Kontakte und Verbindungen mit Kirchen- und Missionsführern aus allen Kontinenten mit sich. Zur Pflege dieser ökumenischen Beziehungen dienten ihm ganz besonders die Reisen auf die Missionsfelder; später auch die zahlreichen Begegnungen, die er als Stuttgarter Prälat in der Nachkriegszeit hatte ... Wesentliche Impulse, die sein Wirken und Denken auf die Einheit des Glaubens richteten, empfing er besonders auf den epochemachenden ökumenischen Konferenzen und Tagungen (wie die Weltmissionskonferenzen von Tambaram 1938, Whitby 1941 und Willingen 1952 sowie die erste Vollversammlung des Ökumenischen Rates der Kirchen in Amsterdam 1948 u.a.), die er immer wieder mit gespannter Freude besuchte. Trotz der dabei auftretenden vielschichtigen Schwierigkeiten empfand er solche Zusammenkünfte als einmalige Möglichkeiten und Chancen, die Zusammengehörigkeit der verschiedenen Kirchen in der Einheit des Glaubens zu pflegen ...

In solchen brüderlichen Konferenzen erahnte er stets aufs neue einen »herrlichen Vorgeschmack« des Endpunktes, an den Christus, der Herr der Kirche, seine Gemeinde führen wird. Ja, er fühlte sich bei diesen Zusammenkünften wie »daheim«, wußte er doch um das Wirken des Heiligen Geistes, der allein die wahre Einheit der Kirchen heraufführt. – Ein unvergeßliches Erlebnis war für Hartenstein in besonderer Weise der Eröffnungsgottesdienst der Weltmissionskonferenz im hessischen Willingen 1952, wo er das Abendmahl austeilen durfte. Dabei war er tief bewegt, hatte er doch bei jedem einzelnen, dem er Brot und Wein reichte, »den Widerschein Christi« gesehen. In kurzen Worten hielt er diesen Eindruck im Tagebuch fest: »Noch nie im Leben so viel Dank für einen Gottesdienst, noch nie!« ...

Auch im »Rat der Evangelischen Kirche in Deutschland«, den er mitbegründete und dem er von 1949 an angehörte, kämpfte er für die Einheit. Dabei konnte er sogar oft leidenschaftlich und aufbrausend werden! Andererseits wußte er aber auch um die Geduld und Langmut des Glaubens, mit der die vielfältigen Ansichten und Meinungen nicht nur ertragen, sondern auch erlitten werden müssen: »Wir müssen durch solche Erfahrungen hindurchgehen in der Liebe, die sich an der Wahrheit erfreut.« – Ein andermal, als die Mitglieder des Rates aufgrund enger konfessioneller Bedenken sich nicht einig waren, gemeinsam das Abendmahl zu feiern, rief er laut aus: »Was würde Christus sagen, wenn er in so einem Augenblick erschiene?«

Bestimmt von der Wiederkunft Christi war auch Hartensteins missionsgeschichtliches Denken, das die Gegenwart als »heilsgeschichtliches Interim« verstand:

Kirche der Passion und Mission

Was an der Gemeinde in Jerusalem geschah, wird von der Gemeinde in der ganzen Welt gelten: »Ihr werdet gehaßt werden um meines Namens willen von allen Völkern.« (Matth. 24,9) Damit zeigt der Herr, daß die Gemeinde ihren Weg in die Völker hinein zu gehen hat, daß in allen Völkern der Welt Gemeinde entsteht, daß das Ziel der Wege Gottes auf Erden die Völkerkirche ist. »Sie ist der große Gedanke, der noch in der Erfüllung ist, das Werk Gottes in der letzten Stunde der Welt, der Lieblingsgedanke aller Heiligen im Leben und im Sterben, für den sie lebten und leben, starben und sterben werden« (Wilhelm Löhe) – eben die Eine Heilige Christliche Kirche, die alle Zeiten durchströmt und in allen Völkern gebaut wird, das Wunder und das hohe Zeichen des wiederkommenden Herrn. Aber eben dadurch, daß Kirche in den Völkern wird, wird die Kirche unter dem Druck und Haß der Völker werden: Märtyrerkirche, Gemeinde in der Verfolgung. Sie wird dahingegeben sein in den Haß der Völker – einzig um des Namens Jesu Christi willen, des Einen, der den Namen Messias, Heiland und Herr verdient. Er allein ... Die Gemeinde wird nicht entrückt, sondern sie wird bis ans Ende zu kämpfen und zu beharren haben, die ganzen Wehen der neuen Welt und des Reiches Gottes durchleiden müssen, den Kelch der Trübsal bis zum letzten zu trinken haben ...

Aber, o Wunder, die Kirche der Passion, und sie allein, ist zugleich die Kirche der Mission. Denn nun leuchtet in überirdischem Glanz mitten unter den Schrecken der Zeit das Wort: »Es wird gepredigt werden dies Evangelium vom Reich in der ganzen Welt zum Zeugnis über alle Völker, und dann wird das Ende kommen.« (Matth. 24,14) In diesem Wort liegt ein unerhörter Trost für die Gemeinde. Das Evangelium wird nicht zum Schweigen gebracht werden, bis ans Ende. Es wird weitergehen, verboten und unverboten, gehindert und ungehindert, bis an das Ende der Erde, in der ganzen Welt. Denn der das Reich bringt, ist der Herr der ganzen Welt. Und gerade die Sendung der Kirche zu allen Völkern ist das große und entscheidende Endzeichen für das Kommen des Reiches über alle Welt.

Es liegt in diesem Wort weiterhin die eindeutige Erkenntnis, daß die Kirche zwischen den Zeiten keine andere heilsgeschichtliche Aufgabe hat, als das Zeugnis von Jesus Christus auszurufen unter allen Völkern: nicht im Glauben, daß sich die Welt bekehre, aber in der Gewißheit, daß die Gemeinde in aller Welt gebaut werde. Achten wir auf den Ausdruck »dies Evangelium vom Reich«. Das ist die Botschaft vom kommenden Messias, vom Heil, das das Reich Gottes für den ganzen Kosmos bringen wird. Es ist die Botschaft vom wiederkommenden Herrn in ein Wort gefaßt. – Über dem geheimnisvollen Wort der Weltmission leuchtet das Endlicht der neuen Welt ... Nicht daß wir es errechnen können, aber daß wir die Zeichen der Mission unter den Völkern und der unter ihrem Zeugnis sich aus den Völkern sammelnden Gemeinde recht sehen, ist entscheidend. Es wird das Wunder geschehen, daß in jedem Volk eine kleine Schar eines weiß, daß ... das Ende den alleinigen Thron und die alleinige Herrschaft Gottes bringt.

Wenn wir heute fragen nach den Zeichen der Zeit, so ist das größte, das unsere Augen sehen, und das Entscheidende, das unsere Zeit zur Endzeit macht: der Gang der Mission bis zu den letzten Völkern der Erde, das Werden seiner Gemeinde in der ganzen Welt und die Einheit der Glaubenden in allen Kirchen. »Und dann wird das Ende kommen.« Die Mission ist geradezu die entscheidende Aufhaltemacht vor der letzten Trübsal und vor dem Kommen des Herrn. Darum allein lebt jede Kirche im geheimen nur von dem Glauben und von der Tat der Mission. – Noch einmal: das »dann« des Herrn, das auf das »wann« der Jünger antwortet, ist uns nicht zum Rechnen, aber zum Wachen gegeben. Wenn auf der Weltmissionskonferenz in Tambaram 1938 und in Whitby 1947 die Erstlinge aus beinahe allen Völkern sich vor dem Tisch des Herrn sammelten, und wenn es nur noch ganz wenige – vielleicht nur noch drei Länder sind –, in denen die Botschaft vom Reich und das Werden der Gemeinde noch nicht geschehen kann, dann hat die Gemeinde allen Grund, ihr Haupt zu erheben und auf den Morgenstern zu schauen, der das Kommen des Tages der Herrlichkeit kündet.

Wir wollen es mit Johann Albrecht Bengel halten, der an dieser Stelle in seiner Auslegung des Gnomon den Gebetsruf einfügt: »Herr Jesu, gib, daß ich mich unverrückt an dich halte und unter allem Getümmel und Haß der Welt im Glauben, in der Liebe und in der Hoffnung beharre bis an das Ende!«

Der Aufbau nach dem Krieg

Mit der Übernahme des Prälatenamts 1941 beginnt Hartensteins zweite Schaffensperiode:

Als ein treuer Hirte hat er in den von Schrecken und Grauen gekennzeichneten Kriegsjahren bei seiner Stuttgarter Gemeinde ausgehalten, für die er sich aufopferungsvoll einsetzte. Treffend meinte ein Gemeindeglied: »Wenn ich an den Stadtpfarrer Hartenstein denke, dann fällt mir immer das Psalmwort ein: »Der Eifer um dein Haus hat mich gefressen« (Psalm 69,10) ... Entmutigen ließ er sich auch nicht, als die Stadt 1944 von Bombenangriffen heimgesucht wurde: »Am 26. Juli verlor ich bei einem furchtbaren (Bomben-)Angriff Haus und sehr viel von meiner Habe, meine Stiftskirche und einen großen Teil der Innenstadtgemeinde. Am 12. September wurde die gesamte innere Stadt ... fast völlig vernichtet, darunter beinahe alle Kirchen, das eine Diakonissenhaus mit allen Spitälern und alle Gebäude der Inneren Mission und Stadtmission ... Und doch war es mir seit dem 30. Juli möglich, jeden Sonntag in Stuttgart an irgendeiner Stelle das Wort Gottes zu verkündigen und über unserer so schwer verwundeten Stadt das Kreuz Christi aufzurichten. Die Gemeinde ist ungemein dankbar, aufgeschlossen und hungrig, besonders auch bei unsern allsonntäglichen Abendmahlsfeiern. Wir erfahren beglückend, wie das heilige Abendmahl sich uns neu erschließt und uns Kräfte gibt, die wir in den Anfechtungen dieser Zeit unendlich nötig haben.« ...

Eine Fülle von Arbeit erwartete ihn auch in den Nachkriegsjahren, in denen es galt, angesichts der äußeren, aber auch der inneren Zerstörung das kirchliche Leben wieder in Gang zu bringen. Als Vertreter des Bischofs – Theophil Wurm hielt sich in dieser Zeit in Großheppach auf – war Hartenstein in Stuttgart beauftragt, mit den Ende April in Stuttgart eingerückten Besatzungsmächten zu verhandeln. Dazu bedurfte es endloser Verhandlungen, die Hartenstein mit den Besatzern zu führen hatte. Die Besatzungsmacht und die Stadtverwaltung unterstützten dabei seine angestrengten Bemühungen ...

Hartensteins Aufgabenbereich umfaßte aber nicht nur die Neueinrichtung der gottesdienstlichen Veranstaltungen und den Aufbau der Inneren Mission, sondern auch die Sorge um die Besetzung vakanter Pfarrstellen, wobei er auch die Wohnungen der Pfarrer zu beschaffen hatte. Dabei bemühte er sich auch um die Rückführung evakuierter und anderweitig eingesetzter Geistlicher nach Stuttgart. Darüber hinaus kümmerte er sich in großem Maße um einzelne Menschen, die sich an ihn wandten: »Es waren« – so schrieb Hartenstein im Oktober 1945 – »ganz eigenartige, auch persönlich im einzelnen äußerst schwierige Situationen, vor allem auch durch den ungeheuren Anlauf von Menschen, die bei der Kirche irgendwie Hilfe, Rat und Auskunft suchten und bis in die Nacht hinein auf die Prälatur kamen ... Du siehst, daß ich über meine Zeit sowie auch über meine Kräfte nicht mehr selber verfügen kann, sondern dem Unsichtbaren zur Verfügung stehen muß, der heute von uns die ganze Bereitschaft in einem Ausmaß fordert wie nie zuvor.« Zu den Hilfesuchenden gehörten auch zahlreiche Heimkehrer aus dem Krieg, für die Hartenstein oft Arbeitsplätze beschaffte, ihnen entscheidende Ratschläge erteilte oder ihnen seelsorgerlich zur Seite stand ...

Bei seinem Wirken legte der Prälat großen Wert auf die Zusammenarbeit mit der katholischen Kirche und der jüdischen Kultgemeinschaft, aber auch mit den behördlichen Gremien: »Wir müssen zu echter Kooperation mit den andern beteiligten Kreisen, mit der Stadt, der Caritas und der Volkswohlfahrt bereit sein, ohne daß unsere Selbstverantwortung zu kurz kommt ... Wenn ich in dem schweren ersten Jahr (1945) mit den großen kirchlichen Aufgaben an eine sehr erfreuliche Sache zurückdenke, dann ist es die Zusammenarbeit der beiden Kirchen mit dem sogenannten vorläufigen Gemeinderat, der von Mai bis Oktober 1945 mit dem Oberbürgermeister zusammen in sehr vielen und schweren Fragen für unsere Stadt gearbeitet hat. Damals gab's nämlich, gottlob, noch keine Parteien. Wir waren 15 Leute. Keiner fragte den andern, wohin er gehöre. Jeder wollte mitarbeiten und helfen. Das war einfach schön ..., und es dürfte sehr schwer sein, wieder zu einem so guten und sachlichen Gespräch zu kommen wie in jenen ersten Monaten großer Not, die offenbar die einzige Gelegenheit ist, in der sich Menschen auf dieser Erde wirklich zusammenfinden als Menschen und nicht als Vertreter irgendeiner Gruppe ...«

An anderer Stelle berichtet er in einem Brief an seinen Freund über seine Vorgehensweise: »Für uns alle gilt es, die Linie fortzusetzen, in die Gott uns in den letzten zwölf Jahren (1933-1945) geführt hat, und das Erbe der kämpfenden Kirche aus diesen Jahren mit ganzem Ernst fruchtbar zu machen. Ich persönlich werde mich meiner ganzen Art und Führung nach überhaupt nicht auf das Gebiet der Politik und der Öffentlichkeit begeben, wenngleich ich auch als Stellvertreter des Landesbischofs und mit der ganzen Last der Verhandlungen zwischen der Kirche und den neuen deutschen und französischen Behörden in Stuttgart beladen, zu manchen politischen Gesprächen berufen wurde und mich sehr bemühte, eindeutig die Linie der Kirche zu vertreten. Daß ich keines der Gespräche führte ohne das tiefe Wissen um die Aussprache von der Gesamtschuld (nostra culpa) und von dem eindeutigen Ruf dieser Stunde an die Gemeinde zur Heimkehr in Christus, wirst du mir glauben. Im übrigen sehe ich an die kommende Entwicklung mit großem Ernst heran und bin mir bewußt, daß Gott unserem Volk und unserer Kirche noch sehr schwere Prüfungen auferlegen wird. Wir haben noch lange nicht gebüßt und erlitten für das, was wir verschuldet haben ...«

Neben all seinen organisatorischen Arbeiten, die ihn sechs Tage in der Woche in Atem hielten, diente er auch mit seinem Wort. Überhaupt war Hartenstein ein vollmächtiger Prediger, der in anziehender Weise die Gemeinde anzusprechen wußte. Seine Verkündigung eröffnete den Zuhörern zum einen die Weite der weltweiten Christenheit, verwies aber auch auf das persönliche Glaubensleben und dessen Anbindung in die Gesamtkirche ... Mit freudiger Hingabe predigte er in diesen Nachkriegsjahren auch bei verschiedenen Pfarrkonventen, bei Bezirkstagen und Gemeindeversammlungen im ganzen Land. Oft war er dabei Abend für Abend unterwegs. Seine Hauptwirkungsstätte hatte er allerdings – bis zu ihrer Zerstörung – in der Stuttgarter Stiftskirche; dabei sah er sich als 39. Stiftsprediger in der Kette von Zeugen – darunter auch Matthäus Alber und Carl Sixt Kapff –, die vor ihm auf der Stiftskanzel das Evangelium verkündet haben: »Wir sind an einer ewigen Sache und stehen in einem unerschütterlichen Amt, dem verheißen ist, daß einmal der letzte Träger desselben den Stab der Läuferkette dem in die Hand geben wird, der das letzte Wort hat und der kommt, um auf dieser Erde die Herrschaft der Gerechtigkeit und des Friedens aufzurichten.«

»Ein bescheidener Mann«

Nach seinem frühen Tode 1952 würdigten zahlreiche Nachrufe Hartensteins Verdienste. Ein afrikanischer Kirchenführer charakterisiert ihn:

Dr. Hartenstein war einer der verhältnismäßig wenigen Menschen, die höchste geistige Gaben mit einer echten, einfachen Frömmigkeit verbinden. Ich sah in ihm immer einen typischen modernen Vertreter des schwäbischen Pietismus, jener besonderen Ausdrucksform des Christentums, die in sich heißen Ernst, tiefe Demut, Enthusiasmus, gezügelt durch nüchterne und realistische Selbstbeschränkung, Widerwillen gegen großes Getue, Pomp, Überschwenglichkeit oder Extravaganz jeder Art, und einen einfachen, aufrichtigen Glauben an Gott, die Bibel und gesunde Lehre vereinigt. Diese Verbindung ist schwer zu beschreiben ...

Eine meiner lebhaftesten Erinnerungen an Dr. Hartenstein ist, wie er bei einer ökumenischen Konferenz, an der wir beide teilnahmen, einmal für geistliche Bescheidenheit eintrat. Die Konferenz kam nach zwei Tagen harten Ringens über einen Gegenstand von entscheidender Wichtigkeit auf beinahe wunderbare Weise zu völliger Übereinstimmung über die Richtung des weiteren Vorgehens. Es war in der Tat ein großer Augenblick, als die befreiende Formel, die für alle annehmbar war, endlich festgelegt war, und ich glaube, daß wir uns alle klar der helfenden und führenden Gegenwart des Heiligen Geistes bewußt waren. Aber als nun vorgeschlagen wurde, dem Bericht einige Worte, die diese Erfahrung und Überzeugung ausdrückten, hinzuzufügen, sprang Dr. Hartenstein auf und bat, daß nichts gesagt würde, was auch nur entfernt darauf hindeutete, daß das, was wir getan hatten, gleichgesetzt werden könnte mit dem Werk des Heiligen Geistes, weil alle Dinge, mit denen wir als Menschen zu tun hätten, immer die vergebende Barmherzigkeit Gottes nötig hätten. Ich dachte, daß dies ganz charakteristisch war für den Mann und seinen Hintergrund.

Martin Haug –
»Ich schäme mich
des Evangeliums nicht«

Theophil Wurms Nachfolger wurde Martin Haug (1895-1983), der als »Volksbischof« die Geschicke der Landeskirche in der Nachkriegszeit lenkte.

Am 19. Januar 1949 wurde er in sein Amt eingeführt. Dabei predigte er über:

»Das Evangelium von Christus«

ist der Auftrag, den wir von Gott haben; und der ist alles in der Kirche! Evangelium heißt: gute Nachricht. Ja, wir haben von Gott eine gute, hochwichtige Nachricht erhalten, die wir nun alsbald weitergeben sollen an alle, die es angeht. Und sie geht alle an! Wir haben das zu tun, was die ersten Pastoren und Bischöfe getan haben, die Hirten auf dem Feld von Bethlehem: Wir haben das Wort »auszubreiten, das uns von dem Kind in der Krippe und dann von dem Mann am Kreuz gesagt ist.« Das ist alles; so einfältig ist das Amt der Kirche Christi in der Welt und mein Bischofsamt in ihr. Darüber soll uns auch der Glanz dieser festlichen Versammlung und das Gold des Bischofskreuzes nicht hinwegtäuschen. – Aber ist das nicht doch zu wenig für die Welt da draußen, für unsre zerschlagene Stadt, für unser Land und Volk in seiner verzweiflungsvollen Lage?

Nein, seht doch, wie groß die Kraft des Evangeliums ist. Es hat die Macht von Gott, den Menschen und die Welt vom Untergang zu retten. »Ich schäme mich des Evangeliums von Christo nicht, denn es ist eine Kraft.« Es ist Gottes Dynamit, den Teufelsring zu sprengen. Gott sei Dank, daß wir Menschen und die Welt von heute, die nach Rettung schreien, nicht mit leeren Worten abzuspeisen haben, sondern ihnen einen Rettungsring zuwerfen dürfen. Denn darum geht's im Amt der Kirche: nicht um eine Lehre; was hilft uns eine Theorie! Auch nicht um ein bißchen religiöse Anregung und Erbauung, um ein bißchen Kult und Mystik – was soll uns solcher Luxus heute?

Nein, hier geht es um umwälzende Ereignisse, um Taten Gottes, um Gottes Hilfswerk in unsrem Elend, um die Rettung der sonst rettungslos verlorenen Menschen in der Welt des 20. Jahrhunderts. »Welt ward verloren, Christ ist geboren.« Und nun sind wir durch Ihn für Gott gewonnen. Das ist die große Freude unsres Glaubens und die Hoheit unsres Dienstes am Evangelium. »Gott Wohlgefallen an uns hat. Nun ist groß Fried ohn Unterlaß.« Das ist der Friedensschluß, den wir vor allem andern heute brauchen ...

»Ich bin bei euch«

1962 trat Haug in den Ruhestand. Seine letzte Rede vor der Landessynode schloß er mit den Worten Luthers:

»Wir sind es ja doch nicht, die da die Kirche erhalten könnten. Unsere Vorfahren sind's nicht gewesen, unsere Nachkommen werden's auch nicht sein, sondern der ist's gewesen, ist's noch und wird's sein, der da sagt: Ich bin bei euch alle Tage bis zur Vollendung der Weltzeit.«

Quellen- und Literaturverzeichnis

ZUR GESCHICHTE DER EVANGELISCHEN KIRCHE IN WÜRTTEMBERG

BWKG = Blätter für württembergische Kirchengeschichte. Stuttgart 1,1886-5, 1890; NS 1,1897ff.
QFWKG = Quellen und Forschungen zur württembergischen Kirchengeschichte. Stuttgart 1967ff.
EKG = Evangelisches Kirchengesangbuch. Ausgabe für die Evang. Landeskirche in Württemberg. Stuttgart 1953
ZWLG = Zeitschrift für württembergische Landesgeschichte. Stuttgart 1937ff.
W. Heyd: Bibliographie der württembergischen Geschichte. 11 Bde. Stuttgart 1895-1974
Chr. Römer: Kirchliche Geschichte Württembergs. Stuttgart 1848 (1865^2)
Württembergische Kirchengeschichte. Hrsg. vom Calwer Verlagsverein. Calw/Stuttgart 1893
Aus dem Leben der Evangelischen Kirche Württembergs. Hrsg. von M. Mayer. Stuttgart 1912
Chr. Kolb: Die Geschichte des Gottesdienstes in der evangelischen Kirche Württembergs. Stuttgart 1913
Von der evangelischen Kirche Württembergs. Bilder aus Geschichte und Gegenwart. Hrsg. vom Evang. Volksbund für Württemberg. Stuttgart 1921
O. Schuster: Aus 400 Jahren. Bilder aus der württembergischen Kirchengeschichte 1534-1934. Stuttgart 1935
ders.: Schwäbische Glaubenszeugen. Gestalten und Bilder aus der württembergischen Kirchengeschichte. Stuttgart 1946
H. Hermelink: Geschichte der evangelischen Kirche in Württemberg von der Reformation bis zur Gegenwart. Stuttgart/Tübingen 1949
H. Dauber: Die Geschichte der Christenheit in Gestalt einer Zeittafel. Mit besonderer Berücksichtigung der württembergischen Kirchengeschichte. Stuttgart 1950
M. Leube: Geschichte des Tübinger Stifts. 3 Bde. Stuttgart 1921-1936; erw. Bearb. von Bd. 3: Das Tübinger Stift 1770-1950. Stuttgart 1954
G. Schäfer: Kleine württembergische Kirchengeschichte. Stuttgart 1964
ders.: Zu erbauen und zu erhalten das rechte Heil der Kirche. Eine Geschichte der Evangelischen Landeskirche in Württemberg. Stuttgart 1984
ders.: Vom Wort zur Antwort. Dialog zwischen Kirche und Welt in 5 Jahrhunderten. Stuttgart 1991
Das evangelische Württemberg. Gestalt und Geschichte der Landeskirche. Hrsg. von U. Fick. Stuttgart 1983
Unsere Kirche unter Gottes Wort. Die evangelische Landeskirche in Württemberg einst und heute in Geschichten und Gestalten. Stuttgart 1985
Lesebuch zur Geschichte der Evangelischen Landeskirche in Württemberg. Hrsg. von G. Schäfer und K. Gottschick. 4 Bde. Stuttgart 1988-1992

K. T. Keim: Schwaebische Reformationsgeschichte bis zum Augsburger Reichstag. Tübingen 1855
G. Bossert: Luther und Württemberg. Ein Beitrag zum Luther-Jubiläum. 1883 (Theologische Studien aus Württemberg)
E. Schneider: Württembergische Reformationsgeschichte. Stuttgart 1887
R. Schmid: Reformationsgeschichte Württembergs: umfassend der im heutigen Königreich Württemberg vereinigten Gebiete. Heilbronn 1904
K. Bauer: Die Stellung Württembergs in der Geschichte der Reformation. Stuttgart (o. J.)
J. Rauscher: Württembergische Reformationsgeschichte. Stuttgart 1934
1534-1934. Die Reformation in Wuerttemberg. Die Bibel. Ausstellung, veranlaßt von der Württembergischen Landesbibliothek. Stuttgart 1934
H. Hermelink: Die Eigenart der Reformation in Württemberg. Tübingen 1934
H. U. Deetjen: Studien zur Württembergischen Kirchenordnung Herzog Ulrichs 1534-1550. Stuttgart 1981
450 Jahre Evangelische Landeskirche in Württemberg. Tl. 1: Reformation in Württemberg. Ausstellung zur 450-Jahr-Feier der Evang. Landeskirche. Stuttgart 1984
M. Brecht/H. Ehmer: Südwestdeutsche Reformationsgeschichte. Stuttgart 1984

1. Erneuerung des Glaubens

Johannes Brenz

J. Brenz: Werke. Eine Studienausgabe. Frühschriften und Schriftauslegung, hrsg. von M. Brecht/G. Schäfer u.a. Stuttgart 1970.1972
J. Hartmann/K. Jäger: Johannes Brenz. Nach gedruckten und ungedruckten Quellen. 2 Bde. Hamburg 1840.1842
W. Stähle: Johannes Brenz, der Reformator Württembergs. Ein Lebensbild. Stuttgart/Wildbad [1898]
O. Fricke: Die Christologie des Johannes Brenz im Zusammenhang mit der Lehre vom Abendmahl und der Rechtfertigung. Diss. Göttingen 1927
H. Hermelink: Johannes Brenz als lutherischer und schwäbischer Theologe. Stuttgart 1949
A. Brecht: Johannes Brenz. Der Reformator Württembergs. Stuttgart 1949
M. Brecht: Die frühe Theologie des Johannes Brenz. Tübingen 1965. Teildr. 1966 (Habil.)
ders.: Johannes Brenz. Neugestalter von Kirche, Staat und Gesellschaft. Stuttgart 1971
H.-M. Maurer/K. Ulshöfer: Johannes Brenz und die Reformation in Württemberg. Stuttgart/Aalen [1974]

Ambrosius Blarer

K. Th. Keim: Ambrosius Blarer, der schwäbische Reformator. Stuttgart 1860
ders.: Reformationsblätter aus der Reichsstadt Eßlingen. Esslingen 1860
Th. Pressel: Ambrosius Blarer's des schwäbischen Reformators Leben und Schriften. Stuttgart 1861
Der Konstanzer Reformator Ambrosius Blarer 1492-1564. Gedenkschrift zu seinem 400. Todestag. Im Auftrag der Evang. Kirchengemeinde Konstanz hrsg. von B. Moeller. Konstanz/Stuttgart 1964

F. Held: Die Tätigkeit des Ambrosius Blarer im Herzogtum Württemberg in den Jahren 1534-1538, in: BWKG 65 (1965), S. 150ff.

A.O. Schwede: Ein Mönch ging nach Hause. Das tapfere Leben des Ambrosius Blarer 1967.

Matthäus Alber

Matthäus Alber: Ain Sermon von der Auferstehung Christi [...] Stuttgart 1531

Julius Hartmann: Matthäus Alber, der Reformator der Reichsstadt Reutlingen. Ein Beitrag zur schwäbischen und deutschen Reformationsgeschichte. Tübingen 1863

G. Bossert: Der Reutlinger Sieg 1524. Barmen 1894 (1924²)

J. Volk: Das Verhör des Reutlinger Reformators Dr. Matthäus Alber vor dem Reichsregiment in Eßlingen am 10.-12. Januar 1525, in: BWKG 30 (1926), S. 198-249

H. Ströle: Matthäus Alber. Reformator von Reutlingen, in: Schwäbische Lebensbilder 5 (1950), S. 26-59

2. Bewährung und Konsolidierung

Kampf um das Interim

G. Bossert: Das Interim in Württemberg. Stuttgart 1895

F. Fritz: Ulmische Kirchengeschichte vom Interim bis zum dreißigjährigen Krieg (1548-1612). Stuttgart 1934

Herzog Christoph

V. Ernst: Briefwechsel des Herzogs Christoph von Württemberg (1550-1559). 4 Bde. Stuttgart 1899-1907

P. Pressel: Christoph, Herzog zu Württemberg. Stuttgart 1868

B. Kugler: Christoph, Herzog zu Württemberg. 2 Bde. Stuttgart 1868.1872

G. Hanselmann: Herzog Christoph von Württemberg. Ein Haushalter Gottes auf dem Fürstenthron. Stuttgart 1956

H. Mosapp: Herzog Christoph von Württemberg. Barmen [1889]

Württembergische Große Kirchenordnung. Stuttgart 1559 [Nachdr. 1968]

Jakob Andreä

Leben des Jakob Andreae [...] bis auf das Jahr Christi 1562. Eingel., hrsg. und übers. von H. Ehmer. Stuttgart 1990

Zwanzig Predigten von Jakob Andreae. Hrsg. von Dekan Schmoller. Gütersloh 1890

Chr. M. Fittbogen: Jakob Andreae, der Verfasser der Konkordienformel. Sein Leben und seine theologische Bedeutung. Hagen/Leipzig 1881

H. Mosapp: Jakob Andreae, ein Glaubenskämpfer und Friedensstifter des Reformationsjahrhunderts. Barmen 1890

R. Müller-Streisand: Theologie und Kirchenpolitik bei Jakob Andreae bis zum Jahr 1568. Diss. theol. Göttingen 1952 (dass., in: BWKG 60/61 (1960/61), S. 224-395

S. Raeder: Jakob Andreae. Ein Leben für Reformation und Eintracht im Glauben, in: Theologische Beiträge 1990, S. 224-263 (Festvortrag zum 400. Todestag)

F. Fritz: Unsere Lutherische Kirche in der Zeit der Orthodoxie. Stuttgart 1949

3. Generalreform von Kirche und Gesellschaft

Johann Valentin Andreä

Johann Valentin Andreae: Selbstbiographie J. V. Andreaes, hrsg. von D.C. Seybold. Winterthur 1799
ders.: Mahnruf an die Diener der Evangelischen Kirche, neu hrsg. von Oehler. Stuttgart 1873
ders.: Die Zerstörung Calws im 30jährigen Kriege am 10. September 1634. Calw 1934 (deutsche Übers.)
P. Wurm: Johann Valentin Andreae, ein Glaubenszeuge aus der Zeit des dreißigjährigen Krieges. Calw/Stuttgart 1887
W. Zeller: Johann Valentin Andreae. Schriftsteller und Erneurer der Kirche im Dreißigjährigen Krieg. Stuttgart 1955
Johann Valentin Andreae – ein schwäbischer Pfarrer im Dreißigjährigen Krieg. Heidenheim 1970
R. von Dülmen: Die Utopie einer christlichen Gesellschaft. Leben und Werk Johann Valentin Andreaes (1586-1654). Stuttgart 1977

Maria Andreä

G. Schwab, Maria Andreae, in: Die Zeugen der Wahrheit. Lebensbilder zum evangelischen Kalender. Hrsg. von F. Piper, Bd 4 (1875), S. 267-270
H. Merz: Christliche Frauenbilder, Bd. 2. Stuttgart 1898[6], S. 1-12
H. Werner/E. Neuhäuser: Die Schwäbin. Stuttgart 1947, S. 137-140

4. Im Sturm des Dreißigjährigen Krieges

B. Dorek: Aus einer alten schwäbischen Reichsstadt (sc. Esslingen). Esslingen 1906
O. Schuster: Aus der kirchlichen Vergangenheit des Bezirks Nürtingen. Nürtingen 1931
F. Fritz: Die württembergischen Pfarrer im Zeitalter des Dreißigjährigen Krieges, in: BWKG 29 (1925), S. 129-168; 30 (1926), S. 42-87.179-197; 31 (1927), S. 78-101.167-192; 32 (1928), S. 289-311; 33 (1929), S. 41-132
ders.: Unsere Kirche im Sturm. Stuttgart 1934

DER PIETISMUS

W. Claus/F. Buck: Württembergische Väter. Bilder aus dem christlichen Leben Württembergs. 4 Bde. Stuttgart 1905.1924-1926 (2. u. 3. Aufl.)
J. Herzog (Hrsg): Weisheit im Staube. Ein Lesebuch der Schwabenväter. Tübingen 1927
Vätersegen. Zeugnisse aus Predigten und Schrifterklärungen. Stuttgart 1951
F. Fritz: Altwürttembergische Pietisten, in: Für Arbeit und Besinnung 4 (1950). 9/10 (1955/1956)
ders.: Die Evangelische Kirche Württembergs im Zeitalter des Pietismus, in: BWKG 55 (1955), S. 68-116; 56 (1956), S. 99-167
A. Köberle: Das Glaubensvermächtnis der schwäbischen Väter. Hamburg 1959

Zeugnisse der Schwabenväter. Hrsg. von J. Roessle, Metzingen 1961ff (Verlag Ernst Franz)
H. Lehmann: Pietismus und weltliche Ordnung in Württemberg vom 11. bis zum 20. Jahrhundert. Stuttgart 1969
J. Trautwein: Religiosität und Sozialstruktur. Untersucht anhand der Entwicklung des württembergischen Pietismus. Stuttgart 1972
G. Mälzer: Die Werke der württembergischen Pietisten des 17. und 18. Jahrhunderts. Berlin/New York 1972
F. Hauß: Die uns das Wort Gottes gesagt haben. Lebensbilder und Glaubenszeugnisse aus dem schwäbischen Pietismus. Neuhausen-Stuttgart 1978
Th. Sorg (Hrsg): Leben in Gang halten. Pietismus und Kirche in Württemberg. Metzingen 1980 (Verlag Ernst Franz)
M. Scharfe: Die Religion des Volkes. Kleine Kultur- und Sozialgeschichte des Pietismus. Gütersloh 1980 (mit bes. Berücksichtigung des württ. Pietismus)
G. Schäfer: Das Gute behalten, die Abwege aber verhüten. Zur Geschichte des württembergischen Pietismus. Stuttgart 1981
R. Haug: Reich Gottes im Schwabenland. Linien im württembergischen Pietismus. Metzingen 1981 (Verlag Ernst Franz)
F. Groth: Die »Wiederbringung aller Dinge« im württembergischen Pietismus. Dis. theol. Göttingen 1984
ders.: Es komme dein Reich. Die Hoffnung der Christenheit bei den schwäbischen Vätern. Stuttgart 1987
J. Roessle: Von Bengel bis Blumhardt, Gestalten und Bilder aus der Geschichte des schwäbischen Pietismus. Metzingen 1981^6 (Verlag Ernst Franz)
J. Wallmann: Der Pietismus. Göttingen 1990 (Die Kirche in ihrer Geschichte, Bd 4, Liefg. O 1), S. 123-143

5. Die Anfänge

Chr. Kolb: Die Anfänge des Pietismus und Separatismus in Württemberg. Stuttgart 1902

Johann Reinhard Hedinger

J. R. Hedinger: Christliche Antritts-Predigt ... den XIII. August 1699 gehalten. Stuttgart 1699 (Neu hrsg. von L.F. Staib. Reutlingen 1869)
ders.: Das Neue Testament [Übers.]. Stuttgart 1704 (Bremen 1711^3)
A. Knapp: Johann Reinhard Hedinger, in: Christoterpe. Ein Taschenbuch für christliche Leser 4 (1836), S. 269-330
dass., in: Altwürttembergische Charaktere. Stuttgart 1870, S. 5-51
J. Chr. F. Burk: Spiegel edler Pfarrfrauen. Eine Sammlung christlicher Characterbilder. Stuttgart 1842, S. 88f (Christina Barbara Hedinger)
F. Fritz: Hedinger und der württembergische Hof, in: BWKG 40 (1936), S. 244-253

Herzogin Magdalena Sibylla

Magdalena Sibylla: Kreuzpreß, das ist das mit Jesu gekreuzigte Herz. Stuttgart 1691
A.A. Hochstetter: Die Göttliche Läuterung der Auserwählten ... (Begräbnisrede). Stuttgart 1712
A. Knapp: Altwürttembergische Charaktere. Stuttgart 1870, S. 52-77

Beata Sturm

G.K. Rieger: Die Würtembergische Tabea. Stuttgart 1730 (um 1875[7])
Würtembergische Heiligen-Legende oder das Leben der heiligen Tabea von Stuttgard. Halle 1789
K. F. Ledderhose: Beata Sturm, genannt die Würtembergische Tabea. Eisleben/Leipzig 1854 (1855[2])
H. Merz: Christliche Frauenbilder, Bd 2. Stuttgart 1898[6], S. 48-66
W. Raupp: Beata Sturm, in: Biograph.-Bibliogr. Kirchenlexikon, Bd 7 (erscheint 1994)

6. Die Schwabenväter

Johann Albrecht Bengel

Johann Albrecht Bengel: Du Wort des Vaters, rede du! Ausgewählte Schriften, Predigten und Lieder. Metzingen 1962 (Verlag Ernst Franz) (Zeugnisse der Schwabenväter, Bd VI)
ders.: In der Gegenwart Gottes. Bekenntnisse und Zeugnisse. Metzingen 1964 (Verlag Ernst Franz) (Zeugn. d. Schw.väter, Bd VII)
ders.: Rede, Wort des Vaters! Predigten. Metzingen 1984 (Verlag Ernst Franz)
ders.: Gott hat mein Herz angerührt. Ein Bengel-Brevier. Metzingen 1987 (Verlag Ernst Franz)
J. Chr. F. Burk: Dr. Johann Albrecht Bengel's Leben und Wirken meist nach handschriftlichen Urkunden. Stuttgart 1831 (1837[2])
O. Wächter: Johann Albrecht Bengel. Lebensabriß, Character, Briefe und Aussprüche. Stuttgart 1865
H. Reiss: Das Verständnis der Bibel bei Johann Albrecht Bengel. Diss. theol. Münster 1952 Masch.
K. Hermann: Johann Albrecht Bengel. Der Klosterpräzeptor von Denkendorf. Stuttgart 1937 (Nachdruck: Stuttgart 1988)
G. Mälzer: Johann Albrecht Bengel. Leben und Werk. Stuttgart 1970
W. Hehl: Johann Albrecht Bengel. Leben und Werk eines schwäbischen Kirchenvaters. Stuttgart 1987

Friedrich Christoph Oetinger

Friedrich Christoph Oetinger: Selbstbiographie. Genealogie der reellen Gedanken eines Gottesgelehrten. Metzingen 1961 (Verlag Ernst Franz) (Zeugn. d. Schw.väter, Bd I)
ders.: Die Weisheit auf der Gasse. Aus den theologischen Schriften. Metzingen 1962 (Verlag Ernst Franz) (Zeugn. d. Schw.väter, Bd II)
ders.: Heilige Philosophie. Ausgewählte Betrachtungen. Metzingen 1965 (Verlag Ernst Franz) (Zeugn. d. Schw.väter, Bd III)
ders.: Herrenberger Evangelienpredigten. Metzingen 1968[6] (Verlag Ernst Franz)
ders.: Weinsberger Evangelienpredigten. Metzingen 1972 (Verlag Ernst Franz)
ders.: Murrhardter Evangelienpredigten. Metzingen 1973[7] (Verlag Ernst Franz)
ders.: Passions- und Festtagspredigten. Metzingen 1974 (Verlag Ernst Franz)
ders.: Die Lehrtafel der Prinzessin Antonia. 2 Bde. Berlin/New York 1977
ders.: Etwas Ganzes vom Evangelium. Ein Brevier. Metzingen 1982 (Verlag Ernst Franz)

K. Chr. E. Ehmann (Hrsg.): F. Chr. Oetingers Leben und Briefe. Stuttgart 1859
E. Zinn: Die Theologie des Friedrich Christoph Oetinger. Gütersloh 1932
S. Großmann: Friedrich Christoph Oetingers Gottesvorstellung. Göttingen 1979
M. Weyer-Menkhoff: Christus, das Heil der Natur. Entstehung und Systematik der Theologie Friedrich Christoph Oetingers. Göttingen 1990
ders.: Friedrich Christoph Oetinger. Wuppertal/Zürich u. Metzingen 1990 (Verlag Ernst Franz)

Philipp Matthäus Hahn

Philipp Matthäus Hahn: Die gute Botschaft vom Königreich Gottes. Eine Auswahl. Metzingen 1963 (Verlag Ernst Franz) (Zeugn. d. Schw.väter, Bd VIII)
ders.: Predigten und Betrachtungen. Reutlingen 1964[10]
ders.: Die Kornwestheimer Tagebücher. Berlin/New York 1979
ders.: Die Echterdinger Tagebücher. Berlin/New York 1983
ders.: Aus den Tagebüchern von Philipp Matthäus Hahn. In Erwartung der Königsherrschaft Christi. Metzingen 1989 (Verlag Ernst Franz)
E. P. Paulus: Philipp Matthäus Hahn. Stuttgart 1858
J. Roessle: Philipp Matthäus Hahn. Ein Leben im Dienst am Königreich Gottes. Stuttgart 1929
W. Rau: Dem Tag entgegen. Das Zeugnis Philipp Matthäus Hahns vom Königreich Jesu. Metzingen 1980 (Verlag Ernst Franz)
Philipp Matthäus Hahn 1739-1790. Ausstellungen des Württembergischen Landesmuseums Stuttgart und der Städte Ostfildern, Albstadt, Kornwestheim, Leinfelden-Echterdingen. 2 Bde. Stuttgart 1989
L. Bertsch: Freude am Denken und Wirken. Das Leben des Pfarrers und Mechanikers Philipp Matthäus Hahn. Metzingen 1991[2] (Verlag Ernst Franz)
W. Stäbler: Pietistische Theologie im Verhör. Das System Philipp Matthäus Hahns und seine Beanstandung durch das württembergische Konsistorium. Stuttgart 1992

Georg Konrad Rieger

Georg Konrad Rieger: Herzens-Postille. Oder zur Fortpflanzung des wahren Christenthums im Glauben und Leben. Züllichau 1742 (neue Ausg.: Bielefeld 1843 u. Stuttgart 1853.1854)
ders. und Immanuel Gottlob Brastberger: Predigten und Zeugnisse. Metzingen 1964 (Verlag Ernst Franz) (Zeugn. d. Schw.väter, Bd IX/X)
Leben und Auswahl der Schriften Georg Konrad Riegers, in: Evang. Volksbibliothek, hrsg. K.F. Klaiber. Bd 4. Stuttgart 1864, S. 503-646
R. Rieger: Georg Konrad Riegers Predigten nach Form und Inhalt untersucht. Diss. theol. Tübingen 1952

Philipp Friedrich Hiller

Philipp Friedrich Hiller: Sämmtliche Geistliche Lieder. Reutlingen 1844
ders.: Das Wort und Christus in dem Wort. Ausgewählte Betrachtungen und Lieder. Metzingen 1969 (Verlag Ernst Franz) (Zeugn. d. Schw.väter, Bd XII)
ders.: Geistliches Liederkästlein. Metzingen 1984[15]
A. Knapp: Philipp Friedrich Hiller, in: Christoterpe. Ein Taschenbuch für christliche Leser 10 (1842), S. 1-94

dass., in: A. Knapp, Altwürttembergische Charaktere. Stuttgart 1870, S. 78-142
R. Berggötz: Allen Frieden haben wir. Philipp Friedrich Hiller bezeugt des Christen Glaubensgrund. Lahr-Dinglingen 1956

Johann Jakob Moser

Lebens-Geschichte Johann Jacob Mosers, von ihm selbst beschrieben. Tl. 1-3. Frankfurt/Leipzig 1777³; Tl. 4 1784
ders.: Etwas von dem inneren Leben der seeligen Frauen Frideriken Rosinen Moserin. Stuttgart 1775
K. F. Ledderhose: Das Leben Johann Jakob Mosers. Heidelberg 1852 (Anhang: Aus dem Leben der Friederike Rosine Moser)
J. Herzog: Moser – Vater und Sohn. Calw 1905
M. Fröhlich: Johann Jakob Moser in seinem Verhältnis zum Rationalismus und Pietismus. Wien 1925
G. Hanselmann: Johann Jakob Moser. Unverzagt und ohne Grauen. Stuttgart 1958
R. Rürup: Johann Jacob Moser. Pietismus und Reform. Wiesbaden 1965

Johann Friedrich Flattich

Johann Friedrich Flattich: Pädagogische Lebensweisheit. Aus den nachgelassenen Papieren. Heidelberg 1860
ders.: Über Erziehung und Seelsorge. Metzingen 1977² (Verlag Ernst Franz) (Zeugn. d. Schw.väter, Bd XI)
J. Chr. F. Burk: Spiegel edler Pfarrfrauen. Eine Sammlung christlicher Characterbilder. Stuttgart 1842, S. 189-244 (Christiana Margaretha Flattich)
K. F. Ledderhose: Leben und Schriften des Johann Friedrich Flattich. Heidelberg 1873⁵ (neu bearb. von F. Roos. Stuttgart 1926)
W. Friedrich: Die Pädagogik Johann Friedrich Flattichs im Lichte ihrer Zeit und der modernen Anschauung. Diss. phil. Leipzig 1908
G. Schwarz: Tage und Stunden aus dem Leben eines leutseligen, gottfröhlichen Menschenfreundes, der Johann Friedrich Flattich hieß. Tübingen 1958¹⁰ (neue Ausgabe: Zwischen Kanzel und Acker. Aus dem Leben des schwäbischen Pfarrers Johann Friedrich Flattich. Mühlacker/Gütersloh 1977)
O. Schuster: Johann Friedrich Flattich. Der Freund der Jugend. Stuttgart 1954³
Chr. Duncker (Hrsg.): Originales und Originelles aus Flattichs Brieftruhe. Metzingen 1992 (Verlag Ernst Franz)

7. Württembergische Sendboten

Johann Martin Mack

Johann Martin Mack: Lebenslauf des Bruders J.M. Mack, Bischofs der Brüder-Kirche und vieljährigen Missionars, in: Nachrichten aus der Brüder-Gemeine 39 (1857), S. 767-781
W. Raupp: »Ein vergnügter Herrnhuter« – Johann Martin Mack, Württembergs erster evangelischer Missionar. Eine Erinnerung an die 250jährige Wiederkehr seiner ersten Aussendung, in: BWKG 92 (1992)
ders.: Württembergs erster evangelischer Missionar, in: Gemeindebl. für Württemberg 1992, Nr. 41/1992
ders.: Johann Martin Mack, in: Biogr.-Bibliogr. Kirchenlexikon, Bd 5 (erscheint 1993)

8. Im Übergang zur Erweckungsbewegung

Gottlieb Friedrich Machtholf

G. H. Schubert: Altes und Neues aus dem Gebiet der inneren Seelenkunde, Bd. 2. Leipzig 1849³, S. 424-437
K. F. Ledderhose: Leben und Schriften des Gottlieb Friedrich Machtholf, Pfarrers von Möttlingen. Heidelberg 1862
W. Raupp: Gottlieb Friedrich Machtholf, in: Biogr.-Bibliogr. Kirchenlexikon, Bd 5 (erscheint 1993)

Georg Friedrich Christoph Härlin

Christen-Bote 3 (1833), S. 223f; 4 (1834), S. 449-455.459-462
F. W. Bautz: Georg Friedrich Christoph Härlin, in: Biogr.-Bibliogr. Kirchenlexikon, Bd 2, Sp. 447

Wilhelm Ludwig Hosch

Chr. G. Barth (Hrsg.): Süddeutsche Originalien, Heft 3. Stuttgart 1832, S. 64-82 (Briefe); Heft 4. Stuttgart 1836, S. 67-102 (Tagebuch)
P. L.: Zwei Bücher der Chronika von Pfarrer Wilhelm Ludwig Hosch, in: Christen-Bote 64 (1894), S. 362ff.; 65 (1895), S. 18ff.
F. Fritz: Ein Vater seiner Dorfgemeinde, in: Für Arbeit und Besinnung 11 (1956), S. 60-63.379-390

9. Vielfalt der pietistischen Gruppen

F. Baun: Das schwäbische Gemeinschaftsleben in Bildern und Beispielen. Stuttgart 1910 (1929²)

Die Familie Kullen

W. Busch: Aus einem schwäbischen Dorfschulhause (Familie Kullen). Elberfeld 1906
F. Baun: Johannes Kullen. Ein schwäbischer Stundenhalter (1787-1842). Stuttgart 1922³
R. Breymayer (Hrsg.): Zur Erinnerung an das Jubiläum 200 Jahre Kullenstunde in Hülben, 21./22. September 1968. Neuffen 1968
ders./K. Buck: Zweihundert Jahre Kullenstunde in Hülben (Altpietistische Gemeinschaftsstunde). 1768-1968. Metzingen 1979² (Verlag Ernst Franz)

Die Michael Hahn'sche Gemeinschaft

Die Hahnsche Gemeinschaft. Ihre Entstehung und seitherige Entwicklung. Stuttgart 1877. 2. erw. Aufl.: 2 Bde. Stuttgart 1949.1951
H.-V. Findeisen: Pietismus in Fellbach 1750-1820. Diss. phil. Tübingen 1985

Michael Hahn

Michael Hahn. Werke, 13 Bde. Tübingen 1819-1841
ders.: Sammlung von auserlesenen geistlichen Gesängen. Tübingen 1822 (1965⁸)
W. F. Stroh: Die Lehre des württembergischen Theosophen Johann Michael Hahn. Stuttgart 1859 (1965⁴)
F. Baun: Johann Michael Hahn, der Gründer der Hahnschen Gemeinschaften in Württemberg. Stuttgart 1906

G. Lang: Michael Hahn. Einführung in seine Gedankenwelt und eine Auswahl aus seinen Werken. Stuttgart 1923[3]

J. Trautwein: Die Theosophie Michael Hahns und ihre Quellen. Stuttgart 1969

Immanuel Gottlieb Kolb

Kurzer Lebensabriß von Immanuel Gottlieb Kolb, Schulmeister in Dagersheim, nebst einer Sammlung von Betrachtungen, Briefen etc. Stuttgart 1859 (1964[13])

ders.: Gedenket an eure Lehrer! Ausgewählte Gedanken, Betrachtungen und Briefe. Metzingen 1979 (1984[2]) (Verlag Ernst Franz) (Zeugn. d. Schw.väter, Bd XIII)

W. Bidermann: Immanuel Gottlieb Kolb. Mein Lebens- und Glaubenslauf. Jubiläumsschrift. Böblingen 1984

ders.: Mit Schulmeister Kolb durchs Kirchenjahr. Andachtsbuch mit Biographie. Metzingen 1984 (Verlag Ernst Franz)

Die Pregizer-Gemeinschaft

Liedersammlung für gläubige Kinder Gottes. 1821 u.ö.

G. Müller: Christian Gottlob Pregizer (1751-1824). Sein Leben und seine Schriften. Stuttgart 1961 (enthält Nachlaß Pregizers mit Ausnahme der Liedersammlung)

Kurzer Entwurf von dem Glaubensgrund und der Entwicklung der Pregizianer Gemeinschaft 1915.

F. Pfeil: Christian Gottlob Pregizer und die Gemeinschaft der Pregizerianer. Diss. theol. Heidelberg 1938 [Masch.]

W. Raupp: Christian Gottlob Pregizer, in: Biogr.-Bibliogr. Kirchenlexikon, Bd 6 (erscheint 1993)

Die Brüdergemeinden Korntal und Wilhelmsdorf

Gottlieb Wilhelm Hoffmann

Aus dem Leben von Gottlieb Wilhelm Hoffmann. O.O., o.J.

F. Grünzweig: Gottlieb Wilhelm Hoffmann. Stuttgart 1963

Korntal

Korntal einst und jetzt. Stuttgart 1910

F. Grünzweig: Die evangelische Brüdergemeinde Korntal. Weg, Wesen und Werk. Metzingen 1958 (Verlag Ernst Franz)

Wilhelmsdorf

J. Ziegler: Wilhelmsdorf. Ein Königskind. Die Geschichte der Brüdergemeinde Wilhelmsdorf. Wilhelmsdorf 1904 (1929[4])

J. Gauger: Johannes Ziegler. Stuttgart 1910

DIE ERWECKUNGSBEWEGUNG

K. Müller: Die religiöse Erweckung in Württemberg am Anfang des 19. Jahrhunderts. Tübingen 1925
E. Beyreuther: Die Erweckungsbewegung. Göttingen 1963 (1977^2) (Die Kirche in ihrer Geschichte, Bd 4, Lfg. R 1), S. 37-39

10. »Erwachet!!«

Christian Adam Dann

Christian Adam Dann: Bitte der armen Tiere, der unvernünftigen Geschöpfe, an ihre Mitgeschöpfe und Herrn, die Menschen. Tübingen 1822 (1865^3)
J. Chr. F. Burk: Spiegel edler Pfarrfrauen. Eine Sammlung christlicher Characterbilder. Stuttgart 1842, S. 405-422 (Christiana Maria Louise Dann)
A. Knapp: Aus dem Leben des sel. M. Christian Adam Dann, in: Christoterpe. Ein Taschenbuch für christliche Leser 15 (1847), S. 202-310
dass., in: A. Knapp, Sechs Lebensbilder. Stuttgart 1875, S. 233-340
M. Brecht: Vom Pietismus zur Erweckungsbewegung. Aus dem Briefwechsel von Christian Adam Dann, in: BWKG 68/69 (1968/69), S. 347-374

Ludwig Hofacker

Ludwig Hofacker: Predigten für alle Sonn- und Festtage. 2 Bde. Stuttgart/Bielefeld 1977.1978^{51}
ders.: 365 Andachten. Stuttgart-Neuhausen 1989
ders.: Brevier. Eine Botschaft für unsere Zeit. Wuppertal/Zürich 1989
A. Haarbeck: Ludwig Hofacker und die Frage nach der erwecklichen Predigt. Neukirchen 1961
E. Beyreuther: Ludwig Hofacker. Bildbiographie. Wuppertal 1988
R. Scheffbuch: Ludwig Hofacker – Der Mann, die Wirkung, die Bewegung. Stuttgart-Neuhausen 1988
W. Raupp: Ludwig Hofacker und die schwäbische Erweckungspredigt. Gießen 1989

Albert Knapp

Albert Knapp: Evangelischer Liederschatz für Kirche und Haus. Eine Sammlung geistlicher Lieder aus allen christlichen Jahrhunderten. Stuttgart/Tübingen 1837 (1891^4)
ders.: Lebensbild. Eigene Aufzeichnungen. Stuttgart 1867
K. Gerok: Albert Knapp als schwäbischer Dichter. Stuttgart 1879
M. Knapp: Albert Knapp als Dichter und Schriftsteller. Diss. phil. Tübingen 1912
J. Roessle: Albert Knapp, Christ und Dichter. Gießen/Basel 1961
U. Parent: Albert Knapps »evangelischer Liederschatz« von 1837. Diss. phil. Köln 1987

Christian Gottlob Barth

K. Werner: Christian Gottlob Barth, nach seinem Leben und Wirken. 3 Bde. Calw/Stuttgart 1865-1869
G. Weitbrecht: Dr. Christian Gottlob Barth nach seinem Leben und Wirken. Stuttgart 1875
W. Kopp: Chr. Gottlob Barth's Leben und Wirken. Calw/Stuttgart 1886

O. Schuster: Dr. Christian Gottlob Barth, der Jugend- und Missionsfreund. Stuttgart 1949
K. Frohnmeyer: Christian Gottlob Barth. Liederdichter und Freund der Jugend. Stuttgart 1956
Materialsammlung: Christian-Gottlob-Barth-Archiv, Dußlingen

Johann Christoph Blumhardt

Johann Christoph Blumhardt: Gesammelte Werke. Hrsg. von G. Schäfer u.a. Reihe I: Schriften; Reihe II: Verkündigung; Reihe III: Briefe. Göttingen 1968ff
ders.: Ein Brevier. Hrsg. von D. Ising. Göttingen 1991
ders.: Ausgewählte Schriften. 3 Bde. Neu hrsg. von W. J. Bittner. Gießen/Metzingen 1991^2 (1948-1949^1) (Verlag Ernst Franz)
G. Sauter: Die Theologie des Reiches Gottes beim älteren und jüngeren Blumhardt. Zürich 1962
P. Ernst: Johann Christoph Blumhardt. Leben und Werk. 4 Tl. Stuttgart 1975-1979 [Masch.]
H. Claß: Blumhardt Vater und Sohn. Anruf und Anstoß heute. Metzingen 1976 (Verlag Ernst Franz)
M. T. Schulz: Johann Christoph Blumhardt. Leben-Theologie-Verkündigung. Diss. theol. Göttingen 1984
R. Haug: Johann Christoph Blumhardt – Gestalt und Botschaft. Metzingen 1984 (Verlag Ernst Franz)
D. Schneider: Hoffen auf den Geist. Die Botschaft von Johann Christoph Blumhardt für unsere Zeit. Metzingen 1987 (Verlag Ernst Franz)
F. Zündel: Johann Christoph Blumhardt. Ein Lebensbild. Gießen 1988^{21}
D. Ising (Hrsg.): Johann Christoph Blumhardt (1805-1880) und seine Möttlinger Amtsvorgänger Gottlieb Friedrich Machtholf (1735-1800) und Christian Gottlob Barth (1799-1862). Begleitbuch zur Blumhardt-Gedenkausstellung im Gottliebin-Dittus-Haus Möttlingen. Stuttgart 1988

Christoph Blumhardt

Christoph Blumhardt: ... damit Gott kommt. »Gedanken aus dem Reich Gottes«. Hrsg. von W. J. Bittner. Gießen/Metzingen 1992 (Verlag Ernst Franz)
ders.: Ansprachen, Predigten, Reden, Briefe: 1865-1917. Neukirchen 1978
E. Jäckh: Christoph Blumhardt. Ein Zeuge des Reiches Gottes. Stuttgart/Basel 1950
K. J. Maier: Christoph Blumhardt, Sozialist, Theologe. Bern 1979
E. Kerlen: Die Gemeinde in der Predigt des jüngeren Blumhardt. Diss. theol. Heidelberg 1979

Johannes Seitz

Erinnerungen und Erfahrungen. Bad Liebenzell 1989^4 (1919^1)
Max Runge: Johannes Seitz. Stuttgart 1961

11. Weltweite Reich-Gottes-Arbeit

K. Hartenstein: Die Beziehungen von Württemberg und Basel, in: Auf dem Grunde der Apostel und Propheten. Festgabe für Landesbischof D. Th. Wurm. Stuttgart 1948, S. 155-172

Christian Gottlieb Blumhardt

Christian Gottlieb Blumhardt: Versuch einer allgemeinen Missionsgeschichte der Kirche Christi. 5 Bde. Basel 1828-1837
A. Ostertag: Blumhardt und Spittler, in: ders., Entstehungsgeschichte der evangelischen Missionsgesellschaft zu Basel. Basel 1865, S. 57ff.
E. Schick: Christian Gottlieb Blumhardt zum Gedächtnis, in: Evang. Missionsmagazin 1938, S. 337ff.

Christian Friedrich Spittler

S. Spittler: Christian Friedrich Spittler im Rahmen seiner Zeit. Bd 1. Basel 1876
E. Schick/K. Haag: Christian Friedrich Spittler. Handlanger Gottes. Gießen 1982
K. Rennstich: »... nicht jammern, Hand anlegen!« Christian Friedrich Spittler, Leben und Werk. Metzingen 1987 (Verlag Ernst Franz)

St. Chrischona

F. Veiel: Die Pilgermission von St. Chrischona 1840-1940. Basel 1940
Wenn Gottes Liebe Kreise zieht. 150 Jahre Pilgermission St. Chrischona. Gießen/Basel 1990

Samuel Hebich

Züge aus dem Leben und Wirken des Missionars Samuel Hebich. Elberfeld 1864
W. Oelschner: Samuel Hebich. Basel 1947
W. Jörn: Samuel Hebich, der große Seelengewinner. Lahr-Dinglingen 1949[8]
J. Grauer: Samuel Hebich. Ein Missionar ohne Furcht. Stuttgart 1954 (Neuausg.: Lahr-Dinglingen 1986[2])

Johann Ludwig Krapf

Johann Ludwig Krapf: Reisen in Ost-Afrika, ausgeführt in den Jahren 1837-1855. 2 Bde. Kornthal/Stuttgart 1858 (Nachdr.: Stuttgart 1964)
W. Claus: Dr. Ludwig Krapf, weil. Missionar in Ostafrika. Ein Lebensbild aus unsern Tagen. Basel [1882]
H. Vortisch: ein »Marschall Vorwärts« in der Mission. Stuttgart 1927 (2. Aufl. u.d.T.: Bahnbrecher in Afrika. Das Leben von Dr. Johann Ludwig Krapf. Witten 1954)
J. Maisch: Zwei schwäbische Missionare und Entdecker: Johann Ludwig Krapf und Johannes Rebmann, in: ders., Gute Nachricht allen Völkern. Bilder aus der evang. Missionsgeschichte. Stuttgart 1988, S. 81-99

Friedrich Autenrieth

Friedrich Autenrieth: Ins Innerhochland von Kamerun. Stuttgart 1900
ders.: Pionierarbeit in Kamerun, in: Bannerträger des Evangeliums in der Heidenwelt. Hrsg. von P. Richter. Bd 2. Stuttgart 1905, S. 25-51
E. Kellerhals: »Ich will sie mehren und nicht mindern.« 50 Jahre Kamerunarbeit der Basler Mission. Stuttgart/Basel 1936

12. Werke der Inneren Mission

H. Schmidt: Die Innere Mission in Württemberg. Hamburg 1879
A. Weller: Sozialgeschichte Südwestdeutschlands unter besonderer Berücksichtigung der sozialen und karitativen Arbeit vom späten Mittelalter bis zur Gegenwart. Stuttgart 1979

Christian Heinrich Zeller

H. W. J. Thiersch: Christian Heinrich Zellers Leben. 2 Bde. Basel 1876
E. Zeller: 700 Jahre Beuggen. Basel 1920
K. Ruth: Die Pädagogik der süddeutschen Rettungshausbewegung. Christian Heinrich Zeller und der schwäbische Pietismus. Diss. theol. Berlin 1927
G. Dehlinger: Christian Heinrich Zeller. Pädagoge des schwäbischen Pietismus. Stuttgart/Reutlingen 1982

Tobias Heinrich Lotter

Zum Andenken des verewigten Heinrich Lotter. Stuttgart 1834
J. Chr. F. Burk: Heinrich Lotter, in: Beispiele des Guten. Eine Galerie edler Handlungen und Charakterzüge aus der Geschichte aller Zeiten und Völker. Hrsg. von T.H. Lotter. Stuttgart 1845^7, S. IX-XV
W. Raupp: Tobias Heinrich Lotter, in: Biogr.-Bibliogr. Kirchenlexikon, Bd 5 (erscheint 1993)

Gustav Werner

Gustav Werner: Reden aus dem Wort. Eine Predigtsammlung. Stuttgart 1863^2
ders.: Sendbrief an die Brüder aus dem Mutterhause. Tl. 1-4. Reutlingen 1863/1864
W. Teufel: Fahne und Ring. Gustav Werners Kampf um Liebe. Stuttgart 1933
H. Christ: Christlich-religiöse Lösungsversuche der sozialen Frage im mittleren 19. Jahrhundert. Erlangen 1951
P. Krauß: Gustav Werner. Werk und Persönlichkeit. Stuttgart 1974^2
ders.: Gustav Werner und seine Hausgenossen. Geschichte einer christlichen Genossenschaft des 19. Jahrhunderts. Metzingen 1977 (Verlag Ernst Franz)
ders.: Gott im Maschinensaal. Der Christ Gustav Werner. Pfullingen 1980
K. Bartel: Gustav Werner. Eine Biographie. Stuttgart 1990

Wilhelmine Canz

Wilhelmine Canz: Eritis sicut Deus. Hamburg 1853 (1855^2) (anonym erschienen)
dies.: Giebt es einen lebendigen Gott? Antwort mit Zeugnissen. O.O. 1896
A. Wenke: Junghegeltum und Pietismus in Schwaben. Diss. phil. Bern/Dresden 1907
M. Canz: Wilhelmine Canz. Kaiserslautern 1935
H. Bornhak: Wilhelmine Canz. Stuttgart o.J.
ders./E. Rappold: Folge mir nach. 100 Jahre Mutterhaus Großheppach. Stuttgart 1956
O. Schuster: Mutter Canz. Die Gründerin des Großheppacher Mutterhauses. Stuttgart 1949

13. Der Glaube im Alltag

Beate Paulus

Ph. Paulus: Beate Paulus geborene Hahn oder was eine Mutter kann. Eine selbst miterlebte Familiengeschichte. Stuttgart 1874 (1949⁸)
Ph. Paulus: Meine Mutter im alltäglichen Leben. Basel 1920⁵
R. F. Paulus (Hrsg.): Beate Paulus – Was eine Mutter kann. Metzingen 1970 (1990⁴) (Verlag Ernst Franz)
ders.: Genealogica Pietistika. Beiträge zur Familiengeschichte Hahn – Hoffmann – Paulus im 18. und 19. Jahrhundert, in: BWKG 66/67 (1966/67), S. 163-247
ders.: »Beate Paulus, was eine Mutter kann«. Quellen und Voraussetzungen, in: ebd. 72 (1972), S. 134-150
M. Scharfe: Die Religion des Volkes. Kleine Kultur- und Sozialgeschichte des Pietismus. Gütersloh 1980, S. 36-40
D. Steck: Beate Paulus. Eine mutige Frau. Kornwestheim 1991

D' Annemrei von Weil

Elisabeth Oehler-Heimerdinger, D' Annemrei von Weil, in: Verborgener Reichtum. Bilder aus der Welt stiller Menschen. Bd 1. Metzingen 1978⁸ (Verlag Ernst Franz), S. 49-71

Schulmeister Klett

Julius Seybold: Der arme und doch reiche Schulmeister, in: ebd., S. 73-93
K. Werner: Christian Gottlob Barth nach seinem Leben und Wirken, Bd 1. Calw/Stuttgart 1865, S. 107ff.

D' Bas Schmiede

J. Weissinger: D' Bas Schmiede, in: ebd (Verborgener Reichtum), S. 139-157

UNSER JAHRHUNDERT

14. In Bedrängnissen des Dritten Reiches

G. Schäfer (Hg.): Die Evangelische Landeskirche in Württemberg und der Nationalsozialismus. Eine Dokumentation zum Kirchenkampf. 6 Bde. Stuttgart 1971-1986
Th. Dipper: Die Evangelische Bekenntnisgemeinschaft in Württemberg 1933-1945. Ein Beitrag zur Geschichte des Kirchenkampfes im Dritten Reich. Göttingen 1966
P. Sauer: Württemberg in der Zeit des Nationalsozialismus. Ulm 1975
Aktenmaterial des Landeskirchlichen Archivs Stuttgart

Theophil Wurm

Th. Wurm (Hrsg.): Tagebuchaufzeichnungen aus der Zeit des Kirchenkampfes. Zur Erinnerung an Frau Maria Wurm. Stuttgart 1951
ders.: Erinnerungen aus meinem Leben. Stuttgart 1953
Auf dem Grunde der Apostel und Propheten. Festgabe für Landesbischof D. Theophil Wurm. Stuttgart 1948
R. Sautter: Theophil Wurm. Sein Leben und sein Kampf. Stuttgart 1960

G. Schäfer: Landesbischof D. Wurm und der nationalsozialistische Staat. Stuttgart 1968

J. Thierfelder: Das kirchliche Einigungswerk des württembergischen Landesbischofs Theophil Wurm. Göttingen 1975

ders.: Theophil Wurm und der Weg nach Treysa. Stuttgart 1985

Julius von Jan

Teckbote, Kirchheim/Teck, 9.9.1978

J. Kleinwächter: Frauen und Männer des christlichen Widerstands. Regensburg 1990, S. 35-38

Otto und Gertrud Mörike

Gertrud und Otto Mörike. Einsatz für die Gerechtigkeit. Zusammengestellt und hrsg. von M. Lörcher. o.O., o.J. [Masch.]

Max Krakauer: Lichter im Dunkel. Flucht und Rettung eines jüdischen Ehepaares im Dritten Reich. Neu hrsg. von O. Mörike. Stuttgart 1975 (1947^1)

W. Kern: Kirchlicher Widerstand während des Dritten Reiches in Kirchheim unter Teck am Beispiel des Pfarrers Otto Mörike, in: Schriftenreihe des Stadtarchivs Kirchheim unter Teck, Bd 4 (1986), S. 105-133

W. Raupp: Otto Mörike, in: Neue Deutsche Biographie, Bd 17 (erscheint 1993)

ders.: Otto Mörike, in: Biogr.-Bibliogr. Kirchenlexikon, Bd 5 (erscheint 1993)

15. Wiederaufbau nach dem Krieg

Karl Hartenstein

Karl Hartenstein. Ein Rückblick auf sein Leben und Werk. Stuttgart 1952 (1952^2)

W. Metzger (Hg.): Karl Hartenstein. Ein Leben für Kirche und Mission. Stuttgart 1953 (1954^2)

H. u. M. Hartenstein: Im Dienst des unüberwindlichen Herrn. Das Leben Karl Hartensteins. Stuttgart 1953

G. Schwarz: Mission, Gemeinde und Ökumene in der Theologie Karl Hartensteins. Stuttgart 1980

Th. Sorg (Hrsg.): Bibellesen mit Karl Hartenstein – Ausgewählte Bibelarbeiten. Stuttgart 1982

K. Rennstich: Mission und bekennende Kirche – Weitersagen des Glaubens, Leiden und Wiedergutmachung am Beispiel von Karl Hartenstein. Basel 1991 (Texte u. Dokumente, Nr. 15)

Ch. Sauer: Mission und Martyrium. Die Bedeutung Karl Hartensteins für eine Theologie des Martyriums. Tübingen 1991 (Zulassungsarbeit)

Martin Haug

»Ich schäme mich des Evangeliums von Christo nicht«. Predigt Martin Haugs bei der Amtseinführung als Landesbischof am 19.1.1949, in: Evang. Gemeindeblatt für Württemberg, Nr. 6/1949

Altlandesbischof D. Dr. Martin Haug zu seinem 80. Geburtstag. 1975 (Sondernummer der »Informationen« der Evang. Sammlung)

Das war sein Leben. Landesbischof i.R. D.Dr. Martin Haug am Gründonnerstag in Freudenstadt bestattet, in: Evang. Gemeindeblatt für Württemberg, Nr. 16/1983

B. Lang (Hrsg.): Erinnerungen, Begegnungen, Anekdoten. Stuttgart 1985

Bildnachweis

Archiv des Ernst Franz Verlages, Metzingen: S. 101, 105, 115, 124, 128, 131, 136, 186, 187, 188, 192, 198, 218, 228, 236, 251, 256, 263, 266, 269, 272, 278, 284, 288, 291, 295, 302, 325.
Landesbildstelle Württemberg, Stuttgart: S. 12, 46, 55, 64, 352, 358
Württ. Landesbibliothek, Stuttgart: S. 33, 88, 96, 144, 369, 377
Archiv für Kunst und Geschichte, Berlin: S. 24
Archiv der Gustav-Werner-Stiftung, Reutlingen: S. 306, 310, 312
Christian-Gottlob-Barth-Archiv, Dußlingen: S. 242, 247
Archiv der Großheppacher Schwesternschaft, Weinstadt-Beutelsbach: S. 316, 321
Stadt- und Hospitalarchiv, Schwäbisch Hall: S. 14
Dekan i. R. Frieder Mörike, Friedrichshafen: S. 361
Archiv der Brüder-Unität, Herrnhut: S. 162
Landeskirchliches Archiv, Stuttgart: S. 168, 253, 260, 267
Archiv der Evang. Brüdergemeinde, Korntal: S. 205, 209
Archiv der Evang. Brüdergemeinde, Wilhelmsdorf: S. 215
Familie Weissinger, Weilheim/Teck: S. 344
Max Schefold, Alte Ansichten aus Württemberg, Bd. 1. Suttgart 1956: S. 18, 25, 34, 42, 47, 49, 56, 68, 75, 83, 90, 107, 118, 121, 147, 158, 220, 229, 235, 304, 345

Die »Zeugnisse der Schwabenväter«
im Ernst Franz Verlag, Metzingen/Württ.

Band I:
Friedrich Christoph Oetinger

Selbstbiographie

Genealogie der reellen Gedanken eines Gottesgelehrten
148 Seiten, in Leinen   DM 13,80

Band II:
Friedrich Christoph Oetinger

Die Weisheit auf der Gasse

Aus den theologischen Schriften
164 Seiten, in Leinen   DM 13,80

Band III:
Friedrich Christoph Oettinger

Heilige Philosophie

Ausgewählte Gedanken
172 Seiten, in Leinen   DM 13,80

Band V:
Johann Ludwig Fricker

Weisheit im Staube

164 Seiten, in Leinen   DM 13,80

Band VI:
Johann Albrecht Bengel

Du Wort des Vaters, rede du!

160 Seiten, in Leinen   DM 13,80

Band VII:
Johann Albrecht Bengel

In der Gegenwart Gottes

Bekenntnisse und Zeugnisse
160 Seiten, in Leinen   DM 13,80

Band VIII:
Philipp Matthäus Hahn

Die gute Botschaft vom Königreich Gottes

Eine Auswahl
164 Seiten, in Leinen   DM 13,80

Band IX/X:
G. K. Rieger / G. Brastberger

Predigten und Zeugnisse

Doppelband, 212 Seiten,
Leinen   DM 15,80

Band XI:
Johann Friedrich Flattich

Über Erziehung und Seelsorge

176 Seiten, in Leinen   DM 13,80

Band XII:
Philipp Friedrich Hiller

Das Wort und Christus in dem Wort

180 Seiten, in Leinen   DM 13,80

Band XIII:
Immanuel Gottlieb Kolb

Gedenket an eure Lehrer!

Ausgewählte Gedanken, Betrachtungen und Briefe
168 Seiten, in Leinen   DM 14,80

Bei Abnahme der ganzen Reihe kommen ermäßigte Subskriptionspreise in Anrechnung.

Christoph Duncker (Hg.)

Originales und Originelles aus Flattichs Brieftruhe

96 Seiten, mit vielen Illustrationen und Bildern,
geb. DM 12,80

Als begnadeter und origineller Seelsorger und Erzieher ist der Pietist Johann Friedrich Flattich bis heute im Schwabenland bekannt. Er lebt weiter vor allem in den Anekdoten, die sich um sein Leben ranken.

Eine andere und weniger bekannte Seite Flattichs erschließt diese Sammlung bisher unveröffentlichter Briefe. Anschaulich und lebendig berichten sie von den täglichen Sorgen und Freuden der ihm anvertrauten Gemeinde, der er viele Jahre treu gedient hat. Sie zeigen uns einen Mann, der das Wort Gottes zur Zeit und zur Unzeit gepredigt hat, ohne Ansehen der Person, dem Bauern wie dem Herzog.

Der Herausgeber hat Auszüge dieser Briefe, die an die Familie von Flattichs ältester Tochter Regine Veronika und an den jungen Theologen Wilhelm Ludwig Hosch gerichtet sind, in den historischen, gesellschaftlichen, kultur- und kirchengeschichtlichen Rahmen des 18. Jahrhunderts gestellt und durch zeitgenössische Abbildungen ergänzt. So ist ein Büchlein entstanden, das überraschende Einblicke in die Lebensverhältnisse in Württemberg unter der Regentschaft Herzog Karl Eugens vermittelt und den einstigen Münchinger Pfarrer in seiner seelsorgerlichen Liebe und tiefen Menschenkenntnis auch zu uns sprechen läßt.